U0621072

力学宗师

徐芝纶院士诞辰100周年纪念文集

■ 徐芝纶院士诞辰100周年纪念文集编委会 编

河海大学出版社

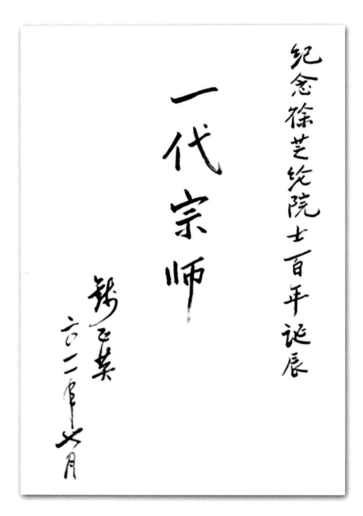

全国政协原副主席、中国工程院院士钱正英题词

纪念徐芝纶院士百年诞辰

韩启德

十一届全国人大常委会副委员长、九三学社中央主席韩启德题词

中共中央候补委员、中国工程院院士、四川大学校长谢和平题词

怀念徐芝纶院士

力学泰斗

一代宗师

杨振怀

辛卯年六月北京

水利部原部长杨振怀题词

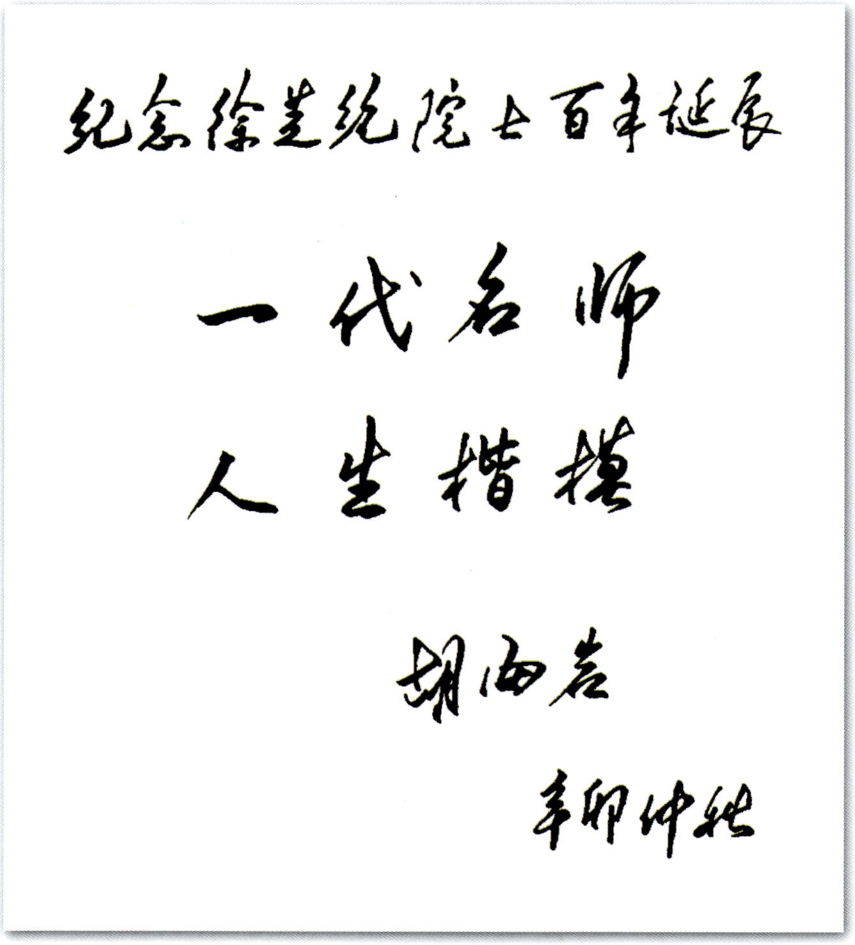
纪念徐芝纶院士百年诞辰
一代名师
人生楷模
胡海岩
辛卯仲秋

中国科学院院士、中国力学学会理事长、北京理工大学校长胡海岩题词

品学兼优的徐芝纶经常活跃在清华园的篮球场上

1930年徐芝纶以优异成绩考入
清华大学土木系土木专业

1935年徐芝纶考取留美公费生先后就读
麻省理工学院和哈佛大学

1934年徐芝纶本科毕业留在
清华大学土木系任教

1937年徐芝纶学成后毅然
回国共赴国难

1952年徐芝纶参与创建华东水利学院

1954年徐芝纶兼任学校教务长；
1956年经国务院总理周恩来任命，任副院长

1954年秋，徐芝纶陪同水利部副部长李葆华、
张含英视察建设中的华东水利学院校园

1956年3月徐芝纶与严恺院长参观教务处主办
的数学、物理、制图和理论力学自学指导展览

徐芝纶接待来校参观外宾

20世纪 50 年代的徐芝纶　　　　　　　20世纪 50 年代的伍玉贤

1937年徐芝纶与伍玉贤喜结良缘后，从此相亲相爱白头偕老

师表楷模　众人景仰

徐芝纶一生言传身教,教书育人,
学问与为人有口皆碑

徐芝纶几十年如一日,
坚守教学第一线

徐芝纶课堂教学艺术出神入化,广受推崇

徐芝纶笔耕不辍,著作等身

徐芝纶备课笔记

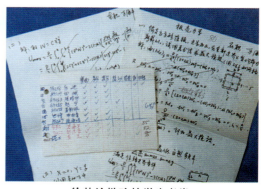

徐芝纶批改的学生考卷

1988年徐芝纶（前排左二）在国家教委优秀教材颁奖大会上受到李鹏等党和国家领导人接见

1998年徐芝纶（前排左六）与中国科学院第九次院士大会科学技术部全体院士合影

国务院政府特殊津贴证书

中国科学院院士证书

第一届国务院学位
委员会委员证书

/笔耕不辍　丰硕成果/

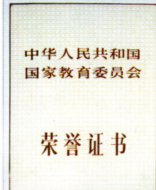

徐芝纶所著《弹性力学》获全国高等学校优秀教材特等奖

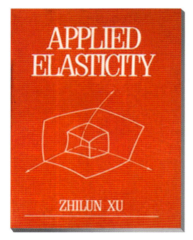

徐芝纶所著《Applied Elasticity》是我国第一部向国外发行的英文版工科教材

我国第一部有限单元法专著

徐芝纶先后出版编著、专著 11 种 15 册,译著 6 种 7 册并形成了立体化教材体系

徐芝纶亲自为研究生答疑

徐芝纶与返校学生合影

徐芝纶培养了我国第一个水工结构博士生

徐芝纶参加博士生论文答辩

徐芝纶与时任全国政协副主席钱正英握手

徐芝纶与张光斗院士在一起

徐芝纶与严恺院士在一起

徐芝纶与哈佛大学赵如兰教授（右二）、麻省理工学院卞学镄教授（右三）等在一起

徐芝纶与左东启教授在一起

徐芝纶与顾淦臣教授在一起

徐芝纶与刘光文教授（右一）、伍正诚教授（右二）、施嘉旸教授（左一）在一起

徐芝纶与力学系教师合影

徐芝纶院士铜像

徐芝纶院士诞辰 100 周年纪念大会

出席纪念大会的领导合影

纪念大会现场

出席纪念大会嘉宾合影

/缅怀先师　再创辉煌/

徐芝纶院士展览室开展仪式

水利部周英副部长参观徐芝纶院士展览室

纪念徐芝纶院士诞辰 100 周年座谈会

学校领导及教师代表
向徐芝纶院士铜像献花并合影

纪念徐芝纶院士诞辰 100 周年
教学艺术研讨会

江苏省力学学会成立 50 周年暨纪念
徐芝纶院士诞辰 100 周年学术大会

纪念徐芝纶院士诞辰 100 周年全国
弹性力学及有限元法教学研讨会

徐芝纶院士诞辰 100 周年纪念邮折

力 学 宗 师

——徐芝纶院士诞辰 100 周年纪念文集

编审委员会

序

在我国著名力学家、教育家,中国科学院院士,原华东水利学院副院长,河海大学教授、博士生导师徐芝纶同志百年诞辰之际,学校决定编辑出版这本纪念文集,以表达河海大学全体师生员工对徐芝纶院士的深切缅怀和崇高敬意。

《力学宗师——徐芝纶院士诞辰 100 周年纪念文集》收录了水利部和江苏省领导同志等在徐芝纶院士诞辰 100 周年纪念大会上的讲话,以及徐芝纶院士生前同事、挚友和学生满怀深情写下的一篇篇回忆文章和学术论文,仔细阅读这些文章,字里行间,徐芝纶院士的教导仿佛言犹在耳,其感人至深的形象似乎就在眼前。

徐芝纶院士离开他心爱的校园已经 12 年了。

然而,在校内外、省内外乃至国内外,还是能听到有人经常提起这位身先垂范令人肃然起敬的老师,还在为学校失去这样罕见的杰出人才倍感惋惜。由此可见,徐芝纶院士的影响力之大之广。

纵览徐芝纶院士的一生,我们不难看出,作为一个优秀的知识分子,他始终把个人的前途命运与国家的前途命运紧密结合在一起,始终把个人的追求与党的事业紧密结合在一起,历经坎坷,矢志不渝,直到古稀之年成为中国共产党党员,书写了没有遗憾的壮丽人生;作为一个优秀的人民教师,他始终把教好书与做好人紧密结合在一起,始终把教学与科研、著述紧密结合在一起,高风亮节,德艺双馨,桃李满天下,著作可等身,留下了极其宝贵的精神财富;作为一个慈祥的长者,他始终注重学习,始终保持着年轻的心态,始终注重提携后辈培养一批批新人,"学无止境,教亦无止境",成为高校教师的典范楷模。

一所大学的名声好、影响大,就在于拥有许许多多像徐芝纶院士这样德高望重、治学严谨的大师,就在于拥有一批在大师指导下薪火传承、潜心科研的中青年教师,就在于拥有一群在大师影响下朝气蓬勃、勤于探索的学生。所以,在河海大学快速发展即将迎来百校庆的关键时期,我们纪念徐芝纶院士百年诞辰,重温他的谆谆教诲,就是要以他为榜样,学习他把全部的爱献给祖国的教育事业、献给学校发展、献给师生成长的宝贵品质,学习他从来不计个人名利廉洁奉公的高尚情操,学习他自始至终笔耕不辍教书育人的崇高精神,不断加强学校优秀人才培养,不断加强学科与学术团队建设,不断提高学校内涵建设,不断提高教育教学质量,把学校各项事业推向一个新的台阶。

王乘

2011 年 10 月

目　　录

缅 怀 篇

领导讲话

代表发言

师生追忆

选录篇

论文篇

附　录

徐芝纶院士生平

张建民

一、写在前面

1999 年 8 月 26 日,中国科学院资深院士、九三学社社员、中国共产党优秀党员、华东水利学院原副院长、著名教育家、力学家徐芝纶(曾用名徐君素)教授,因病医治无效,在南京逝世,享年 88 岁。

徐芝纶院士生前长期担任河海大学的领导职务,并坚持在教学第一线,参与工程力学教研室的活动,严格管理,严谨治学,一丝不苟,身教言教,为人师表。同时,他在工作之余,笔耕不辍,著作等身,给我们留下了丰硕的精神财富。尤为可贵的是,徐芝纶院士颇有传奇色彩的一生,本身就是一部活生生的教科书,理应把它整理出来,以飨后人。

由于我在校长办公室从事文字工作十余年,多次受到徐芝纶院士的亲切教诲,目睹了徐芝纶院士的工作、学习和生活的部分情况,同时也比较多地听说且了解了关于徐芝纶院士的其他情况。因此,自 2000 年 3 月起,在学校领导的大力支持下,我怀着对徐芝纶院士无限崇敬的心情,赴北京,到上海,往浙江,去江都,走访了徐芝纶院士的部分亲属、同事、同学和弟子以及徐芝纶院士曾经工作过的大学,查阅了许多历史文献,比较广泛地搜集到了有关徐芝纶院士一生经历的资料。特别令我感动和难忘的是,1999 年六七月间,徐芝纶院士处于生命的最后一段时光,他住在医院里,撑着病体,强打精神,坚持同我作了多次录音交谈,内容覆盖面很广,从家庭历史到个人经历,以及婚姻状况、兴趣爱好等等,这段经历将成为研究徐芝纶院士的弥足珍贵的第一手资料。

尽管我有限的文才未必能准确描述徐芝纶院士渊博的学识、高尚的人品,或许这个生平简介在布局、谋篇等方面与名家手笔有不少差距,但有一点可以肯定,文章的字里行间,浸透了我崇尚徐芝纶院士的真挚的情感。

二、少小离家老未回

"少小离家老大回,乡音无改鬓毛衰。儿童相见不相识,笑问客从何处来。"

1999 年 6 月,躺在病榻上的徐芝纶时常念着这首脍炙人口的唐诗。他接受治疗,一时无法工作,于是像过电影一样在静静地思考自己一生路程的时候,突然觉得有一件事情很久想办但是还没有办到,这就是回自己的老家看一看。因为他一次次告诉别人,自他 8 岁离开江都邵伯老家以后,80 年未回过家,令闻者大吃一惊。徐芝纶动情地说,他并不是不想回家,也不是没有时间回家。他一直这样想,江都邵伯离南京不远,自己也时常到扬州开会,总归会有机会专门回一趟邵伯老家的。谁知这样的机会却没有排得上人生行程表。人们都在期待,等徐芝纶的身体稍好一些,由学校专门安排送他去邵伯看一看,了结他埋藏内心深处多年的愿望,当不是难事。然而,徐芝纶竟然一病不起,带着对生他养他的邵伯老家强烈的向往和热爱,离我们而去。少小离家老未回,实为徐芝纶一生中的一件无法弥补的憾事。

实际上,令徐芝纶梦魂牵绕的邵伯老家,因为历经 80 年风风雨雨,早已面目全非。昔日他居住生活、学习和玩耍的邵伯镇长生巷 1 号徐家大楼,如今只有仔细寻找,才能发现一点点影子。至今守着老家土地的是徐芝纶的本家侄儿徐兰扬。原来因所在单位效益不好,徐兰扬就在离家不远的一个门面房里,帮助别人修理自行车,靠自己劳动挣的钱虽然不多,但生活勉强过得下去。在长生巷内祖先的宅基地上,徐兰扬建起了一栋砖混结构的两层小楼。原先徐兰扬的住宅后面还有一口养育了徐家人并记录着徐家几代历史的老水井,后来,因为房屋扩建,老水井放在那里碍事,徐兰扬就将它填上了。这样,能表明徐家大楼的痕迹,除了徐兰扬家楼房的西边有一段黑砖小瓦的院墙,门前还有青石板铺就的街道以外,几乎都消失了。

当然,徐芝纶想回老家最终没有回过老家,既有遗憾,又非常自然。像无数的仁人志士一样,徐芝纶深知,自古忠孝难以双全。他毕生以教育科技事业为重,以所在单位为家。他为了所有的家,为了无数的孩子,为了培养国家需要的人才,贡献了自己的青春、智慧和心血,贡献了自己的爱。虽然,邵伯老家的人民始终没有机会在家乡接待徐芝纶这位声名显赫的科学家,但他却永远成为邵伯人民的骄傲,他的事迹永远记载在邵伯镇的历史上,他永远活在邵伯人民的心中。

三、古镇名门

1911 年 6 月 20 日(农历五月二十日),徐芝纶出生在江苏江都县邵伯镇一个大地主家庭。他是徐庭翼和张稼梅夫妇的第一个孩子。

据《邵伯镇志》记载,"邵伯镇,位于北纬 32°31′3″,东经 119°26′11″ 之间,濒京杭运河,南连双沟,北接昭关,东与丁伙为邻,西隔邵伯湖与邗江相望,隶江都县,距县城所在地江都镇 13 公里,西南距扬州 23 公里"。

镇名邵伯,亦称甘棠和邵伯埭,因东晋太元十年(385 年)官封太保太傅的著名政治家、军事家谢安于此筑埭而得名,迄今已有 1600 多年的历史。唐宋以后,邵伯日益兴盛,宋《丰九域志》即有"邵伯镇"建制的记载。这是坐落在京杭大运河畔历史悠久的文化古镇之一。

徐芝纶的老家,坐落在邵伯镇区的西南角,原先是一个长约 120 米、宽约 20 米的建筑群。建筑群的构成是这样的:东边是一个院子,院子里曾有两棵高大的梧桐树,旁边有一个"双桐书屋";中间是一片两层楼房,西边是厢房。厢房的门楼跨街而建,比较气派。因房屋较多且高,人来人往都要从楼下经过,在小镇上十分醒目,人称"徐大楼"。

徐芝纶的住家为一个四合院,是"徐大楼"建筑群中最好的房子,还设有一间"执事房",内置牌、旗等,是徐家前人过去外出开路显示身份的。据说,"徐大楼"上上下下可以住下五六百人,可见"徐大楼"房子之多,面积之大。当年,扬州乃至苏北一带见过世面的人,都知道邵伯有一个"徐大楼"。"徐大楼"向西约50米远,就是那条穿越邵伯古镇终日忙忙碌碌的京杭大运河。

徐家在邵伯是名门望族。据史料记载,早在清乾隆十年(1745年),徐家就出了一个进士——徐玉立;清嘉庆四年(1799年),徐家先后有徐元亮、徐元方兄弟同中进士,仁宗皇帝赐匾"棠棣进士,花萼联辉",其中徐元亮曾官至山东道使;清道光二十一年(1841年),徐家有徐玉丰考中进士。徐芝纶本家堂妹徐芝寅老人回忆说,她小时候听上辈人介绍,"徐大楼"上上下下、里里外外曾经有着几百条门槛,有过"进士第"的横匾高悬门楼之上,真正是书香门第,闻名遐迩。

徐家比较富有。19世纪末20世纪初,苏北地区有远近闻名的四大富有的家族,也就是大地主,人称"高邮王"、"兴化乔"、"宝应刘"和"邵伯徐"。这里的"邵伯徐",就是指徐芝纶曾祖父和祖父的家。当初,徐芝纶的曾祖父和祖父辈在资本主义萌芽的影响下,较早进行民族工商业活动,主要经营纺织、轻工及钱庄等,积累了比较丰富的资产。徐家分别在宝应、泰州和邵伯三处置有地产数百亩,租与他人耕种,每年收入相当可观。因为徐芝纶的祖辈、父辈人口众多,家庭生活、日常应酬等开销很大,如果没有稳定的经济来源,生活是无法保障的。

徐芝纶的祖父在其同辈中是老四,据说是孙中山领导的"同盟会"的一名会员。因为婚后未育子女,徐芝纶的父亲就过继给其祖父为子。徐芝纶父亲徐庭翼,字汉甫,在九个兄弟姊妹中排行第七。徐芝纶的母亲张稼梅,出生于湖南湘乡的一个书香门第,先在私塾读过书,后在教会学校上过学,有一定的英文底子,知书达理,毕生克勤克俭,贤良温和,在徐家的妯娌中是唯一读过书的。结婚以前,张稼梅是一个大家闺秀,张稼梅的父亲是一个读书人,写得一手好字,在家乡很有名气,并且在教育孩子方面走在同时代人的前面。张稼梅结婚以后,在家里操持家务很长一段时间,成为一名家庭妇女。后来为维持家政,抚育子女,她到外面找到一份工作,又成为一位职业妇女。张稼梅的弟弟、徐芝纶的舅舅就是左翼作家、大名鼎鼎的张天翼(主要代表作品有《宝葫芦的秘密》、《包氏父子》等)。20世纪二三十年代,当白色恐怖笼罩中国大地的时候,张天翼曾藏身于姐姐张稼梅在北京的住处。他一面坚持革命斗争,同时经常给徐芝纶的弟弟妹妹讲解当时政府的腐败没落,宣传马列主义和革命的道理,引导他们阅读革命进步的书籍,对徐芝纶弟妹及其堂妹后来的成长进步产生很大的影响。

相对而言,徐家尽管比较富有,但在早期辛亥革命思想的影响下,是比较开明的。首先,徐家所有的女士,没有被强制要求裹小脚,说到这件事,后来投身革命的徐芝寅甚感自豪。旧时代,女人从小裹小脚,是对人性的摧残。长大以后的小脚女人无论有什么远大志向,由于受到自身条件的限制,总是很难有所作为的。没有小脚之累,徐家姐妹后来的生活和工作都轻松自如,有所成就。其次,为让徐家家业保持兴盛,防止坐吃山空,几乎徐家的所有孩子都受到良好的教育,即便在家中经济最为困难的时候,也不会放弃给予孩子比较完整的教育。当年日本比较开放,早期中国到日本留学的人比到美国去的人多,其中就有徐芝纶的父亲和两位伯父,他们先后赴日本主攻铁路工程。徐芝纶的父亲徐庭翼曾就读于日本著名的早稻田大学,主修土木工程专业,后来又到日本帝国大学进修了一段时间,在日本前后有 7 年时间。回国后,他们均运用一技之长,靠自身能力建家立业。徐芝纶出生的时候,辛亥革命已取得胜利。徐家人丁兴旺,生活无忧无虑,同时家庭文化的民主气氛比较浓郁,这样宽松的环境,对徐芝纶思想的影响无疑是比较大的。

还有一件事,虽然徐芝纶因为离家多时并不清楚,但是从中可以说明徐家并非为富不仁。1921 年,因连降暴雨,大运河满溢,致使邵伯镇南北堤决口,出现邵伯历史上罕见的大水灾,灾情之严重,甚至当时远在上海的一家报纸都派记者专程采访,并在报上报道了水灾的情形:"邵伯男女浮尸满街漂流,乡间一片汪洋,淹没农田不计其数。"由于地处运河边的"徐大楼"地势较高,附近流离失所的老百姓面对茫茫大水,无处安身,纷纷跑到"徐大楼"下躲避。目睹此情此景,"徐大楼"的当家人毫不犹豫地打开大门,容留数十人在此居住,并用自己有限的粮食衣物救济灾民,仁厚慈爱之心,多年为人称道。

四、快乐的童年

1911 年,辛亥革命取得胜利,国家政治、社会环境相对宽松。徐芝纶刚刚出生的时候,徐家的家境殷实,经济状况比较好。由于徐芝纶是长子,自幼聪颖乖巧,自然受到父母较多的呵护,在他的身上,寄托着徐庭翼和张稼梅乃至上一辈徐家人的希望。

徐芝纶的童年是非常快乐的。当他咿呀学语的时候,一肚子墨水的母亲,给他说了许许多多知识性趣味性的故事;当他记事的时候,母亲又为他讲述了一些除暴安良、降龙缚妖、劫富济贫的英雄,还有头悬梁、锥刺股、铁棒磨成针和勇于发明创造的中华杰出人物。应该说,徐芝纶从小到大,是母亲给他以良好的教育和熏陶。所以,徐芝纶一生都忘不了母亲所给予的关怀和温暖,对伟大的母爱,怀有非同一般的感受。

徐芝纶 5 岁时便被送到一间私塾上课。中国传统教育教材《三字经》、《百家姓》、《四书》、《五经》、《中庸》、《大学》等,徐芝纶都一一读过。由于徐芝纶天资较好,记忆力强,私塾先生布置的国文背诵和字词抄写,完成得既快又好,因此常常受到表扬,几乎没有被私塾先生责罚过。放学归来,徐芝纶就领着本家兄弟姐妹在院子里玩耍。两棵高大的梧桐树和徐家楼上楼下众多的房屋,就是孩子们做游戏、捉迷藏的理想场所。孩子们天真活泼的欢声笑语天天荡漾在徐家大院里,80 多年一直萦绕在徐芝纶的心怀。

当年,徐庭翼经同学介绍推荐,在政府部门谋了一个不大不小的差事(相当于科级干部),先后在扬州、南京、上海、北京工作,经常不在家,并因仕途上不得志,郁郁寡欢,平时不多言多语,与小孩子们更是缺少思想感情交流。因此,徐家小一辈人都惧怕他,在他面前都表现得老老实实,不敢吭声。一天下午,徐家的几个孩子放学回来,发现家中十分安静,以为徐庭翼不在家,徐芝纶的三弟便放下书包,爬到院子里的一张小桌子上,高声地说:"我自由了!"其他的孩子围着桌子又喊又叫。谁也没有想到,正在这时,徐庭翼却不声不响地从屋里走出来,厉声地说:"你们干什么?"吓得几个孩子大惊失色,赶紧躲到一边去了。

徐芝纶的母亲张稼梅虽然处在一个封建家庭里，但是思想进步、开明，从不强迫徐芝纶应该读什么，不应该读什么。徐家几代书生积累书籍颇多，家中收藏有不少宋代刻本的书籍，这使得徐芝纶从小就有机会阅读了包括《红楼梦》、《西厢记》、《水浒传》、《三国演义》、《西游记》、《唐诗三百首》这类的各式各样书籍，奠定了比较深厚的文字、文学功底。徐芝纶一生看书不仅仅是为了打发闲暇时光，他总是有选择地看一些书籍，极爱边看书边思考，直到在生命的最后岁月，在病房里看到重播的电视剧《红楼梦》，回忆起过去看的《红楼梦》原著，他还在想着贾宝玉、林黛玉爱情悲剧能否避免的问题。

京杭大运河的河水哺育了徐芝纶，喧嚣奔腾的运河也冲击着他稚嫩的思维。稍有空闲的时候，徐芝纶喜欢站在运河边或站在自家的楼上，目光追随着来来往往的货船、客船，任思绪在船工摇橹激起的浪花中飞翔，奔向远方……

徐家在当时的社会状况下，是一点也不保守的。但是，邵伯终究是一个小镇，比起扬州以及江南地区的城市来说，相对比较闭塞，教育条件也十分落后。徐芝纶8岁的时候，其父正在扬州一个部门任职。出国留学见过世面的徐庭翼感到，要让孩子将来有出息，有必要将孩子带出邵伯，换上一所正规的学校继续学习，同时全家人生活在一起，彼此可以有个照应。

1919年夏天，徐芝纶和几个弟弟妹妹，在父亲徐庭翼和母亲张稼梅的带领下，告别了邵伯"徐大楼"，举家搬至扬州。不久，徐芝纶的其他亲属也陆续迁至扬州。徐芝纶等在扬州一所教会学校明德小学上学。然而，谁也没有想到，从8岁到88岁长达80年的时间里，徐芝纶竟然再没有回到给他的童年流下快乐记忆的地方。

五、中小学的日子

由于家庭围绕父亲转，徐庭翼的工作从扬州转到北京，从北京转到上海，从上海又到南京，主要照应家庭的张稼梅因此必须拖着孩子，从南到北，跑来跑去。徐芝纶实际上在扬州明德学校仅仅读了两年左右的书，就于1923年随父母到了北京。在北京住了3年，父亲到上海、南京等地去工作，全家人都跟着走。此时母亲张稼梅通过几个地方的比较，总觉得北京的学习环境比较好，后来决定把徐芝纶一个人从上海转到北京留下来继续读书，自己带着其他子女到了上海、南京。其间，徐芝纶的堂妹徐芝寅也与张稼梅及其子女较长时间生活、学习在一起，提起七婶，即徐芝纶的母亲张稼梅，20多岁投身革命、现已80多岁的离休干部徐芝寅老人眼中闪烁着光泽，言语颇为激动，七婶视徐芝寅如同己出，学习上严格要求，生活上关心备至，对徐芝寅一生的影响是很大的。

动荡不安的家庭生活，并没有影响徐芝纶的学习。1923年9月至1926年8月，徐芝纶在北京私立志成中学(初中)学习，直至毕业；1926年9月至1927年8月，在北京师范大学附属中学(高中)学习；1927年9月至1928年8月，跟随父亲到了上海，在上海交通大学预科学习了一年；1928年9月，又回到北京，在北京汇文中学(今北京第26中学)度过了高中阶段的生活。

由于徐芝纶自幼养成良好的习惯，学习上十分刻苦用功，做作业、阅读课文，从来用不着别人在后面催叫。每次考试,他的学习成绩都列班上第一。老师喜欢,同学羡慕,父母高兴。徐芝纶最小的妹妹徐明(曾用名徐芝华,初中毕业以后投身革命,新中国成立以后一直在文化部从事群众艺术指导工作)回忆说:"记得小时候,大哥学习很用功,因此母亲常常拿大哥作为榜样,对我们说大哥学习如何如何刻苦,成绩如何如何好,所以我们对大哥一直很崇拜。"

中学时光,身材颀长的徐芝纶还特别爱好体育运动。黎明即起,在家门前屋后跑上数百米后回到家,看一会儿书,接着吃完母亲做的可口的早饭,精神抖擞地去上学。下午放学后,他总是喜欢约上几个同学打打篮球。所以,几年过后,学业与体育同步,不仅学习成绩不断提高,而且他的跑步速度在加快,篮球技艺也不断提高。他曾经在中学生运动会上,取得 800 米和 1500 米跑的第一名;他司职中锋所在的中学篮球队,也在中学生篮球比赛中夺得过冠军。

六、读书清华园

1930 年,品学兼优的徐芝纶考取中国著名高等学府——清华大学,成为该校土木系土木专业的一名学生。与徐芝纶同年考取清华大学的有季羡林、谢家泽、何其芳、伍正诚等人,后来都成为著名学者,并且伍正诚从 1952 年以后,一直和徐芝纶工作在河海大学校园里。1930 年,清华大学的《国立清华大学校刊》第 200 期,清楚记载了新生录取的情况(见《清华大学简史》)。

在紧张的学习生活之外,徐芝纶的篮球特长在清华大学依然得到发挥,他几乎天天出现在运动场上,练习篮球,跑步锻炼。

徐芝纶在清华大学读书时,除了家中给部分费用外,学校还提供了一些奖学金,生活和学习基本有了保证。对于钱,徐芝纶从来都不去刻意追求,也不随意处置浪费,完全是由于受到母亲的影响。徐芝纶清楚地记得,母亲起早带晚,含辛茹苦,不管面对多大的艰难困苦,总是把家中生活安排得井井有条。令他感动的是,每个月,家里为数不多的钱,被母亲分成一份一份的,分别注明,这一份是全家的生活费,那一份是弟妹的学习费用。等到徐芝纶过完假期回学校时,母亲拿出一份钱,对徐芝纶说,这是你读书和生活的费用。母亲的言传身教,影响了徐芝纶的一生。怎样做事,怎样做人,怎样花钱,母亲成了徐芝纶直接的榜样。

此时,为了家中多名子女(其中有徐芝纶的堂妹徐芝寅长期住在一起)生活的需要,他的母亲张稼梅到政府考试院谋取了一份书记员的工作,做了一名职业妇女。

而他的父亲正在电政部门为官,从这里到那里,挪来挪去,因耻于钻营,被人排挤,却总还是一个既不得志又不得意的小官。每年秋收的时候,他的父亲徐庭翼都要到邵伯去收房租和地租,然后在扬州与本家兄弟聚会一下。到了扬州以后,在与几位本家兄弟的交往中,徐庭翼长期不得志积结在胸中的郁闷,就通过酗酒、赌博和放荡形骸的生活得以宣泄,结果,家中老老少少生活急等待使用的钱,徐庭翼几乎拿不回来。而且,由于一味地放纵自己,徐庭翼把身体也糟蹋坏了,健康每况愈下。后来,徐庭翼因结核病医治无效,于 1933 年逝世于省立镇江医院,只有 40 多岁。当时,徐芝纶未能回家奔丧。

一个原因是徐芝纶的大学生活正处于重要阶段,功课繁重,难以脱身;另一个原因是交通不便,来回需要耽误好多时间;再一个原因是家中长辈担心疾病传染给孩子,也不希望他回来参加父亲的葬礼。

从此,扬州,对操持家务教育孩子勤俭为人的张稼梅来说,是一个每每提到便伤感万分的地方。离开扬州几十年,张稼梅再也没有回去过。虽然,扬州及邵伯是她人生路途的一个重要阶段,有着她许多难忘的回忆。但是,她不愿意也不想回到那个毁了她的丈夫身体、毁了她的家庭幸福的地方。因为徐芝纶从没有说过,我们只能妄加猜测,或许他80年未回邵伯的其中一个重要原因,也是受到母亲思想情绪的影响。

20世纪30年代初,正是白色恐怖最为紧张的时期,清华大学内也有一些亲国民党的人,整日盯住进步学生的一举一动,搞得人人自危。徐芝纶知道,为了躲避国民党反动派的追捕,其身为革命者的舅舅张天翼正和母亲张稼梅住在一起,继续进行隐蔽斗争。然而有一天,徐芝纶认识的一个亲国民党的同学突然对他说,听说你的舅舅张天翼就住在你们家里。徐芝纶听了,便说,长时间没有回家,不知道这事。话虽这么说,他的内心却一直比较紧张。一是非常担心舅舅出事,连累家庭,危及母亲;再则如果舅舅出事,自己知情不报,必受牵连。不过也奇怪,过了好长一段时间,一切显得平静,什么事情都没有发生。徐芝纶在学校经常见到那位同学,也没有听他再提起这。对此,几十年过去了,徐芝纶还百思不得其解。或许是这个同学在什么场合知道张天翼的事情,因为对徐芝纶有好感,暗示徐芝纶转告张天翼注意安全。反正,这永远都是一个谜。

这时,身材高挑、英俊、书生气十足的徐芝纶,进入了一个女孩子的视线中,这个女孩子就是北平大学女子文理学院中文系的伍玉贤。因为伍玉贤的二哥伍幼安是北平大学篮球队队员,经常和徐芝纶在一起切磋球技,参加比赛。美丽漂亮、清纯活泼的伍玉贤不时到运动场看他们练球和比赛,经常为他们打出的好球加油,对文静又有气质的徐芝纶有着良好的印象。加上周末清华大学一般都举行学生活动,邀请了北平大学女子文理学院的同学加盟,使得徐芝纶有机会与伍玉贤同台演唱京戏,一来二去,双方有了了解,逐步加深了感情。考虑到彼此之间都比较年轻,且伍玉贤正在大学读书,他俩非常理智地处理好这种感情,没有花前月下的卿卿我我,但保持并发展着良好的关系。

1937年7月,伍玉贤以优秀的成绩从北平大学女子文理学院中文系毕业,成为一名知识女性。

在20世纪30年代的大都市北京,有着广大"京片子"的群众基础,集中了中国京剧演艺界的名角和流派,京剧舞台十分热闹。在京多年的读书期间,由于耳闻目濡,长期熏陶,徐芝纶对中国的国粹——京剧产生了浓厚的兴趣。紧张的学习之余,他喜欢将节余下来的钱用来进剧院看京剧大师梅兰芳、谭鑫培、马连良等人的精彩表演,偶尔也被北京街头京剧票友的即兴清唱所吸引,不知不觉间,京剧表演中表现故事情节和人物性格特有的一招一式和韵味悠长的唱腔,使他领略到京剧艺术的博大精深,体会到无穷的乐趣。他先是喜好听,接下来跟着学唱京戏,其中的某些角色,让他产生一种模仿、创作的强烈欲望。他专攻青衣,并且修炼到比较高的程度,在中学后期和大学初期,学校不时组织的娱乐活动中,都能听到徐芝纶字正腔圆的京剧演唱。据徐芝纶自己回忆,他在上海交通大学教书期间,曾客串上场演出京剧折子戏。

令他感到遗憾的是,他的父亲徐庭翼也是一个京戏迷但长期相处于两地,相见时间短少,缺少交流,父子之间却始终没有过一次京剧角色和演唱技艺交流的机会。

当时,清华大学学术气氛浓厚,对师资要求极高,例如土木系,是著名水电专家施嘉炀先生任系主任,每年仅留一两位特别优秀的毕业生当助教。1934年,23岁的徐芝纶以第一名的优异学习成绩毕业并被留在清华大学当助教。按理说,清华大学毕业的高才生,当时如果愿意到政府部门谋一个官差,易如反掌。但是,徐芝纶毅然选择在清华大学教书,一方面,是徐芝纶受到"万般皆下品,唯有读书高"的中国传统思想影响较深,另一方面,是徐芝纶的父亲生前在官场上屡屡不得志,整日郁郁寡欢,给他留下深刻印象,尤其是父亲在生命的最后几年里,以自己的经历一再告诫徐芝纶,好好读书做学问,不要轻易去做官。所以,徐芝纶暗下决心,一辈子从事教育事业,不要去当什么官。

七、留学美国

1935年,徐芝纶在众多竞争者中脱颖而出,考取留美公费生。所谓公费,实际是中国政府用"庚子赔款"支付的学费,并不动用外国政府财政的一分一毫。而这个"庚子赔款"本身就是列强侵略中国后,制订了不平等条约,强加给中国政府的。从积极的意义上来看,"庚子赔款"在20世纪30年代前后,使得中国比较早比较大规模地输送了一批留学海外的人才,他们中间的不少杰出人士,学习和掌握了西方先进的技术,后来辗转回国以后,为我国经济建设和发展都做出了很大的贡献。

那时候到美国不像现在,坐上飞机,十几个小时,美美睡上一觉,转眼就到了。当年到美国可受罪了,要乘大海轮,漂洋过海一个月左右的时间,在船上有限的空间里生活起居,地方狭小,单调枯燥,遇到大风大浪,轮船颠簸厉害,乘客时而会晕船,吃不下,睡不着,不是一件容易的事。但是,长期锻炼身体和体育运动,使得24岁的徐芝纶身体强壮,精力充沛,怀着对未来生活的美好憧憬,比较自如地应付了船上的颠簸。

更主要的是,在同一条船上,他和同为赴美留学生的时钧共住一个船舱,平时不喜欢多说话的徐芝纶,在与时钧的交谈中,仿佛遇到了知音,敞开心扉,纵论古往今来。在同一条船上,还有一位值得一提的人物,就是钱学森,他从上海交通大学机械系毕业后,考取了美国麻省理工学院航空工程专业。共同的理想和抱负,使这三个年轻人成为挚友,由此开始了长达60余年的交往。

徐芝纶自己认为,在美国留学期间,精神上是相当痛苦的。从亲友的来信中,从美国的报纸上,他得知日本军队已经占领了华北,腐败无能的国民党政府采取不抵抗政策,节节败退,祖国大好河山一点一点被蚕食。想想偌大的中国竟然受到日本这样的小国欺负,心里头确实不好受。因此,只好埋头读书,什么社会活动都不参加,免得在外面被某些别有用心的人在身后指指戳戳。

到美国的第一年,徐芝纶就读于麻省理工学院水力发电专业,硕士研究生课程。他学习刻苦,门门功课的成绩都是A,在留美学生中有一定的名气。当时,在美国留学的人形形色色,有的是富家子弟,钱财多多,到了美国后,任意挥霍金钱和时间,也将青春付之东流。有的是受政府某些机构指派,在美国不完全是为了学业,他们的精力主要是监视中国留学生的言行举动,经常向国内打小报告。还有的就是如徐芝纶、钱学森、时钧等,是通过严格的考试取得赴美留学资格的,所以十分珍惜来之不易的机会,抓紧时间,努力学习。有的留学生偶尔一次考试有一门功课成绩为 B,都要为此难过好几天。大多数中国留学生学习极其刻苦,在美国是有目共睹的。

南京工业大学的时钧院士回忆当年在美国读书的情形时说,因为徐芝纶个子比较高,所以我们平时都喜欢叫徐芝纶为"大徐"。大徐的用功是出了名的。哪怕吃饭前有一点时间,他都要捧着一本书在看。时钧很佩服大徐学习刻苦,但又奇怪地问他何必如此废寝忘食呢?后来明白,大徐平时都是听一些名教授讲课,但是心里在想,这些名教授在课堂上是否讲得完全正确呢?不能你说什么,自己就相信什么。因此,徐芝纶找来好多的参考书,仔细阅读,认真思考,喜欢在老师的讲课中发现问题。他经常到老师的办公室去,和老师讨论教学中的问题。他觉得,自己弄清楚并且理解的知识,就容易掌握,就有利于自己学识的提高。时钧从与徐芝纶交往的过程中,非常明显地感觉到,大徐很有个性,只要他认准的事情,一定会坚持到底。因此,时钧对徐芝纶在美国学习时的某些言行表示理解。

徐芝纶在麻省理工学院读书时,恰与钱学森同住一屋,一个学水利工程专业,一个学航空工程专业,经常在一起交流学习和思想情况,结下同窗情谊。一年后,徐芝纶去哈佛大学之前,对钱学森说,再学习一年以后,自己肯定要回国。钱学森说:"你早些回国我是赞成的,我想迟一点回国。你搞水利工程也好、土木工程也好,你都有得搞。不管你教书或是搞工程都可以。我这个航空工程就难说了。中国到现在根本不能造飞机,近期也不会制造飞机,我回去干什么呢?我想等几年,等到中国的确能造飞机了以后再说。"钱学森后来实践了自己的诺言。在新中国成立后不久,在周恩来总理的关心下,经过多方交涉,钱学森历经艰辛,终于回到了祖国,并为我国"两弹一星"和航空航天事业做出了重大贡献。

徐芝纶另一位同宿舍的同学,是张光斗。相同的专业和报国的志向,使得徐芝纶与张光斗的友谊维持了一生。张光斗攻读的是水工专业,学成回国后,在中国水利工程建设上做出了杰出的贡献,先后担任清华大学教授、北京市政协副主席、中国水利学会理事长,是中国科学院、中国工程院双院士。

勤奋好学的徐芝纶到了美国以后,仅仅用了一年时间,就完成了麻省理工学院硕士学位所有课程的学习,得到了工程硕士学位。这样好的中国学生自然是引起学校注意的。当时就有两位教授找到了他,向他转达了校方的意见,就是希望他留在麻省理工学院继续攻读博士学位,并表示将提供徐芝纶最高数额的奖学金。好友时钧等也劝说徐芝纶,要他抓住机会,干脆再读一个博士。本分实在的徐芝纶感谢他们的好意,并对他们说,自己来美国公费留学的时间只有两年,已经和伍玉贤说好 1937 年一定要回去的。如果再读一个博士学位,一般 3 年,最少两年,对自己来说,时间显然不够,因此只想再选一个合适的专业学习一年。后来,他听说哈佛大学有一个威士特加德教授,是美国弹性力学的两个著名权威之一,水平很高。于是在 1936 年 6 月,他就决定从麻省理工学院转到哈佛大学去,开始跟着威士特加德教授学习弹性力学。

这时,徐芝纶和时钧等四个人在哈佛大学附近租住了一个套间,在一起吃饭,在一起学习。同宿舍有一个来自上海交通大学的留美博士生,经济状况较好。以他为主,加上徐芝纶和时钧也出一部分钱,买了一部旧汽车。平时,这部车子是时钧等人到麻省理工学院读书的代步工具,徐芝纶则从住地步行到哈佛大学,也用不了多少时间。周末的时候,大家一起坐上车子到美国各地游览兜风,给单调的学习生活注入了一些生气。

大西洋波浪壮阔,但是阻隔不了徐芝纶和伍玉贤两颗相印相吸年轻的心。每隔一个月,双方都收到飞越大洋的信件,互通情况,互诉衷肠,互相鼓励。徐芝纶一再地向他心爱的人表示,一旦学习结束以后,立即动身回国。

其实,徐芝纶并不是两耳不闻窗外事的书呆子,他的心是向往祖国的。在美国的大学里,有进步学生经常举行一些活动,通报国内的情况,特别是坚持抗日的共产党的情况。每有这样的聚会,徐芝纶都被通知参加,如问今天有什么内容,有人就用暗语回答说,关于"那边的"。此时,大洋彼岸的中国大地上,徐芝纶的两个妹妹(一个是在徐芝纶家中生活多年的堂妹徐芝寅,另一个是徐芝纶最小的妹妹徐明)和一个弟弟都受到张天翼进步思想的影响,正在参与革命活动。徐芝纶从亲友的来信中隐隐约约知道这些事,只是考虑身处的特殊环境以及周围人员关系的复杂,从来没有公开谈论而已。他经常参加进步组织的活动,了解不少"那边的"事。可见,他向往进步,向往光明,牵挂着祖国同胞的命运,也牵挂着自己亲人的安危。毫不夸张地说,当年在美国留学期间,如果有人介绍徐芝纶加入共产党的话,说不定他早就是一位职业革命者了。当然,这只是笔者的主观猜测而已。

徐芝纶在哈佛大学读书期间,仍然同钱学森保持着来往,彼此间激励着刻苦学习将来报效祖国。

又过了一年以后,刻苦用功的徐芝纶在哈佛大学取得了工程科学硕士学位。获悉这个消息,麻省理工学院原先要他读博士学位的两位教授连忙叫人再次找到了他,恳切挽留徐芝纶到麻省理工学院工作,并许以比较优厚的条件。当时徐芝纶等清华大学公派出来读书的留学生,既有向国内申请延长留学时间的,又有不打招呼自己就继续留在美国学习或工作的。徐芝纶自己后来回忆说:"当时摆在面前的就是两条路,如果留下来,当然学习、工作的环境比较好,将来有这两位教授的赏识,也不难上升。但另一方面当时我们国家是什么样的情况呢? 那是1937年的暑假前,'西安事变'过去了,国共第二次合作,全面抗战的形势已经形成,我们国家有了一线希望,我们应该马上回国,也就是所谓'共赴国难'。当然战争的环境是比较动荡艰苦,这是肯定的。但是想到我们国家培养我们大学毕业,供给我们出国留学。留学公费表面上是美国供给,实际上是我们老百姓的血汗。国家到了这样困难的关头,我们在外面舒舒服服地读书、工作,不顾祖国,怎么说得过去呢? 一批人就回来了。后来大家走了这样三条不同的路:一个是当年就回国,所谓'共赴国难'。也有一部分稍微观察一下,推迟回国。……再一部分人就是现在所说的'美籍华人'、'华裔学者',在那儿定居,入美国籍,这是第三条路。"

徐芝纶在1937年6月底乘船离开美国。7月中旬,他在船上就听到"七七"事变的消息。所谓"七七"事变,就是日本侵略者蓄谋已久,于 1937 年 7 月 7 日夜肆意挑衅在北京郊县卢沟桥的中国驻军,中国军民忍无可忍,奋起还击,掀开了全民族抗战的序幕。徐芝纶清楚地记得,当大海轮途经日本做短暂停留的时候,整个日本弥漫着战争的空气。他在日本的街上溜达时,到处可以看到墙上贴着许多标语,上面写着"对支那宣战"、"惩罚支那"、"惩罚抗日分子"等等。徐芝纶不难感觉到,这些标语的口气,表面上好像是日本的老百姓都在向天皇请愿,要对"支那"宣战,其实那个标语底下印的是"大日本军部"的字样,完全是部分好战分子所为,哪里是什么老百姓要对中国宣战呢?他带着一种对侵略战争强烈的厌恶和对祖国前途的深深忧虑的心情,继续踏上归国的路程。

1937 年 7 月初,徐芝纶回到祖国。不久,终于了结了两年的相思之苦,与伍玉贤喜结连理,从此相亲相爱,白头偕老。

这一年,徐芝纶 26 岁,伍玉贤 24 岁。

八、浙大 6 年

抱着一个科教救国的良好心愿,牢记父亲的谆谆教诲,回国后的徐芝纶安家甫定,便应聘到浙江大学工学院土木工程系当一名教师。到浙江大学除了是学校急需徐芝纶这样优秀的留学回国人员充实教师队伍以外,还有另外一个因素,就是时任浙江大学的校长竺可桢,是徐芝纶的姨夫。竺可桢早就知道徐芝纶的人品学识,在自己提出的"大学实施教育,教授人选最为重要"的思想指导下,举贤不避亲,有意将徐芝纶招至麾下。

同一时间,徐芝纶的妻子伍玉贤,被安排在浙江大学图书馆担任馆员。

徐芝纶在浙江大学教书的日子,正值日寇大举侵占中国领土,中华民族到了最危险的时候。据《浙江大学简史》记载:"1937 年 8 月 14 日,侵占台湾的木夏津航空大队首次轰炸杭州。南京、上海、杭州沿线敌机肆虐,战争空气弥漫东南各省。迫于战事,浙江大学除了一年级新生于 9 月下旬迁至西天目山开学上课外,其余各年级仍在杭州校本部坚持了三个月的教学活动,直至 11 月,日军在距杭州只有 120 公里的全公亭登陆,浙大才被迫决定正式西迁。"其时,徐芝纶在浙江大学小试锋芒,刚刚讲了一个多月的课。自此,浙江大学在 3 年时间里搬了六次。

当年,面临日寇侵犯,许多大学都迁往四川、湖北等地,浙江大学为什么却向大西南迁移呢?《浙江大学简史》解开了这个谜。

"浙江大学要搬迁,首先要解决的原则问题是搬迁到何地去。竺可桢校长和他的同事们认为,浙大决不搬迁到如武汉、长沙或重庆那样的大城市去,以免造成内迁大学过于集中在大城市,而是要搬迁到那些从未有过大学的城镇,以至僻静的农村,使大学的内迁与中国内地的开发得到结合。随着战事的发展,浙江大学四次向大西南搬迁。竺可桢的这一决策,使浙大在战事相对安定的山区或农村,找到了相对安定的办学环境,有利于保存我国知识分子的力量,培养众多的学生。浙江大学这支'文军',在大江以南的浙西、赣中、桂北、黔北农村和山区,既坚持了教学和科学研究,又促进了这些地区的开发。同时,浙江大学的学生来源也是从原来的东南地区,即苏、浙、皖、赣为主,扩大到苏、浙、皖、赣、闽、湘、粤、桂、黔、蜀诸省，以至招收全国各地（包括东北各省）的流亡学生，发展成为一所全国性的大学。浙大这支'文军'的长征是播种机，在大西南半壁江山播下了科学文化的种子；浙大这支'文军'的长征是宣传队，传播了现代科学知识，弘扬了中华民族不可战胜的精神。"

在中国抗日战争历史上，共产党领导了红军进行了史无前例的二万五千里长征，成为中国革命中最为伟大的壮举；同一时间，在中国高等教育历史上，浙江大学由师生员工组成的"文军"，在长达1000多天的时间里，从杭州出发，经过江西、广西，最后到达贵州遵义，长途跋涉2600公里，也写下了极其辉煌壮烈的篇章。在这支浩浩荡荡的"文军"队伍中，青年徐芝纶用自己坚实的脚步，写下了壮丽人生事业史上精彩的开篇。

1986年，徐芝纶在回忆起这段历史时说道："杭州紧急，飞机场、火车站都被轰炸，因此就搬离杭州。二三年级搬到建德，一年级住不下，搬到天目山山里，算为二迁。后来再迁至江西吉安，又搬到泰和，又迁到广西宜山，最后迁到贵州遵义。每次搬家，都有日本兵在后面追，还有飞机轰炸。交通工具没有，有时候坐一段小木船，有时坐一段敞篷卡车，有时候坐一段火车，也是敞篷货车。到了一处，就在庙宇里或者在一些地主的祠堂里上课，或者搭一些草棚子上课。同学们的教科书根本买不到，全靠教师在黑板上写。晚上没有电灯，在油灯底下备课。更麻烦的是躲警报，有时候一天两次，上午躲了下午又要躲，有时要在防空洞里备课。有些教师实在吃不消，有的跑到西南后方去，个别的回到沦陷区、回到老家去。教学的任务只好由不走的人来分担。当时我还不到30岁，算是年轻力壮的，没有人我就顶上去。在浙大6年期间，我教过十几门课程，教过应用力学、材料力学、结构力学、高等结构、弹性力学、结构设计、土壤力学、基础工程、水力学、水力发电工程、水工设计、坝工设计等。同学们比我们更苦，那时大多数同学与家里已经失去了联系，没有经济来源，学校里也不可能供给那么多同学。条件非常艰苦，同学们没有床，到一处就想办法搞稻草，铺了稻草在地上睡觉。吃糙米饭，8人一桌，只有一碗素汤。两个人睡一床棉被的情况是很普遍的，破衣、破鞋、破帽子那就不用说了。"

其实，徐芝纶刚刚到浙江大学去讲课的时候，心里并没有底。那时教师没有集体备课制度，也没有相互之间的听课。他想了解其他教授如何讲课，就曾多次在教室外面听其他教师讲课，悉心揣摩，取人之长，补己之短，努力提高自己的讲课水平，使得自己在大学校园里站稳了脚跟。

在浙江大学被迫搬迁的过程中，年轻的徐芝纶目睹了苏步青教授、贝时璋教授等教师的情况：拖家带口，在动荡的岁月里，生活不方便，孩子学习难以保证，经济上十分困难，教学工作亦受到影响。因此，他和夫人伍玉贤商量决定，趁现在年轻，把主要精力集中在工作上，多做一点事情，暂时不能要孩子，否则就是一种沉重的负担。深明事理且对夫君一往情深的伍玉贤完全支持徐芝纶的主张，所以结婚多年没要孩子。

浙江大学搬迁到遵义以后，由于这里是山区，抗日的大后方，教学工作相对稳定，教师的生活条件也有所改善。徐芝纶感到各方面生活逐步安定以后，这个孝子便十分惦记正在外地亲戚家生活的母亲。于是，他向学校请了假，专程到湖南湘乡去接母亲。这是徐芝纶第二次到外祖父的家。他在大学毕业的时候，曾经第一次到湘乡玩过。当时见到外祖父家几位亲戚,留下深刻印象。5 年以后,徐芝纶再到湘乡,因为战乱,诸位亲人各奔东西,有一种此一时、彼一时的感觉。由于在浙江大学任课较多,他在湘乡没有时间多待,迅速把母亲接到了遵义,母子又在一起团聚了。知子莫如母。在遵义期间,母亲张稼梅知道了儿子和媳妇不想要孩子的决定,她也表示理解和支持。新中国成立以后,徐母一度住在南京徐芝纶的家中,看到徐芝纶工作紧张,事业有成,到处受人尊敬,有一次曾经深情地对徐芝纶说:"你不要孩子和你的事业有关。"

在遵义的时候,徐芝纶结识了在浙江大学机械系教书的著名教授钱钟韩。学校休假的时候,他主动邀请钱钟韩(新中国成立后曾担任南京工学院院长)、涂长望(新中国成立后曾担任国家气象局局长)等来自己的家中打桥牌。有时,徐芝纶丕邀请学校医院的医生等几个京剧爱好者在家里唱唱京戏。这些,对当时处在经济落后、文化生活枯燥的偏僻地区的大学教师来说,比较好地调剂了单调的生活。

在浙江大学工作了 6 年后,徐芝纶决定离开学校,换一个工作内容和工作环境。他自己公开说的原因,是因为读了多年的书,教了多年的书,缺乏工程方面的经验,想到工程单位接触实际工程,检验理论。另外还有几个原因,他不便说出来,其实讲出来是很正常的。那就是,在浙江大学,徐芝纶的教学业务能力很强,一个人开了十多门课,教学水平高,学生普遍反映好。但是,与徐芝纶一同到浙江大学任教的几位教师,几年后都先后被学校聘为教授,他还是一个副教授。细细分析一下,可能与他是竺可桢的亲戚有关。竺可桢校长可以早早提议让别人晋升为教授,考虑到种种关系,对于自己的侄儿徐芝纶,则要迟一点才能晋升教授,这是对自己也是对徐芝纶的严格要求。性格内向但是十分自信的徐芝纶觉得,自己在浙江大学教授多门课程,教学质量有目共睹,凭能力足以胜任教授一职。既然这里有困难,我不妨到外单位去试试看。此外,徐芝纶还想到的是,自己从中国大学到外国大学都是进行专业理论学习,接着在大学里教书,都是从书本到书本,缺少工程实践经验,如果能够换一个工程设计规划单位补上这一课,还是很有必要的。最后一个原因,据说是浙江大学某个系的负责人,宗派情绪比较强,对徐芝纶在教学中的良好反映有嫉妒心理,背后会搞一点小动作,使得正直的徐芝纶看不惯,难以忍受。后来,尽管浙江大学知道徐芝纶要走,很快聘请他担任教授,极力挽留。但是,徐芝纶去意坚决,毅然离开浙江大学,重新开辟事业的天地。

九、走入社会实践

1943 年,喝过洋墨水、有双硕士学历、有专业能力的徐芝纶,走出浙江大学校门不久,就应聘到重庆资源委员会水利勘测总队工作,并且担任了工程师兼设计科科长,负责主持水电工程开发设计方面的工作。

首次接触水电工程建设实际工作,徐芝纶表现出比较高的热情。他带领一批技术人员,钻山沟,踏河流,整日忙于勘测、分析、设计,倒也出了不少工程图纸。不过,忙了大半天,就是不见施工的动静,而那些图纸只能委屈地躺在档案室里睡觉。在重庆资源委员会水利勘测总队工作期间,徐芝纶还有幸与美国垦务局的萨凡奇先生一起进行过三峡枢纽的初步设计,这也许是关于长江三峡工程最早的中外合作了。不过,限于当时的政治、经济和社会的环境,也只能是搞了几十张图纸,不了了之。想一想,当时缩在重庆的国民党政府,在"攘外必先安内"的反动思想指导下,把财力人力精力都集中在对付共产党领导的八路军和新四军身上,哪有心思为国家、为民众办实事。虽然国民党政府设立了不少科研机构,招聘了不少科技人才,甚至邀请了一些国外的著名专家来指导工作,但那不过是装饰门面做做样子而已。本来徐芝纶一心想的是科学救国、工程救国,但渐渐觉得搞出来的设计图纸是不能救国,也无法救国的。与其耗费时间跑来跑去总是做些无用功,还不如再换个环境做点实际工作。徐芝纶对自己选择的工程师职业开始产生了动摇。

同一时间,徐芝纶还应聘在中央工业学校当兼职教授,时常去给中央工大的学生讲课。

1944年,由于对国民党政府及其科研管理机构失去信心,徐芝纶在重庆资源委员会水利勘测总队做了一年多后,重新回到了教学岗位上。

十、重执大学教鞭

1944年,经同学引荐,徐芝纶应聘去了从南京迁至重庆沙坪坝的中央大学(今南京大学)土木系,并很快被聘为教授。

这一时期,由于教学质量高,学生欢迎,他仍然担任兼职教授,常去中央工大讲课。再一个原因是徐芝纶的夫人伍玉贤没有出去工作,为了家庭生活开销,徐芝纶需要多做一份工作,增加收入。当时情况下,许多教师都是这么做的,如时钧院士回忆说,当年全家有八九口人,为了养家糊口,时钧曾经兼做三份工作,生活才勉强过得下去。

尽管从事水利工程设计和规划的时间并不长,但毕竟积累了一些实践的经验,丰富了课堂教学的内容。所以,徐芝纶教授一出现在中央大学讲台上,其形象和口才就征服了学生。他讲的课,条清理晰,深入浅出,生动易懂,很快就在学校里出名了。每轮到他开课,不仅本系的学生爱听,连外系的学生甚至力学助教都跑来听课。

目睹此情此景,徐芝纶自己颇感欣慰,他认为,虽不能扛枪上前线抗日,但能够培养国家建设有用人才,是又回到"教育救国"的老路上了。到了中央大学,好像回到了老家,他与时钧等老朋友时隔多年,终于见了面。在一个小山包上,徐芝纶一家居住在山上,时钧的家坐落在山腰,相距不远,一家站在门口大声喊话,另一家都可以听见。平时大家忙于教学工作,遇到日机轰炸,无法教学或者周末闲暇在家的时候,几个老友聚在一起,偶尔喝喝酒,打打麻将牌,消磨时光。

1946年,抗日战争胜利以后,徐芝纶觉得重庆生活不便,气候不适,特别是交通不畅,信息比较闭塞,于是又从中央大学辞职,转道到了上海交通大学,很快被聘为教授,并在土木系从事教学工作。

1948年,上海交通大学成立了水利系,他转到水利系当教授并兼任系主任。尽管大学里的系主任和有职有权的政府官员是有本质区别的,可徐芝纶觉得这仍然是一个"官位",另外想到自己教学任务比较多,时间上安排不过来,不想也不愿意担任系主任职务,一再向学校领导提出辞去职务,只做教授。鉴于徐芝纶的学术水平和在教师及学生中有较大的影响,上海交通大学校长坚决不同意他辞去系主任一职。徐芝纶实在没有办法,只好将此工作一直做到新中国成立。

在上海交通大学期间,徐芝纶同样兼做中央大学土木系教授,一年后又在上海私立大同大学及上海私立大夏大学兼课。1948年9月至1949年5月,还在私立之江大学上海分校兼任教授。

全国政协原副主席钱正英、水利部原部长杨振怀在上海求学时,都曾经直接聆听过徐芝纶生动的讲课,过去了几十年岁月,对当时徐芝纶上课的情景,依然历历在目,记忆犹新。

十一、参与创办华东水利学院

1952年,全国高等院校进行院系调整,为了培养高级专门人才,适应建设新中国水利、水电、交通运输事业的需要,经时任华东军政委员会水利部第一副部长、淮河水利工程总局局长、华东水利专科学校校长刘宠光倡议,华东区高等学校院系调整委员会决定成立河海大学的前身——华东水利学院,由上海交通大学和南京大学两校的水利系、同济大学和浙江大学两校的土木系水利组及华东水利专科学校的水工专修科合并组成。1953年夏,又有厦门大学土木系水利技术建筑专业、山东农学院农田水利系、淮河水利学校水利工程专修科并入;1955年夏,武汉大学水利学院海港系并入。

当时,徐芝纶已是上海交通大学知名教授并且担任水利系主任职务,夫人伍玉贤也在同校图书馆工作。对于徐芝纶来说,无论工作或学习环境、社会地位,还是所在城市的生活环境,都是很理想的。然而,经过筹委会副主任严恺教授到上海交通大学一番游说,特别是与他进行了一番推心置腹的交谈,使他感到投身建立一个新中国的水利学院很有意义。尤其令他感动的是筹建中的学校,在十分困难的条件下,专门在距离学校和菜市场都比较近的苏州路15号,为包括他在内的部分高级知识分子准备了较好的住房,还对伍玉贤在学校图书馆的工作做了安排,通情达理并且富有责任感的徐芝纶实在没有什么可说的。于是,他积极响应党的号召和国家的需要,放弃了在上海优越的工作和生活环境,自1952年8月始,偕同妻子伍玉贤,来到南京荒凉的清凉山下,参与创建华东水利学院。

1952年8月,徐芝纶参加华东水利学院建校委员会第一次会议,并被确定为师资员工调配组(包括课程)成员。同年9月8日,华东区高等学校院系调整委员会正式下达批复,同意华东水利学院筹建委员会名单,他是学院筹建委员会8名委员之一。

中国科学院院士、中国工程院院士、河海大学名誉校长,曾经长期担任河海大学领导职务的严恺教授,是华东水利学院筹建委员会副主任,他回忆当年的筹建情况时说,本来学校请来徐芝纶,除了要他担任华东水利学院筹建委员会委员之外,还有一个非常重要的意向,就是想让他担任教务长,全面负责学校的教学管理工作。但是,无论如何,徐芝纶坚决不答应就任教务长一职,理由是不想做也不会做领导,管理经验少,已经到这个学校来了,先教一段时间书,干干老本行,其他事以后再说。所以,学校正式运转起来的时候,只是任命了张书农为副教务长,而教务长的位置一直空着,大家都清楚,那是专为徐芝纶留着的。徐芝纶于是作为工程力学教研组主任,直接从事最基层的专业基础课教学和管理工作。

两年以后的1954年,经过学校再三做动员工作,自我感觉对学校情况有了较多了解的徐芝纶,同意兼任了教务长职务;1956年12月,由学校及上级机关推荐,并经国务院总理周恩来的任命,他开始兼任华东水利学院副院长职务。尽管职务不断发生变化,他有一点始终保持不变,就是无论行政工作事务再多,工作再忙,还是保留教师身份,承担一定的教学工作,几十年如一日,坚持在教学第一线。徐芝纶说自己这样做的目的有三点:第一,自己的业务不会荒废,能够保持业务内行的良好形象;第二,可以从教研室教学活动中了解教师工作的情况,同时从课堂上听到学生的想法或建议,使得教和学两个方面的管理更有具体的针对性与指导性;第三,一个人搞行政工作不可能一辈子,什么时候离开了行政岗位,自己不会感到失落,还可以有教书写书的事情继续做下去。

进入学校领导岗位的徐芝纶,对自己分管负责的教学工作,为理顺教学关系、修订教学计划、整顿教学秩序,投入很大的热情和很多的精力。徐芝纶非常强调要严格按照教育规律办事,在教学管理上是十分认真负责的。根据国家高等教育教学大纲的要求,他主持或参与制定的教学计划,要求各个系和教研组必须遵照执行,不得走样。他经常到系里检查教学安排情况,到教室听教师上课并倾听学生的意见,然后在教学工作会议上予以指出,督促大家共同提高教学质量。晚上,徐芝纶喜欢在校园里散散步,实际上,他是利用散步时间了解学生在教室里晚自修的情况,掌握学生的学习动态。再则就是顺便看看教学楼的管理情况,如果发现办公室的窗户没有关好,他会立即通知工友把这些事情做好。

这是华东水利学院成立初期发生的一件小事,所以几十年为教职工津津乐道,或许可以表明徐芝纶在教学管理方面的严格和认真。有一天早晨,徐芝纶走进教室给学生上课,班长"起立!"的声音喊得不响亮,学生站起来的时候,稀稀拉拉,有站有坐,有先有后,很不一致。徐芝纶生气地说:"重来一次!"然后,徐芝纶用两分钟解释这件事,他说,他并不是一定要学生对他个人恭恭敬敬,重要的是作为学生,要在学校里通过一件件小事,养成良好的规矩和习惯,唯有如此,才能在将来做成大事情。

1955年,经严恺教授介绍,徐芝纶加入了九三学社。同年,他因为政治上拥护中国共产党,努力贯彻党的教育方针,兢兢业业做好教学管理工作,认认真真教书,成绩突出,被推选为江苏省人民代表大会代表。

徐芝纶为华东水利学院的建设和发展,付出了大量的心血,做出了重大的贡献。

十二、始终如一的教育观念

徐芝纶长期负责学校的教学管理工作,始终坚持按照党的教育方针办事,坚持科学、严谨、实在和新颖的教育观念,努力培养高质量的人才。这些从他担任学校教务长和副院长以后的一系列讲话和工作中,都充分地体现出来。这里从他的一次讲话入手,着重介绍他关心学生成长进步的教育观点。

1954年9月1日,新任教务长徐芝纶在全校新同学大会上,做了《高等学校中的教学方式与学习方法》重要讲话。他说:"像我们这样一个高等工业学校,是培养高级技术员与工程师的。培养什么样的技术员与工程师呢?各专业不同,但有共同的条件,就是要'适应祖国当前经济建设的需要,忠实于人民事业,体魄健全,具有一定科学理论与基础'。具体说来就是要:

"(1)忠实于人民。要做到这点,就必须重视政治课程及时政学习。作为一个新中国的建设干部,我们必须明了祖国经过怎样的革命过程由旧中国成为新中国,必须明了祖国目前的建设情况,必须看清楚祖国社会主义的远景,这样才不至于专门为个人出路打算,才谈得上忠实于人民事业⋯⋯

"(2)体魄健全。对于任何一个建设干部来说,这是很重要的。因为任务是重大的,工作是繁重的、困难的,没有健全的体魄就不能胜任。即使在学校期间,学习任务也是不轻,我们在繁重的学习中不但要保持健康,完成学习任务,并且要一年比一年加强,迎接毕业后的工作。因此,学校对于体育课和课外锻炼极端重视。

"(3)掌握一定的科学理论与专业技术,并且能独立思考和独立工作。由于新中国建设面广而人才缺乏,同学们毕业后常要独当一面地工作,独立设计,领导施工。因此,高等学校要尽力避免填鸭式的讲课、保姆式的辅导,在各个教学环节中训练'独立'。诸位同学在中学里受到老师的照顾可能是多了些,听到独立有些害怕,但必须锻炼,老要人扶着走就永远不会走路。"

上面这段话,语重心长,即便过了50多年,说给今天的大学生听听,也不会感到过时。

接着,在这个讲话中,徐芝纶话锋一转,谈到:"高等学校各种的教学方式,正是为了达到以上这些目的而服务的。具体方式有:

"(1)讲课。同学们每星期在教室和实验室内和先生见面的时间大约是三十几小时,最多36小时,其中有一半或一半以上是用于讲课。就形式上看,与中等学校没有什么差别,除了班子大些(两三个或六七个小班合为大班,多至200人),但实际上不同,高等学校的讲课是最重要而且起主要作用的。同学们在课堂上听了并领会了课程内容以后,可掌握一定的具体知识,并了解这门科学在他未来工作中的重要性和必要性。不是简单地记住所讲教材,而且要真正懂得。不但要懂得单独问题以及个别章节,并应理解这门科学的发展逻辑,懂得所讲理论问题与社会主义建设之间的关系。只有这样,在独立工作时,遇到没有讲到的这门科学知识范围内的问题,才不会有很大困难。同时,由于时间上的限制,只能讲述课程中最基本最主要的问题,凡是与整个课程的系统性和逻辑性没有关系和次要的问题,都不能在课堂上讲授,这就需要同学们事后独立阅读,并对这门课加以补充。

"(2)课堂实习。凡有计算与作图的课,不论普通理论课、普通技术课或专业技术课,都有适当的实习题课。以小班形式在先生指导下作题,主要作用是使同学们学会运用所得知识解决具体问题,同时帮助同学体会理论,巩固记忆,可学会运用手册、图表、计算尺等,以减少计算工作。

"(3)实验。在实验中,同学可以直接观察到讲课时已用理论说明过的现象(自然现象在人为条件下重复一次），加深了解。同时可学会使用仪器，明了机器或其他技术装备的操作条件，并获得一些生产操作的技巧。

"（4）成绩检查。由成绩检查教学效果，分经常性的与总结性的两种。经常性的有检查作业、实验、课程设计、测验等，目的是为了了解学习情况，发现问题，对学习不好的及时帮助并改进教学，督促同学按时复习，不致积压。总结性的成绩检查就是考试在期终举行，目的是总结一年或一学期的全部教学工作。"

讲清楚教学方式以后，面对新学生，做学生时学习成绩一贯优秀的徐芝纶进一步说到了大学的学习方法，他指出："现根据过去从实际工作中得来的经验，将主要的可行的学习方法向各位同学介绍：

"（1）订学习计划。课程门类多至七八门，而自修时间是有限的，为了用一定时间得最大效果，就必须把时间合理分配。开课以后系里会通知你们将每门课程的自修时间合理地安排一下，要结合课程表，尽可能当天复习听过的课，印象深刻、省力。每位同学结合个人情形，每门课自修时间可略施增减。总的自修时间也可以结合身体、基础，略施增减。但是，决不应将自己认为'次要'课程自修时间减得很多，因为教学计划中所列的课程绝对没有主要次要之分。订了以后照计划执行，要坚持，这样不致于东抓西抓、被动。

"（2）怎样听课、记笔记？在课堂上要集中精神，专心听讲，不能思想开小差；要使自己的思路与老师的思想逻辑一致起来，才能理解消化所讲内容。听课脱落一段，课后补起来是费事的……记笔记是高等学校中课堂教学重要的一个环节，必须从第一课就开始练习。必须跟着老师的思想发展，将所讲的经过思考，理解了，有重点地用自己的语言记下来。

"（3）怎样复习？复习是为了巩固课堂上所讲的理论，并且为下一次听课打好基础，前面不巩固后面听不进是必然的，因此必须及时复习，最好是当天复习，至少在下次听课前复习。复习时先按照自己的笔记阅读、回忆、整理，彻底搞清每一段讲课解决什么问题？根据什么理论？逐步推广的逻辑怎样？得出什么结论？最主要的是先搞懂再求记，不懂而记住，靠不住，会忘记，而且会误用，反比不记更坏。

"（4）怎样做习题？习题的目的在于帮助学生把听讲和习题课程得来的知识综合起来，使之具体化，同时又可训练同学独立解决问题，因此必须在复习以后，在彻底掌握所听理论以后，在习题课里解决一些简单的问题以后才开始做。"

显然，徐芝纶向新学生所讲的这一切，都有着自己过去刻苦学习的经历和经验，讲话的最后，他满怀深情地说："总之，在高等学校中一切教学工作，都是为了培养同学们能在将来祖国建设工程中做一个合格的干部。因为祖国建设需要忠实于人民事业，学校就必须重视政治课和时政学习；因为需要健全体魄，就得重视体育课和课外锻炼；因为需要科学理论基础和专业技能，我们就得有一个完整的教学计划；最后因为需要独立工作，所以我们要强调独立思考和独立工作。"

开学第一课上过以后，时间飞快地进入了考试阶段。担任副院长不久的徐芝纶，在紧张的工作之余，心里想着年轻的大学生，关心着学生学习的进展。1957年1月初，他专门给全校一年级学生做了报告,内容就是关于考试问题。5 日,《水院生活》及时刊登了他的报告中的一部分《如何温课准备考试》。如果学生们确实按照他的要求去做的话,相信考试就不会是一件令人头痛的事情。

在高等学校里,教师除了教书以外,还应当扮演什么样的角色?徐芝纶有着自己的认识。1955 年 9 月,他在全院班主任会议上指出,班主任工作不仅帮助同学更好地学习,同时对青年教师在培养共产主义道德品质方面有重要意义,因此,他号召大家努力工作,创造经验,出色地完成党交给的任务。

徐芝纶为河海大学工作到生命的最后一刻。他的教育观点、教学理念,都在长期的工作实践中得到非常好的体现;他的教学经验、教书技巧,都通过编写出版的教材和文章得以流传,从而使他成为当之无愧的力学大师和教育家。

徐芝纶在教学生涯中形成的风范举止,已经为他的同事和接班人所继承,并且得到发扬光大。工程力学教研室的教师,在学校发展的各个时期,都积极参与教学改革,紧密结合学校教学和工程建设的实际,注意听取学生的意见和建议,为课程教材及时补充大量鲜活内容,始终成为河海大学教学工作的先进集体。现在,如果有机会听听曾和徐芝纶同在一个教研室的陈定圻老师讲课,他从对内容体系的熟悉,到语气、手势和身姿,无不令人感受到徐芝纶的遗风。同时,陈定圻在课堂上使用多媒体课件,操作熟练,形象生动,又明显感到现代的先进的教学手段正在高等学校里得到运用。

十三、在弹性力学教研室

20 世纪 50 年代末 60 年代初,学校坚决贯彻中央提出的"调整、巩固、充实、提高"的八字方针和水利部指示精神,为加强基础理论、加强基本知识、加强基本技能的训练,按照保证大面积水利专业基础课程教学的前提下适当照顾新专业(数学、力学)的原则,调配了基础理论课程的授课师资。服从教学工作需要,从工程力学教研室里分出弹性力学的教师,专门成立了弹性力学教研室,徐芝纶是其中重要的一员。先后到教研室工作的教师有张建培、李昭银、王润富、姜弘道、卓家寿等。回忆与徐芝纶在弹性力学教研室共事的日子,几位老教师都很激动,仿佛还在昨天一般。

20 世纪 90 年代中期,弹性力学教研室与结构力学教研室合并为工程力学教研室。这是一个治学严谨的整体,这是一个关系和谐的整体。当年,以徐芝纶为核心、作楷模,弹性力学教研室每周一次开展教学研究活动,大家坐在一起,听青年教师课前试讲、讨论推导习题等等,互帮互助风气很正,教师钻研业务干劲大,大家注重课堂教学艺术和效果,在学校里产生了很好的影响。

徐芝纶是一级教授、副院长,但平易近人,没有一点架子。只要教研室有活动,他总是第一个到达办公室,认真听取大家的发言,并发表自己的意见。王润富谈到自己的感受时说,徐芝纶所以非常受人尊重,很重要的一点就是"身教"。李昭银深有体会地说,徐芝纶带青年教师时,他一般不让教师早早上讲台。他要求青年教师跟着他,认真地完整地听他的课,学习讲课技巧和艺术,过了一两年,经他观察、审查合格以后,才能正式上课。这样的教师、这样的教学,自然在质量上有充分的保证。

徐芝纶真诚地关心青年教师的学习进步，他明确告诉青年教师，你们不要轻易搞外文教科书翻译的事情，因为你们的外文底子不厚实，做起来很吃力。他希望青年教师集中时间和精力，认真搞好教学和科研工作，要善于思考和总结，等到积累了一定的经验后，写出新的高水平教材，促进事业发展。这些话语，对青年教师的触动和帮助很大。

十四、身体力行教书育人

徐芝论本来一直是搞水利工程专业，后来一生都从事弹性力学教学和研究，他戏说自己成为弹性力学专家，是歪打正着。原来，20 世纪 50 年代初期的河海大学，教员缺乏，在不多的专职教师中，不少人都是专业教师，专业基础教学工作难以安排。1952 年11 月《华东水利学院教学会议和特别辅导的经验总结》中写道："在师资方面，由于各校调配的师资大多是专业师资，因此基本课程的师资很感缺乏，原来的专业师资有一部分也改为基本课程的师资。因为专业分得比较多，专业师资也不敷分配。"先为工程力学教研组主任，后来担任学校教务长的徐芝纶，就带头承担了工程力学、弹性力学等多门专业基础课的教学任务，这一教，竟然就是一辈子，并且成为我国力学界的一代宗师。

徐芝纶所在的工程力学教研室，一直是河海大学的样板教研室。由于徐芝纶、吴永祯、赵光恒、张本悟等教师的言传身教，因此，无论在什么时候什么情况下，教研室的教师都能够端正态度，严谨治学，严肃认真，形成了良好的传统。

徐芝纶在漫长的教书生涯中，笃信"学无止境，教无止境"，对自己严格要求，对同事热情帮助，对后辈竭诚提携。当年，他所在的工程力学教研组，每一个教师走上三尺讲台前，必须首先通过教研组内部试讲这一关。在爱好京剧艺术的徐芝纶看来，课堂教学本身充满了艺术魅力，一名合格的大学教师站在讲台上，面对众多的学生，就如同艺术家站在舞台上面对观众进行表演，要自始至终吸引学生的注意力，因此，教师讲课时的声音高低、形体动作、板书规范和时间的控制等，都非常有讲究，同时，还要时刻注意调节课堂气氛，课后了解学生的反映以及学习的效果等等。年轻教师只有在教研室同事的共同帮助下，内部讲课得到认同，才能走上讲台，以确保教学质量。1952 年调入河海大学的吴永祯（1921—1997 年），在上海交通大学读书及工作时，一直受到徐芝纶高超的教学艺术的熏陶，1952 年就曾经和徐芝纶合作编写出版了《理论力学》一书。来到南京，作为学校工程力学教研组的一名骨干教师，继续接受徐芝纶的指导，教学水平日臻进步，后来成为我国力学教育界的知名教授。据说，深得徐芝纶真传的吴永桢在讲课前，为了求得最好的课堂效果，曾经面对自家大衣柜的镜子，边讲课，边揣摩自己的举止动作以及语音语速是否符合要求。正因为徐芝纶等一批老教师的言传身教，无声熏陶，所以几十年来，河海大学工程力学教研室的教师，在专业基础教学方面，无论教学质量还是教学效果，都处于学校的前列。

徐芝纶与所在教研室的教师们相处得十分融洽，对普通教师，除了工作上关心外，生活上的困难也给予解决。在三年困难时期，工资收入比较高的徐芝纶和伍玉贤，经常把一些熟悉的单身青年教师请到家中，给他们煮肉吃。力学教研室卓家寿老师结婚的时候，徐芝纶放下工作，出席了卓家寿的婚礼。李咏偕老师结婚的时候，徐芝纶也是持礼前往祝贺。婚礼上,他让李咏偕夫妇唱"敖包相会",当唱到歌词"只要哥哥(妹妹)你耐心地等待哟,你心上的人儿就会跑过来哟喂"时,沉浸在喜悦之中的徐芝纶高兴地说:"来了!来了!"激起大家会意的笑声。有一次,徐芝纶所在的教研室讨论工作结束以后,大家久闻他擅长京剧,就鼓掌请他清唱一段,徐芝纶不拂大家的心意,情不自禁地唱了起来,果然一鸣惊人。

后来,人们很少有机会听到徐芝纶演唱京剧。他在晚年回忆这件事时,颇有点无奈地说,不是不想唱也不是不愿意唱,而是过多的政治运动,搞得人人自危,关系紧张,加之认为京剧古装戏都是封资修的东西,列入横扫的范围,整个社会缺少了演唱经典京剧的环境和气氛。党的十一届三中全会以后,社会环境变化了,自己也曾经想唱唱,但是发现学校里没有合适的京胡伴奏,同时自己感觉老了,中气也确实不足了,偶尔在家中看看京戏,自己一个人哼哼还可以,公开演唱就不适宜了。他的好友濮伯泉回忆说,徐芝纶的晚年,电视台播放的京剧节目是他最喜欢看的。在他去世前,他很想看中央电视台第三套的戏剧节目,但是南京有线电视台当时没有转播,令他这个京剧迷感到无奈。

20世纪50年代中期到70年代初期,我们国家经历了较多的政治运动。作为一个学者,徐芝纶相信共产党,拥护共产党,却根本不了解每次政治运动的复杂背景,不愿意对此发表多少意见,只想甘居中游,安安静静地搞自己教书、写书的事情。但是,当时的政治环境,是不允许有人身居"世外桃源",搞特殊化的。因此,在开展思想改造运动中,他剖析批判自己身上存在的享乐思想,写了一篇文章刊登在《大公报》上。在"肃反"运动中担任小组长的徐芝纶对扩大化倾向保留自己的不同看法,对不该被斗争的对象表示同情。有时,徐芝纶的不言不语,被视为脱离政治路线,走"白专道路"。那时大一场小一场政治讨论活动特别多,逼迫每个人都要发言,表明自己的政治观点和倾向。徐芝纶眼看实在对付不过去的时候,就平平淡淡地说几句,无关痛痒,不偏不倚,别人即便不满意他的发言,也不好强迫他一定要说些什么,拿他也没办法。

然而,徐芝纶是一个有自己思想的人,事实上是看清楚大是大非问题的。1957年,由于"反右"斗争扩大化,学校有谭天锡、吴永桢等几个教师在公开或半公开场合发表的正常言论,被视为"反党反社会主义"或"向党进攻",受到猛烈批判,乃至被戴上了"右派分子"帽子。对此,了解这些教师历史和现实一贯表现的徐芝纶持有不同看法,他认为这些教师在党组织召开的讨论会上针对社会上和学校的某些情况,善意地提了批评意见,说了几句心里话,例如对知识分子尊重不够的问题,里面包含的内容顶多算自高自大而已,怎么一下子定成反党反社会主义呢?

1958年,学校响应党的号召,为了1070万吨钢铁产量的目标而奋斗。一开始,徐芝纶带着热情参与大炼钢铁。1958年10月20日的《水院生活》报道说:"苦战四昼夜,三炉齐开动,全院又炼铁2834公斤,其中河川系高炉创依次出铁63公斤的记录。"可是,当他看到拆门扒锅送到土高炉里熔炼,出来的却是一无用处的铁渣后,仔细算了一下经济账,并在某些场合附和并同意社会上流传的小高炉炼钢铁得不偿失的说法。他还是善意地从经济的角度考虑的。《河海大学校史》这样写道:1958年"在大炼钢铁运动中,全校共上报铁6000公斤,钢4000公斤。实际上并没有生产出一公斤适用的铁,相反,因拆了钢门、钢窗,回炉炼钢,破坏了财物,助长了浮夸。"

徐芝纶的上述种种看法流露出来以后,至于别人满意也好不满意也好,他从不去考虑。所以,在有些人看来,徐芝纶是一个不问政治的人。

大家记得,1958年,学校搞了一场"红专辩论会",有少数人认为,学校里的一批高级知识分子整天忙自己的业务,不问政治,有的人是"大专小红",有的人是"先专后红",有的人是"粉红色",有的人是"只专不红"等等。至于这些人业务水平究竟有多高,应该让学生出题让他们考一考。于是,轮到做老师的徐芝纶被学生考了一回。记得那一天,学校通知徐芝纶第二天参加红专答辩会。对此,徐芝纶思想上并不通,心里感到委屈,觉得自己在共产党领导的高校里努力工作,积极要求上进,培养党的事业需要的人才,怎么会是只专不红呢?有人发现他没有像其他教师那样紧张地做答辩前的准备工作,而是在家呼呼大睡,认为他有抵触情绪,可能会拒绝参加辩论会。但到了第二天,徐芝纶准时出现在答辩会现场,当有人问徐芝纶某个定理或题目的时候,他镇静自如地回答说,这个问题刊登在某本教科书的哪一页,书上是怎么写的,自己在课堂上是怎么讲的,应该没有什么问题。在场的人赶紧对照书本,结果几乎不差。原本想通过辩论会搞倒徐芝纶的人,却因为辩论会进一步提高了徐芝纶的威信,这下子大家对他的学识更加佩服了。徐芝纶确是一个有真才实学的人,这个观点是每一个与徐芝纶打过交道的人都真心认可的。

但是,徐芝纶并没有因此而飘飘然,还是以平常心看待自己,严格解剖自己的言行。他的心迹在1958年7月22日《水院生活》上发表的《红专辩论自我小结》中,很明显地反映出来。在打上那个时代印记的这篇文章里,徐芝纶不留情面地分析了自己多年来对待业务和政治两者关系的思想认识过程,明确表示"应当一方面坚决丢掉个人主义,改造立场,同时也努力联系实际,在教学工作、科研工作和行政工作上不断钻研跃进,以又红又专作为前进的方向,以红透专深作为最后的目标。"

总的来说,华东水利学院起步的数年间,徐芝纶在社会主义高校里,认真贯彻党的教育方针,接受马克思主义的思想教育。他欣喜地看到,在中国共产党的领导下,国民经济恢复发展,高等教育成绩很大,他自己的思想和行动都受到很大的触动。

1959年3月9日,《北京日报》刊登清华大学教授、著名建筑学家梁思成的文章《决不虚度我这第二青春》,表达了梁思成刚刚加入中国共产党的喜悦心情。3月25日出版的《水院生活》全文转载了梁思成的文章。可以说,徐芝纶与梁思成有着相同的人生经历,梁思成对共产党的认识不断深化、不懈追求到最后实现愿望的过程,深深打动了徐芝纶的心。

在工作实践中,他越来越深刻地感觉到中国共产党组织的凝聚力量,尤其是看到每有重大活动和重大工作,只要党组织发出号召,共产党员和共青团员们都积极向前,干劲十足。渐渐地,在他的心中萌发出一个念头:争取加入这个党组织。

1960年8月,徐芝纶被推选为先进教育工作者,出席了在北京召开的"全国英模大会",受到党和国家领导人的亲切接见,并被授予"全国教育和文化、卫生、体育、新闻方面社会主义建设先进工作者"荣誉称号。

20世纪50年代末60年代初，高等院校尝试招收研究生。当时，学校党委领导找到徐芝纶，要他考虑带研究生。徐芝纶说，带当然可以，不过，带的研究生要符合三条标准，一是没有结婚的，学习精力可以更集中一些；二是成绩要好，由徐芝纶自己挑选；三是男学生，比较便于管理和教育。

从1960年起，徐芝纶带的第一个符合条件的研究生是徐慰祖，后来徐慰祖成为水利部北京水利电力管理干部学院教授、研究生部主任。虽然徐芝纶后来陆续带了不少研究生，但是，他对徐慰祖印象最好。

花甲之年的徐慰祖回忆当年学习的情景时，对徐芝纶满怀深深的感激之情。那时候，国家处于经济困难时期，研究生究竟与大学生有什么区别以及该享受什么待遇，基本上不明确也不清楚。所以徐慰祖跟着徐老读书时，先戴的是一枚教师用的红校徽，后来换成学生戴的白校徽，住在学生宿舍里。徐芝纶要求徐慰祖每周和他见一次面，汇报学习情况，听取新的指导意见。

徐慰祖得益于徐芝纶的言传身教，在读研究生期间，学习努力，为人诚恳，办事踏实，作风正派，思想进步，于1960年加入了中国共产党。徐芝纶看到自己学生取得的进步非常欣慰。

就在这一年，在各个方面都受到党组织关怀的徐芝纶，思想发生很大的变化。作为从旧中国走过来的一个知识分子，通过多年的学习了解，通过自己切身的感受，他对中国共产党从简单服从，到拥护、热爱进而非常向往，萌发出的加入党组织的念头十分强烈，曾经询问徐慰祖如何写入党申请书，并且向所在的工程力学教研室党支部递交了他的第一份入党申请书。同时，徐芝纶在工作上表现出更高的热情，勇于承担任务，不断取得新的成绩。学校党委了解到徐芝纶思想上行动上的这些可喜变化，及时给予他肯定和鼓励。

徐慰祖深情回忆当年跟随徐芝纶读书的情况时说，徐芝纶真诚对待学生如父如师。平时，当他知道徐慰祖家中没有及时寄钱来，生活遇到困难，总是马上借钱让徐慰祖先用着，叫学生不要因为经济原因而影响学习。有时候，徐芝纶家中烧点紧俏的肉食品，伍玉贤马上让徐芝纶叫上徐慰祖等到家里尝一些，补充点油水。徐芝纶总是希望徐慰祖等要克服困难，抓紧时间学习。实际上，当时国家处于经济困难时期，城乡一片饥荒，大学生、研究生整天吃不饱，许多人脚肿肚子空，肯定是要影响学习的。那个时期，徐慰祖家中没有经济来源，长期营养不良，身体状况不佳，上课的时候头脑恍惚，想记却记不住。由于考试时力不从心，致使两门课不及格。最后，徐慰祖只好做了一篇论文，匆匆结业了。目睹此情，徐芝纶无可奈何，只好嘱咐弟子，回到北京的原单位工作以后，要努力学习，站稳脚跟，意思是要徐慰祖搞好教学工作，不辜负老师的期望。徐慰祖是一个好学上进聪明肯干的人，从徐老身边回到原单位，兢兢业业工作，成为一名学有专长的教授，后来还担任学校的中层领导职务。

此后，只要徐芝纶到北京开会或办事，必定给徐慰祖打来电话，徐慰祖立即会赶到徐芝纶的住地看望恩师。徐慰祖同样理解恩师的所思所想，一次到南京看望徐芝纶，给老师带的是京剧名角李世济主演的《锁麟囊》唱片，徐芝纶见了，比收到什么都高兴。

后来,徐芝纶陆续指导了多名研究生,毕业以后都在各自的工作岗位上发挥了重要作用。例如沈康辰,后来担任上海海运学院院长;周震武,后来担任浙江省计划委员会副主任。

沈康辰回忆当年如何对徐芝纶教学产生兴趣并且热爱力学专业的情形时说,那时,自己的专业思想不稳定,觉得搞水利没有前途,平时把不少时间用于组装收音机,不好好学习。沈康辰后来转入力学系学习,有人告诉他,徐芝纶教授讲课水平高,讲完课学生还热烈鼓掌,值得听一听,肯定对你会有帮助。教师正常上课还会有人鼓掌?于是,将信将疑的沈康辰就十分注意听徐芝纶的课,果然被徐芝纶的课堂气质、教学水平深深吸引,慢慢地对力学产生兴趣并且深爱上了力学专业。当时,徐芝纶经常专门安排时间为学生答疑,一般人都不敢去。为什么?因为徐芝纶答疑有一个惯例,如果学生提出一个求教的问题,他必定会提出另外一个相关的问题,由此帮助你弄懂并掌握不清楚的问题。这种举一反三的答疑方法,对学生启发必定很大。但是,有的学生由于掌握内容不深不透,担心在老师面前出丑,因而不敢去找徐芝纶答疑。但是,沈康辰愿意去找徐芝纶答疑,与老师共同讨论有关问题,并且感到受益很大。徐芝纶对学生严格要求,当年沈康辰写文章时,需要的"需"和必须的"须"分不清,徐芝纶帮助他弄清楚。在读研究生时,写课题报告,徐芝纶帮助改了三次,引导他怎么学习、研究问题和分析问题。

曾经担任过河海大学校长的左东启教授,1947年毕业于上海交通大学。他在大学三年级到四年级的时候,听过徐先生的课。他回忆说,记得徐先生上课,黑板上书写的是英文,口头表达的是中文,给自己留下的印象非常深刻。左东启从前苏联留学回国后一直在河海大学工作,继续受到徐芝纶教育理念的深刻影响。因此,左东启认为是徐芝纶影响了自己的一生,影响了自己的教育,称徐芝纶为"万世师表"都不过分。

在大学里,如何处理好做人和做学问的关系,在长期的教育实践中,徐芝纶形成了自己的看法。他认为,先要做人,后做学问。人不踏实,学问肤浅。1995年11月,他在接受《人民日报》的记者采访时说,做人要注意三种境界,一是大公无私,二是先公后私,三是假公济私。第一种是理想的,也是最难的,必须努力追求达到;第二种是普遍的,通常的,有德性的,但是要努力抑私而扬公,小私而大公,切不可公私扯平甚至大私而小公;第三种是禁区,做人入了禁区,也就没有人品人格可言了。

徐芝纶回顾自己的教书育人的经历,感到自豪和无悔,他培养了数不清的学士、硕士和博士生,桃李遍布天下。可是一提到自己培养的9名博士生目前都在国外工作,他显得有些遗憾和无奈。他并不是一个保守的人,但他坚持认为,如果出国是为了深造,也应该"造"得不错了,如果是为了经济基础,也应该有基础了。身体与精力渐渐不济的他,觉得在力学教学和科研领域还有许多工作可做,多么希望自己的弟子能将自己的事业继续推向前进。

十五、高超的讲课艺术

徐芝纶院士的教学生涯持续到近80岁,在三尺讲台上,教学相长,得心应手,"先走一步,入木三分",坚持"学而无涯,教也无涯"的座右铭,在做人和做学问两个方面,演绎了令人可望而不可及的神奇人生经历。

1981 年,徐芝纶撰写的论文《怎样提高课堂讲授的质量》发表在《人民教育》杂志上,在教育界产生很大的影响。在这篇论文中,他从掌握课程内容、了解学生情况、适当安排教材、认真准备讲稿、做好默讲试讲、注意表达方式、及时检查改进和不断努力提高八个方面系统地总结了自己几十年讲课的经验和体会。这是他多年高超的讲课艺术的结晶,自然成为教师教学入门的必读教材(本书已经全文收录,这里不再赘述)。

当年,《新华日报》专门报道了徐芝纶院士总结出来的教学经验,并且配发了评论员文章《提高教学质量要重视教学方法的改进》,强调教学是一门科学,也是一门艺术,希望所有的大学、中学乃至小学教师,都要向徐芝纶教授学习,几十年如一日,刻苦研究教学方法,把真知灼见传授给学生。

1998 年,卢嘉锡等主编的《院士思维》一书,刊登了介绍徐芝纶的文章《实践理论并重 科研教学相长》,其中掌握课程内容、了解学生情况、适当安排教材和认真准备讲稿四个部分,都是从《怎样提高课堂讲授的质量》一文中提炼出来的。

所以,虽然过去了很多年时间,许多当年听过徐芝纶教授讲课的人,无论是河海大学的学生,还是外来进修的人员,都有一个共同的感受,那就是:"听徐芝纶教授的课是一种乐趣,是一种享受。"本书收录了徐芝纶的同事、学生写的文章,都对徐芝纶精彩的教学艺术做了客观的描述,这里就略而言之。

十六、科研卓有建树

平时人们了解徐芝纶,主要是因为知道他的教学水平和众多的著作,以为他没有搞过多少科研,也没有什么科研成果。其实,细细研究徐芝纶的奋斗历程,不难得出一个结论:他并不是一个只管教学,不做科研的教授。同时给人一个突出的印象,就是徐芝纶的科研紧紧结合生产实践,应用性非常强。

20 世纪三四十年代,徐芝纶在浙江大学任教授的时候,就开始研究拱结构及钢架结构的应力分析,写过多篇研究论文在浙江大学工学院学报上发表,并曾经在中国工程师学会会议上宣读。

20 世纪 50 年代后期,根据国家当时进行大规模水利建设的需要,他带领一批教师和研究生,对用弹性力学原理计算水利结构的问题开展了研究,发表论文《基础梁的温度应力》、《中厚度弹性地基上的基础梁》,研究出边荷载作用下基础梁的计算表格,这些表格至今仍是工程技术人员进行设计的重要案头资料。因此,他从 50 年代开始进行的对基础梁、基础板的力学课题的研究,一直处于国际领先地位。

1970 年,年近花甲的徐芝纶成为学校组织的滁河设计小分队的重要成员,参加位于南京郊县六合滁河水闸闸门的设计工作,在工地上勘察并研究了很长一段时间,首次应用弹性力学合理地设计了新颖的、比较经济适用又便于施工的双曲扁壳闸门。为了推广这种新型的闸门结构,他先后提出了用差分法和级数计算闸门并获得成功,还利用手摇计算机进行计算,编制成表,写出了《双曲扁壳闸门的计算与设计》这本工具书,省工省时,受到工程技术人员的普遍欢迎。接着,他参加了湖南凤滩拱坝科研小分队,到长沙等地进行科研为实践服务的工作,取得一些成果。

有限单元法是20世纪60年代发展起来的微分方程数值解法,可以广泛应用于科学研究、工程设计的许多领域。70年代,徐芝纶排除干扰,积极查找、翻译国外文献,终于理出了应用电子计算机解决复杂弹性力学问题的途径——有限单元法,于1974年出版了我国第一部相关专著——《弹性力学问题的有限单元法》。在这部专著中,包含了在有限元方面的科研成果,如关于等参数单元的分析,关于稳定与不稳定温度场的计算方法,关于弹性地基上基础梁、基础板的计算方法等。由于这本书是根据广大工程技术人员实际情况,从比较简单的结构力学原理出发,所写内容丰富,重点突出,条理清楚,对有限单元中较为复杂的内容采取难点分解,逐步展开,因此便于理解,容易掌握,并附有计算程序,受到广大科技人员和高等学校师生的欢迎。

徐芝纶指导研究生所做的一些论文,都倾注了他的大量心血,然而,在论文得以发表的时候,他要求只写上学生的名字,坚持不署自己的名字。

他翻译的一些外国教科书,都不是照本直译,而是凝聚了他的思考,就是一种再创造,就是科研成果。

总之,徐芝纶重点在基础梁、基础板、差分法和推广有限单元法方面的研究成果,加上他的几本产生重大影响的专著,使之成为力学界享有盛誉的权威之一。

十七、经历动乱岁月

20世纪60年代中期到70年代中期,中国经历了一场空前的劫难,政治、经济、历史、文化和教育等各个方面都受到冲击,破坏极为严重,因为时间跨度从1966年到1976年,整整10年,史称"十年浩劫"。

十年浩劫中,徐芝纶不得已被运动的浪头冲来冲去,经受了磨难。由于没有担任学校的主要领导,即便是副院长主管的也是教学业务工作,加上从未离开过教学岗位,书教得好,教师和学生都熟悉他,因此,尽管当时经常无端批斗学校领导干部,冲击知识分子,甚至对学校领导和部分高级知识分子拳打脚踢,侮辱谩骂,搞得很过火,但是徐芝纶受到的侵害相对要小一些。有时,所谓的"革命造反派"把长期担任学校领导的严恺等人拉去批斗一番,徐芝纶至多被喊去站在后排,当个陪斗。当然,这些经历,对徐芝纶来说,精神上还是遭受了许多折磨。

1969年9月底,时为中国政坛第二号人物的林彪,发出了"第一号通令",提出所谓的"战备疏散"。10月19日,在当时的省领导指挥下,限令全校师生员工在10月20日中午12时,无条件离开学校,到苏北去。当时,徐芝纶夫妇和大部分师生员工都在毫无准备的情况下,仓促收拾了极为简单的行装,就徒步向苏北"疏散"。年近60岁的徐芝纶、严恺等人,连续几天强行军,风餐露宿,疲惫不堪。那时,随便走到哪里,天黑了,就近寻找一个小学校休息,课桌当床,衣服为被,天没亮起床又出发,脚都走出了血泡,遭受了许多痛苦,总共走了268公里的路程,最后到达苏北金湖县安营扎寨。

徐芝纶在入江水道工地上,和广大师生员工以及许多农民一起劳动,每天挥锹或者抬土,对于长期不做体力活的教师来说,确实是很辛苦的。好在大家比较体贴关心徐芝纶、严恺等老教师,尽量让他们做些力所能及的事情。这时候,还发生了这么一件很有戏剧性的故事。一天,劳动中间休息时,比较注意整洁的徐芝纶,远远地坐在一个草堆旁,掏出自己从国外带回来的小巧玲珑的剃须刀,刮刮自己的胡须。当时情况下,这种便携式剃须刀十分少见,再就是人们心中所谓"阶级斗争"的弦绷得紧紧的。所以,当徐芝纶在太阳底下闭着眼睛很惬意地刮着胡须的时候,剃须刀发出的"嗡嗡"声音,引起了同在工地上劳动的农民的注意。可以说,那个时候,他们从来没有用过也没有见过剃须刀,他们觉得,这可能是小型发报机,认为徐芝纶正在向国外发报。于是,起紧向当地派出所报告。派出所接到报告不敢怠慢,马上派人传问徐芝纶是怎么回事。徐芝纶告诉他们是刮胡子,可他们不敢轻易相信,拿着剃须刀,又不知道如何检验这个洋玩意。没办法,只能很快地把剃须刀送到金湖县公安局去检查。结果自然是白忙活一场,留下了历史笑柄。

在劳动工地上,因为住房紧张,很多夫妻都分开居住,徐芝纶非常惦记夫人伍玉贤,只要有了空闲,就会赶过去看望。后来战备紧张状况缓解,伍玉贤先回到南京。考虑到徐芝纶的身体需要,伍玉贤时常做一罐炒面,买点糖,托人带到工地给徐芝纶,好让他在夜晚饥饿的时候填填肚子。工地上与徐芝纶同屋的几个年轻学生,见徐芝纶不时在晚上一人吃些什么,心里比较好奇。有一次,他们趁徐芝纶有事没有回来,几个人悄悄地打开了那个小罐子,将喷香的炒面和糖全部吃光了。徐芝纶回到宿舍后,发现罐子空了,笑了一笑,什么也没有说,就这样过去了。不明不白地偷吃了别人的东西,虽然徐芝纶没有指责,但是那几个毛头小伙后来都为此事后悔不已。

1970年,在政治社会环境十分恶劣的情况下,河海大学大部分教师一方面忍辱负重地进行教学工作,为学生讲课,另一方面坚持参与工程建设,为社会提供力所能及的科技服务。当时,学校组织了许多科研小分队,到一些生产建设工地帮助工作,既是思想和意志的锻炼,又是世界观的改造。

这一年,徐芝纶参加以河海大学工程力学教研室教师赵光恒为队长的滁河工程设计小分队,来到南京市六合县,参与滁河红山窑船闸闸门的规划、设计和建设工作。后来徐芝纶又参加湖南凤滩拱坝科研小分队,前往湖南凤滩开展科研。在今天看来,这些工程设计都是小得不能再小的项目。然而,在当年却是知识分子接触社会,科研和生产结合,理论联系实际的难得机会。

在建设工地上,徐芝纶和其他教师和睦相处,团结一致,通力合作,科研上互相支持,生活上互相照顾。徐芝纶过去在南京的家中生活,受到夫人伍玉贤的影响,能吃什么,不该吃什么,多少有点限制和约束。到了工地上,和相处多年的教研室同事在一起,没有任何架子的徐芝纶,生活上相对自由和随意一些。处在经济短缺年代,副食品供应比较紧张,他偶尔拿出点钱,与大家买点酒,烧点肥肉,打打牙祭。据他要好的同事透露,徐芝纶的酒量还是不小的,碰到高兴的时候,一次可以喝掉半斤白酒,只是不轻易表现出来而已。虽然当时科研条件艰苦,但是徐芝纶及科研小分队的老师们克服重重困难,不仅很好地完成了滁河船闸工程设计和凤滩大坝科研任务,而且结合工程进行科学研究,取得了成果。

善于思考和总结的徐芝纶，又一次发挥了自己的专长，他根据科研小分队在六合滁河船闸工地的研究成果，写成了《双曲扁壳闸门的设计与计算》的小册子，并且根据工程设计及施工单位的需要，编写出《弹性力学问题的有限单元法》一部专著。后者在1978年由水利电力出版社出版的时候，正是"文革"结束不久，人们思想没有得到彻底解放，书上没有标明编著者的名字，但大家心里清楚，主要工作是徐芝纶完成的。

这里必须着重说明，徐芝纶以其智慧和独到的眼光，对有限元法在我国工程设计、建设过程中的推广应用，做了开创性的工作。20世纪70年代初期，在"十年动乱"尚未结束的时候，华东水利学院就应许多工程、科研和设计单位的要求，举办了多期有限元法进修班。进修班的学员有本校和外校毕业的学生，在近一年的时间里，能够经常听到徐芝纶亲自讲课，真是一种幸事。

岁月动乱，我人不乱。徐芝纶在非常时期，处变不惊，敢作敢为，对他人无疑是一种有益的启迪。

十八、追求人生归宿

1978年以后，徐芝纶从中国共产党领导进行的改革开放伟大事业中，看到了国家美好的未来，看到了高等教育事业的蓬勃发展，更加热爱党，信赖党，再次萌发了加入中国共产党的愿望，并于1980年的4月将自己的想法和一份《入党报告》告诉和交给了所在的工程力学教研室党支部负责人。

徐芝纶在《入党报告》中这样写道：

"在建国以后的10年中间，由于参加了历次的政治运动和不断的政治学习，自己的思想觉悟有所提高，对党也有初步的认识。我认识到，过去自己那一套'科学救国'、'个人奋斗'的想法，是行不通的，我们只有在中国共产党的领导下参加革命和建设，国家才能得救，自己也才能有出路。因此，我逐步建立了必须跟着党走并且力求靠拢党的思想，也常常想到有朝一日自己能够光荣地加入党组织。特别是当一批又一批像我这样的旧知识分子先后入党的时候，自己也很想提出入党的要求。但是，每当自己有这样想法的时候，用党员的条件把自己衡量一番，总是感到自己的条件不够，因此总没有勇气提出入党的申请。

"在1959年下半年到1960年的期间，我先后被推选为我院、南京市、江苏省和全国先进工作者。在评选的过程中，党组织和同志们肯定了我在政治思想上的进步，表扬了我为党的教育事业做出的成绩。这使我大大减少了过去的自卑感。经过一番思想斗争，终于大胆表示了自己入党的要求，第一次写出了入党报告。在此之后，看到党组织上没有向我提过这件事，我认为自己确实还不具备入党的条件，因而没有向党组织问过这件事，但我思想上一直都很明白：既然自己决定争取入党，就应当坚持用党员的标准要求自己，不断提高自己的思想觉悟，不断改进自己的工作作风，要求自己做到忠诚党的教育事业，在一定的时刻再次提出入党的申请。

"10年的'文化大革命'，特别是林彪、'四人帮'那一套混淆是非的政治谬论，迷糊了我对很多事物的看法，其中迷糊了我对党和入党这件事的看法，不少地方的党组织歪曲和降低了党员的标准，吸收了一些不够党员条件的人入了党，甚至混进了一些坏人，造成一些党组织在政治上、思想上、组织上、作风上的严重不纯。我便错误地认为，中国共产党不见得怎样的伟大、光荣和正确，自己也不必再争取入党了。

"粉碎'四人帮'以后，我们党领导全国人民排除万难，做了大量的艰巨的工作，在短时期内取得了辉煌的成绩，重大的是非大都得到了澄清，被林彪、'四人帮'颠倒了的一切，基本上重新颠倒了过来。这使我认识到，我们的党终究还是伟大的、光荣的、正确的马克思主义革命党；在过去，党领导全国人民取得了社会主义革命和社会主义建设的一系列伟大胜利。今后，党一定也能够领导全国人民把我国建设成为现代化的社会主义强国，过渡到共产主义。这样的信念，不但使我恢复了以前要求入党的愿望，并且这个愿望比以前更加强烈，更加迫切。

"与此同时，我也仔细考虑过自己的入党条件的问题。我想，承认党的纲领，决心为共产主义奋斗终生，这是共产党员主要的条件，而实现四个现代化是党在新时期的总任务，是党在本世纪最后20年进行社会主义建设的纲领。因此，为了使自己具备入党的基本条件，在目前主要就是要热心于四个现代化，和全国人民在一起，全力以赴、争分夺秒地投身到建设事业中，在本职工作上发挥自己的作用。当然，同时还应当坚持按照党员的要求，从思想、品质、作风等方面，继续对自己进行改造和锻炼。我想，有了这样的决心，经过不断的努力，总可以使自己在不太长的时间内具备入党的基本条件。

"为了使自己在工作上增加动力，这也是我要求入党的愿望之一。在最近几年中间，由于自己精力渐衰，工作态度有时不如过去那样积极。除了编写教材和教学第一线上的工作以外，有些工作，本来是自己可以承担的，却没有主动去承担。有的工作，本来是可以多加一把劲把它做得更好一些，却只是做到适可而止，能过得去就算了。有的工作，本来应当早些着手，却拖到非做不可的时候才匆促上阵。特别是，当工作头绪较多或者遇到困难的时候，往往会情绪低落，勉强应付。这些都是缺少工作动力所致。我想，在参加党组织以后，用履行党员的义务来要求自己，督促自己，可以使自己增加动力，把工作做得好些，做得多些。

"为了使得党内外的同志们对我有较高的要求，从而得到他们对我更大的帮助，这也是我要求入党的原因之一。几年来，每当我在工作上有一点成绩或在作风上稍有较好的表现时，同志们总是给我充分的表扬和鼓励。反之，他们对于我在工作上或思想作风上的批评和指正，却是很少。我想，一个主要的原因是，他们看我是一个旧知识分子，一个统战对象，因而对我的要求不高。这样将使我能对自己有一个较全面的估计，对自己的改造和提高是不利的。我迫切希望同志们能用党员的标准来要求我，在目前至少是用入党申请人的标准要求我，经常对我提出批评和指正的意见，使我能够进步得快一些，早一些适合于党的需要，适合于共产主义事业的需要。

"最后，我庄严地向党组织表示：我承认党的纲领，决心为共产主义奋斗终生；我迫切要求参加党的组织，决心服从党的组织纪律。我要用努力于自我改造和实现四个现代化的实际行动来证明我的要求和决心。希望党组织对我进行察看和考验，在我具备了条件的时候，吸收我加入伟大、光荣、正确的中国共产党。"

徐芝纶的这份《入党报告》，语言朴实，情感真挚，字里行间充分表明了一位老知识分子对中国共产党的思想认识过程，充分表明了一位高校教授在党领导下培养高级合格人才的责任感和使命感，充分表明了一位老科学家决心加入党组织为共产主义奋斗终生的迫切心情。

工程力学教研室党支部收到这份《入党报告》后，立即报告了力学系党总支，总支委员会十分重视徐芝纶的入党问题，研究认为应该发展徐芝纶这样的优秀知识分子入党，很快把情况向学校党委组织部做了汇报，并及时得到学校党委的批复，随即确定专人和徐芝纶进行谈话与联系。1980年6月16日，工程力学教研室党支部召开支部大会，讨论徐芝纶的入党申请。

严恺同志作为徐芝纶入党的第一介绍人，在支部大会上这样评价："徐芝纶同志政治历史清楚；解放以来，能够努力学习，不断提高思想觉悟；在历次运动中，能够拥护党的路线、方针和政策，服从组织分配。徐芝纶同志忠于党的教育事业，勤勤恳恳，在教学和科研工作中都做出了贡献。粉碎'四人帮'以后，徐芝纶同志对党的认识又有了进一步提高，表示决心要为共产主义奋斗终生，为实现四个现代化贡献自己毕生精力，并迫切要求入党。从徐芝纶同志的一贯表现，认为他已符合入党条件，因此愿意介绍他加入中国共产党。"

作为和徐芝纶长期在一个系工作的老同志、力学系党总支书记黄蔚云是徐芝纶入党的第二介绍人，他认为："徐芝纶同志政治历史清楚，热爱党热爱社会主义。解放以来拥护党的方针政策，听党的话，服从党的领导；认真参加政治学习，努力使自己跟上形势；能注意自觉改造世界观，觉悟不断提高。虽经'文化大革命'十年动乱，但他还是对党有正确的认识；打倒'四人帮'后，思想上有个飞跃；三中全会以来更加坚定对党的事业的信念，并下定决心把自己的后半辈子贡献给党的事业，贡献给社会主义的四个现代化建设。徐芝纶同志工作勤恳踏实，教学科研认真负责一丝不苟，治学态度严谨，在教学和培养人才方面，言教身教，做出了很大成绩，是一位忠诚党的教育事业的好战士。徐芝纶同志作风正派，办事公正，生活朴素，团结同志，克己奉公，受到广大教职工的尊敬。徐芝纶同志对党的事业有认识，入党动机纯正，承认党章党纲。根据徐芝纶同志一贯表现，我认为他已具备了入党条件，我愿意介绍他入党。希望徐芝纶同志入党后，认真学习马列主义、毛泽东思想，进一步学习关于党内政治生活的若干准则，在党组织的直接关怀下，老当益壮，敢于挑起更重的担子，给自己提出更高的要求，敢于为党的事业、为人民的利益、为四个现代化建设坚持好的，大胆地发表意见，充分发挥自己应有的作用，为我们党的教育事业做出更大的贡献。"

与徐芝纶在一个教研室的同事、时任党支部书记赵光恒，写下了支部大会决议：

"徐芝纶同志解放以后长期接受党的教育，经受了长期的锻炼和考验，政治上要求进步，靠拢党的组织。自1960年正式提出入党要求以来，能够注意以共产党员的标准要求自己。他热爱党、热爱社会主义，忠诚党的教育事业，有正确的入党动机。粉碎'四人帮'以后，他思想上大为振奋，再次表示要求入党，愿把晚年贡献给党的'四化'事业。

"徐芝纶同志对待业务工作一向严肃认真，精益求精，治学严谨，一丝不苟，几十年来工作成绩卓著,培养了不少人才,出版了许多著作,取得了一些重要的科研成果,为党的教育事业做出了贡献,得到工程界和学术界的一致的好评。

"徐芝纶同志作风正派,为人诚实,严于律己,待人平等。遇事能和群众商量,深受群众尊重。

"徐芝纶同志办事稳重,但有时过于拘谨,以致影响进一步发挥自己的作用。

"徐芝纶同志本人政治历史清楚,社会关系清楚。根据他长期以来的一贯表现,经支部大会讨论,一致认为徐芝纶同志符合入党的条件,同意接受入党。希望徐芝纶同志入党以后,进一步加强学习马列主义和毛泽东思想,提高共产主义思想觉悟,发扬优点,克服缺点,更广泛地联系群众,为实现共产主义的伟大理想而奋斗。"

应该说,从党支部、党总支到学校党委,都给予了徐芝纶实事求是的评价。

69 岁的徐芝纶终于实现了多年的夙愿,光荣地加入了中国共产党,在古稀之年找到了人生的归宿。

1980 年 7 月 15 日出版的《华东水利学院》报报道了徐芝纶入党的消息。标题是"我院副院长徐芝纶教授光荣入党",内容为:"全国第五届政协委员、中国力学学会理事、江苏省力学学会理事长、江苏省水利学会理事、九三学社南京分社第六届常务委员、我院副院长徐芝纶教授,最近经院党委批准光荣入党。"

十九、毕生笔耕不辍

人们常常形容著述很多的人为著作等身,徐芝纶就是这样一个著作等身的人。新中国成立以后,他在高校几十年的时间里,起早带晚,笔耕不辍,前后出版了翻译、编著和专著的书籍达 15 种 22 册。为什么取得如此惊人的成就?是什么力量在支持着他呢?他自己回答了这个让人们关心的问题。

新中国成立以后,时任上海市市长的陈毅,在大力整顿上海社会经济秩序的时候,作为一名儒将,念念不忘培养新中国各项事业接班人的高等教育事业。目睹上海的高等学校仍然采用外国人编的教材,甚至课堂上还在用外语讲课,陈毅市长下决心要改变这个状况。

1951 年初的一天,对徐芝纶来说,是人生中有重要意义的一天。徐芝纶教授与上海其他高校的二三十位教授及出版社负责人被通知到市政府开会。到了会场以后,徐芝纶才知道,这个会是日理万机的陈毅市长亲自提议召开的。平时在广播上多次听过陈毅市长的讲话,今天带着浓重四川口音、高额头的陈毅市长就在眼前,这位共产党的市长将要给教授专家说什么呢?徐芝纶心里在想着。那天陈毅市长在会上讲了许多内容,其中主要的三点,徐芝纶毕生把它牢牢记在心里。陈毅指出,上海解放已经一年多了,我们在教育方面也做了一些工作。第一,收回了所有的教会大学;第二,完全免除学生的学费、宿杂费,比较贫苦的同学还给他们助学金;第三,组织教师学一点马列主义,学一点辩证唯物论。目前有一项工作我们不能做,希望你们能够出力来做。陈毅接着说,我们绝大多数高等学校,特别是理工院校,还在用外文教科书、用洋书。个别的上课还用外国话,这种情况一定要改变。这个情况如不改变,我们就是保持着半殖民地的教育,算不得社会主义学校。在座的同志们是否可以在不太长的时间里写出自己的书籍,能够做到中国人讲课、中国人听课、采用中国的教材。稍停了一下,陈毅又说,这些我们是干不来的,你们可以干。徐芝纶还记得,陈毅说到激动之处,站起来在会议室里不停地走动,给他留下了深刻印象。

陈毅市长语重心长的一番话,对徐芝纶触动很大,鼓励很大。他想:"把半殖民地教育推翻,办我们社会主义国家需要的教育,是一个历史性的事业,我们应当贡献力量。特别是我,既然决心教书,当然很愿意尽力写出自己的教科书,写出具有自己风格的书。在写教材时,我尽力为读者设想,希望能够做到深入浅出。如果不行的话,至少也要使大多数教师能够感到合用,学生学习比较方便。"

从此,徐芝纶在繁忙的行政和教学工作之余,把绝大部分时间全都用来看书,思考写书。对已有的外国教材,他逐段、逐句、逐字地推敲,细心读书、读报、读论文,从中获取有益之处。仅从1951年到1960年,他在繁忙的教学和行政管理工作之余,挤出时间,辛勤耕耘,就编写出中文版的《工程力学》、《理论力学》、《弹性力学》共3部5册教材,在出版界和教育界都引起比较大的反响。

张元直曾经担任高等教育出版社副社长,从20世纪60年代就接触徐芝纶编写的教材,对徐芝纶十分尊重和钦佩。张元直记得,徐芝纶于60年代初期写了一本《弹性理论》在人民教育出版社出版。"文化大革命"结束以后,没有任何思想负担和精神包袱的徐芝纶,奋力开掘知识和经验积累,好像一辆加马力的汽车,写作的速度是越来越快,先后为适应本科教学需要撰写了《弹性力学简明教程》、《差分法》和《弹性力学》上下册,翻译了一部外国的《弹性力学》。后来,在80岁高龄时,他还用英文撰写了专著《应用弹性力学》,该书作为我国介绍到国外的第一本工科教科书,由印度威利出版社出版发行。

1998年底,正在美国西北大学进修的河海大学土木学院教授张子明,发现徐芝纶版《应用弹性力学》已被西北大学图书馆制成微缩胶片长期保存,并且通过查询后得知,《应用弹性力学》一书是图书馆里使用和借阅次数较高的几种教材之一。看到中国人编写的教材受到如此欢迎,他感到十分自豪,并很高兴地把这个情况写信告诉了徐芝纶。这也从一个侧面说明徐芝纶专著产生的国际影响和特有的价值所在。

这里不能不提到,徐芝纶的专著《弹性力学》前后在人民教育出版社出了3版,两次得奖。第一次是1982年,获得全国科技图书一等奖,第二次是1988年,获得教育部(原国家教委)高等院校优秀教材特等奖,这在高等教育界乃至整个出版界,都是非常罕见的。

张元直认为,徐芝纶著书所以取得如此大的成绩,主要是因为:第一,徐芝纶写的书,凝聚了他几十年教学实践所总结的宝贵经验。20世纪50年代,在我国高等教育领域,能够讲好弹性力学的人非常稀有。徐芝纶一边教学,一边总结,对弹性力学课程体系、教材建设,贡献十分突出;第二,徐芝纶编写出版的《弹性力学》以及《弹性力学简明教程》等几本教材,在全国工科高校里使用范围比较广泛,影响比较大,好评如潮。张元直说,鉴于学科和专业发展的需要,高等教育出版社后来曾约请别人重新写了一本《弹性力学简明教程》,本来希望新书能够适应现代科学技术需要,有所创新和开拓,结果一比较,怎么也代替不了徐芝纶的书。可见,徐芝纶用心血著就的作品,有着持久的生命力。

所以,直到如今,徐芝纶版《弹性力学简明教程》还在重印,因为许多高校继续使用。徐芝纶逝世以后,河海大学校长办公室时常收到出版社寄给徐芝纶的稿费单,这些都是他的书籍一版再版后,出版社按照规定付给作者的稿酬。当然,这些钱都纳入了徐芝纶教育基金中,用于激励后人,勇攀科技高峰。

二十、积极参政议政

徐芝纶热爱祖国,热爱人民,毕生关注着国家的建设和发展,并以满腔的热情,尽最大的努力,参政议政,献计献策,把自己的命运与学校事业、与水利水电事业、与中国高等教育事业的建设、改革和发展,紧密地联系在一起。

他在担任学校教务长、副院长几十年的时间里,主持或参与建立了学校完整的教学计划、规划体系,为学校的改革与发展,勤勤恳恳,忘我工作,贡献了全部的智慧。1983年,他从行政领导岗位退下来以后,仍然担任学校学位评定委员会主席和学术委员会主任委员的工作,发挥着别人不可替代的作用。

徐芝纶1955年加入九三学社,曾担任过九三学社南京市委常委,1960年当选为第三届全国人大代表,1978年到1993年,当选为第五届、第六届和第七届全国政协委员。

他是一个责任心极强的人,平时工作头绪比较多,教学和写书任务很重,尽管如此,只要九三学社组织的学习、讨论和参观等活动,一旦他接到通知,基本上准时参加,表现出很强的组织观念。

每次赴北京出席全国政协会议前,他都注意广泛征集有关方面意见,并把其中有代表性的意见和建议带到会上去。在政协会议期间,虽然分在农林组,但他一方面积极参加小组讨论活动,另一方面不忘自己是一名大学教授,知道学校里的同志比较关心会议上关于教育方面的政策和动态,注意记录中央领导同志的重要讲话,并且设法寻找和打听有关高等教育方面讨论的情况。会议结束徐芝纶回到学校后,及时向学校领导和师生员工传达会议内容和自己的感受,也向学校里的九三学社成员传达政协会议精神。

二十一、生活逸事

在党和国家重视学生素质教育的今天,研究徐芝纶的生平,不难看出,徐芝纶的综合素质是很高的。

他不苟言笑,从不喜形溢表,但是内心感情丰富,很有人情味。他是一个大科学家,力学界的一代宗师,但是从不张狂自大、眼中无人,没有一点架子,事事处处表现出谦恭虚心,平易近人。20世纪80年代,力学界的一位后生在河海大学做一个学术报告,他得知信息后,准时来到会场,坐在台下,自始至终认真听讲。他所熟悉的同事或朋友,如果有谁生病住院,他知道以后,一定会抽时间买上一些水果,及时到医院看望。

他除了有着很强的业务水平以外,还是一个兴趣广泛的人。由于他的特殊性格,只要他认准并喜欢什么,他就稍加投入时间,入其门,得其道,出其名。

青年时代,他无论跑步还是打篮球,都不是简单的锻炼,都取得过骄人的成绩。

他会打牌,20世纪40年代,在重庆时,曾经和几个朋友玩过麻将牌,后来喜欢上桥牌以后,对赌博色彩较重的麻将牌就不感兴趣,几乎不碰了。桥牌既讲究配合默契,又锻炼大脑思维,曾经给徐芝纶带来了许多乐趣。在他的书橱里,人们发现有四大本厚厚的英文剪报,都是关于桥牌的内容,可见他对桥牌爱之深。即便是桥牌,他也能够把握好分寸,理智对待,相对固定几个牌友,例如同校的著名教授刘光文、呼延如琳等,当时牌技和牌品都比较高,他们利用休息时间,偶尔为之,相互切磋,其乐无穷。

他爱好京剧艺术,擅长青衣,演唱水平达到相当高的水准,并且随时可以客串上场演出。在他的家中,收藏着梅兰芳、李世济、谭富英等许多京剧名家演唱的名剧,时常听听京戏,成为他调剂生活的重要方式。可惜,由于过多的政治运动,使得他的心情受到压抑,因此在河海大学没有几个人欣赏过徐芝纶的京剧演唱艺术。

总之,玩物不丧志,是徐芝纶一生娱乐中始终恪守的信条。

他待人真诚,没有半点虚情假意。他的著作出版并且得奖,拿到了稿费后,觉得教研室的同事对自己很关心,应该请大家聚一聚。但是,做事一贯严谨的他又想到,既然决定请同事吃饭,一定得让大家都满意。于是,他抽空带着夫人,跑了几家饭店,要了几样有特色的菜肴,两个人先品尝一下,最后选定某个饭店,请大家来团聚。

他没有孩子,但是他非常爱孩子。他曾经两次将自己的稿费中的一部分送给了河海大学幼儿园,用于购买书籍和玩具,希望孩子们得到教育,得到锻炼,快快成长。

徐芝纶说了这样一段往事,听起来很让人感动。他说,他和伍玉贤商定不要孩子,一辈子都不感到后悔。母亲也不为此感到难过。因为徐芝纶的弟弟妹妹孩子还是比较多的。当年,弟弟妹妹孩子多,经济上稍困难一些,他就时常寄些钱救济他们。如果说世上谈什么香火的话,徐家的香火旺得很。1962年,伍玉贤得了子宫肿瘤,请当时著名的外科医生、南京九三学社的副主委刘本立主刀做了手术,刘在手术中发现伍玉贤患的是卵巢肿瘤,而且有相当长的时间了,照此推论,即便徐芝纶和伍玉贤早年不节育,想要一个孩子,也难以成为现实。迫不得已,刘先生果断地为伍玉贤摘除了整个子宫。事后,刘医生颇带点愧疚的心情对徐芝纶说,本来是为朋友来帮忙的,想不到帮了倒忙。意思是假如将来徐芝纶想要孩子的话,是根本不可能的了。徐芝纶笑笑说道,自己早就不准备要孩子,现在幸亏你发现问题及时解决问题,还是帮了一个顺忙。由此可见徐芝纶确实有着不同于一般人的宽阔心胸。

多年以前,人们对徐芝纶有这么一个印象,每次到北京开会,唯一选择的交通工具是火车。即便省内出席中国科学院院士大会的全体院士都安排坐飞机,他依然坐他的火车,结果大会接待组还要专门派人到火车站接他。同为会议代表的时钧院士好奇地问他,你是否怕飞机出事不肯坐飞机?他说,是因为夫人伍玉贤不让他坐飞机。一次,时钧遇到伍玉贤,风趣地说,你怎么不让徐芝纶坐飞机啊?伍玉贤听了感到很不好意思。实际上,真是由于徐芝纶与伍玉贤感情笃厚,彼此不可分离,所以伍玉贤不希望徐芝纶坐飞机,以免使得自己担惊受怕。后来,根据中国科学院的一项规定,院士的夫人可以随行照应,伍玉贤便几次陪同徐芝纶出席在北京的会议,随便坐火车或者坐飞机,都无所谓了。

二十二、生命的最后时光

1999 年初,徐芝纶胸部长时间疼痛,并时常咳嗽不止。学校及对将他送往江苏省人民医院治疗。经医生诊断,他患的是恶性肺肿瘤晚期,必须立即住院治疗。

一个非常爱好运动的人,一个整日离不开书架和书本的人,要他一下子 24 小时都住在医院里,那真不知如何度过。徐芝纶虽然不知道自己的病情,但是接受身体患病的现实,通情达理,配合治疗,并且同医院的医生、护士结下了深厚情谊。

没有治疗的时候,徐芝纶躺在床上或坐在沙发上,翻看着从家中带来的一本《唐诗三百首》,表面上是消磨时间,其实他的大脑一刻也没有休息过。每每见到去探望他的学校领导、教研室同事和弟子,他都仔细问起学校各方面的情况,焦急地说:"不知哪一天能出院,我现在没法工作了。"

8 月中下旬,徐芝纶的病情逐渐恶化,为了挽救他的生命,河海大学和医院尽了最大的努力,然而无力回天。

1999 年 8 月 26 日 8 时 50 分,敬爱的徐芝纶带着对水利教育事业深深的眷恋,走到了生命的终点,离开了人世。

1999 年 9 月 1 日上午 9 时,徐芝纶遗体告别仪式在南京石子岗殡仪馆大礼堂举行。

哀乐低回,宁静肃穆。人们怀着极其沉痛的心情向备受尊重和敬爱的徐芝纶做最后的告别。徐芝纶神态安详,静卧在鲜花丛中,身上覆盖着中国共产党党旗。在遗像两侧悬挂着一副挽联"力学著中西作述等身六十年绛帐传修神州毓翘秀高标卓树化育三千桃李,丹心怀禹甸鞠躬尽瘁半世纪红旗依傍河海亮弦歌遗范常存永铭一代宗师。"这是对徐芝纶一生高度精辟的概括。

徐芝纶逝世的不幸消息,引起水利界、教育界、科技界的极大悲痛。几天来,校内外、省内外、国内外的各界人士用不同的方式沉痛悼念这位德高望重的一代宗师。发来唁电、敬献花篮、花圈的主要单位有:水利部、教育部、中国科学院学部主席团、中国科学院技术科学部、中国力学学会、中国水利学会、中共江苏省委、江苏省人民政府、政协江苏省委员会、九三学社江苏省委员会、江苏省教育委员会、水利部办公厅、人教司、科技司、清华大学、南京大学、浙江大学、上海交通大学、东南大学、武汉水利电力大学、华中理工大学、华北水利水电大学、南昌水利水电高等专科学校、长江水利委员会、黄河水利委员会、海河水利委员会、松辽水利委员会、淮河水利委员会、太湖流域管理局、江苏省水利厅、上海市水利局、中国科学院南京分院、南京水利科学研究院、江苏省力学学会以及有关高校、研究院(所)、水利厅局、学会、出版社和河海大学校内各单位、各省、市校友会等单位与社会团体。发来唁电、敬献花篮、花圈的主要人士有:徐芝纶的夫人伍玉贤女士,全国政协副主席钱正英,水利部部长汪恕诚,中国科学院院长路甬祥,原水利部部长杨振怀,中共江苏省委副书记顾浩,水利部副部长张春园、周文智、朱登铨、张基尧,水利部党组成员李昌凡、綦连安,江苏省人民政府副省长王珉、金忠青,全国政协常委、政协江苏省委副主席、中国科学院院士闵乃本，江苏省八届常委会副主任唐念慈，中国科学院院士、中国工程院院士、河海大学名誉校长严恺，中国科学院院士时钧、朱伯芳、沈珠江，中国工程院院士吴中如，徐芝纶院士的学生代表徐慰祖、韩嘉禾、沈康辰、雷克昌、李克敌、吴泰来、叶守仁等，徐芝纶院士的亲属、同事、生前友好、学生，河海大学党政领导等。

出席徐芝纶遗体告别仪式的有：江苏省副省长金忠青，中国科学院院士、中国工程院院士、河海大学名誉校长严恺，中国科学院院士时钧、沈珠江，中国工程院院士吴中如，水利部、中共江苏省委、江苏省人民政府等有关部门的代表和民主党派、兄弟高校、南京水利科学研究院、水文所、水利自动化所、上海水利局、太湖流域管理局的代表，河海大学党政领导、徐芝纶的夫人伍玉贤女士、徐芝纶的妹妹徐明女士及其他亲属、同事、学生、生前友好等。

河海大学党委副书记郑大俊主持了徐芝纶院士遗体告别仪式，河海大学党委书记、校长姜弘道致悼词。

徐芝纶虽然离我们而去，但是他给我们留下了极其宝贵的精神财富，让我们受益无穷。他，不仅仅属于河海大学，也不仅仅属于水利界、教育界、力学界和科技界，而是属于整个人类，整个世界。

（作者系河海大学文天学院副院长兼副书记）

河海大学隆重纪念一代力学宗师
徐芝纶院士诞辰100周年

今年是我国著名力学家、教育家,中国科学院院士,华东水利学院创始人之一徐芝纶教授诞辰100周年。10月27日是河海大学96周年校庆日,学校隆重举行纪念徐芝纶院士诞辰100周年大会和徐芝纶院士展览室开展仪式等纪念活动。

全国政协原副主席钱正英院士为纪念活动题词:"一代宗师";全国人大副委员长、九三学社中央主席韩启德题词:"纪念徐芝纶院士百年诞辰";中共中央候补委员、四川大学校长谢和平院士题词:"力学泰斗,昭华河海";水利部原部长、党组书记杨振怀题词:"力学泰斗,一代宗师";中国力学学会理事长、北京理工大学校长胡海岩院士题词:"一代名师,人生楷模"。

全国政协委员、水利部原副部长翟浩辉,水利部办公厅主任刘建明,中国科学院院士李家春,水利部水资源管理司原司长高而坤,九三学社江苏省委秘书长王献民,中科院南京分院院士联络处处长朱小卫等嘉宾出席纪念大会和开展仪式。河海大学党委书记朱拓、校长王乘分别主持纪念大会和开展仪式。河海大学校领导和老领导,南京水利科学研究院、江苏省力学学会代表,徐芝纶院士亲属、弟子和生前好友,学校老教师、校友和师生代表,徐芝纶教育基金奖获得者代表等参加了纪念活动。

刘建明主任指出,徐芝纶院士为我国的高等教育和水利建设事业做出了巨大贡献,他不仅是河海人的优秀代表也是水利人的杰出楷模。刘建明说,受水利部陈雷部长的委托,我谨代表水利部和陈雷部长深切缅怀和追颂新中国一代力学宗师徐芝纶院士,并向河海大学全体教职员工致以诚挚的问候和敬意!刘建明主任高度评价徐芝纶院士毕生坚持在教学和科研第一线,为促进我国力学与水利水电工程的教育和科学研究做出的巨大贡献。他说,徐芝纶院士的一生是报效祖国、追求真理的一生,是教书育人、治学严谨的一生,是尊重科学、献身水利的一生。刘建明主任希望河海大学继承徐芝纶院士等老一辈河海人的优良传统,弘扬"献身、负责、求实"的水利行业精神,充分发挥自身优势,抓住机遇,开拓创新,为我国水利改革发展和水利人才培养做出新的贡献。

王乘校长深情追忆了徐芝纶院士为中国力学科研和教育事业毕生奋斗、杰出贡献的一生。他说,徐芝纶院士是河海人的杰出代表,是水利人的光辉榜样,正是拥有像徐芝纶院士这样的老一辈教育家、科学家的学术造诣和人格魅力,让河海大学在力学领域闻名遐迩,并代代传承。王校长号召全校师生学习徐芝纶院士心在祖国、不缀奋斗数十载的爱国情怀,学习他心在教坛、一瓣心香付学梓的师表风范,学习他心在江河、雄才大志薄云天的奉献精神,学习他心在他人、人心凿凿有丰碑的高尚情操。

朱拓书记宣读了2011年徐芝纶教育基金各奖项获奖名单。

九三学社江苏省委员会王献民秘书长讲话。徐芝纶院士亲属代表、弟子代表、"徐芝纶力学奖学金"获得者代表、学生代表分别做了发言。

在徐芝纶院士展览室开展仪式上,全国政协委员、水利部原副部长翟浩辉,水利部办公厅主任刘建明,中国科学院院士李家春,水利部水资源管理司原司长高而坤和朱拓书记共同为徐芝纶院士展览室开展剪彩,并参观了徐芝纶院士展览室。

纪念大会后,"徐芝纶力学奖"获得者,北京大学工学院副院长方岱宁教授和中国水电顾问集团成都勘测设计研究院总工程师王仁坤分别做了学术报告。

10月29日,水利部副部长周英参观了徐芝纶院士展览室。

纪念徐芝纶院士诞辰100周年系列活动还包括:开办纪念徐芝纶院士专题网站;举行徐芝纶院士教学艺术研讨会及系列教学示范活动;发行徐芝纶院士纪念邮折;举办徐芝纶力学奖获得者报告会;举办纪念徐芝纶院士诞辰100周年暨江苏省力学学会成立50周年学术研讨会;出版《力学宗师徐芝纶》画册和《徐芝纶院士诞辰100周年纪念文集》等。

(河海大学)

缅怀篇

领导讲话

在徐芝纶院士诞辰 100 周年
纪念大会上的讲话

河海大学校长 王 乘

尊敬的各位领导,各位来宾,老师们,同学们:

刚刚度过了共和国 62 周岁生日,又迎来了河海大学 96 周年校庆。今天,我们怀着崇敬的心情,纪念享誉国内外的著名力学家、教育家徐芝纶院士诞辰 100 周年。我谨代表学校及全体师生向前来参加纪念大会的各位领导、专家、来宾表示衷心的感谢!

在河海大学近百年的历史进程中,有无数的前辈先贤创造了一个又一个光耀史册的业绩,而"新中国一代力学宗师"徐芝纶院士就是其中耀眼夺目的一位。此时此刻,回溯先贤的生命轨迹和奋斗历程,我们心中充满着怀念和敬仰之情。徐芝纶院士生前为中共党员、九三学社社员、原华东水利学院副院长,河海大学一级教授、博士生导师,中国科学院资深院士。徐芝纶院士 1911 年 6 月 20 日出生于江苏省江都市邵伯镇,1934 年 7 月毕业于清华大学土木工程系并留校任教;1935 年赴美国留学,1936 年获麻省理工学院土木工程硕士学位,1937 年获哈佛大学工程科学硕士学位,1937 年回国先后在浙江大学、中央大学和交通大学任教,并曾担任交通大学水利系主任;1952 年参与华东水利学院的筹建工作并任教,是华东水利学院的主要开创者以及当年学校拥有的 4 位一级教授之一,先后任教务长、副院长,院学术委员会主任委员,学位评定委员会主席;1980 年当选为中国科学院技术科学学部学部委员,并先后当选为第三届全国人大代表,第五、六、七届全国政协委员,中国力学学会第一、二届理事会理事,江苏省力学学会第一届副理事长,第二、三届理事长以及第四届名誉理事长。1999 年 8 月 26 日在南京病逝,享年 88 岁。

徐芝纶院士毕生坚持在教学和科研的第一线,为促进我国力学与水利水电工程的教育和科学研究做出了巨大的贡献。他以"学无止境,教亦无止境"为座右铭,严谨治学,严格教学。他教授过应用力学、材料力学、结构力学、弹性力学、高等结构、结构设计、桥梁设计、土壤力学、基础工程、水力学、水力发电工程、水工设计、坝工设计等 10 余门课程。他撰写的《怎样提高课堂讲授质量》一文成为许许多多青年教师教好课的必读材料。他直接授过课的学生达数千人，精心指导和培养了数十名硕士、博士研究生以及骨干教师。他编著出版了《工程力学教程》、《弹性理论》、《弹性力学》、《弹性力学简明教程》等教材11种15册，翻译出版教材4种7册，其中《弹性力学》获1977—1981年度全国优秀科技图书奖和1987年全国优秀教材特等奖，英文版教材《Applied Elasticity》是我国向国外推荐的第一本英文版工科教材。他的科研工作一贯以解决生产实际问题为目的，在拱结构、钢架结构和基础梁板的计算方法方面的多项早期研究成果，至今仍被工程界广泛采用。20世纪70年代初，他在工程实践过程中，研究撰写了《双曲扁壳闸门计算》一书，将双曲扁壳结构应用到闸门中。他还致力于有限单元法的研究与推广普及工作，完成了凤滩空腹重力拱坝的温度场与温度应力的有限元计算，是我国最早的有限元应用成果之一，他1974年编著出版的《弹性力学问题的有限单元法》是我国第一部介绍有限单元法的著作，为我国发展与应用有限单元法解决工程实际问题做出了杰出的贡献。

徐芝纶院士离开我们已经12年了，我们今天纪念他，就是要学习他心在祖国、不辍奋斗数十秋的爱国情怀；就是要学习他心在教坛、一瓣心香付学梓的师表风范；就是要学习他心在江河、雄才大志薄云天的奉献精神；就是要学习他心在他人、人心凿凿有丰碑的高尚情操。

徐芝纶院士是河海人的杰出代表，是水利人的光辉榜样。正如钱正英副主席和杨振怀老部长亲笔题词的那样，徐芝纶院士无愧于"力学泰斗、一代宗师"的崇高评价。他所做出的卓越贡献永载史册！

正是拥有像徐芝纶院士这样的老一辈教育家、科学家的学术造诣和人格魅力，让河海大学在力学领域闻名遐迩，并代代传承。回首过去，展望未来，我们更加坚定建设水利特色、世界一流大学的决心，我们要高举中国特色社会主义伟大旗帜，以邓小平理论和"三个代表"重要思想为指导，深入贯彻落实科学发展观，解放思想，开拓进取，求真务实，团结奋斗，为把我校建设成为高水平特色研究型大学而不懈奋斗，把老一辈河海人开创的河海事业不断推向前进！

谢谢大家！

在徐芝纶院士诞辰 100 周年
纪念大会上的讲话

水利部办公厅主任　刘建明

各位领导,各位来宾,老师们,同学们:

今天,我们怀着十分崇敬的心情在这里隆重纪念我国著名的力学家、教育家徐芝纶院士诞辰 100 周年。徐芝纶院士生前为我国的高等教育和水利建设事业做出了巨大的贡献,他不仅是河海人的优秀代表,也是水利人的杰出典范。在这里我谨代表水利部和陈雷部长,深切缅怀和追思新中国一代力学宗师徐芝纶院士,并向河海大学全体教职工致以诚挚的问候!

徐芝纶院士的一生是报效祖国、追求真理的一生。徐芝纶先生 20 世纪 30 年代毕业于清华大学,先后留学美国麻省理工学院、哈佛大学,1937 年回国后,一直从事高等教育和科学研究工作。解放前,他不满帝国主义的侵略压迫和国民党反动派的腐败无能,怀着对祖国前途命运的深深忧虑和科学救国的崇高理想,远涉重洋,潜心向学,并在祖国最需要的时候,毅然放弃国外的优厚待遇,回到灾难深重的祖国。解放后,他看到人民当家作主,祖国繁荣富强,深感中国共产党的伟大,坚信"党领导全国人民取得了社会主义革命和建设的一系列伟大胜利,党一定也能够领导全国人民把我国建设成为现代化的社会主义强国,过渡到共产主义",并用毕生的精力践行这一理想追求,在 69 岁高龄时终于实现了他的人生夙愿——成为了一名中国共产党党员。

徐芝纶院士的一生是教书育人、治学严谨的一生。徐芝纶院士一贯忠诚党的教育事业,治学严谨,一丝不苟,有自己独到的教学方法,取得了卓著的教学和研究成果,为国家培养了一大批高层次的专门人才。在他一生的教学生涯中,培养人才始终是他工作的重心,无论是科研、教学还是行政工作,他都一贯坚持"育人"这一核心。他献身教育,不计个人名利,毫无保留地把自己的学识传授给年轻人,教导年轻人要严谨踏实地做学问。他在讲课中善于从学生和生产实际出发,将理论放在实际背景中去讲授,启发和鼓励学生积极思考,加深学生对理论的理解。他在《怎样提高课堂讲授的质量》一文中,总结了"掌握课程内容,了解学生情况,适当安排教材,认真准备讲稿,做好默讲试讲,注意表达方式,及时检查改进,不断努力提高"等八个方面的经验和体会,已成为许多青年教师掌握课堂讲授艺术的入门教材。

徐芝纶院士的一生是尊重科学、献身水利的一生。徐芝纶先生是中国力学学科在当代发展过程中的领军人物，长期从事力学理论研究、教学和工程实践，并取得了丰硕的研究成果。20世纪五六十年代以来，他带领教师和科研人员，用弹性力学原理计算水工结构问题，研究出弹性地基梁板的系列模型和边荷载作用下基础梁的计算表格等处于国际先进水平的成果；首次应用弹性力学理论，设计出结构型式新颖、经济适用又便于施工的双曲扁壳闸门；出版了我国第一部有限单元法专著《弹性力学问题的有限单元法》，在国内起到了开拓、引领学科的重大作用。他结合教学实践，出版了《弹性力学》教材，并荣获全国优秀科技图书一等奖、优秀教材特等奖，另一部教材《弹性力学简明教程》被作为全国工科院校通用教材广泛采用。他将有限单元法应用于长江三峡、葛洲坝、黄河小浪底、南水北调等重大水利工程中相关项目的科学研究，解决了一大批力学难题，获得多项国家和省部级科技进步奖，为我国水利事业发展做出了突出贡献。

百年历史，百年沧桑。回顾徐老百年，正是中华民族摆脱深重灾难、实现民族解放、走向繁荣富强的百年，他将毕生精力献给了我国的水利教育事业，给我们留下了宝贵的精神财富。今天，我们在这里纪念徐芝纶院士，就是要铭记河海大学老一辈开拓者崇高的思想境界、精湛的学术专攻、严谨的治学作风和优良的师德风尚，学习他对我国水利事业和教育事业的无限忠诚和无私奉献，学习他淡泊名利、为人师表、甘为人梯的高风亮节。

一代宗师，三千桃李；百年一瞬，风范犹存！我们永远缅怀徐芝纶院士！

同志们！

为全面贯彻落实今年中央一号文件和中央水利工作会议精神，推动水利跨越式发展，今后10年全国水利建设将投资约4万亿元，其中"十二五"期间投资约1.8万亿元，重点加强以"三大目标"为重点的民生水利、以大江大河和中小河流治理为重点的防洪减灾、以骨干水源工程为重点的水资源配置工程、以水土保持为重点的水生态工程建设，我国水利事业呈现出前所未有的蓬勃发展态势。站在新的历史起点上，河海大学要秉承徐芝纶先生等老一辈河海人的优良传统，弘扬"献身、负责、求实"的水利行业精神，充分发挥自身优势，抓住机遇，开拓创新，为我国水利改革发展和水利人才培养做出新的贡献！

谢谢大家！

在徐芝纶院士诞辰 100 周年纪念大会上的讲话

九三学社江苏省委员会秘书长　王献民

尊敬的各位领导,各位来宾,各位老师、同学们:

今天,我们怀着崇敬的心情相聚于此,纪念徐芝纶先生诞辰 100 周年并研讨其学术贡献与思想。首先,请允许我代表九三学社江苏省委对会议的召开表示热烈的祝贺!同时,我也想借此机会缅怀这位著名的力学家、教育家、九三学社的杰出成员,追思和学习他的崇高精神和道德风范。

徐芝纶先生热爱祖国,1937 年 8 月,26 岁的徐芝纶怀着对祖国前途命运的深深忧虑,两次谢绝麻省理工学院恩师希望他留校工作,并为他攻读博士学位提供最高数额奖学金的盛情,回到灾难深重的祖国,决意报效祖国。

徐芝纶先生作为华东水利学院的主要开创者之一,他将毕生的精力贡献在教学和科研的第一线,为促进我国力学与水利水电工程的教育和科学研究做出了巨大的贡献。徐芝纶先生对学术研究锲而不舍、终生一以贯之,集中体现了中国知识分子的优秀品德。他淡泊名利,将国家的利益永远放在个人的名利之上。他恪守学术求真求实的原则,坚持真理。他为人低调严谨,但他的学术成果却因富于创新、厚重渊博而为学界所推崇。他既是一位真正的学术大师,又是一位杰出的教育家。在长期的教育实践中,徐芝纶先生探索出一套高质量的课堂教学模式,编写出多部被广泛采用的优秀力学教材,在教学上积累了丰富宝贵的经验。他倾尽心力,诲人不倦,教导学生实事求是,不迷信权威,敢于提出新见,超越前人,为培养新一代中国力学人才做出了重要贡献。如今他的很多弟子都已成为力学界享有盛誉的学者,并继续培养出一批又一批的学科接班人。他在教学科研生涯中所表现出来的为人师表、精益求精、一丝不苟的精神品质,是九三学社核心价值观“爱国、民主、科学”的集中体现和杰出代表,是九三学社全体社员们一笔巨大的精神财富。

徐芝纶先生以及许多像他一样的九三学社前辈们,以自己的崇高威望和高尚品德,不断增强着九三学社组织的感召力和凝聚力,影响带动着广大九三学社成员和文教工作者在中国共产党的领导下,与中国共产党思想上同心同德、目标上同心同向、行动上同心同行,坚定不移地走有中国特色的政治发展道路,为祖国的繁荣昌盛努力工作。徐芝纶先生不仅是河海大学的骄傲,也是九三学社的骄傲,是九三人将永远铭记和敬仰的典范和楷模。我们今天缅怀徐芝纶先生,既要学习他爱国奉献、死生以之的精神,更要学习他严谨治学、认真履职的精神,为中国教育文化事业的发展和中华民族的伟大复兴,切切实实地努力,尽一份应尽的职责,这就是我们对徐先生的最好纪念。

最后,祝纪念徐芝纶先生百年诞辰各项活动圆满成功!

谢谢大家!

在徐芝纶院士诞辰 100 周年
纪念大会上的讲话

中国力学学会副理事长　刘人怀

尊敬的各位领导,各位来宾,同志们:

上午好!

今天,我代表中国力学学会应邀参加徐芝纶院士百年诞辰纪念大会,感到非常高兴,同时也感到非常荣幸。因为徐院士是我国力学学科的领军人物,是我的前辈。在我的学习、工作时代,我都使用过徐芝纶院士编写的力学教材,对具有高尚品格和渊博学识的徐芝纶院士一直怀有深深的崇敬之情。今天,我仍然怀着十分崇敬的心情参加徐芝纶院士百年诞辰纪念大会,与大家共同缅怀徐芝纶院士爱党爱国、热爱水利事业和教育事业的高尚情操,严谨求实的治学作风和精益求精的工作态度,共同弘扬他热爱祖国、严谨治学和科技创新的精神,继承先生的遗愿,光大先生未竟的事业。

众所周知,徐芝纶院士毕生坚持在教学和科研的第一线,为促进我国力学与水利水电工程的教育和科学研究做出了巨大的贡献。他教授过 10 余门课程,直接授业的学生达数千人,精心指导和培养了数十名硕士、博士研究生以及骨干教师,编著出版了《工程力学教程》、《弹性理论》、《弹性力学》、《弹性力学简明教程》等教材 11 种,翻译出版教材 4 种,其中《弹性力学》获 1977—1981 年度全国优秀科技图书奖和 1987 年全国优秀教材特等奖,英文版教材《Applied Elasticity》是我国向国外推荐的第一本英文版工科教材。

徐芝纶院士的科研工作一贯以解决生产实际问题为目的,在拱结构、钢架结构和基础梁板的计算方法方面的多项早期研究成果,至今仍被工程界广泛采用。20 世纪 70 年代初,他在工程实践过程中,研究撰写了《双曲扁壳闸门计算》一书,将双曲扁壳结构应用到闸门中。他还致力于有限单元法的研究与推广普及工作,完成了凤滩空腹重力拱坝的温度场与温度应力的有限元计算,是我国最早的有限元应用成果之一,1974 年编著出版的《弹性力学问题的有限单元法》,是我国第一部介绍有限单元法的著作,为我国发展与应用有限单元法解决工程实际问题做出了杰出的贡献。

徐芝纶院士以自己优良的品德、奋进的治学精神、严谨的教育理论和丰富的学术思想,为我们留下了宝贵的精神财富。今天,我们在这里隆重纪念徐芝纶院士诞辰 100 周年,就是要继承和发扬他优良的思想作风、科研精神和治学经验,以推进我们的科研教育事业。我在这里大概总结几点,以与大家共勉:

首先,我们要学习他追求进步、热爱祖国的爱国主义精神。作为一名科学家,徐芝纶院士淡泊名利、爱国爱民,达到极高的境界。徐芝纶院士于1937年获哈佛大学工程科学硕士学位后,看到祖国正遭到日本侵略军的大规模入侵,国家处于存亡危急之际,人民处于水深火热之中。历史的责任感和神圣的使命感驱使他决定放弃美国难得的学习机会和舒适的生活条件,回归祖国"共赴国难"。他毅然决然地于1937年6月离美回国,任教于浙江大学。

其次,我们要学习他执著追求、顽强拼搏的奋斗精神。徐芝纶院士一生崇尚科学,追求真理,取得了辉煌成就。不论际遇坎坷,不论什么岗位,他都能从容认真地对待,并积极探索,取得骄人成绩。徐芝纶院士回国后,正值全面抗战时期,他与爱国师生同仇敌忾,同甘共苦,在前有飞机轰炸、后有日本侵略军追兵的恶劣环境和艰苦生活中,坚持教学工作。在长期的教学实践中,他的教学水平不断提高,讲授艺术不断丰富。当年凡听过他讲课的学生,无不为他的高质量讲课所吸引、所折服。

第三,学习他严谨求实、锐意进取的科研精神。科学研究,贵在执著。徐芝纶院士在科学研究生涯的各个时期,都有许多重要的研究成果,这都源自先生对于科学、对于真理的追求。而且徐芝纶院士的科学研究工作一贯坚持从生产实际的需要出发,将研究成果用于工程技术,并通过教学活动将成果进一步提高与普及。例如早在20世纪50年代,他就指导青年教师研究过荷载作用下基础梁的内力计算方法,并将研究成果制成表格以便应用。后来,他又在20世纪60年代末研究了在水压作用下双曲扁壳的内力计算方法,为工程技术人员所广泛使用。

第四,学习他勇于改革、注重质量的教育探索精神。徐芝纶院士在清华大学读书时即确信教育救国的理念,在青年时代就立志教书,并为之奋斗终生。国家于1952年成立华东水利学院时,徐芝纶院士愉快地服从组织调动,参加创建新中国第一所水利院校的工作。在承担行政工作的许多年中,他坚持不离开教学第一线,坚持科学、严谨的教育理念,爱护青年,循循善诱,对青年他始终热情帮助而又严格要求。徐芝纶院士曾经讲过:"无论做什么工作都应该精益求精,好上加好。什么事业都没有顶峰,要不断改进,永远不要自满。"在这种"精益求精"、"学无止境、教学亦无止境"教育信念的推动下,徐芝纶院士深入探索高等教育规律,大力推进教学改革,为培养高层次人才殚精竭虑,为国家培养了一大批优秀人才,为办好人民满意的教育提供了借鉴。

当然,今天这简单的几段文字不可能对徐芝纶院士优秀的人格品德、科研精神和治学理念等总结得面面俱到,我在这里想表达的愿望就是:我们后学应当继承、发扬先生一切的优秀品德和作风,以更好的科研、教育业绩来告慰徐芝纶先生,在先生奠定的我国力学学科事业的良好基础上,勤奋努力,开拓进取,为了中国力学事业和教育事业的进步,为了国家社会与经济的发展做出我们的积极贡献!

谢谢大家!

代表发言

在徐芝纶院士诞辰 100 周年
纪念大会上的发言

徐芝纶院士姨侄女　雪　耘

2011 年 6 月 20 日是我国著名力学家、教育家，中国科学院资深院士，河海大学博士生导师徐芝纶教授，也是我最敬爱的姨父诞辰 100 周年纪念日。屈指一算，他离开我们已经 12 年了，但他的音容笑貌还时常浮现在我的眼前，他高贵的品质、人格的魅力、孜孜不倦的工作精神久久地留在我们心间，他永远活在我们心中。

我曾经和我的姨父母共同生活了十多年，对他们了解颇深，在此纪念大会上代表亲属发言以表达我对姨父的深切怀念。

一、淡泊名利无私奉献

姨父除了从事教学工作及主持学校教务工作外，就是编写教材，他一生编著出版教材 11 种共 15 册，翻译出版教材 6 种共 7 册，在他 80 岁高龄时还应高等教育出版社特约撰写了英文版《应用弹性力学》，此书于 1991 年出版发行，是我国向国外推出的第一本英文版工科教材。他的《弹性力学》一书曾获 1997—1981 年度全国优秀科技图书奖，该书第二版获 1987 年优秀教材特等奖。取得这样巨大的成绩，倾注了姨父毕生的心血。我亲眼目睹过他在家工作的情景。每天早饭后，姨母去图书馆上班了，他马上在书房里开始工作。他写书时坐姿端正，全神贯注，表情时而严肃，时而舒展，身心完全沉浸在理论力学的王国之中，甚至连电话铃声也充耳不闻。就这样日复一日，年复一年，无论寒冬酷暑从不间断。而他写书的动力，是来自 20 世纪 50 年代陈毅市长接见上海交大几位教授时说过的话："我们的大学教材应该由我们的教授自己来编写。"从此他笔耕不辍，著作等身。他为撰写每一部书稿付出了巨大的劳动，我们却从来未听到他谈苦叫累，更没有听到一句炫耀自己功绩的话。他曾经写过这样的话："奉献难酬志，虚名实不符。"我们虽然和他生活在一起，也仅知道他每年要去北京开一两次会，开会的内容是什么，他获得了哪些荣誉，我们全然不知。许多荣誉证书、奖章以及和国家领导人的合影还是整理他的遗物时看到的。他就是这样一个淡泊名利、无私奉献又极其谦逊的人。

二、拳拳爱国心　浓浓报国情

记得有位朋友告诉我,姨父曾在一次会上讲过如果身体允许的话,他要上课上到90岁。然而后来的几年中,我不再看到他去上课也不再带研究生了。我感到很纳闷,但由于姨父平时不严自威,也不敢多问。有一次我请姨父来我家吃饭,在饭桌上谈到"出国"这个话题时,他道出了心声:"年轻人想出国深造、挣些钱无可厚非,但是学成后要回国。如果我带的研究生出国后都不回国,我是不想带的。"1937年,姨父放弃了在美国继续深造的机会,谢绝了师友的挽留,怀着强烈的救国之心回到祖国,开始他60余年的教学生涯。从当年到如今,已过去了大半个世纪,姨父也从一个英姿飒爽的青年才俊变成了一位两鬓染霜的老者,但拳拳爱国之心没变,浓浓的报国之情更深。他所做的一切都是为了祖国的繁荣昌盛,为了祖国能早日屹立于世界强国之林,实现他"科教救国"的理想。

三、博大胸怀慷慨解囊

姨父为人正直,心地善良,胸怀宽广,对于弱势群体有着极大的同情心。20世纪五六十年代,当姨母的兄弟姐妹生活有困难时,他全力支持姨母支援她的亲戚们,时间长达20多年;像1998年长江洪水泛滥,灾情十分严重需要社会捐助时,他总是慷慨解囊;为了鼓励大学生德、智、体全面发展,他又捐出自己多年积蓄的20万元,设立了"徐芝纶教育基金"。毛主席说一个人做一件好事并不难,难的是一辈子做好事。姨父就是一个一辈子做好事的人。然而他自己的生活却极其俭朴,穿着从不讲究名牌。许多同志在他住院期间都看到他的内衣是早期的"工农兵"牌的,一双袜子还是尼龙的。其实他不是买不起,而是对生活没有过高的要求。在吃的方面,到了晚年他只有三点要求:一是菜要淡;二是烧得烂;三是合口味,他就满足了。他从不铺张浪费,姨父的家就是一个极其普通的人家,家具还是20世纪50年代从上海调到南京时买的,直到80年代才添置了彩电、沙发、冰箱和空调。这是姨父一贯主张"以勤补拙、以俭养廉;待人以厚、律己从严"的真实写照。

四、恩爱夫妻琴瑟和谐

姨父母的感情深厚、志同道合在河海大学是有目共睹的。他们互相信任、理解、谦让、关爱,几十年从未红过脸。在我和他们共同生活的十几年中,我从未看到他们像有些夫妻那样吵吵闹闹,互相指责,讽刺挖苦。他们总是非常尊重对方,说话轻言细语,有什么事情互相沟通达成共识,夫妇间有说不完的话。晚年姨父对姨母更是照顾有加。姨母因高血压、脑梗塞等原因记忆力严重衰退,有些事情总是要重复多遍她才明白,姨父虽然心在急,但还是耐心地跟她讲了又讲,并告诉我们要理解她。平时他还十分关心姨母的吃药、血压变化的情况,并一一记录下来,以备不时之需。饭后,老两口经常互相搀扶着出去散步、逛街,购买一些小物品。那份相知、那份默契,成为一道动人的风景。

姨父一生爱好京剧、打桥牌,交谊舞也跳得很好。20世纪五六十年代住在苏州路时,为了让姨父放松放松,家中经常举行舞会,邀请好友来家跳跳舞;每逢星期天或节假日,姨母会约上几位好友打桥牌、吃顿便饭;逢年过节姨母总是邀请亲戚们来他家过年,增加节日气氛,使姨父不感到无子女的寂寞……记得姨父临终前几日,他久久地凝视着姨母,眼中盈满泪水,就那么痴痴地、久久地望着,似乎有千言万语要说。我在一旁读懂了姨父的眼神:他是舍不得姨母,放心不下姨母啊!姨父去世后,姨母常说:"我和芝纶17岁相识,整整70年啦,失去他我的心在痛啊!……"她说的是肺腑之言,我完全理解。姨母啊,失去这样一位有才、有貌、有德,对您无限忠贞的伴侣您能不心痛吗?可是人生没有不散的筵席。姨父走后,姨母日思夜想,半夜里经常叫着"芝纶,芝纶……"可是她的爱侣已化作了一缕青烟,离她而去了。过分的悲痛使得姨母在7个月之后就随姨父去世了。如今,他们又相依相伴在普觉寺,松涛阵阵,清风明月,也许只有这样姨父母才能安息吧!

五、最后的岁月——也是最难忘的岁月

姨父身体一直都很健康,很少生病,但是最后几年明显消瘦、怕冷、食欲下降、失眠……但他一直认为这是老年性原因,并未放在心上,其实病魔已悄悄降临了。在1999年的院士体检中姨父被发现肺上有阴影,从此住进了省人民医院。在医院做各种检查时,姨父就有一种预感,一天他对我说:"如果查出有什么病的话,千万不要告诉你三姨。"后经专家会诊,确诊为肺癌。大家怕姨父不能接受这可怕的事实,对他隐瞒了真实情况,一致说是较严重的肺炎。姨父开始也相信,后来,随着身体越来越瘦,食欲越来越差,我深信姨父是知道自己病情的严重性的。但他一贯严于律己,不麻烦他人,也从不问我们他到底得了什么病,任由医生每天输液、输血。我去送饭时,他看到我总是微笑着说辛苦你了。我因不会骑车,有时烧好饭菜叫我的儿女们送去,这时他就会关切地问:"你妈妈是不是身体不舒服?"吃完饭他要是精神还好的话,就和我炎谈工作、家庭、儿女等等。这是20年来我和姨父思想交流最多的日子。住院期间,他的自律精神常常使我震撼,住院后他的病情急转直下,但他从未呻吟过。姨母每天下午去探望,姨父看到她总是让她宽心。但是有一天下午,姨父由于极度不适和姨母没说一句话,这时姨母急着要去找医生,姨父急忙强挣着由护理工扶起,拉住姨母告诉她没有什么不舒服,不要去麻烦医生了……每当想起这些,我总是思绪万千,心潮起伏,从心底里敬佩我的姨父啊!

在纪念姨父百年诞辰之际,我想起自1980年以来只有一次忘记给他过生日。后来姨父告诉我一个记忆的方法,他说:"端午节后两个星期是我的生日,中秋节后一个星期是姨母的生日。"所以,每年的两个传统节日后,我就想着该给他们过生日了……我可敬可亲的姨父母啊,今后我依然要为你们过生日,当你们的生日到来之际,我会虔诚地点上两炷香,默默地为你们祈祷,并由衷地问一声:"你们在天国还好吗?"

在徐芝纶院士诞辰100周年
纪念大会上的发言

上海海事大学原校长　沈康辰

尊敬的各位领导,老师们,同学们:

大家上午好!

我们在华东水利学院(河海大学前身)求学期间,与徐老相处是从20世纪60年代初开始的。那时我们是徐老的研究生,与徐老的接触主要限于教与学上。在纪念徐老诞辰100周年之际,现就那段回忆和对徐老人生的认识,讲述一下我们眼中的徐老。

一、踏实认真,对学问精益求精

徐老从20世纪50年代开始,通过自己的钻研和教学实践,在学校开创了一批新的工程学科和课程,并通过不断地钻研和探索、精益求精、持续改进和提高,使这些新学科不但在我国工程教学和研究工作中站稳了脚跟,更成为了水工工程力学的核心学科之一。

徐老在教授《弹性力学》的数十年中,汇集了英美学派和前苏联学者的成果,创造性地发挥了自己的钻研成果和教学经验,使这门课程,包括教材、教学方法等,都已成为经典。

徐老适时开出了《板壳力学》等高等工程教学的新课程,以适应当时对掌握薄壁结构知识人才的需要。

为了解决沿江、沿海大型水利工程的地基基础问题,徐老将弹性地基、弹性基础梁板等地基基础结构的研究作为重要的科研方向之一,每年都有新的成果面世。

二、结合实际,为国家建设服务

徐老一直强调学习和做学问首先要学好基础理论,学生要重视基础训练。同时,在教学中,徐老还强调知识与实际的结合。在科研方面,徐老的研究工作总是紧紧围绕国家建设的需要进行。

水工建筑体量大,分析困难,徐老领衔发展了以弹性力学等为核心的水工工程力学体系,满足了当时我国正在兴起的大型水利工程建设的迫切需要。

水工建筑物复杂条件下进行的地基、基础的设计计算,也成为徐老的研究重点之一。

徐老敏锐地抓住了国际上有限元的发展契机,与学校老师一起,迅速解决了有限元理论和计算中的一系列问题。他组织队伍到工程现场,用有限元解决工程实际问题。他还举办培训班,将有限元理论在水利和其他行业推广,并结合实际,编写出我国最早的有限元应用教材,在此基础上带动学校和水利界有限元及计算力学的学科和队伍建设的发展,形成了新的学科方向和学科群,率先解决了大量工程实际问题。而当时我国大多数学者还正在熟悉与讨论有限元的各种理论,真正致力于解决实际问题的不多。

三、呕心沥血,倾力培养人才

徐老从事教学数十年,始终坚持围绕国家需要和学生成才的需要,制定专业方向、教学目标、教学计划、教学内容与教学方法。徐老认真研究教学过程中的每个环节,总结出一整套教学方法,带动了学校教学质量的提高。

徐老非常关心学生的学习、认知过程,重视解决他们学习过程中存在的问题,用引导而非灌输的方法,对学生进行启发式教育,提高了学生学习的兴趣和信心。徐老因材施教,使得许多学生毕业后,能够更好地为国家的建设做出自己的贡献。

四、爱国爱校,中国学者典范

徐老在国外留学期间成绩优秀,同时取得了美国麻省理工学院和哈佛大学的硕士学位。他本来可以继续在国外深造,但在国内抗战全面爆发的情况下,他不顾当时国内的艰苦条件,放弃了国外优裕的学习、生活环境,毅然回国。

新中国成立后,为了适应我国水利事业发展需要,徐老离开上海交通大学,参与创造华东水利学院,先后担任教务长和副院长等职务,为我国的水利事业培养了大量人才。

20世纪七八十年代,为了赶超世界先进水平,徐老不顾高龄,亲赴水利建设一线实地考察,进行科学研究,开创新学科,把新的理论和方法和国家的具体情况相结合,解决了大量的实际问题。

徐老实践了出国学习、回国服务的志向。

他始终服务国家建设需要,始终面向工程实践,始终致力于人才培养。

五、高尚情操,知识分子楷模

徐老真正做到了不为名,不为利,把自己的一切献给国家、学校和学生教育的崇高目标。徐老是我们学习的楷模,是中国知识分子的榜样。

总之,在我们的眼中,徐老是这样一位学者:

我国工程力学著名的学科带头人,能建设和引领学科集群和学术队伍建设的领军人物,他所开创的学科,他的著作,数十年以来一直具有很高的学术价值;

对学术问题有深邃的洞察力,对学科应用前景和发展方向有深刻的认识和预见;具

有把新学科、新技术、新方法与工程实际相结合,解决实际问题的能力;

具有在复杂和困难条件下和大家一起追求既定目标,并获得成功的能力和意志;

是我国知识分子热爱国家、忠于事业、勇于攀登、创造业绩、具有高尚情操的楷模。

徐芝纶院士对我们而言并不仅仅是一位导师,这么多年来,徐老的言传身教一直影响着我们。可以说,当年母校与徐老等老师对我们的教育和培养,塑造了我们的人生,对我们一生的生活和工作起到了决定性的影响。我们所做的一切,在很大程度上都是徐老和母校教育的结果。

谢谢大家!

在徐芝纶院士诞辰 100 周年
纪念大会上的发言

历届徐芝纶教育基金获奖者代表、
山东大学土建与水利学院副院长　贾　超

尊敬的各位领导,老师们,同学们:

大家上午好!

今天来到这个会场,在充满激动和感动的同时,心中又有一丝忐忑。能够受邀参加徐芝纶院士诞辰 100 周年纪念大会,和大家一起缅怀徐老,是我莫大的荣幸,心中感到万分激动;同时作为母校的学生,母校给了我这样一次发言的机会,心中又有些忐忑。

2001 年至 2003 年,我在河海大学力学系攻读博士学位,度过了我一生中最为难忘也最为充实的 3 年时光。在这 3 年中受到了徐芝纶院士精神的激励,获得了徐芝纶力学奖学金,是徐芝纶奖励基金的受益者之一,并且一直以来得到了母校及力学系师长们无微不至的关怀和支持,心中充满感激之情。

早在入学以前,我就学习和研读过徐老的弹性力学教材,在那个时候徐老就是我最为敬仰的学术大家,在我心中,徐老就是一座丰碑,那是在我正式进入河海大学前对徐芝纶院士精神的朦胧认识阶段。2001 年正式进入河海大学力学系后,随着对徐老事迹和精神的更多了解及师长们更多的介绍,我对徐芝纶精神也有了更多的认识,并且徐芝纶精神对我产生了极大的激励和促进作用,在很大程度上对我自此之后的学习、工作和生活产生了重要影响,我所领会和感悟的徐芝纶精神主要有三点。

一、对事业的热爱和无私奉献的精神

"选择做教师,就是选择了责任和奉献",这是徐老曾说过的话。徐老不仅用语言,更是用一生的实际行动对这句话做了最完美的诠释,从教书育人、激励后学到科学研究,数不胜数的事例向我们展示了徐老对待事业无比热爱和无私奉献的精神。这种精神深深感染着我。

二、对学术的敬畏、严谨和诚信

"学无止境,教亦无止境"是徐老的座右铭。这在学术浮躁,诚信受到质疑的今天更有其现实意义。大学是最有德性的地方,即使整个社会的诚信缺失,大学也应该是坚守诚信的最后一块阵地,如果连大学也缺失了诚信,国家和民族也真的到了最危险的时候。因此徐芝纶精神在这点上给我的教育是,学术一定要实事求是,最要有诚信精神,绝不能弄虚作假。这也是今天我教育我的学生首先要做到的一点。

三、不畏艰苦,挑战困难的精神

徐老20世纪30年代任教浙江大学时,由于时局动荡,学校数次迁转,条件异常艰苦,在这样的艰难困苦中,徐老敢于挑战,6年间教授课程10余门。这是徐老在《50年教学的回顾与体会》的报告中所讲述的往事,我数次读过这篇报告,经常被感动着,想想徐老等老一辈学术大家在这样艰苦卓绝的环境中尚能不畏艰辛、勇于挑战,我们在今天这样优越的科研环境中还能抱怨吗?这也是我在河海大学3年中每当遇到困难想偷懒时就经常反思,获得动力的源泉。

最后,向母校,向力学系的领导、师长、同学们以三句话表达我的感情:

第一,作为母校的学生我自豪。河海大学作为我国水利系统重要的教育科研机构,具有悠久光荣的传统,为祖国的水利建设事业做出了突出贡献,我为我是河海人感到骄傲自豪。

第二,作为母校的学生我感恩。回顾过去的学习生活时光,在河海大学的3年,奠定了我以后工作和科研的坚实基础,使我学会了解决问题的思维方法,母校和力学系给了我这么多,我感恩,并在力所能及的范围内以实际行动回馈母校对我的教育。

第三,作为母校的学生我奉献。奉献是河海人与生俱来的品质,也是时代赋予河海人的历史使命,作为母校的学生,一定谨记母校的教诲,向国家、向社会贡献自己的一份力量,以不辜负母校师长对我们的期望。要用自己的实际行动诠释河海精神、诠释徐芝纶精神。

再向母校的领导、师长和学弟学妹们表个态,我一定会继续在徐芝纶精神的激励下,努力工作,服务社会,加强与母校的联系,做一名合格的河海人。

谢谢大家!

在徐芝纶院士诞辰 100 周年
纪念大会上的发言

2010 级徐芝纶班学生代表　江朝飞

尊敬的领导、老师,亲爱的同学们:

大家好!

很荣幸能够作为河海大学大禹学院徐芝纶班的学生代表站在这里,与这么多领导、教授、校友、老师和同学们一起纪念徐芝纶院士诞辰 100 周年,首先请允许我代表徐芝纶班全体同学向莅临大会的领导、嘉宾、老师和同学表示热烈的欢迎和衷心的感谢! 向辛勤培育我们的老师以及优秀的校友学长致以崇高的敬意和祝福!

100 年前诞生了这位让我们莘莘学子为之敬仰的一代宗师——徐芝纶院士。徐芝纶院士自 1937 年抗战时期回国之后,就一直投身于教育事业,辛勤耕耘,培养了大量的力学和水利建设人才。一直以来我们学校师生始终学习着徐芝纶院士"学无止境,教亦无止境"的精神。

为弘扬徐老心系祖国、向往光明的爱国爱党精神,精益求精、高瞻远瞩的治学精神,行仁倡义、以身作则的做人品格,2010 年河海大学设立了徐芝纶班,我们很荣幸地成为首届徐芝纶班的一员,我们自豪地把自己称为"徐老的孩子"。记得我们刚进校时,学校、学院的各级领导、老师曾时常向我们宣讲徐老的事迹和精神,此生虽未能亲耳聆听徐老的谆谆教诲,但大师的风采却仿佛历历在目。徐老是我们的心灵导师,是我们奋斗的榜样,他的"精益求精是成功之母"的学习工作态度,将会贯穿在我们每一次的学习实践中,他的"学无止境"的教诲我们会毕生铭记。我想随着徐芝纶班一届一届地办下去,徐老将会有更多的孩子,我们也将把徐老的精神发扬光大,带往世界的各地。

作为徐芝纶班的学生,我们在感到自豪的同时也深感肩上的重任。我们决心:遵循徐老的教诲,为把自己塑造成既具有扎实的专业知识,又具有高尚品格的综合型人才而不懈努力! 因为我们是徐老的孩子。

谢谢!

师生追忆

纪念徐老,学习徐老

姜弘道

今年是我们敬爱的徐老——徐芝纶院士百年诞辰。学校与院、系举行了一系列纪念活动,回忆他为河海大学的创建与发展所做出的巨大贡献,颂扬他爱国爱党的崇高精神,行仁倡义的高尚人品,精益求精的工作态度,精湛高超的讲课艺术。我也再一次回忆徐老,思考着如何学习徐老。

我于 1960 年从农水专业转入力学师资班。由于力学师资班的学生少,又分散插班上力学的各门课程,因此在学习的同时,我们就参加了力学教研室的活动。我被分配学习弹性力学,也就成了徐老的学生。20 世纪 60 年代初刚留校任教的几年中,我曾连续几年跟班听徐老讲授弹性理论课,参加徐老的答疑。尽管从 1962 年起我为河川、农水专业的学生讲授弹性理论课,但仍同时听徐老的课。因为每次听课都会有新的收获与体会。徐老讲课、写教材的一个重要特点是一切从学生的实际出发。他告诉我们,像弹性理论这样的课程,讲一节课的教材字数,以 4000~5000 字为宜,多了学生复习负担太重。到考试时,徐老出的考题不仅要我们预先做一遍,而且要统计时间,给学生两小时的考题,教师要在半小时左右做完,这样的份量才适中。

20 世纪 70 年代初,在赵光恒老师的带领下,徐老和我们几个年轻教师一起到六合滁河红山窑水利枢纽工地搞现场设计。徐老不仅以花甲之年与我们同吃同住,还积极支持我们这帮年轻人"设计革命化"的想法。针对节制闸闸孔跨度大的问题,若采用当时流行的钢筋混凝土框架——钢丝网水泥平板型式的闸门,其自重大,对启闭机要求高,因此,徐老与我们一起研究方案,决定改用当时在工民建技术上很先进的双曲扁壳结构型式的闸门。为了解决双曲扁壳结构承受水压力荷载的内力计算问题,徐老夜以继日地推导公式,并用差分法手算得出内力,使双曲扁壳闸门的设计得以完成。接着又在魏震木老师等人的努力下,克服了施工中的困难,终于获得成功。后来,徐老又进一步制成许多计算表格,便于工程技术人员设计采用。徐老就是这样,什么事情都是首先为别人着想,宁可自己付出更多的辛劳。

从滁河工地返校后,徐老又参加了力学系的湖南凤滩科研小分队。他与小分队的老师们一起钻研有限元法,并用于凤滩空腹拱坝的温度场与温度应力分析,这是我国在工程实践中应用有限元法的最早成果。为了便于在工程界推广有限元法,徐老从结构力学的原理出发,重新演绎了有限元法基本公式的推导,并对不稳定温度场有限元也做了类似的演绎,避免造成当时大学生普遍没有学习过变分原理的困难。后来,徐老又对有限元法中较难学的等参数单元的内容,从坐标变换、数学分析、力学分析、数值积分等几方面做了简明清晰的演绎,使读者在大学数学的基础上很容易地掌握等参数单元的原理与具体实践,这些内容在徐老写的全国第一部有限元专著《弹性力学问题的有限单元法》中都有反映。这点也是徐老写书的一大特点,再大部头的著作,再高深难啃的理论、方法,经过他的消化、吸收,再创作为教材都能让大学生、工程技术人员感到易于理解和掌握,这可能是作为教师的最高境界。正是因为有了像徐老那样许许多多优秀的教师,人类的知识才得以不断地积累、传承,人类社会才得以不断地进步。

"文化大革命"结束后,徐老在担任副院长的同时,坚持参加弹性力学教研组的教学研究活动,这样,我们得以在各项教学研究活动中继续得到徐老真知灼见的指导。20世纪80年代中期以后,我因工作关系离开了力学教研室,但每隔二三周去看望一次徐老仍是我最急于要做的事。每次探望,徐老语言不多,但充满了对我工作的理解与支持,对同事的关心与爱护,让我学到了如何做人与如何待人,今日回想起来,仿佛言犹在耳,宛如就在昨天。

20世纪90年代中期,学校在研究庆祝建校80周年、邓小平同志题写校名10周年时,决定设立以严恺院士与徐芝纶院士命名的教育基金。徐老夫妇得知后,立即表示要捐出一部分积蓄参与设立基金。一天,徐老夫人伍玉贤老师把我叫去,她亲手把十来张存单共计20万元交到我的手上。当时,徐老虽是一级教授,工资比我们高,但90年代中期之前,他的月工资也只有几百元、近千元而已,20万元需要多少年才能存得起来啊! 徐老夫妇又一次以行动彰显了他们专门利人的高尚品质。

在纪念徐老百年诞辰之际,更好地学习徐老应是最好的纪念。我们要全面地学习徐老,在各个方面做到像他那样可能会有困难,我想,作为一名共产党员、一名人民教师,在以下两方面学习徐老应该是可以努力做到的。徐老在1987年所做的《50年教学的回顾与体会》报告中讲到,对"公与私的想法,有四个等级或者是四个不同的境界:一是大公无私、公而忘私,就是所谓毫不利己、专门利人,这是最高的境界,不易做到,但我们应该努力争取做到。其次是先公后私、先人后己,自己克服一些困难,给别人一些方便,我一般还是可以做到的……"徐老在工作、学习、生活中,从一点一滴做起,总是把学生、同事、集体乃至党和国家的利益放在前面。我们在这方面学习徐老,云追求自己的人生价值,一定会很有意义的。

"学无止境,教亦无止境",这是徐老自己60余年教学生涯的真实写照和经验总结。他在自己的岗位上,无止境地追求卓越,这既来源于对国家、民族高度的责任感,出自于对人生价值的科学认识,也是他的人生乐趣所在。作为一名人民教师,以学无止境为基础,努力追求教无止境的崇高境界,不仅能为国家与民族做出贡献,也能得到学生的尊敬,获得人生的价值与乐趣,这也是我们每位老师应该努力追求的。

(作者系河海大学原党委书记、校长)

我印象中的徐芝纶

左东启

我与徐芝纶先生没有多少私人交往，但工作关系非常密切。

我先简单说一下我们之间交往的几个阶段：

第一个阶段：1946 年至 1947 年。在我大学三年级下学期，即 1946 下半年，徐先生从抗战的后方来到上海交大做教师，他教我两门课：《水利发电工程》和《钢结构设计》。虽说徐先生是力学家，但他在该校没有教力学，教力学还是在我毕业之后的事。那时，他是老师，我是学生。当然，之后我仍是他的学生，他永远是我的老师。

第二个阶段：1955 年底至 1958 年。经过 8 年之后，我到了华东水利学院。当时，徐先生是教务长、副院长兼力学教研组的力学教授。那时候教研组归各个系管，分到各个系。力学教研组在河川系（即现在的水利水电学院），我在河川系水工教研组，我们又到了同一个系。1956 年起，我担任河川系的副系主任。

第三个阶段：1960 年后的几年。1960 年新成立了一个系，一开始称为理电系，即基础理论和无线电工程系，有六个专业，后来称为工程力学系，我调任工程力学系的系主任。当时，系里最主要的学术依靠就是徐先生，他是工程力学系最年长的教师也是水平最高的教授。

第四个阶段：1975 年"文革"结束以前至 1984 年，徐先生和我都担任了华东水利学院的副院长。从 1975 年起，我俩就共用一间办公室直至他最后的岁月。

在这里，我不打算谈徐先生的学术理论，而是主要谈谈他这个人的德才。

一、教书育人

徐先生的一生中仅有很短的一段时间投身于实际的工程建设，他的大部分时间都在教书育人。他对教学认真负责，教学质量高，对讲课这一环节和备课非常重视，非常勤奋。他的讲课质量高、效果好是有名的，这不仅在全校有名，而且在整个高等教育界，特别是在工程高等教育界都有名。在他年纪比较大的时候，不仅在我们学校，甚至其他一些地方也请他讲授如何讲课、如何传授知识的经验。我想，他的讲课经验应该继续得到整理和推广。在我印象中教过我的老师虽然多，就大学里的老师来说，论讲课，徐先生是所有老师中最好的。我碰到他过去的学生，不论老少，一谈到徐先生，都说他讲课好。

徐先生是个具有多方面专长的人才,他的专长又特别表现在教学与讲课上。首先,他基础扎实,功底深厚。因为要讲好课,首先自己要懂得透彻;其次,他逻辑性强,条理清晰。他的文字功底比较好,他写的东西条理非常清楚;再次,他勤奋认真。他教的课程到了后期主要就是力学方面的,有的内容是他教过多遍的,但是,每次在上课前一天的晚上或者在上课前,他都认真复习准备,也经常重新整理加工讲稿。

徐先生重视教学工作,最根本的一条是热爱教学工作。在他80岁后,还开出了《弹性力学》选修课,谈起这事,他说:"我现在坚持教学,到两种情况出现了我就不教了:一是我现在上两个学时的课,在那样大的教室里,我的嗓子也还喊得动。当哪一天,我真的觉得精力不够了,我就不上了;二是如果背后有人说我这么大的年纪还霸住了讲台不放,我也不会讲了。"我说:"后一种情况不会有的,我们都希望你能够教下去。"后来,我们既不劝他不要教,也不鼓励他坚持下去,因为,我们考虑他不是做报告而是要按时准点地来讲课,的确很辛苦。但也觉得,讲课对于徐先生来说既是一种任务和责任,同时也是他的爱好;讲课可以发挥他的长处,既继续做了奉献,也长远树立风范。

虽然徐先生多才多艺,兴趣很广泛,消遣的途径很多,但在老年,他的主要精力和爱好仍然放在教学上。徐先生的体育很好,他在清华读书时,曾经是全校400米跑第一名,是校篮球队的队员。他的京剧水平很高,在逢年过节的集会上,能唱上一段,而且据说也能化装登台献艺。他还有其他的爱好,譬如他对桥牌、跳舞也很擅长。

徐先生的一生一直在教学岗位上。作为学校的一名教师,我就感到很惭愧。作为大学教师,最根本主要的任务是面对学生授课,授业解惑。没有把这一任务放在首位,怎么说也是个缺陷,到老年想追悔补过,可惜来不及了。虽然行政工作该干的还得干,大学里的科研工作也不可少,但是大学教师应该把教书育人放在首位。

教书育人主要靠以身作则,以言行影响学生。上课本身讲的虽然是业务的、科学的内容,但实际上可以看出教师的为人。徐先生在认真做人、传授方法性的东西方面有自己独特的风格。

我还对几件事印象特别深刻。

改革开放后,高教界曾经流行过教师用英语讲课的做法。他在会上、私底下都讲过,他反对用英文讲课。虽然学校里用英文讲课的仍然照讲,但是我还是十分同意徐先生的想法。我是徐先生的学生,常常回忆起他当初给我们讲课的情况。因为我学生时代,上海的高中全部教本几乎都是用英文的,中学里的老师就有用英文讲课的。教我《水力发电工程》时没有教材,徐先生一边在黑板上写一边讲,我们做笔记。他黑板上的笔记是一些比较有条理的纲目——标题性的或者简单的一句话,都是英文。他的具体讲解是中文的,讲到某些专门的词时,他用英文。他从国外回来时先在浙江大学教过课,当时浙大校长竺可桢就不主张用英文讲课。虽然我觉得用英文听课有一点好处,但我们这么大一个国家的大学里头都用英文讲课,肯定是不正常的。

虽然如此,他对外语还是很重视的。记得我做学生时,有一次下了课,我要查找一本手册,他竟介绍了一本德文的手册。新中国成立初期,教师普遍学俄文,也是从俄文字母开始学起的,很快他就能辅导其他教师的俄文了。他编写的最后一本书是《应用弹性力学》，用的是英文，还在国外出版过，但其中新的内容主要是来自其他语种的文献。

1996年的一次校友回校聚会，我作为前力学系主任之一参加了聚会，老师们都来了，徐先生也参加了。聚会的最后，徐先生诚恳地对在场的人讲："你们年纪不小了，工作地位也不低，收入也不少，你们手上有权了，但是你们要注意一个事：要保持晚节。"他教书育人不在于讲什么大道理。河海毕业的校友中，虽也有不幸而言中，犯过这类错误的，但却是极为个别的例外。

徐先生的著作很多，主要是教材的建设。在我做学生时，他没有写过什么书出过什么教材，他搞教材基本在新中国成立以后，从20世纪50年代起他就一直出书，包括《理论力学》《材料力学》《结构力学》《弹性力学》等全套的力学教材，其中以《弹性力学》为主，这是新中国成立后他的一项很大的贡献。他积极地搞教学，以实际行动表现了他对新中国、对共产党的领导的衷心热爱、积极拥护。他最后的也是最主要的作品就是英文本《应用弹性力学》教材。有一次我参加教育部评选"特优教材"。当时有一种说法，说他的教材主要根据铁木辛柯在美国编写出版的教科书而写的。而现实中他所写的这本在国际上出版了的英文本《应用弹性力学》远远超越了这个范围和局限，而且在系统性和明白晓畅的程度上也具有独特的优点。实际上，他用一系列力学教材迎接了新中国的成立，最后也以一本特别优秀的教材为自己光辉的一生画了句号。

二、科研工作

徐先生不但在工程单位工作过，而且还搞教学、搞理论。新中国成立前，曾在资源委员会担任过水力发电勘测设计的队长，时间大概不长，最终还是愿意到学校工作。他在学校先是教《水力发电》，后来，他就往力学上转了。

力学的系统非常严谨，逻辑性强，条理非常清楚。可能徐先生的风格就是这样，似乎不太喜欢庞杂的东西。但我要指出来的是，他教我们《水力发电》时，《水力发电》上的很多东西不可能由一个简单的原理、严谨的逻辑往下推演。虽然《水力发电》包括各种各样头绪纷繁的内容，但他讲得照样很清楚。他为人作风不枝不蔓，精力往往能够集中到某一方面。虽然他的知识面很广，他的工程知识、工程基础都是丰富的，但他在教了力学之后，有关力学的他讲，对工程上的东西他不随便插一句话。他不插手干预不属于他管辖的事，不随便发表他本行之外的意见，这是他的特色。所以虽然《水力发电》本身的内容很丰富、很庞杂，但他能以这种不枝不蔓的精神来统率这些材料。

徐先生的科研工作主要在1958年（可能为1960年）以后，一开始，我校力学教师的主攻方向是"弹性基础梁"理论。这个理论是苏联的力学专家搞出来的，主要应用在我国水闸方面。随着水利建设的需要，中国的闸越做越大，闸的软土地基问题也多了起来。徐先生是这项研究工作的带头人。他能够把生产、科研与教学结合起来。他在科研上有重要成果，但科研在他的工作中始终是第二位的。以他带队的力学系曾经出去干过两件事。第一次是到红山窑做闸。对于钢丝网薄壳的闸门，在当时缺乏现代计算手段的条件下，他领导完成了复杂的力学计算，成功提出了新的闸门型式。另一次是关于"有限元"的。"文化大革命"结束初期,国内刚刚开始使用计算机,国际上也刚刚开始提出有限元方法。我校以徐先生为首写了一本《弹性力学问题的有限单元法》。有限元在现代的数学模型计算领域有着广泛的应用,将有限元法应用到结构力学领域里,徐先生是走在前列的。《弹性力学问题的有限单元法》是国内最早的一本介绍有限元理论的书。这本书将理论写得清楚,实际的计算工作也与力学紧密结合。

科研在徐先生的一生中不占最主要的地位。但他的几次科研工作都说明了他深厚的基础,反映了他扎实的功力。

徐先生能有这样的成就,根本上是由于他素质高、根底厚。他洁身自好,持身非常严谨,因此具有突出的优点,重大的贡献。我们并不想把徐芝纶先生描述成一个尽善尽美的人,但他在我们心里永远是个高大的形象。

（本文由河海大学原校长左东启口述,常永明同志笔录整理）

怀念尊敬的徐芝纶教授

黄　瑾

一、与徐老交往历史的回顾

中国科学院院士、我国著名力学家、教育家徐芝纶教授生于1911年6月20日,今年正好是徐老诞辰100周年。我们要经常怀念这位在河海历史上有重要贡献,在海内外河海校友中有广泛影响的老领导、老教授、老学者、老长辈。我在河海大学工作的几十年中,同徐老的接触不少,也有良好的个人友谊。

1959年教育部在北京举办教育革命展览会,学校党委决定派徐老为首的一个小组前去参观,我是这个小组的成员。当时我校是几部共管挂靠交通部,交通部对我校很重视,尤其是对水港系,交通部领导和有关司局长常来视察和检查工作,加上严恺院长是天津新港回淤问题科研领导小组组长,所以在我们前往北京途中,应邀在天津下车参观天津新港。天津新港高规格地接待我们,还专门开了一条轮船给我们参观天津新港全貌和近海海域,晚间天津港务局局长设宴款待。在这一过程中徐老都以民为本,为人低调,毫不张显,天津港务局的专家和校友十分敬重他。

在北京参观教育展览时,徐老看得很仔细,因为这是个学习的好机会。当看到我校水港系330科研小组将330闸门模型送去参加展览时,徐老非常高兴,他认为在全国性教育革命展览会上有我校展品觉得很光荣。其间利用间隙时间,徐老约我们一起在小店铺柜台旁小饮,徐老稍饮一点酒(在北京就是二锅头),配以北京特有的鳖甲蛋为下酒菜。徐老当时近50岁,我们30岁左右,但他同我们相处得非常随和、自然、融洽。

20世纪60年代阶级斗争的急风暴雨,把我们推到风口浪尖上。1966年初学校党委决定派部分师生参加江苏省高邮县社会主义教育运动,我校师生分到高邮一沟、二沟、东墩三个公社,水港系学生和所有正副教授集中在二沟公社,其中老教师都集中在二沟公社范家大队,我被任命为高邮二沟公社社教分团副团长(团长是江苏省泰兴县委副书记叶长枝同志)。分团分工要我主要联系在二沟的华水师生,尤其是对老教师多加关照。老教师中有严恺、徐芝纶、刘光文、顾兆勋、伍正诚等。1966年6月13日南京大学揪出了"匡××"震动南京。6月23日有人把我按组织手续提交的"关于干部工作的书面意见"污蔑为"宫廷政变计划",我被打成华水反党集团急先锋,在校园内制造了恐怖气氛,有的人大哭大闹,人为地把华水的阶级斗争推到沸点。6月30日派人到高邮县把我揪回来,关在钱塘路15号二楼,此时已完全失去自由。7月25日下午3时的高温烈日下,在华水运动场上数千人批斗我,站在我身后的严恺、徐芝纶、刘光文等一批老教授陪斗。

党的十一届三中全会,使我们党从根本指导思想上拨乱反正,结束了"以阶级斗争为纲"的指导方针,把党和国家的工作重心转到以四个现代化为中心的经济建设上来。这时,我国开始接受世界银行贷款,用世界银行贷款项目计划更新教学设备,我校引进日本生产的M360大型计算机就是其中之一。为了做好引进工作,学校成立了以徐老为首的M360大型计算机筹备小组,我以及有关部门和单位负责人都是这个筹备小组的成员。这个小组于1979年7月30日在办公楼会议室召开了第一次会议,徐老在高温酷暑下聚精会神地研究和落实各项筹备工作,诸如机房的基建规划,机房的技术设计要求,人员的选调和培训,接机人员的确定,设备的验收和安装等,筹备小组一直工作到机房建成,M360大型计算机进校安装运转才结束。

1977年以后我调到学校党委工作并兼管党办工作,1979年7月30日,在召开引进M360大型计算机筹备小组会议的间隙中,我到党办看文件时看到水电部党组来的密件,我打开一看是水电部党组转发的7月24日中央书记处对重点大学华东水利学院领导班子的任命。这是"文革"后任命的第一个班子,严恺为院长,徐芝纶、左东启、黄瑾为副院长。从此,我们在一个班子内工作,因为我分管的工作难度大、群众性强、直接责任大,当我们战胜困难,工作取得进展时,徐老总是给我们热情鼓励和支持。

二、徐老是华水品牌重要的设计者和实践组织者之一

从1952年到1985年11月20日邓小平同志题字恢复传统校名"河海大学"时,华东水利学院成立已33年了,才用了老河海的名。

徐老参与了华东水利学院开创性工作的全过程,经过几十年的奋斗形成华东水利学院的品牌,这个品牌不是祖传的,是自己打造的。华水产品——毕业生,而徐老就是华水产品的设计师和工程师之一。华水是所百年老校的主体,我们所说的发扬河海优良传统,看得见、摸得到的就是华东水利学院的优良传统。

徐老长期担任华水领导工作,在华水的学科建设和发展,教师队伍的建设和发展,学风建设和发展,学术组织的建设和发展等等方面,都有徐老的重要贡献。即使从狭义的角度看,我校力学学科的建设和发展,都有徐老的心血和影子。甚至力学老师户外活动每人都带一把黑色布伞这样的装束,也是他们的特点和标识物。

华水教育质量比较好是因为华水师资力量雄厚。"文革"前华水正副教授28位,他们当中既有大师级的教授,又有重量级教授。1952年院系调整时全国高校有58位一级教授,华水就有4位:严恺、徐芝纶、刘光文、黄文熙(黄文熙后调往清华工作)。长期在华水工作的有严、徐、刘3位,还有顾兆勋、张书农、伍正诚3位二级教授,刘宅仁、俞家溎、梁永康、李崇德、施成熙等5位三级教授。可以说28位正副教授大部分是大师级和重量级的,另外还有在他们言传身教和采取措施重点培养下成长起来的一大批中青年骨干教师。几十年徐老在河海大学学术领域中同大师级、重量级的教授们,与广大教

师身体力行，率先垂范地传承、实践、弘扬和发展"艰苦朴素，实事求是，严格要求，勇于探索"的河海优良传统。华水的品牌及传统是他们长期努力用心血铸就的。

徐老在教学第一线奋斗了60年，从未离开过讲台，这种状况实属少见。1987年冬天，他在作"50年教学的回顾和体会"报告大会上，又一次信心十足地表露心迹，他说"我想在教学第一线再干10年，凑成60年一个花甲，我想我是行的"，台下师生无不为之感动，激起了一片热烈的掌声。徐老实现了自己的愿望，徐老心高志大的源泉在于对祖国的一片赤胆忠心，华水的品牌就是徐老和广大教师及教育工作者，呕心沥血干出来的。

华水品牌重要的设计者和实践组织者之一的徐老教育思想内容十分丰富，而且有其特色，值得我们深入学习、研究开发，为实现我校"水利特色，世界一流"的目标服务，精品思想是徐老教育思想的核心。

三、徐老的魅力表现

徐老1999年8月26日逝世至今，已有10多年，但在河海大学和广大河海校友心中仍有深刻影响，这是为什么？是徐老曾是河海大学的领导的权力影响吗？不是的！徐老的权力作用早已不复存在，而且徐老生前从来以民为本为荣，毫无官风官腔。徐老所以至今在人们心中有深刻影响的原因，在于徐老身上非权力的作用，是个人魅力作用。这种非权力作用表现在以下几个方面。

徐老的人格魅力。徐老的博学多才，学识、智慧、品德、大师风范博得了全校师生员工和河海大学广大校友的敬重、爱戴，并引为楷模。经过1958年学术批判和10年"文革"后，徐老在人们心目中的威望更高了。

徐老洁身自好，生活俭朴，淡薄名利，实在令人敬佩，为人赞颂。河海大学建立以徐芝纶命名的基金时，徐老夫妇主动从他们为数不多的积蓄中拿出了20万元人民币，放入基金用于奖励优秀学生，殊不知这20万元人民币是他们辛勤劳动一辈子，几十张存单凑起来的啊！

徐老治学严谨，为人师表。徐老以治学严谨著称，一向严肃认真，严格要求，一丝不苟。他认为，教师应以教学为本，教书是教师的天职。在河海大学的讲台上不仅年年看到他白发苍苍的身影，更难能可贵的是他一如既往，潜心研习，认真备课，不断更新教学内容，改进教学方法，他的讲课很有特色，教学质量之高，有口皆碑，至今仍是河海大学公认的典范。他讲课内容精炼，语言准确，条理清晰，分析透彻，深入浅出，引人入胜，徐老一上讲台犹如优秀演员进入角色，感染力极强。在我任华北水利水电学院党委书记期间，赴京开会或汇报工作时杨振怀部长多次说过："河海大学的徐老是我在交大的老师，听徐老的课是一种精神上的享受。徐老上课板书清晰整齐，层次分明，层层深入，一环扣一环，使学生有回味思考的空间。请你带一口信给河海领导，趁徐老还健在，抢时间把徐老讲课录制下来，在中青年教师中传承。"过后，我向梁瑞驹校长转告了杨部长的口信，但后来梁校长告诉我，正当组织力量准备录制时徐老不同意，徐老说："相信中青年教师会超过我们。"后来，我也向杨部长汇报了此事。

徐老给我们深刻的印象是精益求精。徐老说过:"无论做什么工作都应该精益求精,任何事情没有顶峰,精益求精是成功之母。"这是徐老自我总结的一条重要体会,他说:"中国有句老话,学无止境,我给它加一句成为学无止境,教无止境。"徐老一向以"不断改进,永不自满"作为座右铭,具有高度的精品思想和执著追求,几十年来呕心沥血,为我国高等教育事业做出了重大贡献。他培养了一批高质量的本科生、研究生和青年教师,形成了以徐老为首的力学师资梯队,当时在全国高校也是有相当的学术地位和竞争力。徐老主编出版的一批精品教材,被高校普遍采用。他所著《弹性力学》(上、下册)荣获 1977—1981 年度"全国优秀科技图书一等奖"及 1988 年"全国优秀教材特等奖"。面对荣誉,徐老始终没有终止,仍然执著追求,精益求精,奋力拼搏。当他编写的教材《弹性力学》第一版获奖,在《光明日报》上公布获奖名单时,他修订的第二版书稿已寄到出版社了,在该书第二版获奖的同时,修订的第三版书稿亦完成。在他病重住院期间,我多次去看望他,他始终神情镇定,科学地看待生死。他对我说:"如能度过这个厄运,我还想干点事情。"他所说的干点事情,肯定是学术方面的,真是生命不息,战斗不止,体现了一个老专家、老教育家的高风亮节。

徐老一生要求自己清清白白做人,踏踏实实工作,走着一条"点燃自己,照亮别人"的奉献之路。他师德高尚,为人正直,和蔼可亲,诲人不倦。徐老对学生循循善诱,对青年教师关怀备至,平等相待,有的老师还成为他的朋友,如濮伯泉、郭坤等同志。郑肇经老先生 90 寿辰时,徐老同刘光文先生登门祝贺,并在后来纪念郑老座谈会上发言,表达了对郑老的敬重。

徐老自我要求很严格,模范地执行规章制度。他平时很少使用校办小车,使用时虽通常都能保证,但也有失误。有一次徐老要用车,但校办的小车全部外出了,校办只能给车队队长戴××下达指令,要他在规定时间地点给徐老派车,后来由于工作繁琐,戴××却把此事忘记了,我得知后十分生气,除了严厉批评戴××外,我还向徐老当面道歉,但徐老却不介意,此后也未提过,我至今仍很内疚。

(作者系河海大学原副校长)

大师风范，耳濡目染

解启庚

一、徐芝纶院士于 1952 年院系调整时来到华东水利学院

1952 年全国院系调整，由南京大学、上海交通大学、同济大学、浙江大学以及华东水利专科学校的水利系合并成立华东水利学院。时任上海交通大学教授兼任水利系主任的徐芝纶也被调往南京，参与新中国第一所水利学院创建工作。徐芝纶教授 1952 年到南京，我于 1953 年从同济大学毕业后到华东水利学院工作，跟他接触的时间还是很长的。徐芝纶教授除了教课以外，还担任教务长。当时学校的教授有 27 名，1953 年教育部分配到学校 60 名大学生，都当助教。一开始，学校没有地方上课，只能在校内搭的草棚子里上课。1952 年建校以后，盖好了房子才搬过来。

二、徐芝纶院士是当之无愧的力学宗师

徐芝纶院士长期致力于工程力学的教学与结构数值分析的研究，为中国工科力学教材建设做出了卓著贡献。他一共编撰出版教材 11 种 15 册，翻译出版教材 6 种 7 册，其中《弹性力学》（上、下册）第一版获 1977—1981 年度全国优秀科技图书奖，第二版获 1987 年全国优秀教材特等奖。他的英文著作《应用弹性力学》也于 1991 年由印度威利东方出版公司出版。他编的书、出的教材，全国很多学校都在用，这些教材简单不繁琐，很有启发性。

三、徐芝纶院士大年初一还在修改讲稿

徐芝纶院士讲课非常讲究逻辑性，引导学生思考，具有启发性，听过他讲课的人都感到是一种享受。他追求精益求精，每次讲稿都要重新修改，甚至大年初一还在修改讲稿。

徐芝纶院士讲课，内容精炼、语言准确、条理清晰、分析透彻、深入浅出、引人入胜。初为教师时，他经常在教室窗子外面"偷听"其他教师讲课，以提高自己的教学水平。他的治学之风、教学之风和以身作则，潜移默化地影响着其他教师，以至于他的生活习惯也纷纷被其他教师模仿。

在交流教学经验时，徐芝纶院士都把自己的经验毫无保留地拿出来，以此帮助其他

教师提高教学水平。在他言传身教的影响下,华东水利学院力学教学梯队很快地建立起来了,教学质量得到很大保证,这其中绝少不了徐芝纶院士的功劳,以至于后人一致评价华东水利学院毕业生"三基"强——基础理论强、基本知识强、基本技术强,也为学校较早地成立力学系力学专业奠定了坚实的基础。

四、我和徐芝纶院士退休后同在教学评优组工作

退休后,我和徐芝纶院士受聘同在教学评优组工作。学校安排我们去听课,评优秀。徐芝纶院士是组长,我是副组长。我们曾一起签字向学校推荐破格提拔表现出众的教师。在听课评课的过程中,徐芝纶院士不但注重知识的传授和教学方法的运用,还注重教师对学生价值观的引导。曾有个别教师在课堂上胡说八道,让学生去走歪路,听完课后,我们就不客气了……

五、徐芝纶院士是一个可敬的老知识分子

徐芝纶院士当年回国以后,抱着科学救国、教育救国的愿望,几十年殚精竭虑,为国家强盛贡献了自己的一生。"文化大革命"时期,他也曾受到冲击。"文化大革命"后的1981年,70岁高龄的徐芝纶院士加入了中国共产党,实现了他多年夙愿。他是中国爱国知识分子的杰出代表。

(作者系河海大学原副校长)

纪念徐老

顾 浩

徐芝纶先生是我国著名的力学大师，一生致力于教育和科研，对我国力学学科、水利事业、教育和科技发展，作出了杰出的贡献。我们作为徐老最后的亲传亲授弟子，真是难得的幸运。

1977年恢复高校招生考试使我们进入了华东水利学院。10年的荒废使大家都非常珍惜学习机会，起早熬夜、如饥似渴地接受各种知识。半年后学校组建师资班，我们35个学生从各专业集中到工程力学师资班学习。《弹性力学》是我们的高年级课程。徐老当时已近70岁高龄，是资深的中国科学院院士，亲自给我们讲授这门非常重要的专业课。徐老教学不仅是严师，也像慈父，他教书育人，更言传身教。

开始，一些同学觉得弹性力学很难，解决的问题很复杂，运用的工具是数学物理方程和计算力学方法。徐老好像很理解学生，他的破题讲述给我留下深刻印象。那时我们已学习了《理论力学》、《材料力学》和《结构力学》。他启发式地系统分析说，建筑力学包含《材料力学》、《结构力学》和《弹性力学》三门学科，这三门课在研究对象和研究方法上有什么区别，之间又有怎样密切的联系，在学习过程中如何既注重理论分析又注重工程实用。他给了我们一把思维方法的钥匙，就是既要掌握弹性力学的规律，又不要把建筑力学当成人为分割、一成不变的东西。这些启发式的综述，引导了我们的学习以致后来工作的全过程。名师予人的不仅是具体结论，精髓在于方法。

徐老讲每一次课都是十分严谨，又深入浅出。几乎所有听过他讲授的人都佩服这种大家风范。弹性力学的公式推导很多，有些偏微分方程推导很长，也有些枯燥。但徐老总是娓娓道来，从黑板的左边板书下来，不紧不慢，一字不差，引人入胜，使你不知不觉中理解了方法和结果，感到了乐趣，不知不觉中结束了一节课。徐老总是要求我们在课堂上消化教材的基本内容，课外进行扩展深化，独立思考一些有兴趣的问题。这让我们受益非常大。

徐老德高望重，教学精湛，与学生交流平易近人，深受学生爱戴。他每次上课都提前到课堂，同学就抓住机会向他请教。后来发现课前几分钟静心是他备课的习惯。同学们都为这样一位大师讲课这样认真所感动，自觉地课前不打扰，课后再请教。

徐老非常重视引导我们关注工程实际。人们往往希望弹性力学追求精确函数解。徐老告诉我们，一些复杂的块体、板壳问题现在无法求得数学的精确解，可以通过交叉方法研究获得近似解。他用几十年研究实践的大量实例表明,在工程的应用上可节省工作量,满足需要。特别是当时兴起的有限单元法把连续体离散化,利用计算机进行数值求解,对发展工程计算意义非常重大。"文革"期间,徐老带领的华东水利学院力学系课题组,是我国研究和运用有限单元法最早的团队,不仅出版了我国第一部有限单元法的专著,而且举办了许多期培训班推广应用,形成了我国最早的有限单元法的技术队伍,对我国计算力学的发展做出了不可磨灭的贡献。当时不突出个人,专著没有徐老的署名。今天,计算力学已大为普及,徐老的贡献将永载史册。

我1982年毕业后留在工程力学系任教。此时,徐老年事已高,仍然在学科建设、带研究生、科研等一线兢兢业业地工作。他长期工作的工程力学系及弹性力学教研室是一支师资雄厚、基础扎实、开拓创新、作风严谨的团队,也是我国恢复研究生培养制度之后的第一批博士点之一,在理论研究、工程运用等许多方面有很深的造诣,承担了许多国家重大项目的科研任务。这归功于以徐老为首的一批老教师长期贡献和潜移默化的影响。我留系后曾兼任系科研秘书,深感徐老为培养博士生付出的心血。他亲自与系主任赵光恒反复研究培养目标、研究方向、必修课、论文等。当时博士生招得很少,要求很高,论文必须有创新,答辩后向同行公示才能授予学位。徐老许许多多时间都在给博士生开小灶,不论在教研室还是在家里,进行个别指导、讨论,真是爱生如子,这给我留下了深刻的印象。

后来我到外地工作,听到外面对徐老的更多褒奖。力学界、教育界、工程界的同仁都赞扬他的学识和人品。高等教育出版社的同志对他的《弹性力学》给予非常高的评价。从力学界到工程界,从名牌大学到普通高校,许多同志念念不忘徐老的讲课。

徐老晚年与我父亲顾兆勋成为邻居,两家住在天目路的同一个院子里。两位老人都秉性平和,相处很好。徐老生活很有规律,早睡早起,生活平静。徐老病重期间,我去省人民医院看望,他已非常体弱,只谈了一会儿,就累了,但他依然平静,我陪坐许久方才离去,这是最后一次和徐老会面。

徐老早年海外学成回到内忧外患的祖国,报效国家,他的一生,像春蚕,像红烛,奉献社会很大,自己索取很少。这些年,国家方方面面快速发展、深刻变化,徐老等老一辈学者的优秀品质和高尚情操依然是我们的宝贵财富,弥显珍贵。

一代宗师,桃李天下,风范长存。

徐老是我们的好老师。

(作者系水利部原办公厅主任)

弘扬"学无止境、教无止境"精神，
促进高校力学教材建设

张元直

  在我们纪念徐芝纶老师百年诞辰的时候，徐老已离开我们12年了，但他的品德、风范、智慧和学识仍然使我们受益，今天我们纪念他，就是要弘扬他留给我们的精神财富，把他为之终生奋斗的教书育人的事业推向前进，为中华民族的复兴贡献我们的一份力量。

  徐老年轻的时候立志教书，是因为他相信"教育能救处于危难中的中国"。1937年他毅然从美国回到正在抗战的祖国是为了"共赴国难"。解放初期徐老参加了陈毅同志召开的座谈会，陈毅同志号召大学教师"写中国人自己的教材"，徐老认为"这是一个历史性的事业"，积极响应，在随后的几年之内编出了3部5本教材。"文革"结束后，高校教师青黄不接，在徐老参加的蒋南翔同志召开的座谈会上，蒋南翔同志说"现在的老教师还不能马上脱离教学第一线"，希望他们"再教10年8年，再写三五本教材"，徐老当即表示"我要再教10年，再写5本"。虽然当时徐老已经67岁，但后来他实现了诺言。徐老这种顾全大局、以国家利益为重的精神是永远值得后人继承的。徐老在一篇文章中说，"把自己的前途和祖国的前途联系起来，就会有很大的动力"。这是徐老对人生的深刻感悟。

  徐老立志教书，教书育人，为此奋斗了一生，为国家培养了大量的人才。为了讲好课、写好教材，徐老倾注了毕生精力。讲好课是教师的重要职责，徐老本着"学无止境、教无止境"的理念，努力思索、研究讲课艺术，不断实践改进，经过千锤百炼，形成了一套高水平讲课艺术，成为讲课名师。"听徐老讲课简直是一种享受"这句话，成为听过徐老讲课人的共识。徐老将他讲课的心得体会写成《怎样提高课堂讲授的质量》一文，提出讲好课要做到八点：掌握课程内容、了解学生情况、适当安排教材、认真准备讲稿、做好默讲试讲、注意表达方式、及时检查改进、不断努力提高。这是徐老留给后人的一份珍贵遗产。

  教材是教师讲课的依据。徐老一生编著教材11种15册，翻译外文教材4种7册，可谓著述颇丰。徐老写教材总是在其渊博的知识和丰富的教学经验基础上，广泛参阅不同风格的教材，取其所长，以严谨的治学态度进行创造性的再创作，从而编撰出具有独特风格的教材。徐老编著的教材总是在使用过几遍的讲义基础上逐段、逐句、逐字进行推敲修改后定稿。徐老认为教材是需要"写了再写的",要使其适应新的情况和新的教学要求。徐老编著的《弹性力学》教材 10 年内修订了两次。

徐老为高校工程力学专业和工科研究生编著的《弹性力学》(上、下册)于 1979 年在高等教育出版社出版,1980 年和 1990 年各修订一次,徐老在世时本书共出版过 3 版。第一版获"全国优秀科技图书奖",第二版获"全国优秀教材特等奖"。该书出版发行 30余年,现在发行量约 3000~4000 册,内容摘自该书的《弹性力学简明教程》年发行量约2.8 万册,这都说明了这部教材是得到社会广泛认可的一部优秀教材,是徐老对我国高校教材建设的一大贡献,也凸显了徐老渊博知识、丰富的教学经验和文字表达的深厚功力。徐老以清晰的思路将全书内容分为两部分,上册为数学弹性力学,先讲平面问题后讲空间问题;下册为应用弹性力学,先讲薄板问题后讲壳体问题。全书内容既涵盖了弹性力学基本内容,其知识体系又符合由浅入深、由易到难、循序渐进的原则,便于组织教学。也就是说该书既具有科技图书的特点,也具有教材特点。徐老编著教材遵循的重要理念就是教材要便于教师教,便于学生学。弹性力学概念多、理论多、公式多、数理推演复杂,历来被学生认为是一门难学的课程。徐老对于弹性力学中一些难点的处理,正如姜弘道教授所说:"一本本难啃的大部头的经典著作,经徐老的加工、再创造,变成在教材中体系非常严密而又比较容易理解与接受的内容。"并认为这"无疑是对教学质量最有力的保证",还认为徐老的这种创造在《弹性力学》这部著作中"有了更多的体现",这就是这部书便于教学的原因。徐老在写《弹性力学》时未用张量记法而用直角坐标记法,是因为徐老认为后者直观,学生易于理解。徐老著作的文字表述准确、精炼、流畅,读徐老的书有一种令人心情舒畅的享受感,在我读过的众多书稿中,能与徐老文字表述水平相比的甚少。

回顾徐老一生的业绩和贡献,是他胸怀祖国,脚踏实地,艰苦努力,一步一步干出来的,是热爱祖国、报效祖国的体现。他一生治学严谨,精益求精,认为学无止境,教无止境,永不自满,为人谦虚谨慎,廉洁正派,淡泊名利。徐老的一生为我们树立了光辉的榜样,他永远活在我们的心中。

1956 年我国开始组织自编高等学校教材,1962 年成立各个学科的教材编审委员会,"文革"后的 1979 年编审委员会进行扩充并恢复工作。徐老任工科力学教材编审委员会副主任委员。50 多年来在教育部领导下,在编审委员会组织下,高等教育出版社出版的教材及其他出版社出版的高校教材基本上已能满足高校教学要求并有一定的可选择的余地,教材中有不少是优秀的或比较优秀的,同时还出版了一批教学参考书和工具书。教材建设的成就为高等教育事业的发展、教学秩序的稳定和教学质量的提高起到了重要作用。随着社会的进步、科学的发展、教育观念的转变以及教学手段的多样化,有些教材也面临如何适应的问题,如教材需要适应培养创新型人才的要求,若采用修订的办法使教材适应教学要求,对于已过世作者的教材就要注意修改的幅度,若修改幅度大,使教材失去原有特色又署原作者的名字就欠妥了,且有可能发生版权纠纷。在目前社会条件下似以组织或创造条件帮助有志于编著教材的学者撰写新教材为好。从徐老的一生可见,做学问是不易的,编出好教材不下苦功夫是不行的。我们纪念徐老百年诞辰,回顾徐老的治学精神和业绩,就是希望能有更多的有条件的学者,以徐老为榜样,淡泊名利,严谨治学,著书立说,向社会贡献高水平的教材,为中华民族的复兴添砖加瓦。

(作者系高等教育出版社原副社长、副主编、编审)

徐老,我最崇敬的老师

——纪念徐芝纶院士诞辰 100 周年

周 氏

　　徐芝纶老师是我一生中最敬佩、最崇敬的老师。为此,我曾画了一幅徐老的肖像,题名"百年楷模",也算是对徐老的一种深切怀念吧!

百年楷模

　　在 63 年前的 1948 年 9 月,我高中毕业报考上海交通大学水利系,当时水利系刚从土木系独立出来,徐老担任水利系系主任,负责对我们刚录取的新生进行面试,这是我第一次见到徐老。我记得他当时问了我两个问题:你为什么要攻读水利?你认为世界上哪个国家水利搞得最好?他是想了解一下我对水利事业究竟有什么样的理解。其实我当时对水利基本上没有什么认识,只是认为搞水利比较艰苦,报考的人不会太多,录取的机会可能会比报考土木系多一点。我老实地把我的想法说了出来,徐老温和地点了点头,表示理解。事后才知道,当年水利系的录取分数线其实比土木系还要高些。

　　进入上海交大后,知道徐老是著名的力学专家和教育家,他讲课效果之好、教学质

75

量之高早已誉满全校。徐老当时亲自对水利系的学生讲授理论力学、材料力学、结构力学等课程。每次讲课，课堂里都是挤得满满的，这是因为许多土木系的学生也都挤进来偷着旁听。当时还曾传说，徐老高质量的讲课让其他几位教授不敢再轻易地接教徐老讲过的力学后续课程。许多校友毕业后都以"我是听过徐老的课的"为荣耀，并以"我的力学课程是徐芝纶教授教的"作为自身业务水平的一种衡量。

新中国成立前，理工科大学中大部分课程都没有中文教材，有的老师直接采用外文原版书，有的老师讲课、发讲义和出题目用的全是英语和英文。新中国成立后，时任上海市长陈毅号召要改变这种崇洋媚外的情况，徐老首先积极响应号召，并且很快付诸行动，率先编写出版了系列力学教材。

编写教材又是徐老教学工作中的一个光辉亮点。他的教材具有"少而精、简而明、不蔓不枝、字字严谨、句句通顺"的鲜明特点。他主张教材不是科技论文集，也不是参考文献，一切不成熟的东西都不宜编入教材。他编写的教材重点突出，逻辑性特强，再复杂深奥的理论也能简明扼要地表达出来。因此他编写的系列力学教材几十年来曾多次再版，始终是公认的优秀教材，多次获评奖项，为全国许多工科院校广泛采用，其中《弹性力学》一书曾获评全国优秀教材特等奖。他还用英文编写了《应用弹性力学》，由印度威利出版社出版向国外发行，让世界看到了我国力学教育事业发展的成就。

1952 年我们班从水利系毕业时，正值全国高校院系调整。上海交通大学、同济大学、中山大学、浙江大学等水利系科合并组建全国第一所水利高等学府——华东水利学院（简称华水），徐老等几位教授成为华水的主要创办人。我们班上好几位同学也跟随老师被分配到华水当助教。徐老成为华水的第一任教务长，负责全院教学工作。

我被分配到建筑结构教研室，做钢筋混凝土结构课程的辅导工作，建筑结构类课程与工程力学的关系十分紧密，因此我又重新聆听了徐老讲授的结构力学、弹性理论等课程。通过听课我不仅更加深了对工程力学理论的理解，更主要的是进一步领会了徐老的教育教学理念。徐老曾经谆谆教导我们这批年轻教师：讲好一节课，就是为国家培养人才做出了一点贡献；讲坏了一节课，对全班上百学生来说就是浪费了别人上百个小时；如果讲错了一个概念或一个公式，那就是误人子弟，以误传误，甚至会造成几代人的谬误。他要求年轻教师要博览群书，然后才能精选出要讲授的内容。他形象地说：教给学生一杯水，教师就得准备一桶水。

徐老讲课条理分明、内容精炼、重点突出、难点分散、分析透彻、深入浅出、语言精辟、引人入胜，具有特别严密的逻辑性，在讲授过程中他能将所有问题归并成一条线，沿着这一主线把问题的来龙去脉及因果关系交待得一清二楚。一般学生只要把注意力一步步跟着徐老的思路发展，在课堂上就能透彻理解 95% 的内容，课后再把作业一做，就能把 95% 的内容全给记住了。因此许多学生赞叹：听徐老讲课简直是一种享受！

徐老这种高质量的教学效果，完全出自于他严谨的治学态度和崇高的敬业精神。他曾经有句名言：什么事业都没有顶峰，永远不要自满，学无止境，教无止境，教书育人无止境。以此来自勉和鼓励督促青年教师。

20 世纪 50 年代初，西方国家对我国进行封锁，国家号召向苏联学习。徐老和梁永康教授专门去中苏友谊馆突击学习俄文,回来后为青年教师开设俄语课,发动大家学习俄文,并立即带领大家翻译了苏联的大型图书《水工手册》,为开设水利专业课程做了资料准备。

徐老在华水先担任教务长,后又担任副院长,虽然行政工作繁重,但他始终站在教学第一线,亲自为本科生讲课,而且从不因工作繁忙而随便停课,只有参加全国人大、政协会议时才不得已停课,但开会回来后必定自己补课,绝不随便找人代误。

虽然力学课程他已教过了几十遍,对内容早已滚瓜烂熟,但每次讲课前,他仍会提前很长时间把讲稿重新准备齐全,到时再结合学生的具体情况做进一步的修改调整。明天要讲课,今天他就会停下手边工作,静下心来,默默地把要讲的两节课内容在脑海中一一"过电影",把讲课的词句一一锤炼精当,连什么时候口气应该加重,什么时候应该适当地重复,什么时候应该提问,应找哪一类学生来回答,都有细致的考虑,甚至这一公式哪一插图应该布置在黑板上的哪一部位都有所安排。正因为他如此认真细致严格地准备,才能使上每一堂课都能取得非凡的效果。

在徐老这种认真负责的教学态度、教学理念和教学方法的教导熏陶下,徐老教出了一批又一批的接班人。在我们学校的力学学科中形成了优秀的实力雄厚的教学团队,建成了国家级工科基础课程(力学)教学基地和力学实验教学示范中心。

在科学研究中,徐老也有着极为重要的贡献。20世纪60年代,徐老在参加水利工程生产实践中,为了解决弹性地基理论计算的复杂性问题,专门编著了可以方便使用的实用计算表格。为了将钢丝网水泥双曲扁壳结构型式应用到挡水闸门中去,徐老研究了在水压作用下双曲扁壳的内力计算方法。针对弹性理论偏微分方程数学解的异常复杂性,徐老亲自用普通计算器将计算结果制成表格,编著出《双曲扁壳闸门的计算与设计》一书,为工程技术人员提供了莫大的方便。

徐老是我国将弹性有限元计算方法引入土木水利结构设计的第一人。1974年徐老编著出版了专著《弹性力学问题的有限单元法》,该书一出版就销售一空,不少院校和设计单位因买不到该书而不得不自行翻印。徐老为推广普及有限元法做出了开创性的工作,起到了奠基的重要作用。

徐老又是一位品德高尚的长者,在他身上始终体现着中国文人传统的崇高气质,正直无私,宽厚儒雅,不重名利,自有着一种浩然之气。他虽历任学校的教务长和副院长,但没有沾染一点官气。我们这一代学生始终称他为"徐先生"(在上海交大时习惯称呼老师为"先生"),后来或亲热地称他为"徐老",而没有一个称他为"院长"的,这也充分反映了他独特的人格魄力。

在1959年开展的"学术批判"、"拔白旗"运动中,学生和青年教师组成小分队,找寻一些老教授平时讲课中的差错来进行批判,对徐老还专门组织了力量最强的小分队。但翻遍了徐老的著作和讲稿,却始终找不到任何差错!结果是越批判,徐老的威望越高,这也充分反映出徐老一贯的严谨治学态度和敬业精神。

徐老还有个原则,对于编写专著都得精益求精,要么不写,要写就得自己动笔。目前常见的由别人来撰写,自己挂个总编或主编名义的一类事情,徐老是绝不干的。

　　徐老一生不追求名利。20世纪50年代初,他就将编写教材的稿费所得捐给学生会买了一台钢琴供学生弹用;70年代用稿费为学校幼儿园购买了大批玩具;80年代初又用稿费买了一台大彩电送给工会(当时全校仅此一台)。徐老没有子女,在他病重期间留下遗言,将他所有存款全部捐给学校参与设立"徐芝纶教育基金",以奖励青年学生和青年教师,由此可见徐老为人的崇高品德。

　　我的一生,大部分岁月是在清凉山下度过的,教师是我唯一的职业,可以说,我的一生都是在徐老等前辈的道德人品的熏陶下成长的。当我在工作上稍有倦怠时,似乎总有徐老的高大身影在注视着自己。

(作者系河海大学教授)

缅怀德艺双馨的徐老

赵光恒

从 1954 年开始,我就在徐芝纶老师身边学习、工作,历史达 40 余年,深受徐老优秀的品德、学术与为人的感染启示,使我获益匪浅。

1935 年徐老公费留美,先在美国麻省理工学院攻读水力发电工程,1936 年获工程硕士学位,后又转读哈佛大学力学学科,师从威士特加德教授,1937 年获工程科学硕士学位。当时正值日本侵略军发动卢沟桥事变前夕,徐老婉拒美国单位给予的优异的工作和生活条件,毅然返回祖国与国人共赴患难,这种爱国精神实为大德,为后辈们树立了光辉榜样。徐老在浙江大学教书的前 3 年内,六次搬迁,长途跋涉 2600 公里,前有日本飞机轰炸,后有侵略军追击,往往是在防空洞里、煤油灯下备课,祠堂、庙宇、草棚里上课,历经艰险,直到贵州遵义才算安定下来。徐老在浙江大学执教的 6 年中,由于战时教师缺乏,徐老不辞辛劳,先后教过十几门课程。1944 年徐老转教于上海交通大学。1952 年院系调整,徐老服从分配调来华东水利学院参与建院。1954 年徐老兼任华水教务长,1956—1983 年兼任华水副院长。在兼职期间徐老仍坚持在教学一线讲授《弹性力学》课程,是扎扎实实的"双肩挑"。

徐老对待工作有句名言,即"精益求精是成功之母",包括他讲授课程和撰写教材都按此原则办理。徐老主管教学时期非常重视课堂讲授,组织教师开展课堂教学竞赛,并亲自参与听课。徐老总结自己的课堂教学经验而撰写的文章《怎样提高课堂讲授的质量》,明确地指出 8 条,即"掌握课程内容,了解学生情况,适当安排教材,认真准备讲稿,做好默讲试讲,注意表达方式,及时检查改进,不断努力提高"。这篇文章曾被广泛转载于各个教学研讨的刊物,为促进课堂质量提高发挥了良好作用。徐老的讲稿不断更新,他讲课默讲都是黎明即起。学生们反映:"听徐老的课不仅是获得知识,简直是一种享受。"徐老编撰的教材可谓书如其人,字斟句酌,精益求精,条理清楚,简洁易读,便于教学,这些优点已为全国同行们所公认。书籍的出版发行迄今不衰。早在 1960 年人民教育出版社就出版了徐老撰写的《弹性理论》教材。1974 年徐老写出了国内首先介绍有限单元法的《弹性力学问题的有限单元法》,出版后一再重印,并于 1978 年出版了第二版。1978 年徐老撰写《弹性力学》(上、下册)出版,内容包括徐老多年研究的一些成果。1982 年出版的第二版《弹性力学》获全国科技图书优秀奖。1990 年徐老撰写出适用于少学时的《弹性力学简明教程》第一版,并于 1983 年出版了第二版,以后还多次重印。

1989年徐老应高等教育出版社约请写出英文版《应用弹性力学》,1991年经印度威利出版公司出版,对国外发行。

徐老生活作风平淡朴实,与人相处平易近人。在几次外出的教育革命小分队里,他都和大家一道同吃、同住、同干活。在湖南省水利勘测设计院吃饭都得拿着碗筷排长队买饭打菜,院方领导考虑到徐老已是60多岁老教授了,要给他送饭菜,但被他婉言谢绝。学校领导也考虑徐老长时间在外,建议他返校回家休息一段时间,也被他婉拒了。徐老坚持和大家一道工作历时5个月,一直到胜利完成用有限元法分析计算凤滩空腹重力拱坝温度应力的任务后才返回学校。

徐老热爱生活也会生活,早在清华大学学习、工作时就是校篮球队成员。他说荣高棠也曾是该队队员,一段时间后荣高棠不来了,后来听说荣高棠去了解放区。徐老在浙江大学执教时,在教职工的联欢会上,他还演唱过京剧。来华水后,南京各高校组织教职工桥牌比赛,徐先生也是高手,多次为校队获胜建功。徐老非常关爱青年师生,他对青年教师讲,有空不妨去听听苏州评弹,评弹的演说对事物的分析是很精透的。经济生活困难时期,学校食堂伙食欠佳,徐老常邀约一些青年教师和学生去他家与他共同进餐,适当改善伙食。1996年力学1966届学生返校聚会,徐老语重心长地对学生们说:"你们年纪不小了,工作地位也不低,收入也不少,你们手上有权了,但是你们要注意一个事:要保持晚节。"徐老还将自己积累的余款捐给学校建立基金,资助经济困难学生完成学业,学校定名为徐芝纶院士教育基金。教育部工科结构力学课程指导组成员、徐老的挚友、同济大学副校长翁智远教授曾对我说:"你们河海大学的徐老,他是精神领域里的富翁。"确实徐老既是毕生培植桃李精耕细作的园丁,更是德高望重、德艺双馨的楷模。

(作者系河海大学教授)

我终生的老师

——记徐老的几点往事

傅作新

1952 年全国高校进行院系调整,我从浙江大学调到华东水利学院,工作后开始认识了徐芝纶先生。当时,他是河川系工程力学教研室主任,我是一名工程力学课程的助教,从那时起到现在已经 60 年了。在徐先生的关心和指导下,我从一个对力学知之不多的工科学生成长为一名比较成熟的工程力学教授。在跟随徐先生工作的几十年间,他不但关心我业务能力的提高,还怀有对社会主义教育事业的热情和执著的精神,使我更加坚定了为祖国水利教育事业服务终生的信念。下面回忆我亲历的印象较深的几件事,作为对徐先生的深切怀念。

一、学习苏联的带头人

新中国成立初期,西方国家对新中国实行全面封锁。为了打破被孤立的状况,党中央号召全国人民学习苏联。1952 年华东水利学院建校初期,正值学习苏联的高潮,学校添置了大量俄文科教图书。由于我们过去大多学的是英语,看到琳琅满目的苏联力学教材颇有"目不识丁"之感。当时徐先生凭借其扎实的外文功底,很快掌握了俄语,并及时为全校教师开设了俄语语法教学。在他的启蒙下,我初步掌握了科技俄语,开始涉猎丰富的苏联力学文献。后来徐先生还组织力学教研室青年教师学习苏联力学教材(如费洛宁轲的《弹性力学》),为我们打下了较好的力学基础。可以说,华东水利学院的力学教研室和后来建立的力学系,都是在徐先生一手扶植下成长起来的。此外,在华东水利学院建校初期,徐先生带领教师学习苏联先进的教学经验,也是功不可没的。

二、正确对待群众运动

20 世纪五六十年代,"大跃进"、"破除迷信"等风暴曾一度席卷我国,我校当时也掀起了一股批判"资产阶级学术权威"的高潮,除少数人外,大部分中老年教师都被列入批判对象。批判目的是所谓揭露"资产阶级知识分子"的无知,以"剥夺他们最后的一点资本"。大批"革命小将"在部分青年教师协助下,在批判会上对被批对象提出一些偏题、难题,让他们当场回答。有一位"久经沙场"的老教师,面对气势汹汹的场面,结结巴巴,口称"我是草包、我是草包",三言两语引起台下一阵哄笑,倒也轻松过关。我有幸与徐先生名列河川系教师的"帮助"对象,开始我想学习那位老先生的办法蒙混过关,但看到同在一个办公室的徐先生一直在专心致志地查阅资料,积极备课,和在会上认真对待提出的问题,并给出详尽而正确的回答,并赢得了广大听众的赞誉和尊重后,我为此感到十分惭愧。我暗自下了决心,向徐先生学习!从此以后,我在历次运动中,都自觉地不讲违心话,不做违心事,学习徐先生做一个实事求是的人。

三、全心全意为生产服务

徐先生主要从事偏理论的弹性力学和板壳力学的教学和教材编写工作,但他也很重视理论为生产实践服务。有鉴于弹性力学基础梁在水利工程中有着广泛的应用,而苏联日莫契金著的《弹性基础梁》中仅附有梁上荷载作用下的反力表,他便指导一位青年教师补做了边荷载作用的表格。这套表格在我国水工设计中起了很大的作用。他在参加苏北水利实践时,发现钢筋混凝土双曲扁壳是符合当时省钢省料的水闸闸门型式,他为此研制了扁壳闸门的内力计算用表。我曾用该表计算过一扇双曲扁壳闸门,觉得此表简单而实用。20世纪70年代,他参加湖南水利工程实践,为了解决水工大体积混凝土结构分析的庞大计算量问题,他学习并推广了当时国外正在兴起的有限单元法。在他的带动下,我国兴起了学习和应用有限单元法的热潮,华东水利学院力学系就处于热潮的中心。他主持编写了我国第一本介绍有限单元法的书《弹性力学问题的有限单元法》,此书总结了我国学者在水工结构分析中应用有限单元法的科研成果和经验,被公认为一本学习有限单元法很好的入门书。在这里我要着重指出:徐先生为生产服务是从不追求个人名利的!

四、全面发展的积极分子

徐先生并不是一些人想象中道貌岸然、不苟言笑、正襟危坐的老"夫子",而是全面发展、多才多艺、热爱生活的文体积极活动者。早在清华大学学习时,他就是学校篮球队的中坚。在上海交通大学执教时,他还积极参加演唱京剧、打桥牌等文娱活动。到华东水利学院后,虽因腰疼而不能参加剧烈的体育活动,但他在文体活动方面的积极性不亚于我们年轻人。记得有一年在工程馆力学教研室举办的国庆聚会上,他演唱一首京剧段子,我用二胡伴奏。由于我对曲调生疏,紧张得满头大汗。徐先生还是南京高教界桥牌高手,他经常指教我们打桥牌,并传授一些桥牌理论和打牌技术。有时打完一副牌后,还仔细复盘,以提高我们的叫牌和出牌本领。许多年来,我一直是徐先生的桥牌蹩脚弟子。

以上几件事情,虽不能概括徐先生光辉的一生,但是完全可以看出,徐先生是一位爱祖国、爱事业、爱生活并具有高尚情操的人,是值得我们终生学习的榜样!

（作者系河海大学教授）

人虽远去，德才永存
——纪念徐老百年诞辰

宋逸先

从1955年算起，我与徐老相识有数十个年头。回想当年，刚从清华大学毕业的我，受南洋工学院委托在华东水利学院（河海大学前身）进行培养，我做了徐老一年的学生。从那时起，我对于徐老就有了一种崇敬之情。留校后，接触愈多，这种感觉就愈加深刻。今年正值徐老诞辰百年，我以此文聊表敬意，希望徐老的德才品质能够为后人所悟，长传于世。

一、前辈爱国人士的代表

徐老是中国较早一批留美的学生，在哈佛大学取得硕士学位后，他放弃了国外优厚的薪金待遇与良好的生活环境，回到了灾难深重的祖国。在抗战全面爆发的流离乱世，为提高国民素质，徐老积极投身科教救国事业，之后数十年如一日地坚守在高等教育的最前线，为中国教育事业的发展奉献了毕生精力。

徐老始终坚守的理念是出国留学的最终目的是回国后奉献自己，建设祖国。所以，他一生都很看不起那些出国留学后就留在国外的华裔专家。在徐老看来，"祖国有难而不前"，这种人缺乏起码的爱国心。后来一些专家回国访问，出于一些原因，徐老还是很不情愿地接待了他们。

徐老的爱国热忱还体现在他积极响应国家的召唤，根据国家建设的需要开展工作。例如新中国成立初期，由于当时国内的高等教育事业根基较为薄弱，相关教材稀缺，徐老便积极翻译引进外国教材和科技资料，并将引进的前沿性先进资料及时推广应用于工程实际。同时，徐老针对当时国内人才缺乏的实际情况，悉心培育科技人才，为祖国建设输送了大批优秀的建设人才。为了使建设工程更好更快地完成，徐老还多次向工程单位提供咨询服务，有力地推动了工程施工进度。

徐老从事教育工作，播撒科技种子，努力为国家的富强夯实科学技术基础。在国家政策实行向苏联"一边倒"的时期，为了学习、推广苏联的教材与科技资料，徐老自学俄文，而后还在教研组讲授俄文。不仅如此，徐老还与吴永祯教授等翻译出版了《理论力学》等苏联教材以及相关科技资料，积极引进基础梁板计算、壳体理论及应用、大体积混凝土结构力学分析,后来又在国内率先引进有限单元法,并在长沙湖南水电设计院设计的凤滩拱坝进行了具体的工程应用,同时开办多期短训班讲授有关内容,进行推广。徐老在参加南京六合红山窑水利枢纽施工过程中编写了《双曲扁壳闸门的计算》一书并应用于实际工程,尽管在应用该书论述的方法时,被前来检查的江苏省水利厅技术人员百般挑剔,不过事实证明徐老的方法是正确的。

二、一代教育宗师

徐老的言传身教,为华东水利学院(河海大学前身)的力学教育打下了严谨、求真、务实的良好基础,历代相传,直至如今。

兴办教育事业是一件利国利民的大好事,是强国富民的基础,新中国第一所水利高校——华东水利学院,为国家"兴水利,除水患",培养了大批高素质技术人才。徐老当时担任学校教务长,无论是专业设置还是编写教学大纲,他都亲力亲为,为华东水利学院的发展壮大奉献了自己毕生精力。

对徐老这样功底深厚、治学严谨的知名教授而言,上课本应是一件很简单的事情,但是用徐老自己的话来说:"每讲一节课得要用九节课时来准备。"可想而知,良好的教学效果是多么的来之不易。

在徐老等老教师的引导下,我们这些年轻教师认真阅读领悟教材内容,反复考虑、讨论后再编写讲稿,仔细思考版面布置、口头表达细节,抓住难点、重点,充分利用课堂上每一分钟,并认真批改作业,尽力做好优良传统的继承和发扬工作。

徐老很珍惜爱护人才,在他任教的几十年里,物色培养了很多有潜质的学生,经过悉心培养现在已经成为各个工作岗位上的领导和技术骨干。遗憾的是,当时校领导没有为徐老配备得力助手继承徐老的研究工作,致使目前学科没有太大的突破,亦未对河海大学力学学科的发展做出突破性的贡献。

三、道德楷模

从徐老一生从事的工作可见,徐老想的、做的都是国家需要,不管是从不计较回报地投身教育事业,还是认真负责的科研态度,徐老的品德都是无可挑剔的。

在教育方面,徐老不仅积极翻译引进国外先进的教材,同时还结合自己多年来的经验创编优秀的教材,并紧密结合国内工程实际,尽量使先进的科学技术应用于实际工程建设。

在生活条件和学术方面,徐老是大度而无私的。当时条件艰苦,整个力学教研组只有一台电扇,刚刚获得院士称号的徐老主动将奖励的空调捐给教研组,为教师提供了较好的工作条件。后来徐老领衔的江苏省力学学会从1978年起挂靠华东水利学院。力学学会团结全省教育、科研、工矿企业的力学工作者,通过省力学学会这一学术平台及多种形式的学术交流活动,积极引进、推广国内外力学学科的前沿信息,从而极大推进了省内外力学教学和科学研究工作的发展。到现在,力学学会的影响力越来越大,已经从一只雏鸟成长为一只展翅翱翔的雄鹰,为河海大学力学学科发展也提供了极大的帮助。

在"文革"动乱时期,徐老饱受屈辱,下过农村,住过窝棚。由于当时徐老年龄较大无法从事重体力劳动,组织上便安排他用块石砌标语。徐老有一把电动剃须刀,农民工(当时叫水利战士)没见过这玩意儿,硬说徐老在厕所发电报,惹来了不少笑话。还有在"拔白旗"等运动中的不当批判,伤害了徐老的学术尊严,但也没有影响他对事业的追求。

四、桃李芬芳,根深叶茂

徐老的学生、弟子分布在国内外各行各业的重要岗位上,他们能得心应手地开展工作,这不仅是他们自己努力的结果,也得益于在校求学时打下的良好基础。毕业后,他们坚守自己的岗位,努力把知识奉献给社会,为国家的富强做出自己的贡献。徐老编著的《弹性力学》等教材一直被视为经典在全国高校广泛应用,他的研究成果已被诸多工程单位成功地应用于实际工程项目,根深叶茂,硕果累累。这不仅是徐老留给我们的宝贵财富,也是大家对徐老的尊敬和回报。

徐老等老一辈"爱国、奉献、求真、务实、无私"的精神遗产,应当作为一种大学精神而被继承和发扬,尤其是在市场经济条件下,教师更应该学习秉承这种精神,为学校、为国家做出自己的贡献。

(作者系河海大学教授)

芝风兰骨，长存如纶

——缅怀恩师徐芝纶院士

林 见

徐芝纶院士1946年由中央大学调入上海交通大学，1948年起任上海交通大学水利系系主任。我初识徐老是在1950年，当时，我正就读于上海交通大学，徐老教我们力学课程，班上同学都知道他毕业于清华大学、美国麻省理工学院和哈佛大学，还曾经执教清华大学、浙江大学和中央大学。

毕业以后，我又有幸跟随徐老、严恺、刘光文等资深教授一起调入华东水利学院（河海大学前身）。后来，还和徐老一同在华东水利学院力学系工作，因此，与他就有了更多接触。数十年匆匆而去，今年已是徐老的百岁诞辰。徐老虽已故去十余年，但他诲人不倦、待人以诚的作风还时常浮现于眼前。为缅怀恩师，表达敬意，特撰此短文。

谈到徐老，还要提起我的爱人陈久宇。久宇与徐老感情笃深，从做学生起，就因其天资聪慧、成绩优秀而深受徐老喜爱。我调到华东水利学院以后，也因为久宇和徐老的师生情缘，对徐老就有了更多一层的了解。在参加河海大学举行的纪念徐芝纶院士百年诞辰纪念会后，我特意佩戴大会配发的胸花，在久宇的照片前留影，但愿去了天国的他也能知道学校纪念徐芝纶院士百年诞辰的消息。

一、八大法宝，一代宗师

做徐老的学生或是当他的同事，印象最深的莫过于他严肃谨慎的治学精神和一丝不苟的教学态度。尤其在教学方面，他的课堂讲授质量之高，从20世纪40年代起就在学生和同行中享有盛名。徐老讲课的特点可以概括为"内容精炼、语言准确、条理清晰、分析透彻、深入浅出、引人入胜"。徐老的一个习惯令我和当时很多青年教师都感动不已，就是不管他讲过多少年、教了多少遍的课程都要重新备课。每次讲课前，徐老至少都要伏案半天，整理先前的教案，充实新鲜的内容，了解所教班级甚至每个学生的具体情况，还要规划讲课的深度和节奏，就连板书的格式与站立位置也要详细设计。徐老强调："每个班、每位学生的情况各不相同，唯有课程与学生的实际情况相互匹配，教学才有高品质可言。"他曾经在《怎样提高课堂讲授的质量》一文中，总结出"掌握课程内容，了解学生情况，适当安排教材，认真准备讲稿，做好默讲试讲，注意表达方式，及时检查改进,不断努力提高"八条经验,被中青年教师视为提升教学水平的法宝。徐老凭借精益求精的备课方式、风格独具的教学方法和首屈一指的授课效果,成为广大中青年教师的学习楷模和崇拜偶像,进而极大提升了华东水利学院力学教研组的教学质量和业内声誉。一段时期,我校成为国内高校力学教师首选的进修高校。

徐老不仅工作严谨,连生活起居也不大意、不随便。"文革"以前,徐老与刘光文教授同住在西康路上的一栋小洋楼里。徐老习惯"开夜车",每天晚饭后开始工作,直到凌晨三点才熄灯入睡。刘光文教授则习惯早睡,清晨三点起床工作,戏称"上早班"。两位先生如同接力般地开灯熄灯,几十年里,一幢小楼彻夜明亮。人们都说"成功者自有成功的原因",徐老的勤勉便是其中的原因之一。

二、传道授业,为人师表

韩愈说"师者,传道授业解惑也",徐老就属于此等良师。

先讲传道。1937年徐老从哈佛大学毕业,怀揣麻省理工学院和哈佛大学两本硕士学位证书的他,受到好几位美籍师长和学友的恳切挽留,请他留美工作或继续深造。徐老则因为日寇大举入侵中国,东北华北相继沦陷,国家存亡到了最危险的时候,人民处于水深火热之中,而礼貌、执拗地回绝了邀请,义无反顾地回到祖国。这种对国家的热爱、对民族的责任,无疑是对后代学生的一种道义教化,也是一种心灵启迪。

再说授业。徐老任教近60年,不仅教导了一届又一届学生,也影响着一批又一批教师。徐老说过:"力学系要重视力学教育,力学基础教育更是重中之重。"在他的影响下,力学系始终坚持夯实基础的教学方法。以我个人的经历来说,当年就是在徐老等老一辈师长的引导下,在大学阶段打下了比较扎实的基础,后来无论是搞教学还是搞科研都能够做到得心应手、进退自如。其实,多数国外名校也是如此。重基础教学的结果,既提升了学校的教学质量和学生的理论素养,也促进了教师水平提升和学校声名远播。

徐老离开我们已经12年了,但是,他的影响还一直在延续。徐老编撰的《弹性力学》等教材沿用至今,他创立的教学方法也让一代代力学教师获益良多。迄今,学校的教学和科研工作还处处可以体察到徐老留下的深深印记。

关于解惑。徐老为师始终无可挑剔。每次上课前,徐老都会提前几分钟走进教师休息室,面对穿衣镜,认认真真地梳理一下头发,仔仔细细地整理一下衣冠。他说,要把最好的一面展示给学生,要自内而外地维护师者的风范。

"传道"就如同替学生指明道路;"授业"则是告诉学生在路上行进的方法与策略;"解惑"是当学生在行走中遇到障碍和迷茫时,给他以点拨和帮助。

三、学以致用,科技报国

徐老在科研方面的成就也有目共睹,无论是有限单元法,还是板壳力学的研究等,都开创了全国同行的先河。

在弹性力学领域里,徐老率先引进西方的弹性力学思想,又结合当时苏联的实践经验,形成了一套适合我国高等教育的弹性力学教材。徐老编撰的《弹性力学》不仅在全国范围内受到广泛好评,还被翻译成外文在国外出版发行。徐老一开始讲授《弹性力学》就引起了国内力学界的重视,先是许多教师慕名前来旁听,之后又有更多的教师纷纷加入弹性力学教学和研究的行列,充分显示出徐老在科研上的巨大影响力。

20世纪60年代发展起来的有限单元法,如今已在科研、工程技术众多领域被广泛应用。70年代初,徐老就带领学校教改小分队深入工地推广、普及有限单元法,并以此为手段解决了很多实际工程问题。1974年,徐老编著出版了《弹性力学问题的有限单元法》,成为国内第一部有限单元法专著。之后,徐老又面向工程技术人员举办多期进修班,以该书作为教材,从结构力学原理出发,介绍有限单元法的概念和在工程、科研上的运用方法。徐老的成果及其推广,都为有限单元法在国内普及和运用起到了奠基的作用。

徐老在科学研究中一贯坚持"从生产实际的需要出发"的原则。20世纪50年代,他就根据当时大规模水利工程建设的需要,指导青年教师研究荷载作用下基础梁的内力计算方法,并将研究成果制成便于实际运用的表格。后来,徐老又陆续绘制了文克勒地基与中厚度地基上基础梁的计算表格,其中大部分至今仍是工程设计人员案头的重要参考工具。这些资料是徐老为我们留下的重要学术财富。

虽与徐老相识久矣,遗憾的是鲜有系统和深入交流的机会。区区千字文相对于徐老丰盈精彩的一生,难免挂一漏万、未及精髓。最后,想说明的是本文标题取自我为徐老撰写的一副藏头藏尾对联:

芝风兰骨,为学报国;教书育人,长存如纶。

拙文若有缅怀徐老、启发后学的功用,我当不胜欣慰。

(作者系河海大学教授)

从交大到华水，印象中的徐芝纶老师

李咏偕

从交大（上海交通大学）到华水（华东水利学院，河海大学前身），从一般的师生到后来兼有同事关系，我与徐老相识已有几十年了。1946 年，我开始在交大水利系学习，那时，我与徐老尚未认识；1947 年，徐老在交大任土木系教授，继而任水利系主任，那时，徐老是教我力学课的老师；1952 年华水建立，徐老与一些教师转调华水，那时，我是徐老的助教；再后来，我进了力学教研组，为材料力学任课教师，与徐老成了同事。徐老给我留下的，并不仅仅是知识、教学方法和经验，更多的是一份精神财富。

一、在交大，初识徐老

在交大的时候，徐老负责教授应用力学（相当于现在的理论力学）和材料力学等力学课程。作为他的学生，能有徐老这样的名教授亲授这些课程，我是幸福的。徐老给我印象最深的就是他的严格，他以身作则，教学认真负责，对学生的要求也很高，为了能够确保学生掌握知识，每学期徐老会进行 6 次测验，每次测验成绩占总成绩的百分之十。徐老曾对我们说："如果你每次都考 100 分，不参加这门课的大考也可结业，可以拿到学分了。"虽然当时测验的题目都不很难，但是由于我们对理论知识掌握不到位，多多少少会错上一些，需要再对自己的不足进行思考和弥补。为此，我们养成了严谨、认真的学习态度。

我毕业后，一个偶然的机会，时任系主任的徐老把我作为水利系伍正诚教授的助教留在了交大，在他助管的实验室工作，这为后来我成为徐老的助教创造了条件。

二、到华水，徐老的助教

1952 年，根据国家规划，由南京大学、上海交通大学、同济大学、浙江大学以及华东水利专科学校的水利系科合并成立华东水利学院。

徐老与伍正诚教授等一批资深教授积极响应国家号召来到南京，作为助教的我也一并调入华水。当时华水除水利专业招收本科生外还招收专科生。与一般本科生不同，这些水利专科生一进校就需要学习力学课程，而学校的力学教师资源极度短缺，像徐老这样的教授也披挂上阵，担任水利本科生一个年级的教学工作。由于我与傅作新老师的资历相对比较"老"，徐老便选择了我们作他的助教。因此，在接下来的一年里，我便成了徐老的助教。

在担任助教期间，我才真正地了解了徐老教学的严谨与认真。他虽然教授这门课有丰富的经验，但每次上课前仍重新认真备课，还常常把备课的心得结合过去的教学经验对我们进行言传身教。

徐老是一个很善于吸收新事物的人，为适应当时学习苏联的要求，徐老也开始学习俄文，看俄文书，学习苏联的力学体系和新的教学内容，并且常常在教研组内组织研讨，使大家增加了新的知识。我作为徐老的助教，既得到了他亲切的指导和培养，又在实际工作中得到了锻炼和提高。后来，傅作新老师和我走上讲台，成为力学的任课教师。

三、在华水，徐老的教学

初到华水的时候，徐老主要教授结构力学。当时中国弹性力学的相关信息较少，记得还在交大的时候徐老就开始试讲弹性力学，很多老资格的教师都去听徐老讲课，之后徐老在华水正式开讲弹性力学，他是国内讲授弹性力学的第一人。

徐老很善于从外界吸收有用的东西。当时国内对弹性基础梁的认识仅仅停留在文克勒假设地基模型上，这种将地基视为无数互不相连的弹簧体系的地基模型仅仅适用于土层比较浅的情况，而当时苏联则是使用半无限大弹性地基的地基模型，这是一种适用于较深土层的地基模型。为了更好地促进力学教育的发展，徐老将当时苏联使用的半无限大模型引入到他所编写的教材中，并做了深入的研究，将原苏联教材中缺少的边载荷影响进一步补充引入教材。不过，由于当时一位负责计算的助教出了一点差错，致使这部分内容仅在《弹性力学》初版时放入了教材，而后的版本中边载荷这一部分再未被放入教材，着实让人感到遗憾。

在将半无限大模型引入和推广后，徐老开始着手寻找一种能够应用于中厚土层的地基模型。在徐老的期望中，当土层厚度接近无限大的时候，这种模型就靠近半无限大模型；当土层厚度接近零的时候，这种模型就靠近文克勒模型。很不幸的是这个模型直到徐老去世也未能被证实。

提到徐老为中国力学发展做出的贡献，就不得不说到有限单元法。在"文化大革命"后，有限单元法被介绍入中国，当时的翻译大多还是以国外资料为主，采用的是泛函数的数学介绍方式，在国内显得有些难以理解。徐老则首先采用了结构力学的方式去说明有限单元法，并亲自编写出版了《弹性力学问题的有限单元法》一书，后来徐老更是办了多期短训班，为有限单元法在国内的推广做出了重要的贡献。

四、课堂外，徐老的生活

在工作之外，我与徐老也有一些联系。"文化大革命"时期，徐老住在西康路20号的小洋楼里，因受到当时政治氛围的影响，他让出一些住房，而我因为只有一个孩子，按规定只能住一间房，学校行政管理部门安排我从原住处搬出，住进了徐老让出的一间房，因为这样一种机缘巧合，我与徐老同住一个屋檐下。但是由于平日里忙于运动和工作，我们之间的交流并不太多。印象最深的便是徐老去世前拒绝过继收养任何子女，而把自己多年来的积蓄都交给了组织,把自己的一切都奉还给了国家。

徐老在生活上并不奢求什么。当时徐老作为一级教授,本来工资就较我们这些中青年教师高很多,后来他又出版了几本教材有稿费收入,惹来了不少人的非议。为此,徐老直接将得来的稿费捐赠给工会,作为教师的福利。

徐老于新中国成立前曾在几所有名的"国立"大学任教授,那时候教授参加国民党是很普遍的现象。但徐老洁身自好,出污泥而不染,这是难能可贵的。新中国成立后,徐老两次申请加入中国共产党,并于 1980 年以 69 岁高龄光荣入党,实现了他多年来的夙愿,也为我们这些学生后辈在政治上树立了榜样。

现在想来,徐老给我们留下的东西很多,并不仅仅是一些教科书和学术成果,而更多的是爱党爱国、淡泊名利、无私奉献的精神财富,这是一种应当永远流传下去的东西,我们无论何时,无论何地都应传承、发扬光大。

（作者系河海大学教授）

我对徐老的记忆、缅怀、思念

杨仲侯

1953 年夏,我从重庆建筑工程学院(后合并到重庆大学)毕业后,来到了华东水利学院(河海大学前身)工程力学教研组工作。也正是在教研组内我第一次见到了徐老(徐芝纶院士),经教研组成员介绍,我有幸与徐老结识。当时徐老正值不惑之年,四十当头,意气风发却又和蔼可亲,是人人敬仰的著名的教育家。

一、关于最初的记忆

进入华东水利学院两年后,我便给徐老上的弹性力学课程做辅导工作,前后跟着徐老听了三年的理论力学、结构力学和弹性力学等力学课程。徐老简练的语言风格与精妙的板书设计都深深地影响着我。无论是由浅入深循序渐进的讲课方式,还是精心考虑以适应学生水平的课程进度,都让教研组里的教师钦佩不已。

从 1956 年开始,我为 1956—1958 级的三届学生批改弹性力学作业并答疑。由于当时弹性力学的普及面还不是很广,年轻教师与之接触较少,缺少辅导经验。徐老为了照顾我们年轻教师,就让我们在上课前先自学一遍,而后根据各人的疑难问题分别做出讲解。除此以外,徐老在布置作业前还会让我们先做一次,在确定我们把所有题目中的相关问题都解决了,批改作业与答疑都没有问题后,才会把作业布置下去。经由这种方式,我基本上能够独立地完成弹性力学的辅导教学任务。也正是经过这个阶段,我与徐老愈发地熟稔了。

二、那些成长的缅怀

1960 年,河川专业(11 个小班)、水港专业(5 个小班),农水专业(2 个小班)需要上结构力学课程,而当时部分教师被迫停课,弹性、结构力学教学小组仅剩下了徐老、赵光恒老师与我三人,无奈之下,徐老让赵老师担任河川专业的主讲教师,我担任水港专业的主讲教师,徐老自己担任农水专业的主讲教师,辅导课的老师不够了就向外系借调。为了切实解决小组内教师缺乏的问题,徐老用"传""帮""带"的办法,即让我和赵老师先去听他讲课后再去准备自己要讲授的内容。在听徐老讲课的时候,我们会习惯性地模仿他讲课的每一个细节,从口头表达到板书的设计布局等。在讲课过程中,倘若遇到难以解决的问题,徐老也帮助我们及时解决。通过徐老的"传""帮""带",我们很快便独立走上了讲台。在完成 1961 级学生的教学任务后,出于教学安排的需要,当时的弹性、结构力学教学小组细分为结构力学和弹性力学两个小组。自此,徐老转入弹性力学小组开始培养新一批弹性力学教师,而我由于教学需要,担任了结构力学教学小组组长。经过徐老的"传""帮""带"之后,我改变了自己"只管教不管学"的态度,真正确立了致力于教书育人的思想,同时,根据我自身实践的心得体会和不断总结,逐渐形成了自己独有的教学思路和方式,较好地完成了学校安排的教学任务。

三、科学成果中的思念

徐老是一位著名的教育家,也是一位著名的科学家。徐老时刻关心国家水利事业的发展,积极参加水利建设,立足于华东水利学院为国家培养了一大批水利建设人才。徐老曾说:"水利院校的教学科研工作一定要为水利建设服务。"因此,他的多项科学研究如弧形闸门的应力分析研究,半无限大弹性体层层地基模型研究,基础梁板应力分析研究等都是直接为水利建设服务的。同时,徐老大力培养了一大批教学骨干、研究生与博士生等高素质人才。我撰写发表的《半无限大弹性地基上基础梁在边荷载作用下的内力分析和计算用表》一文,就是由徐老提出想法后,我在徐老的精心指导下完成的,其成果的理论分析部分得到徐老点头认可。由于计算用表其计算量巨大,又由我一人独立完成,因此需要组织人力来重新计算核对,在经过检验确保无误后才能发表。于是,我向徐老请求借调两位教师来完成检验工作。在经过两个多月的反复校对后,再由徐老亲自抽查检验了一次,确保无误后才发表出来,而后被徐老收录作为教材中的附录供学生与工程单位查阅。经过了这一过程,我也再次认识到科学研究不是一个可以随意的过程,必须时刻保持严密谨慎、认真负责的态度,一定要有一个实事求是、一丝不苟的心态。

四、徐老生活的片段

徐老在治学上十分严谨,但在生活中却颇有情趣,喜欢与教师学生打成一片。

徐老喜欢运动,尤其是喜欢打篮球,每天下午下课后,徐老总是和我们一起去操场上打球。由于徐老在读书时就是篮球队队员,球技过人,所以我们打球的时候总是喜欢把球传给他,徐老俨然成了我们中的得分能手。在打球过程中,我们偶尔会脱口而出叫徐老"老徐",说完后我们觉得有些失礼,徐老却一点不介意,与我们平等相处。

徐老的生活态度很随意,从不提太多要求,夫人伍玉贤学文学出身,是当时学校图书馆馆长,夫妻二人都有很多学问,每次工会组织出去远足,他们总有说不尽的故事。除此之外,徐老还喜欢打桥牌,受徐老相邀,基本上每周我跟傅作新老师都会去徐老家里打一次牌,陪他们解解乏,聊聊天。徐老也经常留我们在他家里吃顿便饭,我和徐老的关系也就这样越来越近了。

徐老是一个充满活力的人。记得当时在学生考试之前会安排答疑,虽然徐老可以不管这件事,但是每次答疑的时候他总会抽空过来看一看,了解最近学生的疑难问题。记得有一年冬天,当时我们几个教研组的教师正在答疑,徐老正好过来了,听说我们准备去看电影，连午饭都没吃就随我们一起去了。徐老喜欢京剧，而这次看的电影内容正好也是川剧，徐老对此大加赞赏。看完电影后，徐老饿着肚子跟我们一起回到办公室继续为学生答疑，这便是徐老对于生活的态度。

一提到徐老，首先想到的便是他对我的提携与帮助。想起徐老曾说过"对于教书育人要实事求是、精益求精，对于学术要一丝不苟、严格要求"的教导，想起徐老留给我们的学术遗产与教育经验，想起徐老求真务实的钻研品质，想起徐老对我一直以来的谆谆教导，心情久久不能平静。徐老真是一位值得我们永远缅怀纪念并继承发扬其精神的教育家与科学家。

（作者系河海大学教授）

一代宗师,风范永存

——纪念师尊徐芝纶院士诞辰 100 周年

许荫椿

新中国成立前徐先生曾在中央大学、交通大学、浙江大学任教,新中国成立后在华东水利学院任教务长、副院长,是一位有口皆碑的公认名师。他高尚的人品、严谨的治学态度、精湛的学术水平、一丝不苟的敬业精神,深深地印在人们的心中,受到人们的歌颂与敬仰。在先生百年诞辰之际,回忆他的一些点滴往事,以示尊敬和怀念。

一、自学俄语,再教大家

1952 年华东水利学院成立,徐先生由上海交通大学来南京华东水利学院任教务长。当时一边倒,全盘学习苏联,用苏联教材,但教师中很少有学俄文的。徐先生和梁永康先生率先跟随广播电台学俄语,从字母学起,并到中苏友好馆请俄语老师答疑、解惑。他们学好后,为青年教师开设俄文班,普及俄语,同时将俄文教材译成中文,做成讲义,发给大家做教材。1956 年全院教师将苏联 1955 年出版的《水工手册》俄文版译成中文,由水利出版社出版,这是新中国成立后由我院出版的第一部工具书,为我国水利建设做出了很大的贡献。

二、授课精湛,艺术享受

1954 年徐先生开设理论动力学课程,我们很幸运地听了他的讲课。记得上课地点在工程馆 107 教室,百人梯形教室挤得满满的,除我院教师、进修教师外,还有东大、南航、南理工等外校教师慕名而来听课的。107 教室坐无虚席,因而不得不在过道上加椅子。徐先生讲课确实名不虚传,他的"学无止境,教亦无止境"的座右铭,千锤百炼,从而形成了高水平的讲课艺术;语言精练、条理分明、重点突出、难点分化、深入浅出,像弹性力学的许多数学推导很难学,经过徐先生讲解分析,复杂的问题变得通俗易懂。听过徐先生课的老师都异口同声地说:"听徐先生的课,不仅是理论知识的获取,还是一种艺术的享受。"

三、学术批判,不倒反崇

1959 年我校掀起了一场学术批判、拔白旗运动,认为知识分子自以为有学问,在向党翘尾巴,从而形成了考教授之风,以学生为主体成立了教改战斗队,称非党员的教授走白专道路,因此不少教授都受到冲击。当时我院有严恺、徐芝纶、刘光文、黄文熙4位一级教授,其中严、黄二位已于1956年入党,算走红专道路,免考,而徐、刘未申请入党属"白专道路",因此要出题考他们。徐先生一直是勤勤恳恳地做学问、教书,他几十年如一日地晚上9点睡觉,夜3点起床工作,经得起考核。学生一提问题,他就对答如流。他概念清晰、思路敏捷。全院大部分教授都以草包、不及格收场,而徐、刘二位越考大家越佩服,考不倒,学生有点急,这时有一位青年教师出点子,考徐先生试验,要他做材料弹性模量的试验,徐先生实事求是地说,几十年前做过这个试验,原理讲得头头是道,怎么操作我要准备一下,还是没有考倒他。经过这次考试,不仅没有把他批臭,反而师生更加崇拜他,确是一位有真才实学的大师!

四、用自实例,主持正义

20世纪80年代恢复评职称,经过"文革"十年动乱,人们思想品德变坏,评职称有托人讲人情之风,然而,很少有人找徐先生讲情,大家知道他是个正直的人。当个别校领导通过各种手段为自己的亲人评上教授而滥用职权时,徐先生对此颇有微词,他以讲个人评职称的故事反映他的看法。他在浙江大学任教时,教学效果最好,然而评职称却没有他,他就去找竺可桢校长,竺可桢说很简单,我是校长,你是我姨侄,这次提你,别人都会说有裙带关系,不提你下次别人会为你抱不平,那时你再上,不是顺理成章吗?此例很值得深思。

五、淡泊名利,无私捐赠

徐先生生活俭朴,淡泊名利,廉洁正派,从不贪图享受,他一生工资的积蓄和稿费,不购买房子,不把钱物留给亲属,都为公益事业捐款。20世纪50年代我们读书时,就听说徐先生买一台钢琴放在学生食堂,供学生弹用,70年代将稿费给幼儿园添置玩具,80年代又用稿费买了一台大彩电给工会,供教职工观看,还将节省下来的20万元积蓄捐给徐芝纶教育基金,病重期间又多次嘱咐将他的钱捐给学校。去世后亲属遵照他的遗愿把一张张千元存单共30万元捐给学校,做教育基金。徐先生的高尚品德是我们河海大学的一笔精神财富,他不愧为一代宗师,风范永存!

(作者系河海大学教授)

再忆恩师徐老

徐道远

在我国著名的力学家、教育家、中国科学院院士徐芝纶教授诞辰 100 周年之际,作为徐老的学生,怀着尊敬和思念的心情,重温与徐老 40 多年的接触、交往经历,再次为徐老精湛的教学艺术、渊博的学识和高尚的人品所折服、感动。

我是 1953 年考入华东水利学院的,徐老当时是教务长,开学之初就给我们新生做过报告。说实话,报告的内容早已忘记,但徐老很有学者风度和气质的形象,节奏感和说服力很强的洪亮语调,却久久不能忘怀,这也是徐老给我和我的同学们最初的印象。

后来,又陆陆续续知道了徐老毕业于清华,曾去美国麻省理工学院留学,在力学上很有成就,院系调整来华水前是上海交大的名教授等这些经历,再加上从球场看到他很有功底的篮球技术,在联欢会上听到他的京剧清唱,在工程馆三楼大厅工会组织的周末舞会上看到他优雅的舞步所体现的性格和多才多艺的素养,一个有成就、有品位的学者形象逐渐在我们学生心目中树立起来,当然也就必然成了同学们的偶像。虽然我们知道,在各方面要达到他那样的高度,几乎是不可能的,但作为努力奋斗的榜样总还是可以的吧。不仅我们学生,我们也知道不少青年教师当时也是以徐老作为榜样的。徐老这种"大师"的魅力,我在当学生时就已深有感受。

至于对徐老出色的教学和严谨教风,是在他给我们上理论力学(下册),即运动学和动力学部分和弹性力学两门课中感受到的,在那两门课中,徐老讲课可说是条理分明、重点突出、分析透彻、循循善诱,这两门课属于较难学的课,但在徐老的讲述下变得并不那么难了,同学们不仅较好地掌握这些课程的内容,也大大地提高了学习的自信心和积极性。其实像我这样得益于徐老"教得好",因而"学得好"的同学还大有人在。教师在学生学习中的主导作用的重要性,在徐老的讲课中得到充分体现。

徐老作为当时华水的"大师"之一,他的风范,他的学术造诣,他的形象,甚至他的言行举止,实实在在地影响着一代代的学生,对一代代学生健康向上地成长起着潜移默化的作用。大师对一所大学的重要性,从徐老这里也得到了充分的体现。

我毕业后从 1959 年下半年到理电系力学教研室任教,即与徐老在一起,但在不同的教学小组,徐老在弹力小组,我在材力小组。"文革"以后,各教学小组升格为教研室,徐老在弹力教研室,我在材力教研室,但都在工程力学系,所以这 40 年中,我虽与徐老不在同一教学团队中,也未在徐老直接指导下工作过,但接触还是不少的,而且徐老在教学、科研、教书育人方面的优秀品质和优良作风,也一直是被力学系所有教师作为楷模而被传承和发扬着。我作为徐老20世纪50年代的学生之一,又正是师承他的体系进行材料力学教学工作,当然也就可以"近水楼台先得月"地按照徐老的教学理念、教学方法和教学风格进行教学。何况我原来就对徐老的教学十分佩服,有意无意地就会跟着去做。其实,自从我到力学教研室以后就发现,各门力学课程的教学风格、教学方法都与徐老有很密切的关系,前前后后各位力学教师在教学上都或多或少地以徐老为"标杆",继承和发扬着体现在徐老身上的一整套优良传统。

徐老的教学理念、教学方法、教学经验、治学态度和敬业精神,都集中地反映在他20世纪80年代所写的《怎样提高课堂讲授质量》一文中,这篇文章可以说是徐老数十年教学心得之结晶,其中不少内容我和力学系教师们就多次听徐老面授过,也在我们自己的教学中行之有效地实践过,所以倍感这篇文章对搞好教学、教好课的重要作用,我们自己人手一册,置于案头,时加翻阅,加深领悟。

随着时间的推移和教龄的增长,我逐渐地也被推到了主持教学、科研团队,带领和培养年轻教师的位置。如何传帮带,自然就会以徐老为表率,尤其在教学方面,自然就会以《怎样提高课堂讲授质量》一文为"宝典"。这并不奇怪,因为河海(华水)的力学,无论从哪方面讲,徐老都是当之无愧的创始人,河海力学的教学水平和质量,在国内兄弟院校中是有一定影响力的,也被众多用人单位所认同,这又源于河海力学有相当的底气和一整套好的传统,而这底气和传统在很大方面又都来自于徐老。所以,以徐老为表率,将徐老崇高的教学理念,严谨认真的治学作风,一丝不苟的敬业精神,一辈子教学育人的高尚操守作为传帮带的重要内容,将徐老开创的一整套优良传统继续和发扬光大,就成为我们这一代教师不可推诿的职责。

作为大师,徐老对河海(华水)成长和发展的贡献是巨大的,他的精神力量必将继续鼓舞一代又一代的河海人奋勇前进。

(作者系河海大学教授)

闻名遐迩的教育家，
卓尔不群的力学家

——忆徐芝纶老师光辉的一生

卓家寿

徐芝纶院士的一生凸显了我国老一辈知识分子最优秀的品德和才华，无论是治学或为人，均是我们心中光辉的榜样、终生学习的楷模。他毕生献身于党的教育事业，孜孜不倦地探索科学真理和勇于投身祖国建设大业的高尚品德，给我们后一代人留下了最宝贵的精神财富，永远激励着我们去奋勇拼搏、为国争光。

徐老是我国教育界的大师，遐迩闻名的教育家，凡是上过他的课或听过他演讲的人，无不为他的讲演所折服，一直称颂他的严密逻辑、清晰概念、科学推理和高超艺术，难怪那么多学生异口同声说道："听徐先生的课是平生中一次难得的享受。"徐老的讲课受到如此之高的推崇，是他长期以来对教学潜心研究、一丝不苟的必然。他有一句名言"学无止境，教亦无止境"，这也是他始终奉行的座右铭。他每上一次课，都要重新备课，反复审视内容，通过精选和更新，使之少而精。他分析知识结构的内在联系入木三分，使之深入浅出、概念清晰、条理分明、重点突出；他精心设计每一堂课的讲解层次和表达方式、板书布局和声调以及时间的分配，使课程教学做到"单刀直入"、启而有发、引人入胜、发人深思。他的著文《怎样提高课堂讲授的质量》，就是他一生精益求精授课经验的精辟总结。该文在国内广为流传，产生很大的反响。

徐老是我国力学界的老前辈，卓有成就的力学科学家。他早年留学美国，师从著名力学家威士特加德教授，先后获得美国麻省理工学院工程硕士和哈佛大学工程科学硕士学位。回国后曾在浙江大学、中央大学和交通大学等名校任教，积累了丰富的教学经验和科研课题。1952 年全国高校院系调整时，参与创建华东水利学院，并主持教务工作。

他的科学研究一开始就是紧密结合教学和工程应用开展的。他是我国工科高校开设系列力学课程的开拓者之一。他不仅开出几乎所有的力学课程，还结合科研成果编著了 11 本教科书，翻译了 6 本国外的教材，填补了空缺，为提高我国力学教学的水平做出了突出的贡献。他的著作至今仍是力学界最畅销的书籍，其中《应用弹性力学》一书还以英文版在国外发行。徐老所撰写的书籍,曾多次获得国家的大奖。正因此,徐芝纶的名字蜚声力学界,不少国外同行来华访问时都指名要拜访他。

徐老又是我国水工结构力学的先驱者之一,他和他的助手提出有关基础梁、板的系列创新成果,在国内外均居领先水平,相应研制的有关实用表格至今仍被工程界广泛应用。他在温度应力、差分理论与应用、双曲扁壳闸门的计算与设计等方面的研究成果,也被众多文献所引用,并被工程单位所采用。

徐老是我国开展有限元研究和应用公认的启蒙者和领导者之一。他编著出版的《弹性力学问题的有限单元法》,是我国第一部相关名著。他在国内最早组织有限元科研组,举办有限元进修班,在本科首开有限元课,组织青年教师开发研制出首批水工结构有限元分析和系列应用软件等,为有限元的引进、发展和应用,立下了卓越的功勋,并和冯康院士等一批国内有限元研究先驱者一道,为我国计算力学的诞生树立了里程碑。同时,也为我国经济建设和人才培养做出了杰出的贡献。由于徐老的出色工作,20世纪70年代的华东水利学院曾被誉为国内开展有限元研究和培养有限元人才的摇篮。

徐老卓著业绩的得来,是与他治学与为人的高尚品德分不开的。

他治学的严谨态度是人人皆知的,他上的每一堂课或撰写的每一本书都经严密思虑和反复推敲,容不得错一个字或一个符号,常常听到他为书中的一个印刷小差错而后悔不已。他非常欢迎人们给他的书提意见、找差错。记得有一次我怀着惴惴不安心情登门讨教他的书中某个数据和有关结论是否不妥时,他认真听取思考后,当即采纳我的意见,并真诚地反复嘱咐我,以后发现他书中有什么差错或不妥之处,一定要尽快告诉他,以便及时更正,最后他还非常热情地送我到门口。当时我非常感动,这样一个大学问家竟是如此虚怀若谷,乐于接受不同的意见并勇于纠错,真是出乎我的意料,这件事在我心中留下了极为深刻的印象,事隔多年了,现在想起来还历历在目。

徐老对自己治学是如此严格,对他的助手、学生的要求也是高标准和严要求的,不说大的方面,就连用词写字都要我们力求准确无误。例如"算"与"蒜"、"圆"与"园"就不能混用,还多次提到"和"、"与"、"及"含义和用法的细微差别。

徐老为人也是我们终生学习的典范。他一生只求奉献,淡泊名利。他潜心指导那么多硕士和博士生,做出了丰硕的科研成果,但在发表论文时,他一概拒绝挂名。他写出了那么多著作,但他将大部分书稿报酬献给了公益和福利事业。此外,他还将一大笔工资收入的积蓄,捐给了奖教金和奖学金。他一向认为,名利是身外之物,不值得刻意去谋求。他就是这样一个真正无私奉献的伟人。

徐芝纶院士虽然离开了我们,但可以告慰徐老的是,他的精神品质得到了发扬光大,正鼓舞着河海大学新一代人,继续攀登科教高峰,创造新的辉煌。

(作者系河海大学教授)

追思恩师徐老

——他永远是矗立在我们心中的丰碑

于德顺

中国科学院资深院士、力学界一代宗师、河海大学博士生导师徐芝纶教授离开我们已经 10 多年了，然而随着时间的流逝，人们并没有将他老人家淡忘，他的音容笑貌还时常在我们的脑海里追思、显现……

还记得在我们的学生时代，徐老教过我们《结构力学》和《弹性力学》两门课程，我毕业后留华水任教，又去听过他为力学专业开的《板壳力学》课。他所教的每一门课都精心组织教学内容，苦心钻研教学方法，他给我们上的每一次课课前都认真备课，他讲课概念透彻，内容易懂，听起来觉得很轻松。正如原扬州工专徐玉宝校长（曾经是徐老在上海交大时的学生）所说："听徐老的课实在是一种享受。"我深有同感。

还记得在"文革"中林彪一号通令，我们都被赶到苏北金湖县闵桥镇参加淮河入江水道工程挑土，吃的"口袋饭"，喝的"酱油汤"，生活非常艰苦，晚上徐老也和我们挤睡在同一工棚内。

还记得 1971 年参加六合县滁河红山窑水利枢纽工程现场设计，徐老和我们一起每天吃住在工地。他为工程节制闸设计了扁壳闸门（其中有一扇采用铽丝网水泥外面贴玻璃钢，这种复合材料闸门在当时还是很先进的），他还编写了《扁壳闸门设计》的小册子，很受工程单位欢迎。还记得有一天，工地上负责钢筋放样的钢筋工黄师傅跑来问我，门角钢筋布置有困难怎么办？我立马向徐老请教，他很快为工程解决了问题。

还记得 1972 年 5 月至 9 月，徐老和系主任赵光恒教授带领我们一班人，到长沙湖南省水利设计院推广使用"有限单元法"。徐老一方面为设计院技术人员讲学，一方面完成湘西凤滩水电站腹拱坝温度应力研究，设计院还安排我们到凤滩水电站施工现场参观。在返校途中，徐老又应浙江大学邀请前去讲学。后来专门出版了《弹性力学问题的有限单元法》一书，在全国工程界影响很大。

还记得 1979 年 4 月份，系副主任韩嘉禾老师和我差不多同时调离华水，工程力学系为我俩的调离开欢送会，徐老在会上发表临别赠言，语重心长勉励我们……我们都牢记在心。

还记得 1987 年春天，扬州工专拟升格为本科院校，需经专家组评审，徐老是评审专家组组长。评审的那天早晨我去教室上课,在教学主楼前正好遇到徐老,我向他致意请安,我说:"我们学校教学条件较差,希望徐老多予指导!"徐老很谦虚,他指着身后的九层高楼笑着说:"你们不是还有这幢教学大楼嘛,我们华水建院时,连这样的教学大楼也没有。"言下之意我们的硬件还不错,后来经过专家组评审、报批等手续,教育部很快批准建立"扬州工学院",先在机械、土建等几个专业招收本科生。我们作为"扬工"人真的很感激徐老和专家组所做的工作。

还记得 1994 年 11 月 10 日,我回到母校河海大学参加校庆活动,当天中午校友们参观校史陈列馆,浏览校园风光,下午工程力学系举行了欢迎校友茶话会,晚上师生共聚一堂共进晚餐。徐老不顾年老体弱赶来参加,我有幸与徐老同桌,向他老人家敬酒祝贺,万万想不到的是这次的聚会竟成了我和恩师的最后一次见面。

还记得 1999 年 8 月底的一天,我正在靖江市高级中学体育馆工程担任施工管理(项目总监),突然接到我们薛钜院长打来电话,转达徐老逝世的消息,闻之十分悲痛。我当即处理好工作并向业主和监理公司请假,立马赶到南京,9 月 1 日参加了徐老的追悼会,作最后的告别。

1999 年上半年,以扬州税务学院原院长薛钜为首的一批老教育工作者经过两年多筹备、申报、专家组评审,江苏省政府批准建立了民办扬州江海学院,当年挂靠河海大学招生,至 2006 年一直发河海大学文凭。经过 10 多年的发展,目前已有在校生 8000 余人,校园面积 1040 亩,建筑面积 22 万多平方米,绿化面积 20 万平方米,校园环境十分秀美,算得上是本省办得较好的几所民办高校之一。本人参与了筹办,建校后一直主持教学督导室工作,协助院长抓教学质量。自 2001 年至今,学院每年都招聘一批新教师,都进行新教师上岗前培训,至 2008 年本人二次退休前,人事处均要我去为新教师们讲一讲"如何备课,怎样提高课堂讲授质量"的问题。我就向他们推荐徐老的文章,介绍徐老的生平,谈听徐老课的感受等。人事处印发徐老写的《怎样提高课堂讲授的质量》等3 篇文章给新教师学习,并作为江海学院新教师上岗培训的教材,使一批批新教师获益匪浅。

在庆祝徐老诞辰百年之际,追思徐老,感慨万千。他知识渊博,淡泊名利,高风亮节;他待人宽厚,助人为乐,谁有困难求助,他都慷慨解囊;他工资较高,从不挥霍浪费,生活十分简朴。他的为人和治学精神,永远是我们学习的榜样;一代宗师的高大形象,在我们的心目中永远高不可及;他对事业的无私奉献,永远是矗立在我们心中的丰碑。

(作者系扬州大学教授)

忆徐老

王德信

今年是著名力学家、教育家徐芝纶院士诞辰 100 周年,我们怀着崇敬的心情纪念他老人家。徐老是力学界的一代宗师,学术造诣很高,他对人诚恳,关心后辈,是我们的好师长也是朋友。

一、一代宗师

徐老是新中国一代力学宗师,他以"学无止境,教亦无止境"为座右铭,几十年如一日坚持在教学第一线,言传身教,严谨治学,严格教学,永远是我们学习的楷模;他培养和造就了我校一批优秀教师队伍,赵光恒、傅作新、周氏、夏颂佑、程遐巽、李咏偕、杨仲侯等为代表的第二代教师都是我校 20 世纪六七十年代的教学骨干、课堂授课的佼佼者。聆听过徐老讲课的年轻教师和学生都有一种优越感和崇敬感,都很珍惜听课的机会,不但把听课笔记作为今后教学的样板,而且对徐老在课堂上的板书、对学生启发式教学的方法和态度等细节亦加以仿效。由于徐老讲课内容取材精炼、语言描述准确、逻辑推理严谨、口齿清晰、很有节奏感,受到听课教师和学生的高度推崇。在徐老教学风采的感染下,第三代教师即 60 年代的一批年轻教师茁壮成长,他们继承和发扬了一代宗师的优良教学传统,并一代一代地传承下去。

二、敬重

对徐老的敬重始于 1958 年,那时我在华东水利学院河川系读二年级,徐老给我们年级上结构力学课。但刚上三次课教改运动便开始,学校停课,对教育方针的鸣放辩论转入进行学术批判。记得那年 11 月的一天,在风雨操场(当时用毛竹搭建的体育馆)召开了一次对徐老进行考试形式的学术批判大会,我们全年级的学生被拉去做观众。在那天的批判大会上,徐老不但准确地应对了主考者的诘难,还恰如其分地纠正了主考者不规范、不准确的提问。徐老回答问题语言流畅,概念极其清楚,又很好地把握分寸,既在态度上表现了严肃认真,因自己是被批判者,又具有学者风度,不卑不亢,实事求是,赢得了与会广大师生的敬佩。那个年代没有掌声和鲜花,但在我们刚入学的低年级学生的心中,徐芝纶教授真是一位了不起的老师!

我毕业后很荣幸地留在力学教研室任教。20 世纪 70 年代徐老带领我们搞有限单元法,编制有限单元法程序。那时我们初涉电子计算机,编写程序水平很低。一次在教研室讨论拱坝水荷载如何自动加到 20 结点等参数单元结点上,不再花费很多时间计算等效结点荷载后再输入到对应结点上这一问题,现在看来并不很难,但那天上午讨论了很长时间没有结论。等我们吃过中午饭,回到教研室休息时,徐老又急忙从家中赶来,为我们做详细讲解,很快达成共识。徐老对学术问题极其认真,一丝不苟,又极其负责。

徐老做人、做事极其坦诚、低调,从不张扬自己。记得有次徐老在北京参加全国人大会议期间,高等教育出版社找到代表驻地京西宾馆,请他主编《工程力学》手册,被徐老婉言谢绝了。我们感到非常惋惜,认为这是求之不得的好事,有名有利。但徐老说,手册不同于一般著作,这个手册全国工程技术人员都要查用,我们没有工程实践经验,再说我校力学整体实力没有清华大学强。后来清华大学杜庆华教授主编了这本手册。徐老实事求是的品德可见一斑。

三、良师益友

我从 1961 年开始在力学教研室任教,那时,徐老是华东水利学院一级教授并兼任教务长,虽仍是力学系教师,但平时很少到教研室来,所以见面机会很少。"文化大革命"给了我们师生进一步了解的机会。徐老在"文革"中给我的一个深刻印象,就是不管开什么会,像批判会,学习毛主席语录,跳"忠"字舞等等,从来不迟到,总是那么认真。

1969 年我校师生参加了青龙山煤矿矿井建设。徐老由于在"文革"期间被打成"资产阶级学术权威",也和我们一起住进荒野山洼中临时搭建的草棚里,不同的是我们群众的双层床是紧挨着的,而"权威"徐老的床被放在草棚孤立的一角,"工宣队"要"革命群众"少和"权威"来往。青龙山矿区生活条件很差,用荒无人烟形容并不过分,但政治气氛很浓,打眼、装药、放炮、处理哑炮,都是由无采矿专业常识的"革命群众"干,现在想来真有点后怕!煤井巷道爆破后,火药味还极浓就要下井除渣,两人用扁担抬着爬坡上井,紧咬牙关还要喊着"下定决心,不惜牺牲……"群众再苦、再累,劳动完了还可以说说笑笑,打打扑克,可徐老当时是孤立的,难得一乐。我们学生都很敬重徐老,总想找机会让徐老和群众打成一片。一个休息日上午,大家呆在草棚无事可做,不知怎么说起山洼外边有一个小杂货店,于是就让徐老请客,我跑了很远的山路才找到那个小店,店里只有并不高级的硬糖,于是买了 5 元钱糖跑回来。草棚里顿时热闹起来,年长的、年轻的群众吃得非常开心。实际上大家也很想让徐老乐乐,徐老也很想和群众玩玩,只是没有机会罢了,也怕"工宣队"知道后上纲上线,带来不良后果。后来听说"工宣队"真的在一次会上说过"权威"收买"革命群众"这件事。从那次吃糖之后,徐老休息时也可以坐在群众的床上和我们打桥牌和吹牛了。

"文革"时期的患难与共,拉近了我们师生之间的距离,加深了友谊和感情。

四、关心后辈

徐老喜欢早锻炼,快步走,我也喜欢早上在校园里跑跑步,几乎天天早上和徐老见面,时常边走边谈。

徐老是九三学社早期成员,1980 年他在 69 岁高龄时加入了中国共产党,我们都向徐老表示祝贺。某天早上,在校园的新街口(大家把张闻天塑像前的十字路口叫做新街口),徐老向我介绍九三学社情况,希望我参加九三学社,并鼓励我参加九三学社后积极向党组织靠拢,争取早日解决入党问题。徐老还请谭天锡教授给我送来了入社表格。后来我成为九三学社一名社员,不久又光荣地加入了中国共产党。

徐老在政治上、生活上关心年轻教师,在教学、科研上更关心年轻教师。当我第一次主讲结构力学课时,遇到困难向他请教,得到的都是鼓励,没有一点责备。吴永祯老师、赵光恒老师、谭天锡老师也都直接给予指导,使我顺利完成教学任务。1961 年我在数学师资班做毕业论文《双曲拱坝的差分解》,就是请徐老指导的,后来在徐老带领下应用有限单元法解决工程问题,更是感受到徐老的关怀。我们这批教师在 20 世纪 60 年代经历的运动多、劳动多,业务水平提高、职称的晋升都受到影响,所以徐老特别关心我们这一代教师的成长。

五、听徐老讲故事

徐老平时不喜欢多说话,但他业余爱好很广,打篮球、唱京戏、打桥牌都很有水平。"文革"后大家熟悉了,见面机会多了,才发现徐老是一位很健谈,喜欢和年轻教师拉呱,又很慈祥的师长。

他特别喜欢讲他们那一代人年轻时求学的事情,我们又特别爱听,有时还要问问细节呢!徐老在清华大学读书时,是校篮球队队员。有一天篮球队训练时,发现队长荣高棠没有来,说他失踪了。新中国成立后荣高棠当上了国家体委副主任,才知道他当时突然失踪是去延安参加了革命。我们特别喜欢听徐老讲在美国的留学生活,如讲留学美国时陈省身、华罗庚、钱学森他们打桥牌的故事,华罗庚开玩笑说陈省身桥牌打不好是因为数学不好,陈省身很生气,徐老他们也责备华罗庚"你怎么这么讲!"以后陈省身发奋读书,后来成为世界级的大数学家;讲咱们学校刘光文教授、伍正诚教授在学生时代打棒球的故事;讲"文革"中徐老因参加九三学社被审查的事,当时徐老思想负担很重,但听说小分队派人去北京大学找周培源外调,他就一切放心了;讲浙大、交大的教学生活和学生如何喜欢听他讲的钢筋混凝土课;讲当人大代表的好多新鲜事。从故事中由衷地感到徐老为人正直、兢兢业业、宽以待人、淡泊名利的高尚品德,尤其是老一辈师长们爱国奉献、执著事业的精神风貌,永远激励着我们去努力奋斗。

(作者为河海大学教授)

仰望星空，敬仰徐老

——为了心中的纪念

顾展强

今年是徐老诞辰100周年。徐老逝世已有12个年头了，但他的音容、笑貌、风度、神韵仍历历在目。他的潇洒、睿智、大度、坦然、伟岸仍留在我们的记忆中。

在学术上徐老是院士，是泰斗。著书立说自不必说，得奖无数，特别是徐老的"有限单元法"为国内首创，为人们所敬服。而我更敬服的是徐老的人格魅力，他襟怀纳百川，志越万仞山，历阅千年事，心地一平原。

我在河海（当时是华水）弹力教学小组工作4年余，听徐老讲课（弹性力学、板壳力学）并随徐老答疑辅导，随时聆听先生的教诲，得益匪浅。徐老讲课全为脱稿，其业务之精通，记忆力之惊人，说理之透彻，讲课之生动，表达之流利，听课者皆为之折服。我有幸拜读过徐老的讲稿，他缜密的构思，严密的理论系统，讲课的重点、注意事项、学生的疑问，无不一一标注。初始工作时我最怕的就是答疑，但在徐老的引导下，逐步地适应了这个教学过程。

徐老是严厉的。从新教师试讲、备课开始，他就毫不留情地从内容、板书、表达、时间控制等方面，一一严格要求并提出改进意见。对我们批改学生作业也随时检查，提出不妥之处，指出错误。每周教学小组会，不管是研究生还是辅导老师事先都要自己提出要求，开会从不允许迟到、早退，即使在寒冷的冬季也是毫不放松的，最使人佩服的还是他身体力行、以身作则。至于考试更不允许违规操作，作弊提分。记得当时的结构力学组有老师为学生提1分（59分提高到60分），全组还开会进行了认真的研究。一次板壳力学补考，一同学因年龄较大，我想给他通过，但在徐老的凛然正气下，我也是不敢开口。他的严厉使你心悦诚服地按规矩办事，这种严谨、认真的精神，也一直鞭策我在几十年的教学中认真以对。为了帮助青年教师过教学关，徐老还撰写了《怎样提高讲授的质量》一文，此文成了引导我们教学的范文。他所撰写的教材也是我们学校教学中一直采用的教材。

徐老诚恳待人，以德服人，从不计较个人得失和利益，做事益众，他不缺钱，但他也不随意施舍。他的收入颇丰，但绝大多数是捐给国家，赐予大众的。他对待部下有严词批评，但不失一片善心和同志友谊。他的得意弟子徐慰组来宁时，徐老在长江饭店曾为他设宴。当时正值困难时期,徐老夫妻二人对待弟子还是够热情的,我们小兵也沾了光。在物质缺乏的年代,徐老还把他的工业券无偿送给年轻老师购物。

1973年我返河海,又一次聆听了徐老的"弹性力学问题的有限单元法"课。徐老的《有限单元法》一书还是他亲自校对的("文革"后百废待兴,"有限单元法"又为国内首创,一般人难以胜任),徐老亲力亲为,令人佩服。当时正值国家物质比较匮乏时期,许多东西都是计划供应,我回云南时徐老还送我一包香肠,听一位老师告诉我这是徐老亲自排队买的,真使我受之有愧,惴惴不安。受恩师恩泽,却无以回报,成了心中永远的憾事。

徐老驾鹤仙去,德容宛在。作为弟子无功名可言,唯一可告慰的是一生从事教育事业,热爱工作,热爱学生,淡泊名利,勤勤恳恳,恩师的精神一直鞭策着我。

恩师精神长存,恩师遗风不眠。

写此短文,为了心中的纪念!

(作者系云南农业大学教授)

我心中的徐先生

张江甫

提起徐先生,那亲切长者的神态就历历在目。今生能成为他的学生是我最大的荣幸! 对他的敬仰一直在我的心中,可是一提起笔来又不知从何说起。因为他的品德和学识都是我辈所不及的。正如韩愈《调张籍》中的诗句:"李杜文章在,光焰万丈长。……伊我生其后,举颈遥相望。夜梦多见之,昼思反微茫。"这正是我此时心情的写照。转又想,他在我心目中的为人师表,恐怕也正是当今人们所欠缺的。于是我决心写下去,哪怕只能写些浅层次上的,也算表点心意。

一、他心里总有学生

说起徐先生的讲课来,大家总会赞叹不已。特点是:全神贯注、不翻讲稿、语言准确、手势恰当、板书清爽、讲究逻辑、引人入胜。他常说讲课也是艺术,可见他为了讲好课所下工夫之深。如果他心中没有学生,要下这工夫是很难想象的。他告诉我们:"在课堂上不要求记笔记,只要听就行。"这样能精神集中,压力减少,思维连贯。再看讲义时,要增记的也不多,只加注释,画出重点就行了。

课堂上我们也很少发问。原因是当我们正想要发问时,徐先生能在之前就提出问题并作解释,他好像能知道我们的心事。说明他平时就注意了解学生的学习情况,掌握学习规律,事前就分析好了学生的难点和疑点。这与他认真备课也是分不开的。他不论讲授内容已讲过多少次,总还是仔细认真备课,使其讲课符合学生实际水平。

对教材他也狠下工夫,尽量做到形象化,多用熟悉的概念引导和讲解。如他讲有限元法时就说:"鉴于大家对结构力学比较熟悉,我们就一律沿用或改用结构力学来说明和公式推导。"那时我们还未学到变分法,一些浅薄者往往把简单变成复杂,以示炫耀;而智者则能把复杂变得简单,让学者易于接受。徐先生就属于后者,繁简都能得心应手,正说明他的力学功底之深。

二、他心里总有工程

引进和应用有限单元法,就是徐先生将力学知识为工程服务的最好说明。他在讲课时就说:"函数解能解决的问题不多,对问题还有很多限制和简化,更不能解决边界条件稍微复杂的问题,能解的工程实例都写在讲义上了,大家再不要费心去研究了。"而他对有限元法却是热情洋溢赞赏有加。要知道当时电子计算机容量很小,上机还要用纸带"穿孔"。但他高瞻远瞩,看到了电算的发展,于是促使办成了学习班。1974年我和王德信老师到中国科学院力学研究所、清华大学、天津大学作调研时,他们都说我们河海大学走在了前面,结果没有拿到什么有价值的资料。

我回到单位负责小干沟工程建设时,碰到面板堆石坝要设高挡墙,为此就要涉及所谓满库时重力墙的稳定计算问题。因墙后堆石被动压力的大小与墙同堆石的变位大小有关,过去一直难以解决。国内外工程界一般在墙后堆石中设置摩擦系数较小的人工滑动面,使坝体构造大为复杂,我国狮子滩坝就是一例。而国外面板堆石坝权威曾明确指出:在面板堆石坝中不应设有挡墙,否则会破坏面板。我们在徐先生的帮助下,用三维有限元计算终于解决了这一难题,说明专家的论断仅仅是个猜想。通过离心模型实验的检验和工程实践证明,我们的设计是正确的,得到了工程界的认可,从此再没有面板堆石坝不能加挡墙的限制。

黑泉大坝也是混凝土面板堆(砂砾)石坝坝型,高123.5米,且位于西宁上游。设计时恰逢沟后坝溃决,一时此类坝型的安全性受到严重怀疑,我们的决策处于十分被动的境地,设计工作受到极大的挑战。也是因为有了三维有限单元法使决策者增加了安全信心,加上其他方面的研究和认证,使设计得以批准并实施。

以上都应该是河海大学办弹性力学有限单元法进修班的功劳。若我们没有到进修班学习,这些方法就不会用了,因为我们所处的青海省是个边远地区,信息传递很慢。

三、他心里就是没有自己

我这里只能就在课堂上的所见说一说。徐先生是个很有条理的人,从不迟到早退,除生病外从不缺课。讲课时如遇身体不适他也坚持把课讲完,几次他都是扶着讲台角硬撑着讲课,我们再三劝说让他休息也无效,一直坚持讲到下课铃声响起,他心里就是没有自己。这种情景深深刻在我们的心里。

虽然转眼几十年过去了,但是我们感激学校、感激徐先生、感激老师们的心情从来没有淡薄过,借此机会我再次谢谢老师们!

(作者系青海省水电局教授级高级工程师)

怀念尊敬的导师

陈霞林

有关混凝土坝的线弹性和弹塑性有限元分析、土石坝的非线性有限元分析、各种复杂地下洞室群(地下厂房、主变洞室、调压井等)分析、结构的非线性有限元分析及复杂地基的岩土非线性分析等,总之在我国水电建设的重大技术领域中,无一不体现我们尊敬的导师——徐芝纶院士所推广的"有限单元法"理论的广泛应用并取得世界瞩目的丰硕成果。

我有幸于 1972—1973 年参加了华东水利学院校内第一期弹性力学有限元法进修班的学习。全班 31 人,均来自全国各地的设计院和高校。总学时为 1932 学时,除了学习工程数学、弹性力学、实验应力分析等课程外,还安排了上机专题实习。当时我是前往徐水中国石油勘探局 1500 计算机(当时为国内内存最大,运算速度最快的计算机)进行坝体变温应力计算和数学实习的。在进修班上聆听了徐院士的《弹性力学问题的有限单元法》课程,该课程内容丰富、条理清晰、重点突出、难点分化,而且书后附有计算机程序。通过理论学习和实习,对有限单元法的实质、求解方法、程序设计及上机操作等均有全面了解,为以后解决实际工程问题打下了坚实的基础。

乌江渡拱形重力坝是我国在复杂岩溶地基上兴建的第一座高坝(坝高 165 米),坝体基本剖面按重力坝单坝段抗滑稳定安全系数 $Kc=1$ 控制,在坝高约 2/3(高程 708 米)以下,对坝体纵、横缝进行灌浆形成整体拱形重力坝,以传递部分荷载至两岸。而在 708 米高程以上横缝不灌浆,坝体为悬臂重力坝。这种"下拱上重"新型的拱形重力坝,在 20 世纪 70 年代中期,水电界尚无坝体应力与变形分析的有效理论与实践。我从华东水利学院举办的第一期弹性力学有限元进修班毕业不久,当时的水电八局设计院让我负责"乌江渡大坝坝体应力与变形"重大课题攻关。徐老先生对我和同事们呈送的设计计算大纲所涉及的三维有限元计算程序(原程序为华东水利学院力学系编制)修改和全部公式推导、解题的思路、加载方式与数值等关键问题,均进行了谆谆指导。坝体应力与位移计算结果论证了拱形重力坝的合理性,从理论上准确反映了坝型的受力特点,佐证了导师徐芝纶院士在乌江渡水电站建设中的辛勤劳动与杰出贡献。

乌江渡大坝坝体应力与变形分析攻关课题是当时国内计算的最大刚度矩阵,规模多达近 70 万个数据,获得了全国科学大会奖与贵州省科学大会奖。

乌江渡水电站实际工程投资 5.876 亿元,造价 4.997 亿元(均为 1982 年时价格),

均低于 1974 年重编初步设计报告的概算值约 6.05 亿元,工程设计和施工先后获得国家优秀设计奖、国家优质工程奖和国家科技进步一等奖。

广西红水河上的龙滩碾压混凝土重力坝,坝高 216.5 米,在世界上同类坝型中居首位。在初步设计坝型选择中,比较了混凝土重力拱坝、重力坝、砼面板堆石坝和心墙堆石坝等四种坝型。在重力拱坝坝体应力与坝肩稳定分析中,有 1986 年我国能源部与法国电力公司(E. D. F)合作分析,有中南勘测设计研究院与法国柯因·见利埃公司用 COBEF3 三维有限元程序进行的龙滩拱坝对数螺旋线体型选择,有朱伯芳院士、贾金生副院长等用拱坝优化的混合法 ADAS 程序进行的优化分析,还有 1986—1989 年中国水利水电科学研究院张有天副总工程师和我等采用德国亚深工业大学的三维有限元增量分析法程序进行的"龙滩重力拱坝与地基联合作用的仿真分析"。虽然龙滩水电站最终放弃了重力拱坝坝型,但其坝体与地基联合作用的仿真分析,对拱坝设计是具有创造性意义的,获得了 1991 年度能源部科技进步二等奖和 1993 年国家科技进步三等奖。

在龙滩拱坝优化设计中,徐芝纶院士、姜弘道校长、傅作新、王德信等多位老师都给予了高度关注与重视,对学生请教的问题,细到计算参数的选取,都无私地给予了及时的指导,上述各项获奖,无不渗透着徐老先生教书育人的心血,闪烁着导师的学术光辉。学生颂写此文,衷心感激导师赐予我知识和谆谆教导,纪念他老人家的博大胸怀、高尚的人格品德和严谨的治学精神!

(作者系中南勘测设计研究院教授级高级工程师)

德才兼备，大师风范

——纪念徐芝纶老师

王润富

徐芝纶教授离开我们已经12年了。但是，每当我们回忆起他的重大贡献，他的为人师表，他的高尚道德时，我们越来越清楚地认识到，我们有一位德才兼备、人格高越的老师。至今，他的业绩还在发挥着重要作用，他的风范还在影响着后辈的学生。

一、杰出的贡献

回顾工程力学系取得的许多优秀业绩和成果，我们总能感觉到，徐芝纶教授在其中起了主导的作用。

创建华东水利学院和力学系，他起了重要作用。1952年院系调整时，教育部决定组建华东水利学院（河海大学前身），徐芝纶教授是8位筹建委员之一，并担任了学院的教务长。以后，他又担任了学院的副院长，是华东水利学院的创建人之一。

1960年全国兴办了许多新的专业，水利部下文要求我校办工程力学专业，由左东启、赵光恒、任荣祖等老师组建力学系。当时从各系调入学生，并迅速安排了工程力学专业的课程，如高等代数、数理方程、复变函数、微分方程等数学课程；弹性力学、板壳力学、塑性力学、徐变力学、薄壁杆件力学、结构动力学、结构稳定学、实验力学等力学课程，以及各种专业类的课程和毕业论文工作。作为有影响的名教授，徐芝纶教授在其中起了重要的核心作用。他还自编了弹性力学、板壳力学等教材，并亲自上课，亲自带毕业生撰写论文，为我校理工结合的工程力学专业打下了良好的基础，在国内力学专业中获得好评。

在力学系的重大科研工作中，他起了骨干作用。在20世纪50年代，我国的财力十分有限，因而在工程建设中经济和安全的矛盾十分突出。这时左东启教授组织力学教师去苏北调查，发现基础梁板的计算是工程上的一个重要问题。于是当时的力学教研室开展了"基础梁板计算方法"的研究。徐芝纶教授在这项科研工作中，发挥了重要的骨干作用。他带领教师和研究生开展了无限大弹性地基、文克勒地基、中厚度地基、双文克勒系数地基和成层地基等计算方法的研究，制定了无限大地基边载荷计算表、文克勒地基计算表、中厚度地基计算表，供工程设计部门应用。这些成果达到了国内外的领先水平。为此,徐芝纶教授荣获全国先进工作者称号,出席了 1960 年的"全国群英会"。

20 世纪 70 年代初,为了寻找力学学科与生产相结合的途径,力学系赵光恒主任组织教师进行了调研,发现正在国外迅速发展的有限单元法。有限单元法是解决工程结构分析的一种强有力的新方法,使弹性力学等固体力学解决工程实际问题成为可能。于是,力学系组织了一个小分队,去湖南水利勘察设计院进行实践,运用有限单元法解决了凤滩坝的温度场和温度应力问题。同时,徐芝纶教授编写了我国第一本有限单元法的教科书《弹性力学问题的有限单元法》,向全国发行。力学系赵光恒主任组织了 5 期有限单元法的训练班,迅速地向全国推广。至今,全国工程界和力学界都清楚地知道,在全国率先引进介绍、研究推广有限单元法的重要工作中,徐芝纶教授和我们学校做出了重大的贡献。现在,有限单元法已经广泛地应用于解决各类工程结构的分析,成为工程上最重要的一种分析方法。

在课堂教学和树立良好教风中,他起了示范带头作用。从回国任教开始,徐芝纶教授认为讲课是教师传授知识的最主要的方式。因此,他一直在刻苦地钻研课堂教学的讲课艺术。早期,他在走廊上听别的教师的讲课,吸取他们的长处。一直到晚年,他每次讲课前,都要精益求精地修改讲稿,认真备课;讲课后,都要总结经验,以便改进提高。他的讲课艺术已经到了炉火纯青的地步:讲课开门见山,不讲一句可有可无的话,甚至不讲一句重复的话;讲课的内容丰富深刻,分析深入透彻;语言精练流畅。每一次讲课,都是一篇很好的演讲。学生们说,听他的课就是一种艺术享受。他的讲课艺术,也声誉远播。有一次,有两位工程技术人员来我校,看到第二天有他的"温度应力分析方法"的讲座通告,便马上退掉了火车票来听他的讲演。他的课堂教学经验已被他总结在《怎样提高课堂讲授的质量》一文中。他费了很多时间写出的这篇文章,成为青年教师讲课的学习典范。只要按照这篇文章的要求去做,就一定能讲好课。这篇文章被有关杂志多次转载过,曾经有一个学校还给每个教师发了一份。

徐芝纶教授对讲课的刻苦钻研和严格要求,影响了力学系一大批当时的中青年教师,在学校里历来认为,力学系教师的讲课质量和教风,都是校内最好的。

响应陈老总的号召,编写中国人自己的优秀教材。新中国成立初期,陈毅元帅担任上海市长时,注意到大学里的教材大多是外国人编写的英语教材。于是,他召集了十几位教授和出版家开会。他说,有一件事我们不会做,要靠你们来做,这就是编写出用中文书写的中国人的教材。徐芝纶教授认识到,这是扫除文化界半殖民地影响的一件大事,他从此认真努力地做了这项工作。他根据自己丰富的课堂教学经验,并经过长期的学习和推敲,编写出许多优秀的教材。他的教材具有下列特点:系统性强,内容精炼;分析深入透彻;重点突出,难点分化;语言精辟流畅,使学生容易理解和学习,因此,受到国内广泛的欢迎。他一生中共编写出教材 11 种 15 册,翻译著作 6 种 7 册。其中的《弹性力学》获得了教材特等奖和图书一等奖;《弹性力学简明教程》从 1983 年到现在,一直是我国工科院校使用最广泛的弹性力学通用教材;《弹性力学问题的有限单元法》是我国第一本有限单元法的教科书,对推广有限单元法起了重大作用;《Applied Elasticity》是我国第一本对外发行的英语教科书。

二、严格认真的治学作风,为人师表的导师典范

徐芝纶教授在治学和教学上,有很多优秀的经验,值得我们学习。

高瞻远瞩,在治学中抓住大问题进行研究。善于抓住学科的大方向和大问题进行工作,这是高水平教师的表现。徐芝纶教授在科研项目中,抓过两项大问题:一是关于基础梁板计算方法的研究;二是关于有限单元法的引进介绍和研究推广。这两项工作成果,对国内工程建设起了重大的作用。在教学工作中,徐芝纶教授锻炼出高超的课堂讲课艺术,并且编写出许多优秀的教材,对国内的影响很大,他的教材至今还在发挥着作用。

严格治学,一丝不苟。徐芝纶教授拿出的科研成果,一定是正确和可靠的。在《双曲扁壳闸门的计算》一书中,他要求每一个有效数字都必须正确。他在编写教材前,总是先写讲义,在课堂上讲了 3 年以后,充分吸收了课堂教学的经验,才开始编写正式教材进行出版。他在编写中,严格到逐段、逐句和逐字地进行推敲,并且还向我们介绍,写文章时要先用口念,待到念通顺了才写下来。因此,他的教材叙述简明清晰,语句精辟流畅,很易为读者理解。他的书稿都是自己动手写的,从不委托他人,甚至连英文书稿也是用手抄本交给出版社。他说,这样可以不断地修改,并避免一些错误。

深入钻研,精益求精。徐芝纶教授对学科的知识钻研得很深,正如他自己所要求的,达到了"入木三分"。他在答疑时,由于有了丰富的知识和深入的研究,总是对学生的问题对答如流。他每次上课时,同一内容即使已经讲了许多遍,也是要求精益求精,不断深化,以致经常听课的青年教师,都感到每次听课都有新的收获。他为了阐述薄板中的一个问题,苦苦想了 3 天才写出稿子。他编写的教材,不是简单地汇编材料,而是进行总结提高,有些方法是他新创造的,有些内容是他深入研究的,因此他的书稿是创造性的再创作。

严于律己,以身作则,为人师表。徐芝纶教授要求学生做到的,他自己首先做到。例如上课、开会,他从不迟到。他自己非常认真地讲课,也要求青年教师听他的课,3 年之后再开始讲课,以便学习他的讲课经验。

教书育人,诲人不倦。徐芝伦教授在培养学生和研究生的时候,总是从能力方面进行培养。例如,他要求研究生每周写一篇短文,以锻炼写作能力。他在上课时,进行启发式的教育,对每一个问题的解答,总要评价其优点和缺点,特别是指出其不足的地方,使听者有所启发。好些青年教师和研究生,由此对问题做了进一步的钻研,得出了更深入的研究成果。这就是他的启发式教育的良好效果。

三、高尚的道德品质

国难当头,毅然回国。当年,徐芝伦教授在美国时,仅花了两年时间就获得麻省理工学院的工程硕士和哈佛大学的工程科学硕士。他的两位导师很欣赏他,挽留他继续攻读博士。可是,1937 年正是日本鬼子大举入侵中国的时候,他和一批中国留学人员谢绝了导师的挽留,毅然回国,"共赴国难"。

终生努力奋斗,为教育事业做出杰出贡献。徐芝伦教授从读书救国、科技救国,到

最后认识到只有社会主义才能救中国。从此,他一生勤奋工作,从不懈怠。他在浙江大学的几年中,正是因抗日战争而使浙大3年六迁的时候,由于缺少教师,他几乎讲授了土木工程的全部课程。以后,他重点讲授了理论力学、结构力学,最后长期地从事弹性力学的研究和教学。他与时俱进,不断学习,走在时代的前沿。例如,新中国成立初,他就开始学俄文,打算学习苏联的教学方法。1970年之后,他大力学习新出现的有限单元法,对我国有限单元法的研究、应用起了重大的推动作用。

生活俭朴,淡泊名利,洁身自好,保持高风亮节。徐芝伦教授从不追求享受,连家里的电视机也是一台充满雪花的旧机。他为人正派,从不做不当之事。他不追求名利。有一次,我们建议对《弹性力学简明教程》提出报奖时,他说,这个教材是《弹性力学》的缩编版,既然《弹性力学》已经得了奖,它就不应该再报奖。他多次鼓励学生廉洁自守,保持气节,多为人民做贡献。

将终身积蓄献给教育事业。徐芝伦教授无子无女,但对许多亲属的子女仍然严格要求。他生前曾经为抗洪赈灾捐过钱;为丰富学生的文化生活,出钱买电影放映机;为幼儿园的小朋友捐过款。他曾经将20万元捐给教学基金,并且向同事表示不买房产,不留遗产,将身后所遗留的钱,全部捐给河海大学教学基金,还在存折的单子上写上"基金"两字,不留给亲属和家人。

徐芝伦教授勤奋刻苦地工作了一生,他将优秀的教学经验、优秀的教材献给了我国的教育事业;他将基础梁板的计算方法、有限单元法等优秀科研成果献给了我国的建设事业;他将一生的积蓄都献给了河海大学的教学基金。他给我们树立了德才兼备、高风亮节的导师风范。

（作者系河海大学教授）

同徐老共事的日子

——忆徐老二三事

张敦穆

　　1962年我从武汉大学数学系毕业被分配到华东水利学院（即河海大学前身，以下简称华水）理电系工作，直到1982年调回武汉大学数学系工作，前后在华水工作了20年。来华水后很早就知道徐老的大名，但同徐老有较多接触还是从1972年开始。记得1971年末听说要开门办学，开门搞研究，随后我就从华水农场回到力学系参加活动。当时力学专业要不要办正在讨论之中，我们一方面到设计院、水电建设工地去调查对力学专业的需求情况，一方面查阅一些资料，了解从1966年到1972年这几年国外在结构分析方面的进展情况。系主任赵光恒老师首先从一本外文书里发现国外在土建水利工程结构分析上使用了一种新方法——有限单元法，他就建议并组织大家开始学习。我原来是在数学教研室任教，但是在"文化大革命"期间，华水办数学专业几乎是没有指望的。当时强调理论联系实际，作为一个数学工作者能够参加水工建筑物的应力分析就是与专业结合最紧密的课题了，所以我先从学习弹性力学入手。徐老建议我先读苏联学者所著的《弹性力学》，他说这本书薄，能抓住要点，而且几乎没有错误（只有一个印刷错误）。我很快读完这本书，了解到弹性力学问题不论是应力问题还是应变问题，都可化成偏微分方程（或方程组）求解。我学过偏微分方程理论，再加上又读了几本中外弹性力学名著，便有了一点力学基础。

　　这时候有一件事很重要。华水理电系应用数学专业1963届一位校友叫杨开泰，毕业后被分配到湖南长沙的省水电设计院工作。当时他们正在做湖南湘西凤滩拱坝的应力分析工作。从战备考虑，凤滩坝采用坝内式厂房，应力分析是按平面应力问题处理，所以是一个多连通区域的应力分析问题。湖南省水电设计院的几位副总工程师是清华大学毕业生，他们的老师是清华大学水利系刘光廷教授，刘教授向他们介绍了苏联学者古特曼博士在一次国际大坝会议上做的学术报告，是用复变函数方法来解决平面应力问题，说根据古特曼的结论，计算开孔的坝体比不开孔的坝体强度会有增加，可以减少配筋。但是按工程技术人员的经验，水工建筑物开了孔强度会降低，应增加配筋，这两个结论相互矛盾。大型工程问题非同小可，单位派杨开泰回校调研。杨开泰是我的学生，回校找到我，我们一齐去华水教师阅览室查到了这本国际大坝会议文集。原来古特曼的论文只有公式,没有推导过程。由于此时我学过苏联科学院院士穆斯海里什维利的著作《数学弹性理论的几个基本问题》,便自己推导古特曼的公式,发现这是解决平面多连通区域问题,计算中会出现常数。此常数与平面图形的重心是落在孔洞之中还是落在平面截面的实体之中有关,坝体并不是所有情况下开孔都会增加强度。杨开泰赶紧回单位汇报。不久,湖南水电设计院邀请华水派一支小分队去帮助他们做凤滩拱坝的应力分析工作。此时,徐老已经掌握了有限单元法,知道使用有限单元法加上使用电子计算机可以比之前的近似方法更精确地对拱坝做应力分析。于是,华水派出由力学系系主任赵光恒老师为首的一支科研教学小分队,共几十位教师,分成几个小组,记得有应力分析计算组、程序设计组、上机组、教学改革调研组,还有一个理论组。理论组共有 3 人,由徐老挂帅,参加者有"文化大革命"期间从美国回国的美国 John Hopkins 大学研究院流体力学专业方向的毕业生段士尧博士,还有我。从此我与徐老就有了更近、更深的接触。当时我们一行乘船由南京经武汉再转车长沙,作为知名学者的徐老在"文化大革命"中也和我们一起乘船坐四等舱。我同徐老住同一床的上下铺,按规定徐老应该坐头等舱或二等舱,但徐老并不以为意。到了长沙后住在设计院,也是几个人住一间房。徐老首先声明:"我不与张敦穆住一个房间。"因为大家知道徐老的习惯是早睡早起,而我每天搞到下半夜两点才睡。我觉得徐老这种坦率的态度真好,各人有各自的特性,互不干扰,这样人与人相处平易、自然。

徐老、段博士和我同在理论组,就相关问题经常交换看法、意见,进行讨论甚至争论。我们 3 人经常在晚饭后从设计院门口沿马路一直走到长沙的天心阁,然后再返回住地。因为路程较远,所以能进行长时间的交流。记得有一次我与段博士争论一个问题,段博士有些急了,对我说:"老张,我在美国读博士时也是修过泛函分析课程的。"徐老在旁笑起来说,大家慢慢来,一步一步讨论。在徐老领导下,我们这个组虽然常有争论,但是争论的是学术问题、计算问题、工程问题,大家一直相处融洽,毫无芥蒂。徐老对湖南水电设计院的工程技术人员讲授有限单元法前(即后来出版的徐老那本有名的有限单元法著作的前身),要我先给他们介绍一下矩阵理论作为预备知识,我认识到有限单元法就是解变分问题的 Ritz 直接方法加上分片构造拼合而成的基函数。当时到长沙的国防科技大学资料室去查阅了一下文献,查到在 20 世纪 40 年代著名数学家 R. Courant 在著名期刊《Comm pure appl Math》上发表的论文就是用这种观点来处理的。这实在是用数学方法研究有限单元法的原创性工作,只是由于当时电子计算机才刚刚开发出来,这个方法还未能在科学与工程中广泛应用。因为不光是弹性力学问题,而且其他很多数学物理与工程问题也可以化为变分问题,从而也可用有限单元法计算结果。徐老在湖南水电设计院运用结构力学的方法讲授有限单元法,而我向徐老建议能否用变分方法讲授,徐老不同意我的意见,我解释说这样的处理不仅能对付固体力学问题,而且还能处理流体力学问题和其他一些问题。徐老作为著名的力学家,当然是熟悉变分方法的,但徐老对我说:"你去了解一下,我敢担保设计院百分之九十九的人都赞成用结构力学的方法讲授有限单元法。"事后我多次琢磨徐老的这番话,认为他讲的是对的。因为土木工程技术人员都掌握结构力学,而变分法可能没有学过。徐老这样处理说明作为科学家、教育家的他,对让我国工程技术人员掌握有限单元法有着强烈的责任感。后来的实践也证明徐老这样处理,对当时有限单元法的推广起了重大作用。徐老的著作《弹性力学中的有限单元法》确实功不可没,有重大影响。后来我多次说过,徐老这种精神让我十分钦佩!

再说一件事。华水在"文化大革命"前订有数十种数学外文期刊,"文化大革命"期间,"工宣队"进院后有人说,外文期刊都是资产阶级的东西,随后,这些数学外文期刊就被"工宣队"强行制止订阅,以致华水有数年之久未订一份数学外文期刊。徐老深知期刊对科研、教学的重要性,也深知我对此事的关心。一天徐老对我说:"现在又开始订阅期刊了,你快报上几份最重要的想订的数学期刊的名字给学校图书馆,但一次数量不能多。"于是我只报了《Ann. of Math》等几份最重要的数学刊物。这是华水在"文化大革命"后期订阅数学外文期刊的开始。

我们在湖南凤滩拱坝做温度应力计算用的是线性弹性理论模型,作为力学家的徐老早就注意到非线性问题的重要性,也知道我是学数学的,当然对非线性问题感兴趣。一次,徐老对我说:"当前我们都使用线性模型,但非线性问题也很重要。线性的这一块我多关心些,非线性那一块你以后多关心、探索些。"此后,我读了好些非线性弹性理论、塑性理论和徐变理论的名著。当时我还为湖南水电设计院的资料室写了有关徐变与塑性理论的文章,不曾想这些工作居然在湖南水电设计院派上了用场。我们为湖南水电设计院做完了凤滩拱坝的应力分析,结果表明用有限单元法与复变函数方法其计算结果是一致的,结论都是开了孔要增加配筋。湖南水电设计院提出要我们计算一下坝体受徐变的影响,小分队要我来处理这一问题。当时我所掌握的徐变的模型是一位苏联力学家提的积-微分方程模型,没有精确解析式,时间又紧,我只好采用解方程的 Pieard 迭代法,以弹性力学模型的解作为初始值进行迭代。算了 3 天,做了三次迭代,得出结果是由于徐变的影响,其强度要打六七折。因为没有证明对积-微分方程用 Pieard 迭代法的收敛性,所以我对结果并无十分把握,幸好这个结果和设计院委托清华大学做的徐变实验的结果相同。

因为我们小分队的计算结果与清华大学刘光廷教授的预测相反,湖南水电设计院副总工程师要我们写一封信给刘教授说明我们的结果和理由。我写了一封信给刘教授,列举了六条理由。后来刘教授回了一封信,湖南水电设计院也给我看了,刘教授同意我们的结果与分析。刘教授尊重学术,尊重事实,实事求是的学者风范给我留下了深刻印象。

回到南京后,我在华水力学教研室上班,徐老的办公桌就在我的前面,我们每天朝夕相处。徐老师兼任校领导,校办公大楼里有办公室,但徐老并不去,每天只在教研室工作。

为了推广有限单元法,华水力学系开办水工设计人员学习班,开设弹性力学、有限单元法等课程,由徐老讲授。还开了一门数学物理方法课,由我讲授。这批学员回单位后,对有限单元法的推广和应用做了很多工作,不少人成为单位的骨干。徐老撰写的有限单元法著作出版后,影响了更多的人。

　　因为徐老的影响,当时在华水有限单元法是很热门的,我们数学教研室的几位同事也组织了讨论组,研讨数学物理方法与有限单元法的数学理论,并且在全校做了《有限单元法的数学基础》系列讲座,分别由刘伟斌老师、邓述瑜老师、何似龙老师和我做报告介绍有关工作,受到了大家的欢迎。

　　后来我还多次参加有关水工建筑物的一些应力分析工作,仍然是用有限单元法,先后与我共事的有王德信老师、何似龙老师、童裕老师、孙忠祖老师、姚敬之老师、刘伟斌老师等。这些关于水工结构应力分析工作可以说都受到徐老的影响。

　　我与徐老还谈过两个弹性力学的问题。一个问题是当时我看到有的苏联学者研究薄壳理论,用了很多微分几何与渐近分析方法,我很有兴趣,向徐老请教。徐老说薄壳理论是将三维弹性力学问题化为二维问题,由于化简的假设不同,几乎没有两个学派的薄壳方程是相同的,但是用有限单元法处理薄壳理论问题保持了仍为三维问题的特点,不过是其中一个维度的尺度很小,这样基本方程假设没有近似,只是在算法上做了近似,应该更符合实际,我们搞力学的,不管用什么方法,一定要算出结果来。我觉得徐老的话有道理,就没有在此方向再进行深入研究。另一个问题是解弹性力学问题时,经典方法常用圣维兰原理,将界面上的分布力用积总的力和力矩代替,这当然对三维弹性体的应力分布是有影响的。但这个影响离界面的深度有多少,我有兴趣研究。徐老认为这个问题值得考虑(我查过文献,此问题至今未能完全解决),但若用有限单元法处理,就无需使用圣维兰原理,可直接考虑分布力。由此可知对于应用有限单元法解弹性力学问题,徐老是全面、深入思考过的。

　　一次孙忠祖老师对我说,徐老有意让我跟他(徐老)研究力学,我也觉得连续介质力学确有很多非线性问题值得探讨。我记得在力学教研室,一次讨论今后工作的分工时,徐老提出线性弹性理论归他管了,要我多研究非线性理论(包括非线性弹性理论、塑性理论、徐变理论)的问题,我也愿意。此时,一位力学教师提出段世尧老师是学力学出身,应该让他来做非弹性力学方向的工作,段世尧老师当即表示他愿意做。段世尧老师同我是好朋友,我不便相争,结果安排我准备有限单元法学习班的数学、物理课程的教学工作。

　　我离开华水已近 30 年了,但徐老的音容笑貌我一直铭记在心,徐老是一位纯粹的学者,一位著名的力学家,一位卓越的教师,一位我尊敬的长者。

　　　　　　　　　　　　　　　　　　　　　　　　　　　　(作者系武汉大学教授)

深切怀念恩师徐芝纶

徐慰祖

1959年底，我非常幸运地考取了徐芝纶先生的研究生，并且是徐芝纶先生带的第一个研究生。在学习期间和此后的岁月里，徐先生言传身教，对我的教诲至今难以忘怀。

入学后不久因爱人生病，我不得不请假，缺课甚多。回校后徐先生关切地问我："慰祖啊，你还能跟得上吗?"徐先生的关爱使我感动，但我也明白，我必须尽快赶上课程进度，不能让徐先生失望。一周后，我缺课的"结构稳定"课程进行期末考试，我得了满分。徐先生非常高兴，一再鼓励我继续努力学习。恩师的勉励成为我奋进的巨大动力。

入学前我没有学过俄文，但那时研究生必须以俄文作为第一外语。我考试时勉强得了4分(当时实行5级记分制)。过后不久，徐先生拿来一本厚厚的关于弹性地基分析计算的俄文书，让我一个月后提交读书报告。通过一个月的刻苦研读和翻译，使我阅读俄文专业文献的能力有了显著提高，同时也感受到徐先生对研究生既关爱又严格要求的良苦用心。

那时规定研究生每周要和导师会面一次。每次会面徐先生总是衣着整齐，胡须刮得干干净净，还拿出他特供的高级香烟请我们吸，可是我们有时胡子老长就跑去见导师。徐先生就半开玩笑又不失认真地说："你们胡子老长也不刮，一脸霉相。"此后我们都不敢再邋里邋遢，总要把胡子刮得干干净净地去与导师会面，同时也懂得了衣冠整齐地与他人会面也是对别人的尊重。

毕业后，通过徐先生来京开会或我到南京出差的机会，我依然能经常得到徐先生的教诲。例如，"文革"中徐先生难免也受到了批判冲击。事后徐先生对我讲："在那种环境下，人们对问题的看法很可能偏激，批判无论有多激烈，上纲有多高，我都理解。"使我再次体会到徐先生的博大胸怀和高贵品德。

岁月的流逝并没有带走我的思念，那些难忘的往事不断地在脑海里浮现。徐先生的音容宛在，我切实感到徐先生一直活在我心中。

最后我谨录唐诗一首，用它表达我对恩师高洁品格的敬仰和怀念之情：

垂緌饮清露，
流响出疏桐，
居高声自远，
非是藉秋风。

（作者系北京工业大学教授）

纪念徐老百年诞辰诗两首

李克敬

其一

徐老诞辰百周年，著作言行留世间。
教书育人作表率，传道授业解疑难。
先贤引路踏艰险，后学跟进勇登攀。
桃李芬芳遍天下，成就祖国好河山。

其二

忆惜受教于恩师，听课面授解惑疑。
平易近人析矛盾，严谨治学论问题。
求学三载常接触，获益终生惜别离。
百年诞辰今纪念，师德传承无尽期。

（作者系中南大学教授）

传承一颗教书育人的责任心

——缅怀徐芝纶老师

韩嘉禾

1961 年夏,我作为一名研究生考进了华东水利学院(现河海大学),成为徐芝纶老师的学生,这也是我和徐老的第一次接触。做研究生的时候,我们这些学生每周都会和徐老见一次面,谈论的事都是围绕学习展开的,每次都会向徐老汇报学习情况,像补习基础课的情况,准备论文情况等,或讨论一下大家最近在杂志上看到的东西和所读的书,但却很少谈生活上的事。1965 年我毕业后留校当老师,在我们力学教学小组里,徐老是老教师,与他接触比较多的就是请教有关教学上的问题,偶尔我们这些年轻教师会去听他讲课。"文革"期间徐老参加了小分队,那时我们大家一起在农场劳动,在这期间我看到一个和平常不一样的徐老,生活中的徐老同样喜好打篮球,也是个热衷于文体运动的人。"文革"结束没一两年我便离开了学校,而徐老依然在学校教书,这样自然和徐老接触的机会就少了。

关于徐老早年时期如何从一个爱国知识分子到力学专家、教育家我就不再赘述了,他的爱国之心和对历史的责任感也一直以来为大家所敬仰。我对于徐老感受最深刻的还在于他的教书育人。

一是徐老对教学的认真程度。在这方面应该说只要是教师就应向他学习。徐老教了几十年的《弹性理论》,同时这本书也是由他自己编写的,但是每次在上课之前他仍然花一定的时间认真备课,并且到了上课的这一天,他起床都比平常早。对于这些他已十分熟悉的知识点,徐老同样丝毫不懈怠,真正做到以认真的态度教学。徐老在教学上始终保持着与时俱进的态度,他的讲课内容不断地更新,能将新的知识与旧的知识相结合,而旧的知识点通过不断地精益求精地表达出来。他曾说过,"作为一名教师,必须对所教学的内容理解透彻。"在这点上我深有体会,一个教师上课效果好,能把学生教好,要做到这一点他自身对所教的内容必须是非常熟悉的,徐老做到了这一点。徐老的教学有个基本点就是他对所讲的内容理解得非常透彻,这也使得他的教学效果获得一致认可,几乎达到了无人能比的程度。而相比之下,现在有些教师却经不起此种考验,他们也不一定能对自己所教授的内容有深刻的理解。徐芝纶老师教学效果好在于他对所教的内容掌握的深度和精益求精的程度,而不完全是简单的表达问题。谈到徐老,大家的第一印象就是他的课讲得特别好,他讲课注重学生的接收。例如在讲力学课之前,他会花适当的时间提一提要用到的数学问题,以承前启后的方式授课,做到温故知新,使良好的教学模式贯穿整个教学过程。同时徐老授课不拖泥带水,主线明确,确保学生对知识点的把握。徐老不仅对自身要求严格,对学生也是如此,他要求学生在提问题前首先自己必须弄清楚问题何在,必须经过一番思考。教与学是相辅相成的,教学效果好与学生学习积极性是互为作用的。作为一个教育家,教师的责任就是传道授业解惑,就是让他所承担的教学内容使受教育者明白,达到这样的水平才能被称为是一个真正的教育家。

二是徐老教学科研的严谨态度。他以严谨态度在弹性力学方面编了很多教材,他所编写的教材是公认的高质量,许多名教授上课用他的教材本身就是对其编写教材的一种肯定。"精益求精是成功之母"这是徐芝纶老师自我总结的重要体会,也是他从事教学科研工作的自我写照。他认为:"无论做什么工作都应当精益求精,好上加好。什么事业都没有顶峰,要不断改进,永远不要自满。学无止境,教无止境,教书育人无止境。"徐老编写教材的实践就是精益求精精神最生动的体现。同时徐老注重理论联系生产实际,他所发表的论文在理论上都是很严谨的。徐老的科研成果,都很重视它在理论上的相对可靠性。他不是一个高产的科学家,但是一个严谨的科学家,徐老每解决一个问题都是实实在在的。20世纪70年代,徐老编写出版了中国第一部关于有限单元法的专著《弹性力学问题的有限单元法》,为推广、普及有限单元法做了开创性的工作,起了奠基的作用,同时也为当时的华东水利学院对我国力学学科的发展做出了突出贡献。

在我心中,徐芝纶老师是位严谨的教育家,他在教书育人方面取得了很大的成就。徐老同时也是位积极思考、重视理论联系实际的科学家。他取得的科研成果能长期为人所用是因为重视基本的理论以及其对研究的严谨。但在我看来徐老最大的成绩应该不是在他的业务成功上,而是在教书育人上,教学是他最重要的成果。

在徐芝纶老师百年诞辰之际,我们更应将徐老从事教学的责任心传承下去,最根本的一点是作为一名教师要尽到应尽的责任。所有的教师都应好好学习徐老对教学事业的热爱,对教学事业的投入与那份教书育人的责任心。这需要每位教师、每位教育工作者通过身体力行,把徐老的精神延续下去、传承下去。

(作者系上海市安居房发展中心原总经理)

一代宗师，万世师表

雷克昌

1962—1966年，我有幸接受徐先生4年的研究生教育，奠定了我一生事业的基础。在此徐先生百年华诞之际，感恩是远远不够的，缅怀徐先生的治学精神，传承其办学理念才是最好的纪念！

徐先生治学严谨。至今我仍然清晰记得，刚进入研究生学习不久，徐先生就找我谈话，批评我文章中的错别字，还特别指出标点符号的使用问题。我在文章的句末总是点上一个黑点，徐先生问这是什么符号，是逗号还是句号？我说是随手写的。徐先生严肃指出这是个恶习，必须改掉。随手、随意对一个科技工作者的确是一种恶习，失误经常出自疏忽和随意之中，就如围棋对弈的"随手"是大忌。当年我的这个毛病反映出大问题，我深感自己的浮躁，不严谨。经过徐先生多次批评和指正，在以后的若干年中，我都尽力克服这类毛病。特别是在文字和数据上力求严谨，例如，取小数点后两位数，2.5一定要写成2.50。克服浮躁情绪是一件非常艰难的过程，但也因此养成了自己正确的治学态度和方式。治学严谨、实事求是是一个科技工作者的基本素质，也是徐先生对其弟子的基本要求。

徐先生鼓励学生以自学为主，培养学生获取知识的能力。他每月指定一两本经典著作，制定一个阅读进度，要求学生精读细读。每周在徐先生家中面授半天，解答阅读中的问题，并对书中的内容进行提问。回答徐先生的提问是对我们学习和阅读质量的检验，因此我们都非常重视，每次都做好充分准备，一般来说每次面授都十分愉快，收益丰厚。一次在阅读了铁摩辛柯的《板壳力学》后，徐先生让我解释一下某页下部的一个注释，这我可被难住了，因为我根本没注意到这排小字。徐先生指出我的浮躁毛病又出来了，要求我读经典书籍时不能放过一丝一毫，精读细读才能独有心得。

徐先生对基本概念的准确性要求非常严格，力学中的平衡概念、变形协调概念等都是千锤百炼、一丝不苟的，就像运动员锻炼基本动作那样需要不断反复进行。几年下来，我感到自己身上产生了一种无法形容的力学感受和功底。在以后多次处理水利工程事故中，例如大坝裂缝、埋管断裂等问题就能很快做出精准的判断，而且多次实践证明我的判断是正确的。这不能不归功于导师徐先生，归功于他对我们基本功的严格要求。

徐先生对基本概念的理解要求简明、准确。就像他的著作《弹性力学》那样，思路清晰、条理分明、概念准确而简明，易学易懂。我读过许多弹性力学的教本与著作，有的教材总在符号中转悠，也有些显得高深莫测，使初学者望而生畏。唯独徐先生编写的这本教材，深入浅出，切实体现了教材的本质，无论从学术还是科研的角度看，不愧为一本优秀的教材。

在研究生学习的后期，徐先生总在不断启发我们的创新思维，并引导我们对解决实际问题的兴趣。一次，他拿来一个海军码头的设计问题要我们考虑其中几个力学问题如何解决，启发我们的思路。徐先生还给我出了个题目：一块矩形板，如果在其面上加一根勒条会有什么影响？起初我觉得这是个局部加强的问题，可以计算一下，可进行中发现问题越来越多，其中有厚板薄板问题、长短边比例问题、勒条形状和摆放位置等问题，这些又会对强度、刚度、稳定性产生不同影响，是一个复杂课题。徐先生在研究过程中不时提出问题，对长短边比例是否有个范围限制，我们还进行了争论。后来我体会到这个问题是在为我研究弹性地基板课题做理论上的先导，这也是实际问题水闸底板的力学模型抽象。我在进行这部分理论分析时觉得越来越有意思，产生了浓厚的兴趣，也取得了一定成绩。

1964—1965年，以徐先生为首的河海大学力学团队在弹性地基等领域的科研水平已处于世界先进水平，徐先生提出的中厚度理论具有首创精神。就理论而言我们与前苏联已旗鼓相当，只是当年我们没有计算机，只有一些手摇的计算器，因而在发布论文方面比前苏联慢了一拍。至于其他国家，在这一领域的成果较少，或者不是一个思路，没有可比性。正当事业蓬勃发展之际，"文革"开始了，从此进入十年动乱。我们这批研究生也被扣上了修正主义苗子的帽子，本该投身科学事业的我们受到了沉重的打击。我到基层工作后，并没有忘记导师的教导，在动乱中保持清醒头脑，科研不成但可以服务基层。在那动荡的岁月中，我以严谨求实的态度并用所学知识处理了在基层遇到了各类技术难题，解决了不少实际问题。那个时期我对国家的科学技术发展忧心忡忡，有人问我是否对世界先进水平望尘莫及了，我说连灰尘都看不见了，已不知东西南北。就在对力学学科前途茫然之际，1974年徐先生主持召开了推广有限元会议。此次会议意义重大，不仅开创了我国应用有限元之先河，而且给力学界带来新的曙光，从而开启我国计算力学的一个新时代。我也受到了鼓舞，开始学习新知识，掌握和应用有限元方法。当时"文革"尚未结束，但它已预示着科学的春天即将到来。虽然我们这批人耗去了30~40岁这最宝贵的10年，但历史的经验教训可以为后人提供宝贵的财富，更好地前行。在"文革"结束至今的几十年中，我都时刻铭记着徐先生的教诲，徐先生的精心教导使我终生受益。

徐先生严谨的治学作风、精益求精的工作态度、勤学勤思的教风学风、献身教育事业的高尚精神境界永远值得我们学习和纪念。

一代宗师，万世师表，徐先生当之无愧！

（作者系华北水利水电学院原副院长）

缅怀徐芝纶先生

李昭银

徐芝纶先生是我国著名的力学家、教育家、资深院士。在纪念先生诞辰 100 周年的日子里,我怀着崇敬的心情追思他。先生一生勤奋,在教学上,他坚持教书育人、因材施教,为国家培养出大量有用人才;在著书立说上,他殚精瘁力,编著出经典《弹性力学》(上、下册),荣获全国优秀科技图书奖和全国优秀教材特等奖,还翻译出版多部英、俄文版力学著作;他领衔组建"弹性地基上基础梁板"课题研究组,取得好几种地基模型下理论研究成果;他还是我国首位出版《弹性力学问题的有限单元法》专著作者,为我国推广有限单元法及电子计算机在工程结构设计中的应用,做出了开创性的贡献……

徐先生教学生涯后期,主要讲授板壳力学课程,我做他的助教协助辅导学生。特别是在"文革"时期,我和徐先生同在学校的教育改革小分队,在长沙一起生活半年之久,我对他的为人有了更加深入的了解。先生学术知识渊博,具有大师风范,外表看似严肃会使人有些拘谨,实际上他非常和蔼可亲,平易近人,碰到任何事情从来不会把自己的意见强加于别人。他喜欢谈古论今,兴趣爱好亦多,年轻时就喜爱打篮球,曾是清华大学校队队员,中年时不仅爱听京戏,还能唱上好些段子,玩桥牌也是高手。和他在一起让人觉得趣味无穷,获益良多。

在我的记忆里,我和徐先生闲聊中,他曾经跟我讲过影响他一生的好几件事,我选两件事介绍给大家:

一、他选择当教师并且爱上教师这个职业

徐先生出生在知识分子家庭,父亲留学日本,回国后担任过土木工程师又当过几年官。因当时政治腐败,机关里经常出现英美派与日本派之间的激烈争斗,相互排挤,相互欺诈,父亲最终丢了官又荒废了业务,心里一直怄气。徐先生还在清华大学求学时,父亲终因长期郁闷胃大出血,不治病故。临终前父亲教导他:"你今后不管什么官也不要当,能找个不求人的饭碗吃吃就行了。"遵照父亲嘱咐,清华大学毕业后徐先生选择了留校当教师,之后他赴美留学两年,1937 年一拿到哈佛大学硕士学位之后,就决定回国。在轮船上虽然已经听到"七七"事变爆发的消息,但他仍没有改变行程,毅然回到祖国,受聘于浙江大学当教师。当时徐先生心里总认为教师可能是个一辈子不求人的职业,只要自己认认真真讲课,清清白白做人,大概一辈子不会愁没有饭吃。

新中国成立后,他更加热爱教师这份工作,因为教师能够为国家培养人才,能够贡献自己一生力量。由于时刻铭记着父亲的告诫,他在生活上和工作上养成了不管做大事或者小事,大事譬如著书立说、科学研究、院务工作,小事像书稿清样校对、勘误等等都亲自动手,从来不要别人代劳。他撰写的书稿完全是经过自己反复锤炼、精雕细琢而成的。他曾说过:写书时,常常为了一句话怎么表达才最清楚最简练可能要琢磨好几天,就连一个标点符号也从不放过,还要到新华书店买本《标点符号如何正确使用》小册子来学习对照。有关徐先生讲课艺术和著作等许多其他方面,已有不少文章赞誉介绍过,我这里就不再赘述。徐先生一生笔耕不辍,不知疲倦地耕耘了60年,一直坚持到80岁高龄才离开三尺讲台正式退休,这种敬业精神永远值得我们后辈敬仰和学习。

二、他突击学习俄文,立志写出中国式的教材给中国人用

新中国成立初期,徐先生在上海交通大学任教授,参加了由上海市市长陈毅同志召集的知识界座谈会。会上陈市长号召在座各位教授,用不长时间改变当前高等学校里仍然采用洋文教材用洋文讲课的现状,提倡中国人写出中国式的教材,并用中文授课。徐先生听后很受鼓舞,立志要写出一流的适合国情的中文教材。当时,学校图书馆里英美教材已较少进口,大量进口的是俄文教材,全国上下又正在掀起全面学习苏联的高潮。在这种形势下,已进入不惑之年的徐先生决定先突击学习俄文。他每天强记单词,学习语法,终于用不长时间掌握了俄文,并且很快合译出版了多部俄文教材。为了撰写《弹性力学》上、下册,他还需要精读俄文版穆斯海里什维里的《数学弹性力学若干问题》和符拉索夫的《壳体一般理论》两本书。这两本书内容非常丰富,但是体系繁杂,公式冗长,系统性极差,读起来十分困难,很不适合国情。徐先生考虑当时国内高校学时普遍偏紧的状况,从体系上、内容上进行改写,将"用复变函数解弹性力学平面问题"全部内容压缩写成一章;将一般壳体化简到薄壳体,再分柱壳、回转壳、双曲扁壳三种工程上常见的壳体,并结合当时英美国家仍然常用的实用计算方法等全部内容分成四章写出。改写后的这部书具有条理分明、结构合理、内容简炼、语言生动的特点,极大地方便了广大师生、科技人员学习和自学,是中国人写出中国式教材的成功典范。

由于徐先生在学习俄文时下的工夫太大,用脑过度,于20世纪50年代中期患上失眠症,最严重的时候一个星期顶多只能睡上20个小时左右,睡眠问题从此也就缠绕了他一生。这虽然是件痛苦的事,但他始终保持着乐观的精神、积极的态度,从不吃药,更不吃补品,完全靠毅力、锻炼身体和规律生活来对付。因此不管盛夏寒冬,年复一年的每天清晨,我们都能看到这位老人在校园里大步劲走。白天他用足8个小时来工作或者写作,晚上就什么事也不安排,完全放松,每天坚持到点准时上床休息,避免超时引起大脑兴奋,出现整夜睡不着觉的情况。他说过一件事,在长沙曾经和一位睡觉打呼噜的同事住在一个房间里,每天晚上还没有睡着,一听到呼噜声就更难入睡。之后,他想了一个法子就是提早睡,赶在这位同事打呼噜之前就睡着,这样呼噜声再响他也不怕了。他如此巧妙地处理问题,大家听起来既感到亲切轻松又很幽默有趣。

　　徐先生一生淡泊名利,默默耕耘,生活俭朴,处处关心年轻教师和学生,为我国力学科技教育事业,为河海大学创建和发展做出了巨大贡献。我们永记铭心,永远怀念徐老!

(作者系河海大学教授)

以徐芝纶教授为楷模，
努力提高课堂讲授质量

王惠民

一、学习徐芝纶教授的课堂教学经验

徐芝纶教授是著名的力学家和教育家，中国科学院资深院士。他一生淡泊名利，无私奉献；做教师、做学问都是后人的楷模，堪称"一代宗师"。

徐芝纶教授热爱教师职业，长期坚持为本科生和研究生上课，他的课堂教学持续到80岁，倡导"学无止境，教亦无止境"，把自己的教学心得写成教学研究论文《怎样提高课堂讲授的质量》，以指导年轻教师提高教学质量。1979年教务处就把徐芝纶教授这篇论文印发给我们学习。徐芝纶教授从"掌握课程内容，了解学生情况，适当安排教材，认真准备讲稿，做好默讲试讲，注意表达方式，及时检查改进，不断努力提高"八个方面来论述怎样提高课堂讲授的质量。从1937年8月他归国从教算起，这篇论文是徐芝纶教授40余年教学经验的总结，非常全面、深刻并具体地告诉每一位教师，如何从各个教学环节做起，以保证和提高每一节课的教学质量。

张长高教授的默讲就是由徐芝纶教授亲自指导的。张长高教授曾对我说过，徐芝纶教授对他有恩，亲自教他默讲，所以没过多久，他的课就讲得很好了，有的系点名请他上课。1976年他在合肥工业大学任教，被公认课讲得好，1978年破格晋升为教授，成为安徽省的典型。1980年张长高教授回到河海大学任教。1982年国家教委举办全国水力学教师进修班，全国名教授参与讲课，一致公认张长高教授讲得最好。张长高教授讲课从不带讲稿，潇洒自如，令人佩服，受到一致好评。

我的默讲，是由张长高教授亲自教的，也可以说，间接受到了徐芝纶教授的指导。1981年，张长高教授给数学师资班1977级和流体力学师资班1979级上流体力学课，因为张长高教授要出差，让我代上10节课，而此前我一直是拿着讲稿上课，如果像张长高教授那样脱稿讲课感到很难做到。张长高教授说："你别急，我教你怎样默讲。首先，对所讲内容要非常熟悉，然后拿几张白纸当黑板，边讲边写，如果卡住了，就停下来看讲稿，之后再重新默讲，直到全部讲对为止。像这样要默讲三遍，躺在床上再过电影。第二天早晨起来，别去买菜，就等着上课。到了课堂，你就能全部讲出来。"于是，我照此办理。记得第一次代课那天,开始时还是比较紧张,担心忘记。上课铃声一响,下决心不看讲稿,开始脱稿讲课。边讲边在黑板上写写画画,就这样一堂课竟然讲完了,感到是那样的连贯、流畅、清晰,连我自己也惊讶了。课间休息,流体力学师资班的团支书跑上来对我说:"王老师,清楚,清楚!"这是学生对我讲课的肯定。因为我是他们的班主任,学生也为我捏了一把汗。从此,我学会了"默讲"和"脱稿讲课",使我的课堂教学上了一个新台阶。我认为徐芝纶教授倡导的"默讲"是对老师"自信心"的挑战,过了这个"坎",老师就会逐渐走向成熟,当然这也意味着老师要付出更多。

30 多年来,每当我学习徐芝纶教授《怎样提高课堂讲授的质量》论文,就仿佛聆听他课堂教学经验的讲座,深受教育,收获很大,也使自己的课堂教学质量不断提高。虽然徐芝纶教授已离开我们 12 年了,但他的教学理念、高尚品格和为教育事业奋斗不息的精神,一直在激励和鞭策着我们。

二、提高课堂讲授质量的途径

要想提高课堂讲授质量,首先应好好学习徐芝纶教授的《怎样提高课堂讲授的质量》教学研究论文,认真领会八个方面的精神,并结合自身教学实践,不断总结提高。我是流体力学教师,自 1978 年起,先后主讲过本科生、硕士生、工程硕士生、博士生的课,也用英语主讲过留学硕士生、博士生的课。通过 30 多年的课堂教学,我有如下体会。

1. 热爱教师职业,讲课要有激情

作为一名教师要想把课上好,首先应当热爱教师这个职业,愿意上课,而且讲课要有激情,使得整个教室充满生机。无论给本科生、研究生,还是给留学生上课都应这样做。

2. 讲好第一堂课

通常,每位老师都非常重视第一堂课。基于每门课程各自的特点,每位老师都有自己的讲授方法。

针对流体力学课程的特点及难度,为了使学生从一开始就对这门课程的全貌有所了解,并知道各章节与整个课程的关联,我将"课程的总体介绍"作为第一一堂课的主要内容。结合教学周历,要点地介绍流体力学课程的主要内容。这样,学生在第一堂课就能够了解到本门课程涉及哪些工程问题、物理概念、基本方程和基本解法以及课程的总体安排等。从而知道流体力学是一门重要、难度较大的专业基础课,应当引起重视。这就为后面的课程讲授和学生的学习做了较好的铺垫。

3. 安排必要的"预备知识"课

由于流体力学课程涉及很多数学公式及其运算,虽然学生在先修课程中已经学过,但多数已经印象不深,更不能熟练应用。为使课程教学顺畅,我在正式讲授流体力学课程之前,安排了"预备知识"课,以便使学生能熟练地掌握这些数学公式及其运算,真正起到"数学工具"的作用。在"预备知识"课堂上,我所列举的数学符号及运算实例均与流体

力学课程内容相一致,从而将"预备知识"课与流体力学的课程教学有机地结合起来。

4. 认真对待每次课

为使学生听得清楚,在每次课开始,我要介绍本次课的主要内容及在全课程中的地位,强调重点和难点,指出难点难在何处,之后再详细讲解。这样,学生就能较好地跟上老师讲课的思路。

在讲课中,要注意多媒体的使用与板书的有机配合,注意板书中彩色粉笔的使用,注意使用通俗的语言和生动的例子说明问题,注意与学生之间的互动,注意布置典型习题作业,注意启发学生的创新思维。

5. 认真批改学生作业

通过认真批改学生作业,可以了解到学生掌握概念和方法的程度以及存在的问题,也是对自己课堂教学效果的检查。我每次都认真批改学生的全部作业,在作业上加批并做好记录,以便答疑中指出。2006年配备助教之后,我也要花时间对助教批改的作业——复查。对于学生作业中出现的共同问题,将在下一次课开头进行分析讲解,指出问题所在,以便学生能及时地纠正错误。

6. 认真抓好"答疑"这个教学环节

"答疑"是及时解决问题、跟上教学进度、提高课堂教学质量的重要教学环节。但在教学过程中,常常出现"平时学生不来或少来,考试前集中来;学得差的学生不来,学得好的学生常来"的现象,从而导致不少学得差又不来答疑的学生课程考试成绩不及格,这引起了我的反思:既然安排了答疑时间,老师就不能只靠"等"学生,应主动请学生来答疑。从而变"被动答疑"为"主动答疑"。

从2005年起,我采取"指定答疑"措施。在批改完学生第一次作业后才安排答疑。每周一次,每次两小时,每次指定5~6位学生来答疑,同时也欢迎其他学生参加。当听课人数超过50人时,优先安排有不及格课程的学生来答疑。当学生人数少于50人时,则按学号安排每个学生来答疑。每次的流体力学答疑都尽量安排在教室里,以便利用黑板进行讲解。通过点名、复看作业和交谈,增进了老师与学生间的相互了解。由于是课外时间,大家都很放松,唠唠家常,说说笑笑,气氛很是融洽。在这种氛围中,通过师生共同讨论,很容易搞清楚一些问题。通过这种方式答疑,使师生都感到有收获。采用这种答疑方式,对每个学生而言最多被指定一次。此后,有的学生又主动来答疑了,有的学生则不再来答疑了。然而,学生的作业状况大为改观,考试成绩也显著提高,全班的不及格率大为降低。分析起来,或许由于学生通过答疑他们的自信心增强了,学习的自觉性提高了,对流体力学课的惧怕心理有所克服,感到流体力学课程虽然有难度,但还是可以学懂的。

(作者系河海大学教授)

怀念我的导师——徐芝纶

王林生

徐芝纶导师是我国著名的力学家、教育家、中国科学院院士。他不仅是一位为人师表、品德高尚的学者，更是一位在教学方面堪与京剧大师媲美的教学"艺术家"。这不仅因为他具有优秀、精湛的讲课艺术，而且还因为他编著的教材堪称"经典"，至今仍是国内最广泛使用的力学教材，同时也被国外同行认同并采纳。

徐老桃李满天下，以他渊博的学识培养了一批又一批本科生和研究生，为国家输送了众多栋梁之才。他和他的同事以及学生们，在科研上也取得了突出的理论及应用成果。例如"有限单层地基的解"，"成层地基的解析解"，"双曲扁壳在水压力作用下的简化计算"，以及第一次导出了基础梁板的广义变分原理等等，均被认为是在实践和理论上的先进成果。此外，他还对"不规则网格的差分格式"的研究做出了很多贡献。最值得一提的是，他在及时引进、研究和推广有限单元法中的重大贡献，已被业界普遍认同。由此，展示了他是一位被人们普遍赞誉的"前辈风范"人物，是一位具有"大师风范"的人物，有一些让人难以忘怀的例子。

1962 年，那时我正上"大四"的"弹性力学"课程，采用的课本是徐老自己编的《弹性理论》。在学习椭圆杆扭转问题一节后，有学生对截面上最大剪应力求解方法提出了异见。对此，徐老在后来的课堂上表扬了该同学，并说："我的书已出版好几年了，一直没发现这个错误"，他还语重心长地告诫同学们，"不要认为写在书上的一定是对的。"这不是一个名教授一般的谦虚，而是一位力学大师对青年学子一种极大的鼓励，而这种鼓励，恰是今天的年轻人为了在探求科学的道路上不畏权威、破除迷信、努力培养创造性能力所需要的。还有一次，在给力学 1977 级学生上"弹性力学"的课堂上，当徐老讲授到双曲扁壳在水压力作用下的简化计算方法时，他说："以前自己也曾探讨过，但未能解决，现在由一个学生解决了……"这声音是大师又一次地在激励年轻人，不要墨守成规，而要开拓思维，勇敢地在创新道路上走下去。

在今天来看，"中国创造"已成为广大教育科技工作者所追求的奋斗目标。徐老的这种谦虚和激励更带有前瞻性和现实意义，这就是徐老留给后人的"大师风范"。

最后以打油诗一首，告慰我的导师：

敢问苍天何处寻？
我敬我爱我导师。
斯人驾鹤已西去，
丰碑却在我心中。

（作者系徐芝纶院士指导的第一位博士生，现旅居美国）

追忆恩师

丁伟农

徐芝纶院士离开我们已经整整 12 年了。今年是徐老诞辰 100 周年,在这缅怀和追忆恩师的日子里,当年徐老一丝不苟而又非常亲切的音容笑貌,不断在脑海映现,令我思绪万千,情不能已。今写成短文,以志纪念。

"文革"前研究生名额有限,导师通常每年只招收 1～2 名新生。在课程安排上,外语、政治等公共课采取同年级各系研究生集中授课,专业课则由导师单独面授的方式。因此在读研期间,我有幸登堂入室,多次亲炙恩师教诲。

恩师的言传身教,至今仍历历在目。面授时,学生先汇报自学课程的学习心得,再向导师质疑问难。徐老每次答疑之前,总是要我先说出对所提问题的理解,然后再给予点评和指导。在学业知识的传授中,通过这种方式培养我独立思考和探究的习惯,这对我后来从事科研工作大有裨益。

在 3 年研究生学习期间,徐老一再强调并要求我们在学好外语的同时,更应重视中文的学习和提高。当年报考徐老研究生的考试科目中,就有语文这一科目,入学后,徐老也一直对我们的中文书写和表达有着严格要求。

1964—1965 年间,徐老亲自指导我习修《弹性力学》课程,时值他的译著《弹性理论》即将付梓,徐老让我把这本书作为教本,同时要我协助对样书进行校勘。在此过程中,我无论在专业知识还是在文字技能上都得到很大提高,使我终生受益。

徐老平素不苟言笑,表情严肃,但接触多了,却能感受到他慈父般的关怀,觉得他是一位和蔼可亲的长者。在我研究生学习期间,每当面授指导结束后,徐老常会饶有兴致地与我们聊一点学习之外的事情,如他早年的求学经历以及去北京参加会议时的见闻等等。其中给我留下很深印象的有:徐老与钱学森大师同一年考上全国仅有的两个庚子赔款留美名额,钱老毕业于交通大学,而徐老毕业于清华大学,他们一同赴美,在美第一年还在一起学习。徐老说,钱学森具有极强的自我控制力,学习时全神贯注,丝毫不受外界干扰。

徐老一生喜爱体育运动,特别是篮球。在就读清华大学期间,徐老是校代表队主力队员。队友中有一位荣姓同学,后来不知何故悄然离开了清华大学。时过境迁,荣同学的事慢慢也就淡忘了。新中国成立后徐老有次去北京开会时,两人偶然相遇,不免旧事重提。交谈后才知道,荣同学离开清华大学后去了解放区,已更名荣高棠,时任国家体委常务副主任(主任为贺龙元帅),主持全国体育工作。

徐老还是一位田径好手,记得 1959 年我进入华东水利学院本科学习时,适逢学校举行运动会,徐老获得了教工组铅球冠军。徐老体魄健壮,为国家健康地工作了几十年,是我们后辈学习的榜样。

1998 年,河海大学 1978 级研究生回校参加入学 20 周年聚会活动,徐老和严恺院士、左东启教授等老领导一起应邀参加了见面会。会上徐老做了简短讲话,他说:"我现在老了,做不了什么事了。但是,我不做坏事!"话语虽平常,却掷地有声! 表现出老人对社会不良现象的忧虑和自己绝不随波逐流的决心,到会者报以长久不息的热烈掌声。这是我最后一次亲聆徐老的教诲,他高尚的思想品德和价值观再次涤荡了我们的心灵。

徐老治学严谨,诲人不倦,在教育界和学术界有口皆碑;徐老为人正直,光明磊落,是我们后学晚辈永远的榜样。往事如烟,知来者之可追。徐芝纶院士永远活在我们心中并激励我们后辈向前!

(作者系南京水利科学研究院教授级高级工程师)

学界泰斗，人生楷模

——纪念徐芝纶院士诞辰 100 周年

查一民

徐芝纶院士是我国著名的力学家和教育家，也是我最敬仰的老师之一。他既是华东水利学院（现为河海大学）的创始人之一，又是我们九三学社的一位德高望重的老前辈。他不仅在我国工程力学学科的开拓和发展等许多方面都有杰出贡献，而且他的品格特别高尚，已经成为师德的典范，人生的楷模，是我们永远怀念和学习的榜样。

他在科研和教学事业的极高成就，不少同志已有专门的回忆和论述，我在这里只就自己 30 多年来与徐老接触感受很深的一些小事，谈谈徐老的为人。

一、一丝不苟的好教师

在华东水利学院，徐院长（徐老从华东水利学院建院以来一直担任副院长）的课讲得特别好，这是有口皆碑的。作为华东水利学院的学生，我们都以有徐老这样的好老师而骄傲，如果能够亲身听到徐老的课，那更是深感荣幸，成为一辈子都忘不掉的美好记忆。不仅如此，周志豪教授有一次还跟我谈起徐老以前在交大（徐老在到华水之前是上海交通大学水利系系主任）教书的情况。他说，当时选徐老课的学生特别多，有些因名额限制没有选上的学生还偷偷地去听课，所以每次徐老上课的时候，教室里总是挤得满满的。教务处看到原来安排的教室嫌小，就把徐老的课改到阶梯教室上，结果连阶梯教室的过道和窗台上都坐满了学生，有些学生实在找不到地方，就站在教室的窗外听课……所以，徐老授课受欢迎的程度，可以用"盛况空前"来形容。

徐老来到华水以后，不仅把自己讲课特别认真的好作风带到华水，而且还花大力气培养和推动青年教师把认真讲好每一堂课作为自己的首要职责，使得我校的课堂教学质量得到了很大的提高。我记得，徐老为了帮助中青年教师更快更好地提高课堂讲授水平，还不辞辛劳地为中青年教师开公共示范课，便于他们观摩学习，并且面对面地言传身教，为我们树立了榜样。

我 1958 年考入华水的时候，读的是河川系水工专业，很可惜，没有听到徐老亲自授课的经历，可以说是终生遗憾。但是入学第一学年一次特殊的"课"，却使我留下了终生难忘的印象。那是 1958—1959 年，当时的政治气氛很"左"，大跃进、大炼钢铁、大办人民公社使全国都搞得十分紧张,对高级知识分子也不放过,在高校里大搞"学术批判"、"拔白旗"、"插红旗",成立了许多由青年教师和学生成立的小分队,专门找教授、老师写的教材、讲义、论文中的"问题"、"漏洞"、"差错",再把它们上纲上线,名曰"公开辩论",实为"公开批判",为的是把"资产阶级知识分子的气焰打下去"。徐老是我们学校公认的学术权威,自然免不了要受到冲击。有一次,小分队和徐老在学校体育馆开展"大辩论",全校师生都可以去旁听,我们河川系一年级新生全部被拉去为小分队助阵。那天小分队为了打赢这一场"硬仗",准备了一大堆"炮弹",提的问题一个接一个,火药味很浓。可是徐老却显得十分平静沉着,一丝不苟地耐心回答着小分队的问题。小分队看看没有难倒徐老,就抛出了一个"重磅炸弹",说徐老编写的材料中有一个公式是"错的"。这时徐老也不多说,就在黑板上当场推导起来,一步一步都写在黑板上,从左上角开始写起,一行接一行,一直写道右下角。下面的师生都鸦雀无声地紧盯着黑板,看着徐老的推导,全场气氛一下子升到"一触即发"的紧张程度。终于,徐老推导到最后一步,得出了与教材中一模一样的公式。这时,全场发出了一阵阵惊叹声,个别胆大的师生甚至为徐老鼓起掌来。我们这些一年级学生,个个看得目瞪口呆,从心底里敬佩徐老的学术功底是这样的深厚扎实,治学态度是这样的一丝不苟,这样的学术权威是名不虚传啊!经过这一场大辩论,徐老在全校师生心目中的地位,不仅没有丝毫降低,反而更加崇高。

二、不讲空话的校领导

在华东水利学院,徐老是分管教学的副院长,他不仅自己身体力行带头给学生上课,而且在处理自己分管工作时,也总是踏踏实实,不讲空话,不搞形式主义。20世纪60年代初,我在教务处搞函授教育工作期间,跟徐老接触比较多(当时他还分管函授教育),对此有很真切的感受。

当时我校的函授生每年暑假都要集中到学校里来面授。按照惯例,面授开始时要开个会,请院领导讲讲话,以表示学校的重视。这本来是一种惯例,一般只要按我们准备好的讲稿念一遍也就可以了。但是,徐老却不是这样。他很理解当时函授生一边工作一边坚持自学的艰难,讲话时不是照念我们为他准备的讲稿,而是非常亲切生动地谈他自己自学俄语的体会。他说,他过去留学美国,只懂英文,不懂俄文。新中国成立以后,为了工作,需要学习俄文。他那时已经40岁了,记忆力不如青年人了,学习起来困难很大,所以他想了不少记生词、记语法的办法,克服畏难情绪,耐心坚持,终于靠自学掌握了俄文,对自己的工作帮助很大。接着,他又非常亲切地勉励函授生要克服困难,坚持自学。徐老的讲话,通篇没有一句空话,更没有当时流行的假话、大话、套话,完全是他自己的真情流露。20世纪60年代初期,不仅经济上很困难(正值三年困难时期),物质生活条件很差,而且政治上也很"左",说假话、大话、空话、套话是普遍现象。函授生们听了徐老的报告,感到特别亲切、新鲜,非常受鼓舞、受启发,而我们这些具体工作人员,也从这件事上受到深刻的教育,感受到徐老崇高的人格力量。

20世纪60年代"文化大革命"前,有一次徐老给全校师生员工做报告,也给我留下了极其深刻的印象。那时政治空气十分浓厚,讲什么事情都要提高到政治高度、毛泽东思想的高度,"假、大、空"的现象十分普遍。有一次院党委动员徐老在全校师生面前做报告,谈他学习毛主席著作的体会。当时徐老讲得实实在在,使我深受震动,至今还记得他说的话。徐老说,像白求恩、张思德这样毫不利己、专门利人、公而忘私、舍己为人的精神,我是做不到的。我努力要求自己做到的,也就是先公后私、先人后己而已。而徐老自己,也确实是这样做的。"文化大革命"以前,徐老夫妇热情帮助本部门经济上有困难的同事和向学校以及学生会、团委、工会等单位主动捐款的事例很多,但由于徐老夫妇从来不声张,所以外界不见得都知道。据我所知,"文化大革命"前给学生放电影的放映机就是徐老捐的稿费买的。1998年长江发生特大洪水后,徐老与严恺院士共同发起捐款救灾,他们两人每人都捐了1.2万元,带动了我校九三学社全体社员踊跃捐款救灾,在全校和社会上都产生了很大的影响。

三、平易近人的九三学社社员

徐老是中国科学院院士,我们河海大学的老领导,他和夫人伍玉贤(河海大学图书馆原馆长、研究馆员)都是我们九三学社河海大学委员会的老前辈,资格最老的社员。他们两人都非常支持和关怀河海九三学社的工作,积极参加支社和校委会组织的各种活动。最使我们感动的是,他们总是以普通社员的身份参加九三学社的一切活动,在徐老身上,绝对看不到一点校长的"架子"或院士的"派头",有的却是比一般人更多的谦虚和随和。例如我们每年春节前都要开一次迎春茶话会,每次徐老夫妇二人都是早早来到会场,与大家坐在一起,谈天说地,欢聚一堂。有些比较重要的活动,我们要派车去接,他坚持不要,而是提前从家里出发,步行到会场,还说是锻炼身体。我们请他到主席台就座,他也总是推辞不就,而是和大家坐在一起。我们搞社员联欢活动,徐老夫妇都积极参加,还主动为大家表演节目,如和刘老(光文)夫妇一起表演京剧清唱等。我们组织郊游远足,徐老夫妇都很高兴地参加,而且不管路途远近,总是与大家一起乘坐大巴,一起行动。有一次全体社员去安徽滁县的琅琊山游玩,请山上寺院的方丈——一位很年轻的佛学院毕业的和尚为大家讲解佛法,并在寺院的斋堂(僧人用膳之处)里,坐在长条木凳上,围着没有油漆的白木方桌,吃了一顿素斋,上的菜都是寺内僧人自己种的青菜、萝卜和自己做的豆腐、干子一类素菜。徐老夫妇二人一整天都和大家在一起玩得兴高采烈。记得当时在欧阳修创建的醉翁亭中休息时,徐老跟我说:"平时很少有机会跟大家在一起,这样的春游很难得,大家在一起有说有笑,才玩得尽兴。"正是由于像徐老夫妇这样德高望重的老社员带头,才使我们的活动搞得有声有色,其乐融融,从而增加了我们九三学社组织的吸引力和凝聚力,使我们河海大学的九三学社组织发展到100多人,成为九三学社江苏省委员会下属人数最多的一个基层委员会。

徐老不仅对九三学社的活动十分支持,而且也非常关心同事和朋友,经常给予他们热情的关怀和帮助,使我们感到十分温暖。记得1999年春节前开迎春茶话会时,徐老夫妇一到场,就急急忙忙地对我说:"郭坤(郭是我们前任主委、原校外语系主任,也是徐老夫妇的老朋友)的腰扭坏了,不能起床,你要赶快去看一下。"当我开完会赶到郭老师家里时,郭还认为自己是小毛病,惊动了徐老很过意不去。可是之后不久,经省人民医院确诊郭坤教授得的是多发性骨髓瘤(骨癌),住进了省人民医院,徐老夫妇又多次亲自去看望。事隔半年多,徐老自己也住进了省人民医院,而郭坤教授则已不幸去世。为了不使徐老为朋友的去世而悲伤,我们没有把这个消息告诉他。当我们去医院看望徐老时,他对自己的病情倒只是轻描淡写地说一下,却深为关切地问我们郭坤的病情是否有好转?他还动情地说:"他也是在这个医院里,可是我现在没法去看他了。"听了这话,我们大家都感动得说不出话来。

四、白头偕老的恩爱夫妻

徐老夫妇结婚几十年来,一直互相爱护,互相关怀,琴瑟和鸣,白头偕老,真正是一对几十年如一日的恩爱夫妻。在徐老身体好的时候,在他们家所住的天目路到西康路、颐和路上,我们不时还能看到他们老两口缓缓散步的身影。当我们有些同志夫妻之间发生矛盾的时候,他们二老还不辞辛苦地亲自上门做工作,帮助调解矛盾,促使夫妻重归于好。他们夫妇之间伉俪情深的美好事迹,体现了中国人几千年来一直传颂的夫妻恩爱、白头偕老的高尚情操与美好情感,不仅在我们九三学社社员中被传为美谈,而且在河海大学的师生员工中,也被公认为是大家的人生楷模和学习榜样。

徐老对夫人的呵护照顾,其体贴入微之程度非一般笔墨所能形容。所以,在徐老去世前,他的夫人伍玉贤女士虽然也已80多岁的高龄,但看上去仍是神采奕奕,身体、精神各方面都很好,显得比她的实际年龄要年轻得多。而徐老去世之后,她的身体突然变得非常虚弱,前后差别之大,我们都深为震惊,深切感受到徐老去世对伍老的打击之重,真的达到了"痛不欲生"的程度。因此不久之后,伍老就病倒了。记得有一次我们去看望她时,她的身体已极度虚弱,连说话的声音都十分微弱。但是,在我们一谈到徐老时,伍老的精神却突然振奋起来,眼睛也有神了,说话的声音也变得柔和有力了,这使我们又一次感到了深深的震撼。伍老给我们深情地回忆起她与徐老从相识、相知、相爱到结合在一起,共同生活几十年的全过程;回忆徐老对她的呵护照顾,特别是徐老去世之前,弥留之际还握着伍老的手说:"我死了倒没什么,就是不放心你,将来谁来照顾你呢?"说完这句话后,徐老就再也说不下去了。沉默了很久的伍老才缓缓地说:"我现在想的就是能早些死,只有死了才能跟芝纶在一起。"果然,不久之后,伍老就溘然长逝了。我们都深刻体会到,徐老夫妇所以能达到这样一种纯粹的境界,正是他们二老高尚人格精神的反映,这也正是值得我们永远敬仰和学习的地方。

敬爱的徐老,我们永远怀念你!

(作者系九三学社河海大学委员会前副主委、河海大学出版社原副社长兼副总编、编审)

饮水思源,感谢恩师

蔡文豪

我们力学 1965 届的同学们当年都尊称徐芝纶教授为徐先生,因为在那个年代只有德高望重的名人、名师才被称为"先生"。他的为人,他的讲课都让我们钦佩极了。他讲课由浅入深,一环扣一环,牵涉到数学时,他都用最简单、最能解决问题的方式来解释。记得他在讲平面轴对称问题相容方程的解时,开始我以为他会先展开方程,结果却是他在黑板上画了四个积分符号后说:乘 r 积分,除以 r 积分,再乘 r 积分,丒除以 r 积分就得到解答。课后我发现如把方程展开还要解欧拉方程,相比之下徐先生的讲法既简单又明了。他还经常用因次分析揭示内在规律,增强了例题的作用,一道例题带出了好几道题。

徐先生写的《弹性力学》教材也是先简单后复杂。体系是从平面到空间,从不给学生高深莫测的感觉。教材中有数量可观的习题,习题中很多是联系建筑物或构件,其实也就是应用刚学的理论解决实际问题的小型实践。听了讲得非常好的课再独立完成习题,这能达到认识上的飞跃。所以,先生的教学方法是非常科学的。同一个概念在几天内反复刺激大脑也非常符合记忆的指数规律,也就是记得时间更长久,对这一点我深有体会。我毕业后长期没有机会从事本专业的工作,直到 10 多年后的 1979 年调到江西工学院土建系,第二年到国防科大教师进修班学习才第二次看弹性力学书,做弹性力学习题。当学员们普遍反映弹性力学题难做,往往做到天亮还做不出和答案一样的结果时,我所在寝室的室长反映我是个例外,草稿都不打就一道题接一道题地做,而且书上每道题都做。当时我的感觉就像会游泳的人好多年没游再次跳入水中一样很快就得心应手了。当告诉他们我是恩师徐芝纶教授教过的学生时,他们才恍然大悟。我当然为有徐先生这样的优秀老师倍感自豪。

优秀的教材、优秀的讲授以及让学生独立完成一定量的习题是徐先生科学教学方法的三个重要环节。我在学校主要是教本科生的结构力学,1984 年系里申请到固体力学硕士点后还让我兼教研究生的《弹性力学》课。自己以前在华水时听了那么多好老师的课,就像有把尺悬在那里,愈加觉得这教比学难多了。看起来再简单的问题也要事先站到学生角度考虑怎么才能一步步搞懂。徐先生课讲得棒,正说明了他是为了教好我们花了大量心血的好师长。我应该努力像老师那样教好我的学生。我教的过程也是向徐先生、向我的所有老师学习的过程,学得好就会有好的效果。1982 年后有一本《弹性力学习题解答》的书，与仅提供习题的习题集完全不同，它对徐先生的《弹性力学》书中的所有习题都做了详尽的解答。这本解答包办了学生独立完成习题的重要教学环节，其结果大大降低了教学质量。我校的本科生是采用徐先生的《弹性力学简明教程》。学生把图书馆的这本解答都借空了，做题变成抄题，结果就是不及格率越来越高。后来，我有一次接受了给一个《弹性力学》几乎全军覆没的班上重修课的任务。我采取的措施就是一方面努力讲好课，另一方面让学生做抄不到解答的题，结果答疑人数大增，最后绝大多数通过了考试。有一段时间学生对《弹性力学》很害怕，后来我有机会上本科生《弹性力学》课时，我努力学习先生的科学教学方法，利用学生的这种紧张心理经常批评抄袭作业的学生，促使他们去学习、去思考。到最后他们考出好成绩时，还感叹没有传得那么难。其实这是师生共同努力实施科学的教学方法才得到的结果。

先生留给我们的知识是我们解决问题的源泉。有一次我想推导一个适用于各种平面正交坐标系的、用艾瑞应力函数表示应力分量的公式，马上就想起徐先生在平面直角坐标系中用的方法很简单，其中关键点是齐次的平衡微分方程中只有两项，它们分别是对不同坐标变量的偏导数以及用到了剪应力互等定律。由于正交曲线坐标的基矢方向往往是可变的也就可导，齐次平衡微分方程常常超过两项，看上去很难用先生的办法。后来注意到坐标面应力矢量表示的齐次平衡微分方程可写成两项，而且分别是对不同坐标变量的偏导数，根据微分方程理论存在一个矢量函数 $A(\alpha, \beta)$（它含有两个标量函数），同样利用剪应力互等定律经过比直角坐标系复杂一些的推导就出现一个只有两项分别是这两个标量函数对不同坐标变量的偏导数，从而证明了艾瑞应力函数的存在。在此基础上，再反过来导出了用应力函数表示应力分量的统一公式。无论是极坐标还是椭圆坐标、抛物线坐标，只要已知直角坐标与正交曲线坐标的关系式就可求得拉密系数，代入此公式就可求得在具体的曲线坐标系中应力函数表示应力分量的具体公式。

先生教《弹性力学》时经常把弹性力学结果与材料力学结果比较。在简单拉伸、纯弯曲、圆杆纯扭转情况下，材料力学解答与弹性力学解答是相同的，也就是说在上述情况下，横截面确实是满足平面截面假设的，我研究了怎么用对称性解释这一点。我还曾经对先生把简支矩形梁受均布荷载的弹性力学解答分为主要部分和弹性力学修正项感兴趣，如果把问题化为修正项的求解会不会容易点？研究结果表明待定系数减少了很多，在均布和线性分布荷载作用下只有一个待定系数，在二次、三次幂分布荷载作用下只有四个待定系数，在高次幂分布荷载作用下的解答也容易求解了，而在这过程中仍然是先生教的知识在关键时候跃入脑海解决了关键问题。我作为一个教师好多问题怎么讲解都是努力向老师学，更体会到工作上取得的点滴成绩都是老师精心培养的结果。

我有一次去参加学生的毕业酒宴，刚一进门学生齐声高呼欢迎我、感谢我，在那时我想优良的传统应从上往下传，感谢之声应该从下往上传。我应该感谢我的所有老师，特别在纪念"蜡炬成灰"的恩师诞辰 100 周年之际，我衷心感谢人民的教育家徐芝纶院士！

（作者系南昌大学教授）

继承与发扬河海奋发精神永向前

——纪念恩师徐芝纶教授诞辰 100 周年

顾志建

我国的名典《周礼·学记》上说："善歌者使人继其声,善教者使人继其志。"我国力学宗师——徐芝纶院士,就是这样的一位杰出的"善教者",是著名的教育家。

我于 1960 年作为河海大学前身的华东水利学院力学系第一届正式招生的工程力学专业的学生,进入当时的华东水利学院学习。在长达 5 年的学习生涯中("文革"前,本科学历为 5 年制),我有幸聆听徐院士亲自为力学 1960 级学生讲授《弹性力学》和《板壳力学》等课程。为了能汲取徐院士的渊博知识,每次听课,我总是坐在教室里第一排的中间座位上。两堂课中,我几乎眼不眨、脑子转、手不停地在笔记本上密密麻麻地记录下徐院士写在黑板上的公式推导过程,以及他所做的承上启下的阐释。一旦觉得还有些听不懂的地方,我就立即在笔记本上做上记号,下课后或答疑时立即请教徐院士,并在事后将徐院士的解答写在问题记号旁。

听徐院士的课,不仅是一堂科技知识的获取,也是一次逻辑思维严格推理的培养,更是待人接物高尚品质的熏陶。在徐院士的两年授课中,我被徐院士的渊博知识和人格魅力深深吸引。母校的严师徐芝纶、赵光恒、卓家寿等教授们的光辉形象永远激励我不断前进。我从 1965 年本科毕业离开华水后,脑海中总想:我是一名弹性力学权威徐芝纶院士的学生,我应如何继承与发扬华水精神,如何为弹性力学做一点贡献呢?

徐院士于 1974 年编著出版了我国第一部关于有限单元法的专著《弹性力学问题的有限单元法》。当时,我正在 2008 年发生"5·12"大地震的四川省汶川县映秀镇,担任水利电力部北京勘察设计院驻渔子溪一级水电站的工程结构设计工作。我从新华书店里买到了此书后爱不释手,因为该书内容丰富,条理清晰,重点突出,难点分散,并且书后还附有计算程序,实在太好了!我反反复复看了好几遍,很想将有限元法用到水电站的结构分析中去,但是,当时台式计算机尚未普及,要用此法计算必须去少数的几个计算站完成。我想:难点就在于解一个超大型的线性代数方程组,是否能找到一种改进方法解决此难题,或是在迭代过程中加快它的收敛速度呢? 由此,我又想到了结构力学中的力矩分配法和集体分配法,是否可将这两种不同力学领域中的计算方法结合起来解决此问题呢?

　　经过深思熟虑和详细推算,我发现这是可行的。为此,我在 1983 年第四期的《力学与实践》杂志上,首次提出了"有限元分配法"。当时发表的文章是以最简单的平面三角形单元推导此方法的,而且,也未用计算程序对某个算例进行收敛性的讨论。所以说,此文是一篇不够完整的文章。

　　文章发表后,我的脑海中始终还在思考以下三个问题:

　　(1) 如何将此法推广到最一般形式的有限元法中去?

　　(2) 如何用最简炼的方法证明此方法的收敛性? 最好能找到一个收敛的判据公式。

　　(3) 运用计算程序对某个算例进行计算,证明此法的优越性。

　　当时,我已从哈尔滨工业大学固体力学专业硕士研究生毕业,分配到成都科技大学(现为四川大学)力学系任教。为了扩展我的知识面,我常常会去数学专业或其他专业的本科生或研究生课堂中,旁听一些专业课程(在我读研究生时,也是这样做的)。我将旁听的《泛函分析》课程中讲到的 Bahach 空间中的"不动点定理"运用到"有限元分配法"的收敛性的证明中,发现证明过程非常简练而有效。而且,在 20 世纪 80 年代,微型台式计算机已经开始在市面上出现,而我当时正在搞一项"复合材料"的科研项目,手头上刚好有一台微型计算机,我奋战了几天几夜,完成了论文,最终在 1986 年第二期《力学学报》杂志上发表了《有限元分配法的一般形式及其收敛性》一文。至今,该论文虽已发表 25 年,但仍可从"Googl"或"百度"等网上收索到,可见该方法至今对力学界仍有一定的价值。现在,我虽已退休,但多年来,一直还在同济大学的一所学院中,教授几门技术经济与管理方面的专业课程。与此同时还应上海市公安局、消防局、司法局及北京公安部消防部队的邀请,给从事技术、管理工作的干部做有关的讲座。但,如何使"有限元分配法"延拓至其他领域中去,始终是我的一个终生努力的方向。我希望在我有生之年,能不断地继承与发扬河海的奋发精神,不断完善此项工作,做一个不愧徐院士的学生!

(作者系原成都科技大学副教授)

饮水思源

——怀念恩师徐芝纶院士

张世平

　　近日，广州市民正在讨论"什么是幸福？"虽然这不是一个新鲜的话题，但人人都涉及此问题。我的看法是饮水思源时最幸福！由于每个人赤条条地来到人间，经风雨、见世面才创造了（或创造着）人生的历程，慢慢地我们有了"知识"，知识多了，本领大了，对社会贡献也就大了，这就是成就感。我的幸福感是当了一回徐芝纶院士的学生，是他无私地把知识和人品传授给了我和我的同学们，使我们成人并有了力学知识、工程知识和解决水利工程问题的知识与能力。

　　说真的，不是人人都有幸当徐老的学生的，这不仅要有机遇，也要有一点缘分，更要有一种奉献精神。

　　1960 年夏天，我考进了华东水利学院（现河海大学），一开始并不是力学专业，读的是物理专业，因当时我的理想是学物理和神秘的半导体专业。一年以后，因国家经济困难调整专业，我的"志愿"阴差阳错地变了，正式成了工程力学系的学生，成了徐老的学生。

　　徐老是国内外力学界著名的学者，他的《弹性理论》、《板壳力学》等经典理论造诣是很深的，工程力学系有了他及他领导的吴永祯、赵光恒、杨仲侯、李咏偕、傅作新、卓家寿等一大批老师，师资力量十分强大，最可贵的是他们将各自的知识和能力无私交到我们手里。老师们从课堂授课、作业批阅、实习课题指导、工程实践、毕业论文答辩等各个教学环节都严格地要求学生。特别是徐老备课认真、概念清晰、叙述有方、深入浅出、板书准确、语调生动，听徐老的课简直就是一种享受！晚间徐老还亲自为我们答疑辅导，一般徐老不直接回答问题，而是反问我们，以此来促使我们思考，从中使我们学会分析问题、解决问题的能力。

　　1965 年，我们力学 1965 届 60 多位毕业生，接受了国家的统一分配，我又一次阴差阳错地被分配到了水利部长沙勘测设计院工作。然而，那个年代不是人人都能幸运地走上与专业紧密结合的工作岗位的。20 世纪 70 年代后期，经历了一段政治动荡之后，国家正积极恢复基本建设，我们长沙院承担了湖南凤滩水电站大坝设计。根据工程地形、地质条件以及"深挖洞"的要求，电站厂房设在坝体内，大坝选型为腹拱坝，是拱坝与空腹重力坝的结合体,设计计算中曾出现了许多新课题。我们在校时,徐老讲授的《弹性理论》是经典的大坝应力分析工具,他不仅重视理论解的讲授,而且十分重视理论与工程实践相结合。徐老从理论入手推导创造的"差分法"便是坝体应力分析数值计算方法。记得1964年在新安江工程实习时,我们就用手摇计算机完成了大坝典型断面的内力分析。随着时代的进步,随着电子计算机的引入,徐老又在国内最先提出弹性力学的有限单元数值分析理论,不仅推导了计算公式,而且研发了大量与水利工程紧密联系的计算机软件。与此同时,力学系的老师们更新了教材,走出校门将新的理论知识传授给设计人员,帮助设计人员完成了凤滩腹拱坝的有限元内力分析。徐老不失时机地提升了弹性力学数值分析理论,为新型腹拱坝设计做出了贡献,结果节省工程量20%左右。

徐老一贯要求学生掌握力学基本概念,并且适时将工程问题转化为数学模型或试验模型。当年,凤滩大坝的温度应力分析遇到数值分析的难题,因为厂房设在大坝内部,它运行后与坝体外的水温形成一个稳定温度场,从而产生温度应力,数值解析很难进行。于是长沙院与清华大学水利系合作,试图用"热光弹性"试验解决,不料,这项新技术"史无前例",步履维艰,一年多没有收获。此时,我接受设计院委派,前往清华大学光弹实验室工作。理论上讲,温度也是一种荷载,同样要施加在光弹模型上,在偏振光场下也能产生与主应力差相关的干涉条纹,据此来计算结构的温度应力。此前,在进行材料热光弹性率定时,采用了圆环内外温度稳定场有理论解的原理,推求热光弹性系数,但试验却始终得不到与理论吻合的同心圆干涉条纹,大坝的热光弹分析便无法进行下去。

我在分析失败原因时,想起了徐老在课堂上一再强调的原则:在实际工程问题转化为数学或实验模型时,一定要遵循相似法则并满足边界条件。腹拱坝断面是一个单连通域简化的平面问题,解决时要区分平面应力和平面应变问题,要严格满足模型及荷载的相似律。我们失败的原因是温度荷载没有满足圆环试验的轴对称性,模型加载后温度场受到空气搅动不满足平面应变相似律,所以等色线条纹始终达不到理论值的位置和发生椭圆型变形。根据徐老教导的原则,我们改变模型偏振光场,直接用偏振片夹在平面圆环模型两边,满足平面应变条件,取消了光弹仪的偏振装置,温度荷载也改用固体加温和半导体制冷技术,自制电子控温仪将温度控制在0.1度的精度,就这样圆环试验成功了,大坝的稳定场温度应力试验也成功了,此后我们用同样的试验方法还完成了石泉电站类似实验。清华大学水利系的刘光廷教授对我们来自华东水利学院徐芝纶院士的学生赞不绝口,刘光廷教授说:"徐老当你们的导师,这是你们的终身幸福!"

以后的经历,我时时享受着徐老的教育之恩,体会到知识和能力为幸福之源,先后参与了湖南柘溪电站大坝劈头裂缝的裂缝强度因子激光全息试验、自动剖分网格的裂缝强度因子计算等生产科研项目。

我从一个学生到教授级高级工程师并享受国务院特殊津贴的人生历程,告诉我要饮水思源,这个源来自于恩师的教导和为人楷模。让我们永远怀念恩师徐芝纶院士吧!

(作者系水利部珠江委员会教授级高级工程师)

教书育人的楷模

——纪念徐芝纶院士诞辰 100 周年

施泽华

徐芝纶院士既是著名的力学家又是著名的教育家。徐院士不仅课讲得好,书写得好,而且是教书育人的楷模。

徐院士思想上非常重视教书育人工作。他在《50 年教学的回顾与体会》一文中,强调"身教重于言教","教书育人是我们的光荣职责"。他说:要"把教书育人看做自己的光荣职责,认真负责地把有用的知识教给同学们,以自己的优良品质影响同学们,使他们茁壮成长,成为德、智、体、美全面发展的人才,成为可靠的接班人"。他又在《怎样提高课堂讲授的质量》一文中,阐述"了解教育对象情况的重要性"时说:"教师在准备为某一班级讲授某一门课程之前,必须去了解这个班级里学生们学习的情况,尽可能地多搜集这方面的资料,作为将来安排教材、决定教学进度和选择教学方法的一部分依据。搜集的资料,包括这些学生们的基础、学风、惯用的学习方法,以及其中是否有特殊优异和特别困难的学生,等等。"

徐院士是这样说的,也是这样做的,体现于诸多方面,请看以下事实。

一、以身作则,严格要求

1989 年徐道远老师在西德 Darmstatd 大学深造时,"巧逢台湾大学力学研究所所长鲍亦兴教授去讲学,我去拜会他,交谈间得知鲍教授于新中国成立前就读于上海交通大学,我就说了几位院系调整时由上海交大来华东水利学院(河海大学前身)的老教师,问他是否认识。当提到徐芝纶先生时,他立刻说:'徐先生是记得的,很严的,课也上得好。'问他为何还记得徐先生,鲍教授说:'我有一次听徐先生课,中间想从教室后门溜走,还未出门就被徐先生发现,喊我回来,没溜成,所以印象特别深。'由此可见徐先生教书之认真、严格是一贯的。鲍教授还特地多给我一张名片,写了几句问候的话让我带给徐先生。"

徐院士在上海交大是这样严格要求学生的,到华东水利学院也是这样严格要求学生的。据徐道远老师回忆说,"大学三年级下学期,徐先生又给我们上弹性力学,弹性力学上课是一个大教室,七八十个同学,我当时是班长,由于是下午上课,我喊'起立'也无精打采,同学们起立也稀稀拉拉的,徐先生脸一沉,指着我说'重来',他自己也退到教室门口,重新走上讲台,我连忙振作精神,高喊一声'起立',同学们也整整齐齐站立,待徐先生扫视一周还礼后,才敢坐下。徐先生说:'下午上课要打起精神,班长喊起立就不振作,所以要重来。'说得我面红耳赤。此一小事也使我感到徐先生严格认真之精神,故一直未忘。"

二、虚怀若谷,无私奉献

1960 年夏,我有幸成为华东水利学院力学系组建后第一届正式招收的力学专业学生,聆听过徐院士讲授的"弹性理论"和"板壳力学"两门课,其教材是徐院士编写的讲义。毕业后留在力学教研室工作,喜获徐院士正式出版的《弹性理论》宝书,再次拜读时发现一处标点符号印刷有错误,于是趁徐院士在教研室征求对新书意见时提了出来,徐院士认真查看后说:"校对过好几遍了,怎么还有错误啊!"并随即记录下来。此事对我教育很深,心想:一个力学专家对印刷出现的一个小小标点符号错误还那么重视,又那么虚心,真值得我们好好学习!

据卓家寿老师回忆说:"徐先生卓著业绩的得来,是与他治学和为人的高尚品德分不开的。他治学严谨的态度是人人皆知的,他上的每一堂课或撰写的每一本书都经严密思考和反复推敲,容不得错一个字或一个符号,常常听到他为书中的一个印刷小差错而后悔不已。他非常欢迎人们给他的书提意见、找差错。记得有一次我怀着惴惴不安的心情登门讨教他的书中某个数据和有关结论是否不妥时,他认真听取思考后,当即采纳我的意见,并真诚地反复嘱咐我,以后发现他书有什么差错或不妥之处,一定要尽快告诉他,以便及时更正。最后他还非常热情地送我到门口。当时我非常感动,这样一个大学问家竟是如此虚怀若谷,乐于接受不同意见并勇于纠错,真是出乎我的意料,这件事在我心中留下了极为深刻的印象。事隔多年了,现在想起来还历历在目。徐院士对自己治学是如此严格,对他的助手、学生的要求也是高标准和严要求的,不说大的方面,就连用词写字都要我们力求准确无误。例如'算'与'祘'、'圆'与'园'就不能混用,还多次提到'和'、'与'、'及'含义和用法的细微差别。徐院士的为人也是我们终生学习的典范,他一生只求奉献,淡泊名利。他潜心指导那么多硕士和博士生,做出了丰硕的科研成果,但在发表论文时,他一概拒绝挂名。他写出了那么多著作,但他将大部分书稿报酬献给了公益福利事业。此外,他还将一大笔工资收入的积蓄捐给了奖教金和奖学金。他一向认为:名利是身外之物,不值得刻意去谋求。他就是这样一个真正无私奉献的伟人。"

三、循循善诱,诲人不倦

徐院士从 20 世纪 50 年代末开始带研究生,到"文化大革命"前,他先后带有徐慰祖、李克敌、韩嘉禾、沈康辰、雷克昌、周震武、丁伟农、姜友章等 8 人。

据原研究生韩嘉禾同志回忆说:"阅读文献、资料是研究生的基本训练,它贯穿研究生整个学习的始终。它既是选课题的必要准备,更是阅读能力的培养和锻炼。做卡片、写摘要，无疑要求你要学会用较短时间抓住文章的实质并用简洁的文字表述清楚，这就无形中提高了你阅读的深度。我们研究生每周至少要和徐先生见一次面，汇报一周学习情况，特别是阅读文献的情况，有哪些收获和问题等，这是争取老师指导的极好机会。但是要向徐先生问问题，必须自己先进行认真思考，把要问的问题准确地提出来，否则老师会不满意的。因此，长此以往，我们几个研究生都养成了'认真思考'的良好习惯。这种习惯对搞任何工作都是必要的，这种习惯的养成受益终生。"

据原研究生沈康辰同志回忆说："每次听课，尤其是徐先生的课，我都十分注意。我怀着一种虔诚和追求知识的心情听课。我按老师的要求：课前预习，课后复习，认真做习题和实验。我之所以预习，是想知道老师又要讲什么新的东西了，就像小学生刚发到新书时，急着要翻翻里面究竟有什么；我之所以要复习，是想把课堂讲的东西弄懂；我之所以要认真做习题，是想检验是否真正学到新东西了。""徐先生答疑时一般并不直接回答学生的问题，常反问学生，以引导学生思考，或弄清学生为何不懂，什么地方不懂。有些学生怕老师问，就不去答疑，因而答疑者寥寥无几。我很喜欢徐先生的答疑，每次必去。一方面是我对所学的东西感兴趣，另一方面是我准备充分，不怕问，还想进一步弄清问题或证实自己的一些想法。老师的提问和我的回答，也激发我的思考和兴趣，使我受到智力的训练。这实际上是一种享受和激励，每每感到兴奋和愉快。正是通过课堂学习、课外的阅读、练习和答疑，不知不觉中，我们在力学专业受到了高质量的教学，学习到新知识，还逐渐培养了学习和分析问题的能力，正确的思想方法。"

据原研究生雷克昌同志回忆说："1962年至1966年我有幸成为徐芝纶院士的研究生。在徐先生4年的教诲下受益终生。记得入校不久徐先生拿着一份我写的自学报告问我报告上的几个黑点是什么。这是我习惯性地在句尾点上的点，是括号、逗号或句号我自己也说不清，回答是随手一点。徐先生严肃地说中国标点符号中没有这个符号，随手点的习惯很不好。此后还继续指出我经常乱用符号、小数点后随意留几位数、文章中错别字不少等问题。在这些不起眼的事中却反映出我身上的大毛病：马虎、随意、粗枝大叶……我逐渐意识到这不是一个标点符号问题，而是一个研究生的素质问题。此后，我终身都在致力于克服浮躁作风，努力锻炼科学严谨的性格。日积月累才慢慢感悟到一个人踏实的可贵，这样才能走上成才之路。""学业上徐先生提倡自学为主，要求认真阅读经典著作。每次指出几个章节，阅后由他提问书中内容并点评、答疑和指导。然而，出乎意料，徐先生从附注的几行小字中提出了几个问题，此时我只能临时发挥了。每次面对徐先生都有意外的提问，这使我认识到临时发挥才是自己真实水平的反映。同时也看到自己学习中的浮浅和疏漏。经多次磨炼，我逐渐养成了逐字逐句读书的习惯，认真思考书中内容才能成为自己的知识。几年的研究生生活，学会了学习知识、学习获取知识的方法，还培养出科技工作者严谨、务实的基本素质，这是徐先生与老一辈导师为人师表和值得我们继承及永久怀念之处。"

徐院士在1978年开始恢复带硕士研究生，1982年首先在我校带博士研究生。进修教师申向东同志回忆说："当年我随1989级固体力学硕士研究生一起听课学习。1990年2月至6月聆听了徐芝纶院士讲授的板壳力学。徐先生当年已年近八旬，学习板壳力学共 8 位同学,授课教室在研究生楼一楼西侧,同学们让徐先生坐着讲,但徐先生在整个学期一直站着讲了 60 学时。板壳力学公式繁杂,但经徐先生由浅入深、从简到繁的讲解,学生学习的积极性非常高,学习效果也非常好。徐先生每次上课都先复习上一节课的内容,讲新课时往往从基本的原理、推理讲起,把来龙去脉和必备的知识告诉我们,重点问题则是反复讲,从不同的角度讲,每次上课都是写满一黑板一黑板的数字和公式。同时徐先生对我们每次的作业都做仔细的批改,我至今仍保留着两本徐先生批改过的作业本,这对我几十年高校教学生涯起着示范作用。1990 年 7 月我结束进修学习,到徐先生家中找他签板壳力学学习成绩单,看到徐先生在炎热的 7 月仍在伏案备课。此事虽然已过去近 20 年,但徐先生为我们授课的身影仍像发生在昨日一样历历在目。"

四、耄耋之年,继续关怀

1991 年 80 岁高龄的徐院士才退出教学第一线,但他仍然关心青年教师、学生和系友的成长。

据徐道远老师回忆说:"1995 年起,为促进年轻教师讲课质量的提高,学校先后举办过 3 届青年教师讲课竞赛,徐先生都是评委,我也忝列评委之列,几个参赛者讲下来,一听就 4 个小时,评委还要讨论个把小时,十分辛苦。但徐先生都端坐在台下听讲,我自然也不敢怠慢。讨论时,徐先生意见很短,但仍是简练、到位的风格,该肯定的肯定,是问题之处也一一指出。当时徐先生已是 85 岁高龄了,还这么关怀青年教师的成长,关心学校教学质量的提高,这不就是高尚师德的体现吗?"

另据系友岑松同志回忆说:"我们力学 1990 级学生毕业时,曾非常有幸地邀请到徐先生与我们一起照相,感觉徐先生非常平易近人,一点儿架子也没有,照相时我又有幸站在徐先生后边,当同学介绍我已被清华大学录取为硕士生时,徐先生还特别勉励我要继续努力,为祖国争光。"

对系友返校,徐院士只要有空都不顾年高体弱,欣然同意参加返校联谊会并拍照留念,有记载的就有 4 次之多。徐院士分别于 1992 年 10 月(徐院士 81 岁,下同)、1995年 11 月(84 岁)、1996 年 11 月(85 岁)、1998 年 10 月(87 岁)先后参加了力学 1962 届、1963 届、1966 届、1979 级系友的返校活动。不仅如此,他还勉励力学 1979 级系友:"以勤补拙,以俭养廉;待人以厚,律己从严;知难而上,稳步向前;自强不息,年复一年。"关切之情跃然纸上。他还诚恳地对力学 1966 届系友讲:"你们年纪不小了,工作地位也不低,收入也不少,你们手上有权了,但是你们要注意一个事:要保持晚节。"真可谓家长之心关怀深切!

在 60 年的教育生涯中,徐芝纶院士以"学无止境,教亦无止境"为座右铭,坚持在教学第一线,严谨治学,严格教学,言传身教,一丝不苟,忘我工作,无私奉献,为我国培养了一批又一批高质量的人才。徐芝纶院士是教书育人的楷模,值得我们永远怀念和学习!

（作者系河海大学教授）

深切缅怀力学大师徐芝纶教授

力学 1966 届全体校友

今年是我国著名力学家、教育家、中国科学院院士徐芝纶教授诞辰 100 周年。我们力学 1966 届全体学生怀着崇敬的心情,深切缅怀一代力学大师,我们心目中的学习楷模,敬爱的徐芝纶教授。

整整半个世纪前,即 1961 年,我们力学 1966 届全体同学有幸来到南京清凉山麓的华东水利学院应用力学专业学习。入学第一天,老师就向我们介绍了华东水利学院的创始人之一、力学专业的奠基人、一级教授徐芝纶先生。作为年轻学子,有缘就教于知名大师,我们都感到无比荣幸和骄傲,并期盼着早日聆听他的教诲。

1964 年这一愿望终于得以实现。读大学四年级时,徐芝纶教授亲自为我们力学 1966 届学生讲授《弹性理论》课程。徐教授的授课,概念清晰,条理分明,内容精炼,重点突出,分析透彻,语言精辟,深入浅出,引人入胜。他的讲课艺术已达出神入化的地步,听徐芝纶教授的讲课犹如是一种艺术享受,一堂课总是在不知不觉中就结束了,让大家感到意犹未尽,无不叹为观止。他的大师风范,令我们终生难忘;他的精湛讲授和高尚品德令我们终生受益。

几十年来,徐芝纶教授的讲课总是受到历届学生的欢迎和好评,这与老师的不懈努力、精益求精是分不开的。徐教授述旧如新,每堂课前都要认真备课,不断充实和修改讲稿。他用"学无止境、教亦无止境"来严格要求自己,也这样要求他的学生,使我们一届又一届学子打下了扎实的力学基础,毕业后都能以所学之长服务社会,报效祖国。

在"文革"极"左"的年代,徐芝纶教授遭受了不公正的待遇。记得有一次,在材料力学实验室举行批判徐教授的会议上,面对造反派的肆意污蔑和人格侮辱,他神情冷峻,双唇紧闭,一言不发,致使会议只好草草收场,以失败而告终。徐芝纶教授的沉着应对使我们感受到他身上中国知识分子"士可杀而不可辱"的凛然正气,赢得大家发自内心的尊重和同情。

我们走上工作岗位后,母校仍关心我们的成长,给予进修充电的机会。20 世纪 70 年代中期,由于电子计算机技术的飞速发展,使古典力学焕发了活力。徐老风采不减当年,为水电事业引进和推广有限单元法做出了重大贡献。我们同届就有王仁坤同学回校参加有限单元法的学习班,聆听徐教授讲授《弹性力学问题的有限单元法》,日后成功编制"拱坝的应力分析设计程序",受到了水利界的一致好评。

董伟同学毕业后,于 20 世纪 70 年代参加了一项国家级科研课题"多层工业厂房体系研究",经常去上海和北京的院所出差。就是在那段时间,他得到了徐芝纶教授编著的《有限单元法》油印本,真是如获至宝!课题的编程人员按《有限单元法》的原理编制所需计算程序(他参与力学模型与数学模型的转换),为课题顺利进展提供了技术保障。徐老辛勤耕耘成果使我们这些毕业多年的学生依然深受惠泽。

1996 年 11 月 1 日,力学 1966 届的学生毕业 30 年后第一次返回母校。在与老师们的聚会上,徐老欣然命笔题词,还语重心长地叮嘱我们:"你们年纪不小了,工作地位也不低,收入也不少,你们手上有权了,但是你们要注意一个事:要保持晚节!"我们全体同学记在脑海,暖在心间。

徐老的一席话,大家深有感触,也牢记终身。周善棣、董伟、陈进等同学,因工作需要,先后从毕业后的专业技术工作走上厅、局级领导工作岗位,在各自的工作、学习和生活中时刻以徐老的要求提醒自己"认认真真做事,清清白白做人"。

赵志成同学毕业后回力学系教书期间,每次讲课前都要对讲稿修改补充,力求概念清楚,推理严谨,深入浅出,启发思考,并在课前先默讲几遍,尽力把课备好讲好,并将课后收集学生的反馈意见作为改进的参考。他们深感得益于徐老"学无止境、教亦无止境"的教海。

叶万灵同学是交通部著名专家,在港口工程桩基结构领域有深入和创新的研究。他的许多科研成果,为国家洋山港等多项大型港口工程解决了技术难题,也为国家节省了大量资金。但他从不计较个人名利,始终保持谦虚低调。周日龙、武家驹、郑玉聪等同学数十年从事航天事业,为两弹一星做出了自己的贡献。凌相如同学赴美、欧工作,引进国外先进施工技术,为电力建设事业做出了贡献。陈运远同学在材料研究方面有很深的造诣,金同珊和刘祖伟同学分别在欧美获得博士学位,汪延生同学作为公派访问学者在德国多特蒙特大学进修,他们都在相关的领域里发挥了自己的专业特长。其他每个同学都在不同的岗位上为国家和社会做出了各自的贡献。

现在,我们的职业生涯临近尾声,留下的则是对河海大学力学专业以徐老为领衔的优秀教师们的感恩之情。我们在为社会奉献的几十年岁月里,无一例外,牢记徐老教诲:"认认真真做事,清清白白做人"。可以自豪地说:力学 1966 届的同学们是无愧于河海大学的出色学子!

徐芝纶教授生前是一位德高望重、和蔼可亲的长者,他虽然已经离开了我们,我们依然想念他,特别在今天纪念他百年诞辰的日子里,我们更加怀念他!徐芝纶教授严谨治教的大师风范、为人师表的高尚师德和求实创新的奋斗精神将永垂不朽!

(本文系力学 1966 届校友、高级工程师陈志侃执笔)

写在纪念徐芝纶院士
诞辰 100 周年之际

张筑婴

您从大运河畔走来

我来到大运河，
大运河畔的明珠，
邵伯湖畔的邵伯，
寻找，寻找您……

从这里，您的童年出发，
经扬州，南京，
来到北京，
远渡重洋……

我想问，
您求学的甘苦，力的支点，
想问，在异国他乡，
您听到，母亲身边的炮声，
您身上奔流的黄河长江，
还有咆哮的大运河。

我想问，
您归来浙大校园，共赴国难，
三年六迁，

流亡大学的传奇。

我想问，
您的三峡梦，
梦几回？勘测描绘，
一卷图纸，高峡大坝怎筑。

我想问，您，需要加兴趣，
读书，教书，写书，
乐趣的钥匙。

我想问，想问……

回到南京，
这里我太熟悉，太熟悉。
您正在河海校园，
您正在课堂，
您书房的灯光，夜半难眠……
但我，还是要还是要问，
不然，大运河也会也会，
哗哗哗哗的呼问，
为什么为什么啊，
你一去不回，
一——去——不——回。

忆舅舅二三事

那年，一次我拿生活费，
您问还要什么，
想要支钢笔，
好，我用的这支也就
五六块钱。

那天，我走在十中前，

一辆拉综绷的三轮，
叮铃铃地一溜烟——
上面是您！铃声远了，
您的背影……

那回，我送的您，
您上北京的特快，
站台上满是星星，
您是软席，不是我怨，
怎么还提那只
人造革包旅行。

走近徐芝纶教授铜像

浴着六月的阳光，
沿着芳草绿荫，
走近一方静静的草坪，
走近您……

您，放下手中的教鞭，
倾听什么，
是工程馆里，
翻阅弹性力学的，
丝丝絮絮的清馨。

您，放下手中的笔，
望向东方，沉思什么，
是又想起，
陈老总当年，对您，
对您的叮——咛。

（作者系徐芝纶院士外甥）

从我和徐老同在党旗下宣誓说起

钱自立

　　这是一张老照片,一张从20世纪80年代初的老报纸上翻拍下来的照片,照片的主人公是徐老和我,记录着我们同在党旗下宣誓的史实。

　　1980年"七一"前的一天,时年69岁,担任华东水利学院副院长,在力学界和教育界享有很高威望的徐芝纶教授和其他81位同志在华东水利学院党员大会上一道进行入党宣誓,恰巧会议组织者安排我和徐老站在一起,摄影师在拍摄照片取景时又把我纳入其中,于是就有了这一张我和徐老同在党旗下宣誓的照片。

徐老和作者一同宣誓

　　徐老是我敬仰、崇拜的偶像。他20世纪30年代毕业于清华大学,曾留学美国麻省理工学院及哈佛大学,获得双硕士学位。1937年回国后,一直从事教学和研究工作。新中国成立前,他不满帝国主义的侵略压迫和国民党反动派的腐败无能。新中国成立后,他看到人民当家作主,祖国欣欣向荣,深感中国共产党的伟大。他热爱党,热爱社会主义,一贯忠诚党的教育事业,治学严谨,一丝不苟,有自己独到的教学方法,取得了卓著的教学和研究成果,为国家培养了一批又一批专门人才。

当时记录徐老宣誓新闻的报纸

1978年3月18日,在中国改革开放的伟大进程中具有非凡意义。这一天,全国科学大会在北京隆重召开,徐老作为全国科学大会特邀代表参加了这次大会。邓小平同志在会上全面阐述了科技人员的政治地位、人才培养等重大问题,旗帜鲜明地提出科学技术是生产力、知识分子是工人阶级的一部分、四个现代化关键是科学技术现代化等著名论断,打破了长期束缚科学发展的思想禁锢,提高了知识分子的地位,开辟了解放思想、解放人才、解放科技生产力的一个新天地。邓小平同志的讲话给徐老带来了"春风",因为有春风才有绿杨的摇曳;有春风,才有燕子的回翔;有春风,大地才有诗;有春风,人生才有梦。徐老振奋精神,不顾年老体弱,坚持工作在教学第一线,一边给研究生上课,一边继续编写出版了《弹性力学》、《弹性力学问题的有限单元法》(修订版)等学术专著,做出了新的成绩。徐老从中国共产党领导的改革开放伟大事业中,看到了国家美好的未来,看到了高等教育事业的兴旺发达,从而更加热爱党、信赖党,萌发了参加中国共产党的愿望,并于1980年4月再次将自己的想法告诉了所在的工程力学教研室党支部负责人,并递交了《入党报告》。

徐老的这份《入党报告》,语言朴实,情感真挚,字里行间充分表明了一位老知识分子对中国共产党的思想认识过程,充分表明了一位高校教授在党领导下培养高级合格人才的责任感和使命感,充分表明了一位老科学家决心加入党组织为共产主义奋斗终生的迫切心情。工程力学教研室党支部十分重视徐老的入党问题,经研究认为应该发展徐老这样的优秀知识分子入党,并很快把情况向学校党委组织部做了汇报并及时得到了学校的答复。1980年6月16日,工程力学教研室党支部召开支部大会,讨论徐芝纶的入党申请,根据徐芝纶同志的一贯表现,一致通过吸收他加入中国共产党。

忆徐老,最感动的是他的人格。

徐老作为我国著名的教育家、力学专家、华东水利学院的主要创建人之一,他在教书育人、严谨治学、从严执教方面自不待言。但长期以来,人们对他由衷地怀念和敬重,还有一个重要原因,那就是他的人格魅力。

徐老对同志、对朋友、对学生从来都是光明磊落、坦诚相见。他心口如一,至真至诚,这并非溢美之词,太多的事例可以证明这些评价。

长期和徐老一起工作的中国科学院院士、中国工程院院士、原华东水利学院院长、河海大学名誉校长严恺同志是这样评价徐老的:"徐芝纶同志的为人做事给我留下了比较深刻的印象。一是顾全大局,工作认真,只要学校集体研究定下的工作计划安排,他都能坚决照办,并且深入基层抓好落实;二是书教得好,写得也好,长期坚持在教学第一线,受到老师和学生的好评;三是人品好,人缘也好,说得少,做得多,从来不随意议论他人,不搬弄是非制造矛盾;四是政治上一直要求进步,60年代写过入党申请书,80年代又一次提出要求,我能够有机会介绍他加入中国共产党,帮助他实现了期盼很久的愿望,感到非常高兴。"

选择做教师,就是选择了责任和奉献。徐老1954年起任华东水利学院教务长,1956年起兼任副院长(任至1983年)。从三尺讲台走上教务长、副院长岗位的他非常强调要严格按照教育规律办事,在教学管理上是十分认真负责的。根据国家高等教育教学大纲的要求,他主持或参与制定的教学计划,要求各个系和教研组必须遵照执行,不得走样。他经常到系里检查教学安排情况,到教室听教师上课并听取学生的意见,然后在教学工作会议上予以指出,督促大家共同提高教学质量。晚上,徐老喜欢在校园里散散步,实际上,他是利用散步时间了解学生在教室里晚自修的情况。再则就是看看教学楼的管理情况,如果发现办公室的窗户没有关好,他会通知工友把这些事情做好。

有一天早晨,徐老走进教室给学生上课,班长"起立!"的声音喊得不响亮,学生站起来的时候稀稀拉拉,有站有坐,有先有后,很不一致。徐老生气地说:"重来一次!"然后,徐老用两分钟解释这件事,他说,他并不是一定要学生对他个人恭恭敬敬,重要的是作为学生,要在学校里通过一件件小事,养成良好的规矩和习惯,唯有如此,才能在将来做成大事情。

在徐老的教学生涯中,培养人才始终是他的重心,无论是科研、教学还是行政工作,他都一贯坚持"育人"这一核心。他献身教育,不计个人名利,毫无保留地把自己的学识传授给年轻人,他常教导年轻人要严谨踏实地做学问。徐老的课堂讲授质量之高,早在20世纪40年代就已在师生中享有盛誉。他的讲课,内容精炼、语言准确、条理清晰、分析透彻、深入浅出、引人入胜。他在讲课中善于从学生的实际出发阐明基本概念,讲清基本理论,把思路、方法教给学生,启发学生积极思维,举一反三。他善于根据学生的实际以及生产的实际,恰到好处地将理论放在实际背景中去讲授,加深学生的理解与掌握。他从不满足于已取得的成绩,也从不因循守旧,墨守成规。他的讲稿每次讲授前都要修改更新,因而他的助教愿意一次次听他的课,以获得新启示。他在《怎样提高课堂讲授的质量》一文中,总结了"掌握课程内容,了解学生情况,适当安排教材,认真准备讲稿,做好默讲试讲,注意表达方式,及时检查改进,不断努力提高"等八方面的经验体会。该文已成为许多青年教师掌握课堂讲授艺术的入门教材。

徐老与所在教研室的教师们相处得十分融洽,对普通教师除了工作上关心外,生活上的困难也给予帮助。在国家三年困难时期,工资收入比较高的徐老和他的爱人伍玉贤，经常把一些单身青年教师请到家中，给他们煮肉吃。力学教研室卓家寿老师结婚的时候，徐老放下工作，出席了他的婚礼。李咏偕老师结婚的时候，徐老也是持礼前往祝贺。婚礼上，他让李咏偕夫妇唱"敖包相会"，当唱到歌词"只要哥哥（妹妹）你耐心地等待哟，你心上的人儿就会跑过来哟喂"时，沉浸在喜悦之中的徐老高兴地说："来了！来了！"激起大家会意的欢笑。

"精益求精是成功之母"，这是徐老自我总结的重要体会，也是他从事教学工作的自我写照。他认为："无论做什么工作都应当精益求精，好上加好。什么事业都没有顶峰，要不断改进，永远不要自满。学无止境，教无止境，教书育人无止境。"徐老编写教材的实践就是"精益求精"精神最生动的体现。当《弹性力学》（上、下册）第一版于 1978 年出版并获全国优秀科技图书奖时，根据新的教学实践的体会，他已着手修订该书，并于 1982 年出了该书的第二版。1987 年，《弹性力学》（上、下册）第二版获全国优秀教材特等奖，此时，该书第三版已送出版社并于 1990 年出版。应出版社之约，他于 1989 年写出了英文版《应用弹性力学》，并于 1991 年由印度威利东方出版公司在国外出版。

"为力学而生"，这是徐老留给所有接近他的人最强烈的印象，而徐老则戏说自己成为力学专家是歪打正着。原来徐老一直是搞水利工程专业教学和研究的，由于建校时从各校调配来的师资大多是专业教师，基础课程的教师很是缺乏，所以原来的专业课师资就有一部分改为基础课的师资，徐老带头承担了工程力学、弹性力学等多门专业基础课的教学任务，这一改竟然就是一辈子为业，并且成为我国力学界的一代宗师，他编写的《理论力学》《工程力学》《弹性理论》等一整套教材，国家出版单位曾多次再版。他先后翻译过理论力学、弹性力学、弹塑性力学的外文书籍，译文准确通顺，文笔流畅，受到读者的称赞。

纵览这位教学巨擘的一辈子，你会发现他始终在用爱求解着教育、科研与生活的这道多元方程。徐老是一位卓越的力学家，也是一位著名的教育家。他的研究成果扬名世界，他的"桃李"构成共和国力学事业的脊梁。一生成就，化作桃李满天下。工程力学教研室的老师说徐老就是一个为了"桃李"的成长可以把自己身上的盛装脱给你而且为你的华丽出场把巴掌拍成几瓣的人。

徐老远去他乡已 12 年，我没有写过只字缅怀，只是在飒飒的秋风旦，不时静静地翻阅、默诵徐老关于《怎样提高课堂讲授的质量》的讲话稿，唯从他那内容精炼、语言准确、条理清晰、分析透彻、引人入胜的讲话稿中捕捉他的音容与身影。

我们为河海大学有徐老这样的好领导、好党员、好人而骄傲，也愿意学习他，像他那样做人做事。

（作者系河海大学教授）

为人楷模，高山仰止

——纪念徐芝纶先生诞辰 100 周年

张建民

我是 1978 年春考入华东水利学院（现河海大学）读书的。进校不久，就知道学校有三位一级教授，分别是严恺教授、徐芝纶教授和刘光文教授，这在当时的南京高校中，也是数量较多、影响较大的。虽然我们学的是文科，名教授并不直接给我们上课，但是每每与他人谈到这些学校名家，我们都引以为自豪。

也许是我太幸运了，我自 1985 年底调入校长办公室工作，经常有机会与徐芝纶教授打交道，在长达 13 年的时间里耳濡目染，受益良多。徐芝纶教授独特的人格魅力，至今令我难以忘怀。

徐芝纶教授平易近人，待人谦和，真诚宽容。当时，他因年事较高已经不再担任领导职务，但是仍担任学校学术委员会主任委员和学校学位评定委员会主席，还是江苏省力学学会理事长，在校办楼里与校长咨询左东启教授合用一间办公室。在我的印象中，他一般无事不来办公室，但只要到了办公室，遇到所有人员，不管认识还是不认识的，他都微微一笑，礼貌相待。他语言不多，从不到其他办公室与人闲聊。无论关照校长办公室做什么事情，语言都简洁清楚，语气十分温和，事毕必有感谢。

徐芝纶教授思想开明开放，不保守也不僵化，作为一个有国外留学背景的学者，他善于学习引进并消化国内外先进的教学理念、教学内容和教学方法，直接体现在学校的教学管理中，融化在自己的教学实践中。所以，尽管他平时话语较少，但还是利用宝贵的时间，把自己的教学感想与体会，撰写了多部学术专著，写成了若干篇文章，也做了多场报告，让校内外的老师、学生分享了他博大精深的学识，也给我们留下了受益无穷的精神财富。

徐芝纶教授胸怀宽阔，无私无畏，坦坦荡荡。1999 年初，他住在江苏省人民医院接受治疗，半年过去，疗效并不明显。为了记录下他最后的所思所想，为学校历史留下珍贵的资料，在时任校长姜弘道教授的建议下，是年六七月间，我数次进入病房，与他交谈，并做了录音。作为一个唯物主义者，徐芝纶教授自知生命之灯即将熄灭，尽力配合我的访谈。有时，我感觉他口中发干，经常呼出有点难闻的气味，我便请他喝点水休息一下再说，他仅仅喝了一小口水，不愿休息，继续交谈。那时，我近距离坐在他的身边，看着他打开记忆的闸门,聆听他第一次对外人讲述父亲、母亲和其他的亲属,看得出来,在他对 80 余年往事的回忆中,有对母亲的无限深情,有对革命者舅舅的无限崇敬,有对家乡的无限向往,有对亲属的无限思念,有对工作的精辟总结,也有些许对未能实现心愿的遗憾……

昨日之事,历历在目;昨日之语,言犹在耳。我很庆幸自己能在校办工作了相当长一段时间,可以零距离接触到严恺教授、徐芝纶教授这样的大师;我也非常荣幸能与一代力学宗师徐芝纶教授作了多次交谈,做了连他的学生想做都没有机会做到的事情,这是值得我永远珍藏于心间的。谨以此文纪念敬爱的徐芝纶教授百年诞辰。

(作者系河海大学文天学院副院长兼副书记)

不一样的人生

钱 俊

徐老离开我们已经有 10 多年了,他的音容笑貌在我们心中依然是那么清晰,仿佛他老人家从来就没有离我们而去。

是什么力量吸引着我们,让我们至今仍然感觉徐老没有离去?是什么品质感染着我们,让我们只要想起徐老,就仿佛看到一个圣洁无私的化身?是什么声音召唤着我们,让我们一听到它就感觉到自己的渺小?是什么在记忆中流连忘返,让每一个直接或间接地接触过徐老的人都禁不住要在此时此刻肃然起敬,想向他表达我们的情感,倾吐我们的思念?

徐老自始至终在我们心中都是那么高大,仿佛是一个超人,又如同一个圣人。我们怀念他,绝不仅仅是因为他在学术上的成就,而是他的人格魅力在我们心中打下了深深的烙印,让我们无法停止怀念他。

我们每个人对自己的一生都有一个计划,我们都希望自己不虚度年华。能够像徐老那样度过这一生,是我们的梦想,然而我们却很难活出徐老的样式。我们之所以很难达到徐老那种虚怀若谷的人生境界,是因为我们有太多的私心杂念。当我们把名利地位当成自己人生的目标时,即使我们经过努力赢得了一些名利地位,我们所拥有的却并不能让我们真正得到满足,更得不到周围人的纪念。相反徐老从年轻的时候起就淡泊名利,如今却为许多人纪念。徐老从来都不赶世界潮流,他是干一行,爱一行,专一行。这种持之以恒的精神,注定他能够写出一流的力学教材为世人所喜爱和享用。相反由于我们大多数人都喜欢追逐世界的潮流,无论是在生活上,还是在专业上,我们常常就像白头翁一样,一生学样,一生迎合,便注定我们常常是到老都一事无成。

每当徐老那慈祥的面容出现在我的脑海,除了对他涌起思念外,一种渴望见到他的面,再听一次他爽朗笑声的愿望便在心底升起。与此同时,一种懊悔也会油然而生,而对人生的迷茫感觉也常常萦绕着我,让我不得不再次思考活着的意义在哪里,生存的价值究竟几何。

记得第一次去徐老家,我才 20 岁刚刚出头,而徐老已是 73 岁高龄。当我胆怯地按下那个对于我是那么神秘的大院门铃时,迎来的却是一点也不神秘的徐老那和蔼可亲的笑脸。徐老领我进入他那偌大的书房,让我坐在他对面的椅子上,一种温馨宁静的感觉便油然而生,我所有的担心、惧怕和神秘感在瞬息间都荡然无存,代之以家常似的闲聊。记得我跟徐老说,我因为政治考试没有及格没有能够上他的出国研究生,感到很遗憾。徐老马上安慰我说,没有关系的,你这么年轻,今后的路还很长,不能出国,就安心在国内吧! 我便接着他的话问道,那今后 3 年里我将由谁来指导呢? 徐老笑眯眯地看着我说,我将亲自指导你啊。我听到后,都不敢相信自己的耳朵。半个多小时的交谈很快就过去了,当徐老把我送出大门后,我一个人走在路上,想着今后 3 年可以经常见到徐老,没有能够出国的苦恼一下子减轻了许多。

我成为最后一个由徐老亲自指导的研究生,让我既珍惜,又感到不可思议。3 年一晃就过去了,3 年里,我每隔两三个星期就可以见到徐老一次,记忆里没有一次不是他亲自为我打开庭院的大门,没有一次不是他亲自把我送到门口。3 年里,无论是毕业找工作,还是联系出国,每次去找徐老写推荐信,他都欣然答应,没有半点迟疑。研究生毕业分配,我被分到河北邯郸,因为离女朋友太远,心里有点不舒服,便去跟徐老诉说。我第一次看到徐老脸上失去了笑容,他对我表示安慰,同时马上给有关方面打电话询问具体情况,虽然当时分配方案已经无法再更改,但徐老为我所做的,对我是很大的心理安慰。通过这件事,我也深深地感受到徐老不仅是一个专心做学问的人,同时也是一个有血有肉,非常重感情的人。

最后一次见到徐老,是我快要离开河海的时候。记得徐老从书架上拿出一本英文版弹性力学书,送给我作纪念。徐老告诉我,这本书主要是在第三世界国家发行,目的是为了普及那些比较贫穷地区的力学教育。徐老还告诉我,除了简写版,他正在用英文写《应用弹性力学》一书。当时他快有 80 岁高龄,然而他所表现出来的著书立说的热情比年轻人还要旺盛。

时光蹉跎,岁月如歌。屈指一数,最后一次见到徐老至今已经有整整 24 个春秋。

2010 年,我有幸回到阔别已久的母校河海大学,看到矗立在工程馆前徐老的半身铜像,感觉有一种发自内心的悲凉。我情不自禁地来到徐老的故居天目路,那里已是人过境迁,面目全非,再也寻不回从前去看望徐老时的影子了。

我曾为没有能够继续留在徐老身边学习和工作而感到对不起徐老,也为没有能够像徐老一样把自己的一生奉献给力学专业而懊悔,然而当我在天目路上寻找徐老踪影却再也寻不到的时候,我抬头仰望蓝天白云,仿佛看到徐老在朝我微笑。我突然间明白了一个更宽广的道理:徐老为我们留下了许多宝贵遗产,但他留给我们最宝贵的遗产应该是他那种超然的思想境界,这种境界其实已经超越了时间、空间和学科,是我们一生都要学习的功课。

(作者系徐芝纶院士指导的 1984 级硕士研究生,现定居美国费城)

百年徐老,永在心中

章 青

　　2011 年 6 月 20 日是导师徐芝纶院士百年诞辰,上午参加学校组织的献花和座谈会等活动后,心情久久不能平静。晚上,我又来到徐老的铜像前,借着校园内路灯的光亮,静静地凝望着他那慈祥的面容,浮想联翩,心中有很多感触。

　　第一次听说徐老,还是我在高中的时候。一位高我一级的学长考上了华东水利学院(河海大学前身)力学系,假期回来看望我父亲(也是他的高中老师),谈及华水力学系,他言语间充满了自豪,特别是强调系里有一位一级教授徐芝纶,至此,徐芝纶这个名字便牢牢铭刻在我的脑海里。第二年,我也考入华水力学系,与徐老和力学系结下了不解之缘。

　　第一次认识徐老,是在我大四的时候,徐老亲自为我们上《弹性力学》(下册)壳体力学部分。在北教那间简陋的教室里,徐老神采奕奕、条理清晰、循循善诱、层层剖析地将复杂的壳体理论演绎得十分清楚,还不时冒出"于是乎"的口头禅。徐老的音容笑貌至今回忆起来仍历历在目。

　　后来,我大学毕业、读研、留校。1993 年,系里又将我调到徐老所在的弹性力学教研室,这就有了与徐老共事的机会。而那时徐老年事已高,教研室的活动参加得并不多,对徐老进一步的认识和了解,更多的是来自于其他老师的回忆和交口称赞。但我与徐老的几次交往,还是给我留下了很深的印象,并深刻地影响着我个人的发展。

　　记得 20 世纪 80 年代末期,我一时兴起准备申报一个生物力学的基金项目,我兴冲冲地找到徐老,请他推荐。在徐老家的书房里,徐老端坐在那把旧藤椅上,戴着老花镜,很认真地看完申请书,却久久没有动笔。我正想解释什么,徐老摘下眼镜说道,我对你要做的事情并不了解,你在这方面也没有好的基础,我怎么推荐呢? 并语重心长地告诫我不要热衷于赶时髦,还是要踏实一些,立足实际,选好方向。说实在的,我没想到徐老会拒绝推荐,在兴头上被浇了一盆冷水,当时的心情颇有些沮丧。几年以后,当学校推荐我申报霍英东教育基金会高校青年教师奖的时候,我怀着忐忑不安的心情,又一次找到徐老。同上次一样,慈眉善目的徐老认真地看着我的申报材料,耐心地询问一些情况,由衷地为我所取得的成绩而高兴,并愉快地签名推荐申报。

　　同是推荐一件事,徐老不同的做法,让我明白了他老人家的认真精神、为人处世的原则和良苦用心,更使我明确了自己的努力方向。

　　1993 年,在留校工作 6 年后,我决定报考徐老的博士生,徐老十分支持我的想法,但坦言自己年纪大了,精力不济,为我选定了副导师——卓家寿教授,并说以后主要由卓老师负责指导。但在复试的时候,他还是坚持到场,轮到徐老提问时,他问我薄板的 Navier 解是针对什么问题的,我一时想不起来是四边简支还是两对边简支矩形薄板解,不敢贸然作答。同时参加复试工作的王润富教授帮我圆场,解释说板壳力学不在考试范围内,徐老听罢,没有多言,只是轻轻地说了一句:"是这样啊,但作为力学教师答不上来,不应该啊!"徐老的话让我羞愧不已,对我是个极大的触动。

　　后面的几年,我一边按部就班地从事教学和科研工作,一边做博士论文。其间,就博士论文的框架和内容,我不时登门向徐老讨教,徐老十分尊重卓老师的安排和我的想法,还常常问及系里的情况和动态,也对当时社会的一些不良现象表露出不满。

　　再往后,因担心徐老年事已高和不便打搅,我也少了去向徐老讨教和汇报的机会。没想到,在我博士论文即将完成之际,徐老却永远地离开了我们。徐老没能审看我的博士论文,我也失去了再次聆听导师教诲的机会——这是我心中永远的憾事。

　　最后一次见到徐老,是 1999 年 9 月 1 日。在他的追悼会结束后,我和几位师生代表一起,推着载着徐老遗体的车子,缓步走向焚化间,我们默默凝视着徐老的遗容,久久不愿离去。从焚化间出来后,目睹伍先生在他人搀扶下的蹒跚步履和"芝纶! 芝纶!"的喃喃之语,深为他们夫妻 60 多年的深厚感情而动容,不禁悲从心来。

　　转眼间,徐老离开我们已有 12 年了。这些年来,对徐老的思念并没有随岁月的流逝而冲淡,反而与日俱增。2009 年夏天,在我访美期间,我特意来到哈佛大学和麻省理工学院,漫步在美丽的哈佛大学和麻省理工学院校园,找寻徐老当年的求学痕迹,以寄托自己对徐老的敬仰之情。"在我心中,徐老永远没有离开!"这是我的老同学——也是徐老的硕士研究生钱俊说过的话,这也真实地表达了我们对徐老的感情。

　　徐老西行的 12 年,国家和社会发生了很大的变化,我们得到了很多,也缺失了很多。如今的我早已接过徐老的教鞭,十几年来一直主讲徐老生前所讲授的力学专业本科生和研究生的《弹性力学》课,教学中算是尽心尽力,在学术上也努力耕耘,取得了一些成绩,但与徐老相比,还是有莫大的差距。我以为,这种差距绝不仅仅限于教学和学术水平,更多的是一种难以企及的思想境界。

　　现今的社会生活匆忙而浮躁,人们在急切思变中追逐着自己的目标。我自己在潜移默化中也不能免俗,整天忙忙碌碌,应付着各种事情,却无法像徐老那样具有"忧以天下乐以天下"的情怀,活得超然真实,达到内心的真正和谐。

　　我想,把徐老默默地装进我们心里,认真思考自己的行为,像他老人家那样做人做事,是最好的缅怀和纪念。

　　　　(作者系徐芝纶院士指导的 1993 级博士研究生,现为河海大学教授)

怀念徐老

岑 松

今年，是我最为崇敬的徐芝纶先生百年诞辰，虽然我与徐老仅有一面之缘，但总是觉得自己与徐老有许多说不清的"缘分"。比如，徐老本科毕业于清华大学土木工程系，最后工作于河海大学工程力学系；而我则本科毕业于河海大学工程力学系，在清华大学土木工程系获得了硕士和博士学位，目前工作于清华大学航天航空学院工程力学系。再比如，徐老在"弹性力学"教学、教材方面有着很深的造诣，国内外影响深远，而我自己目前是清华大学全校研究生公共学位课"弹塑性力学"的主讲，其中包含了重要的弹性力学教学内容。还有，徐老是我国最早涉足和推广有限单元法的学者之一，出版了我国第一部有限元教材《弹性力学问题的有限元法》，而我自己目前研究的主要方向之一就是有限元法。正是这些"缘分"，使我感到徐老这座丰碑始终矗立在我的身旁，指引着自己前进的方向。

1990年9月初，刚满18岁的我由江苏省徐州市第一中学免试保送到河海大学工程力学系就读。上学伊始，通过系里的老师介绍，第一次知道了徐老的大名。但是第一次真正感觉到来自徐老的"震撼"却是在"大二"时某数学课堂上，上课的一位女教师说她读过徐老写的《弹性力学》，觉得通俗易懂，连她都已经掌握了全部的内容。对于一个不是力学专业出身的人通过读徐老写的教材便能掌握力学专业的主干课，让我感到有些不可思议，一种对徐老的崇拜之情油然而生。当"大三"自己学习"弹性力学"课程时，确实非常喜欢徐老编著的教材，它给人的突出感觉是把复杂的力学理论讲解得非常明白透彻，使人很快能够懂得其中的奥妙，从而感受到力学的魅力。徐老写的教材体现了他深厚的中文功底以及字斟句酌的写作态度（听说他连每一个标点符号都反复认真核查和使用），处处为读者着想，一切从有利于教学出发。回头想来，毫不夸张地讲，也许直到那时我才开始明白什么是力学，第一次喜欢上了力学，从此开启了自己力学事业的生涯。

徐老编写的教材质量之高、影响之大得到全国的公认。举几个自己身边的小例子：当时我的家庭成员都是中国矿业大学的教师，而我的姐夫是矿山机械专业教授（现任中国矿业大学校长），在他的重要参考书书柜中，显著位置摆放着徐老的《弹性力学》上、下册，迄今依然如此。当我第一次进入清华大学土木工程系结构力学教研室时，发现了办公室中存有大量的由徐老主编的《弹性力学问题的有限单元法》教材，原来清华大学土木工程系在某段时期内一直用该书作为相关课程的教材,培养了一批又一批优秀的学子。后来我当助教,发现清华大学土木系本科生学习"弹性力学"课程使用的还是徐老编写的《弹性力学简明教程》。1999 年,我赴香港大学机械工程系进行合作研究,在与同办公室的博士生(香港人)交流时,发现他们同级的研究生(来自世界各地)把徐老出版的英文教材《Applied Elasticity》作为主要的教材和参考书学习,并认为这是写得最为明白的教材……每当这时,我都会感受到来自徐老的"力量",对他的崇敬之心又会增加了许多,也为有这样一位前辈感到由衷的自豪。

曾听说徐老课堂讲授质量极高,在讲课中善于从学生的实际出发阐明基本概念,讲清基本理论,把思路、方法教给学生,启发学生积极思维,举一反三。非常遗憾我没有机会亲身感受,但是我相信当时我们力学系的教学工作是深受徐老影响的,像符晓陵老师的"材料力学"、杨仲侯老师的"结构力学"、陈国荣老师的"弹性力学"、施泽华老师的"塑性力学"、任青文老师的"有限元方法"、张旭明老师的"BASIC 语言程序设计"等等,他们虽然风格各有不同,但都讲得非常精彩,不仅思路清晰,而且富有激情,引人入胜。而这些授课风格对我自己产生了深远影响,对形成自己的教学风格起到了非常关键的作用。

除了这些,令人感受深刻的还有徐老的为人处世。作为一名力学界大师级人物,徐老总是很低调,从来没有搞过任何的特殊化,也从来不以权威自居,与现在的许多所谓"院士"形成了鲜明的对比。听说徐老的书中有不少内容是他的研究成果,当非说到这点不可时,他才淡淡地一带而过,其他场合基本上不去提及,他的这种谦虚谨慎、虚怀若谷的精神使了解内情的人敬仰不已。我上"大四"时,副系主任施泽华教授曾告诉我们这样一件事:南京夏天气候非常炎热,上级单位为了照顾徐老,给他批了一台当时还不多见的空调,非常宝贵,可是徐老首先想到的力学系的师生,把空调捐给了系里安放在系会议室里。后来,我就是在系会议室里参加了毕业论文和优秀毕业论文答辩、入党的,看着徐老捐献的空调,心中总是有一种莫名的感动。我们力学 1990 级同学毕业时,特别想请徐老与我们一起照相,80 多岁的他非常愉快地接受我们的邀请。这是我们第一次近距离接触徐老,内心十分激动。他衣着朴实,慈眉善目,而且非常平易近人,一点儿架子也没有,和我们每一名同学进行了交谈。当同学介绍我已被清华大学土木工程系录取为研究生时,引起了徐老的特别关注,对即将成为他的清华大学系友的我进行了特别的勉励,要我继续努力,为我们河海大学力学系争光。照相时我(图中左五)也非常荣幸地站在了徐老的身旁。

1994 年进入清华大学以来,我已在这里学习、工作和生活了 17 年了。作为在清华大学的河海人,发展环境并不宽松,自己所能做到的就是时刻不敢忘记徐老的教诲,在教学、科研和学生思想政治工作各个岗位上都努力奋斗着,做好一名教师所应担当的教书育人使命。虽然 1999 年徐老离开了我们,但是自己与徐老的"缘分"似乎并没有结束。2007 年,我有幸获得以徐老名字命名的"第二届徐芝纶力学奖"二等奖,这既是母校对我个人发展给予的重要支持和肯定,也似乎是徐老在冥冥之中的关注,成为我继续努力的重要动力。清华大学从 20 世纪 90 年代后期开始,逐步对 40 岁以下青年教师设

徐老与力学 1990 级学生合影

立了三个最高奖项,表彰在教学、科研和辅导员工作(学生工作)中表现优异的青年教师,即:清华大学青年教师教学优秀奖、清华大学学术新人奖和林枫辅导员奖,每个奖项每年仅 10 人,竞争十分激烈,而我成为有史以来第一位也是目前唯一一位将三个奖项全部获得过的清华大学教师。这当然并不算什么大事,但至少说明了一名在清华大学工作的河海人的努力成果。

俗话说"养儿方知父母恩",当自己开始从事相关的教学科研工作后,才发现要达到徐老的境界是很不容易的。在教学工作中,我总是在想如何像徐老那样,怎么从学生角度出发,基于基本概念,把复杂的理论讲得清晰易懂;在其他工作中,也总是想像徐老那样做到严谨求实,沉下心来做好每一件事情。可是由于年轻,很多时候心态比较浮躁,考虑事情欠周全,离徐老的水平还差得很远,想来十分惭愧。

今年是徐老百年诞辰,也恰逢清华大学百年华诞,清华大学的校训"自强不息,厚德载物",正是徐老的光辉写照。我辈应当继承徐老的教育思想,发扬徐老的精神,为力学教育和科研工作添砖加瓦。

谨以此文纪念徐芝纶院士百年华诞。

(作者系清华大学教授)

新中国一代力学宗师徐芝纶

刘德友

霞彩烂漫,河海大学又迎来了朝气蓬勃的崭新的一天。校园内工程馆前广场上,鲜花簇拥的徐芝纶院士铜像沐浴着金色的阳光,熠熠生辉。

我国著名力学家、教育家,中国科学院资深院士,华东水利学院原副院长,河海大学一级教授、博士生导师,九三学社社员,中国共产党党员徐芝纶先生1999年8月26日在南京病逝,享年88岁。今年是先生百年诞辰。

人远天涯近。徐芝纶院士慈祥睿智的面容在这里化为永恒,他深情关注着一代又一代成长成才的师生校友,关注着他为之奋斗几十年的河海大学事业的科学发展……

一、英风俊彦,潜心向学

徐芝纶,字君素,江苏省江都县人,1911年6月20日出生于邵伯镇一个殷实家庭。其祖上较早从事民族工商业活动,积累了可观的家产,成为当地名门望族之一,人称"邵伯徐"。父亲徐庭翼曾就读于日本早稻田大学,主修土木工程专业,回国后辗转扬州、南京、上海、北平等地,在政府部门做过几年既不得志又不得意的小官。母亲张稼梅出身书香门第,有一定英文功底,知书达理,贤良温和。在这样一个富有、开明且藏书颇丰的家庭,长子徐芝纶和弟妹们从小就受到了良好的教育。尤其是他们的舅舅、左联作家张天翼在从事隐蔽斗争中,着意引导孩子们阅读进步书刊,传播马列主义和革命的道理,这对于徐芝纶的思想成长和他的几个弟妹后来陆续奔赴延安投身革命,产生了巨大的影响。

徐芝纶天赋异秉,自幼聪慧过人,5岁即入读私塾。他学习用功刻苦,不用父母操心,从小学到高中,每次考试成绩都名列全班第一,深得师长嘉许。阳光帅气的少年徐芝纶同时酷爱体育运动,曾在北平中学生运动会上夺得800米和1500米跑第一名;他司职中锋的篮球队,也在中学生篮球比赛中屡获冠军。此外,他还对国粹京剧有着浓厚的兴趣,尤喜青衣并修炼到相当水准,日后在大学读书教书期间,曾带妆登台客串折子戏角色。

1930年,徐芝纶考取清华大学,成为该校土木系土木专业学生,同年录取的新生名单中还有季羡林、谢家泽、何其芳、伍正诚等这样一串灿若星辰的名字。1934年徐芝纶又以第一名的优异成绩毕业,并被留在清华大学土木系当助教,翌年考取留美公费生。

就读美国期间,徐芝纶自己说过,他在精神上是相当痛苦的。从美国的报纸上,从亲友的来信中,他得知日寇已经侵占了华北,而国民党政府采取不抵抗政策,节节退让,祖国大好河山一点一点被蚕食。想想偌大中国竟然被小日本欺负至此,他悲愤填膺,心潮难平。期间他经常参加进步留学生组织的活动,尤其对"西安事变"的和平解决,对"那边的"即共产党领导的抗日民族统一战线极为关注,从中看到了希望,看到了国家的未来。

在美国的第一年,徐芝纶读的是麻省理工学院水力发电专业硕士研究生课程,他的用功在学生中是出了名的,哪怕吃饭前后有一点点时间,大家都看到他捧着一本书在读。他负重致远,门门功课全是 A,仅用一年时间就完成学业,获得工程硕士学位,然后又用一年时间师从著名权威、哈佛大学威士特加德教授学习弹性力学,获得工程科学硕士学位。他怀着对祖国前途命运的深深忧虑,两次谢绝麻省恩师希望他留校工作,并为他攻读博士学位提供最高数额奖学金的盛情,决意立即启程,奔赴国难。

在这里值得一提的是,徐芝纶和钱学森、时钧等人同乘一条船赴美留学,在麻省读书时又与钱学森、张光斗同住一间宿舍,两人学水利工程专业,一人学航空工程专业,共同的报国志向,使他们声应气求,结下了深厚的同窗情谊并保持一生。钱学森说:"你早些回国我是赞成的,我想迟一点回国。你搞水利工程也好,土木工程也好,你都有得搞。不管你是教书或是搞工程都可以。我这个航空工程就难说了,中国到现在根本不能造飞机,近期也不会制造飞机,我回去干什么呢?我想等几年,等到中国的确能造飞机了再说。"钱学森后来践行了自己的诺言。新中国成立后不久,在周恩来总理的直接关怀下,钱学森历尽艰辛回到祖国,为我国"两弹一星"和航空航天事业做出了卓著的贡献。

1937 年 8 月初,26 岁的热血青年徐芝纶回到灾难深重的祖国。不久,与相恋多年的女友伍玉贤结为伉俪。

二、艰难困苦,蔽日干云

怀着科教救国的热望,回国后的徐芝纶安家甫定,便应聘到浙江大学工学院土木工程系当了一名教师。是时正值全面抗战爆发,中华民族到了最危险的时候。据《浙江大学简史》记载,"1937 年 8 月 14 日,侵占台湾的木更津航空大队首次轰炸杭州。南京、上海、杭州沿线敌机肆虐,战争空气弥漫东南各省。迫于战事,浙大除了一年级新生于 9 月下旬迁至西天目山开学上课外,其余各年级仍在杭州校本部坚持了三个月的教学活动。直至 11 月,日军在距杭州只有 120 公里的全公亭登陆,浙大才被迫决定正式西迁。"

在中国革命战争历史上,共产党领导红军进行了气吞山河的二万五千里长征,这是一个伟大的壮举;在中国高等教育历史上,由浙大师生组成的"文军"从杭州出发,3 年六迁,经过江西、广西,最后到达贵州遵义,长途跋涉 2600 余公里,也写下了极其壮烈的篇章。徐芝纶后来在回忆这段历史时说:"每次搬家,都有日本兵在后面追,还有飞机轰炸。""到了一处,就在庙宇里或者祠堂里上课,或者搭一些草棚子上课。同学们的教科书根本买不到,全靠教师在黑板上写。更麻烦的是躲警报,有时候一天两次,上午躲了下午又要躲。""我当时还不到 30 岁,算是年轻力壮的,没有人我就顶上去。在浙大 6 年期间,我教过十几门课程……同学们比我们更苦,大多数同学与家里已经失去了联系,没有经济来源,学校也不可能供给那么多学生。没有床,到一处就想办法搞稻草,铺了稻草在地上睡觉。破衣、破鞋、破帽子那就更不用说了。"时穷节乃现,正是这样颠沛流离、艰苦卓绝的环境,使徐芝纶的思想、意志、心理经受了不同寻常的磨砺。

为了弥补从书本到书本、缺少工程实践经验的缺憾,在浙大工作 6 年后,徐芝纶辞去教职,应聘到重庆资源委员会水利勘察总队,担任工程师兼设计科长,主持水电工程开发设计工作。他以极大的工作热情,带领一批技术人员整天踏勘山沟河流,设计出了不少工程图纸。他还与美国垦务局来华专家萨凡奇合作,进行过长江三峡枢纽的初步设计。但徐芝纶很快发现,龟缩在重庆一隅的国民党政府消极抗战,把人财物力主要用于对付共产党和八路军、新四军,哪有心思为国家,为民众办实事!辛辛苦苦搞出来的设计图纸既不能实施,更不能救国,只能委屈地躺在档案柜里睡觉。这让徐芝纶心中十分纠结,深感失望。

1944 年,经同学引荐,徐芝纶重执教鞭,在中央大学土木系任教授。抗战胜利后的 1946 年,在上海交通大学土木系任教授,1948 年交大新建水系,他又转任水利系教授兼系主任。期间他还兼做中大土木系教授,上海私立大同大学和大夏大学教授,私立之江大学上海分校教授。全国政协原副主席钱正英,水利部原部长杨振怀当年在上海求学,都曾做过徐芝纶的学生。

新中国成立以后,徐芝纶迎来了事业上的春天。1952 年,为了适应国家水利、水电、交通工程建设对人才的需求,汇聚了上海交大、南京大学、同济大学、浙江大学等 10 多所高校水利系科的高等学府华东水利学院(现河海大学)在南京建立。徐芝纶愉快接受组织安排,举家迁来南京。他是学院筹建委员会 8 名委员之一,同时担任工程力学教研组主任,从事专业基础课教学和管理工作。1954 年,徐芝纶任学院教务长,1956 年经周恩来总理任命,担任学院副院长。由于他出色的工作业绩,1960 年作为全国先进工作者代表赴京参加群英会;1978 年获评水利电力部科学技术先进工作者;1980 年当选为中国科学院学部委员(院士);先后当选为第三届全国人大代表,第五、第六、第七届全国政协委员;他还是中国力学学会第一、第二届理事会理事,江苏省力学学会第一届副理事长,第二、第三届理事长和第四届名誉理事长。

徐芝纶毕生心系祖国,向往光明。他于 1955 年经著名港工专家严恺教授介绍加入九三学社,担任过九三学社南京市委常委;1960 年和 1980 年两次提出加入中国共产党的申请。他在入党申请书中写道:"我认识到,过去自己那一套'科学救国'、'个人奋斗'的想法是行不通的。我们只有在中国共产党的领导下参加革命和建设,国家才能得救,自己也才能有出路。""党领导全国人民取得了社会主义革命和建设的一系列伟大胜利,党一定也能够领导全国人民把我国建设成为现代化的社会主义强国,过渡到共产主义。"1980 年 6 月 16 日,徐芝纶以 69 岁高龄光荣入党,找到了自己的政治归宿。

三、教学艺术,炉火纯青

徐芝纶课堂讲授质量之高,在业界早已享有盛誉。凡是听过他的课或听过他演讲的人,无不为他所授内容的严密逻辑、清晰概念、科学推理和高超艺术所折服。有一次,两位外地工程技术人员出差南京,他们在校门口看到第二天徐芝纶教授将做《关于不稳定温度场的计算方法》学术讲座的海报,马上退掉返程车票参加听课。

"学无止境,教亦无止境"是徐芝纶的座右铭。他认为讲课是教师传授知识的基本方式,要做好教师,首先必须讲好课,练好讲课艺术是教师的基本功。初为教师时,他曾经常站在教室外边的走廊上听别人讲课,"偷师"学艺,悉心揣摩一招一式;他从事教学工作60年,直到近80岁才从一线退下来,但不管行政工作如何繁忙,他给自己定下的履行教学工作职责的铁律一成不变,而且每次讲课后定要做自我剖析,仔细批改作业,寻找不足之处或针对学生理解中的误区加以改进;对讲稿总是不断地精心修改、补充、提高,使内容常教常新。他的书桌上始终摆放着一本《新华字典》,不时用来正字辨音。

经过数十年的千锤百炼,徐芝纶形成了炉火纯青的讲课艺术。他上课条理分明、内容精炼、重点突出、难点分化,分析透彻、深入浅出,语言精辟生动、引人入胜。他在讲解基本理论的同时,还把思路、方法、对内容的评价和存在的问题交给学生,启发学生做进一步的分析和思考。学生认为听他的课兴趣盎然,是高水平的艺术享受。工科学生对比较艰深的弹性力学课程,反而感到易学易懂。

徐芝纶在撰写的论文《怎样提高课堂教学的质量》中,总结了八个方面的教学经验:掌握课程内容,了解学生情况,适当安排教材,认真准备讲稿,做好默讲试讲,注意表达方式,及时检查改进,不断努力提高。

他主张教师对讲课内容必须"深入掌握,入木三分",认为在传授知识的过程中,通过教师的讲和学生的听,有一个折减率,"求乎其上,终乎其中",教师备课十分,学生只能接受七分。因此,教师必须对内容有更深入的准备,才能达到好的教学效果。他自己不仅对教学内容的深度、广度准备充分,而且对学生可能提出的疑问都做了考虑,以至于在答疑时成竹在胸,信手拈来。对学科中尚未解决的疑难问题,则与学生共同探讨,深入研究。

他极为重视备课和写讲稿,甚至苛刻地要求自己在上课时不讲一句重复的话,不讲一句废话和可有可无的话,使每句话都准确、流畅、有的放矢。每次上课伊始,他都是单刀直入、开门见山,不讲客套话而直接进入主题,再加上内容安排合理,讲解深入透彻,语言精炼生动,使学生感到他的每次讲课都是一场很完美的演讲。

写好讲稿还仅仅是安排好讲课的内容,并不能保证讲好课。为此,他要求自己也要求其他教师首先要默讲三四遍,即不出声地默念全部讲课内容,遇有表达不妥或不流畅之处,精心推敲,直到妥当为止。这种默讲方式对精炼语句、选择表达方式非常有用,可以使讲课水平迅速提升。然后才可以出声讲课,最好有人听课或先行模拟试讲,以检验教学效果。

此外,在怎样分化难点、突出重点;怎样了解学生前期的学习课程和水平,有针对性地讲课;怎样布置和利用板书等方面,他都积累了丰富的经验。他出神入化的讲课艺术,成为青年教师学习的楷模。《怎样提高课堂教学的质量》论文发表后,不但成为河海大学青年教师上岗前的传统经典培训教材,而且在全国众多高校中引起极大反响和高度评价,甚至被奉若圭臬,江西某高校印千余份发给教师人手一册规定必学。《人民教育》杂志全文刊登这篇论文,《新华日报》除专门报道外,还配发评论员文章《提高教学质量要重视教学方法的改进》,强调教学是一门科学,也是一门艺术,倡议所有的大学、中学乃至小学教师都要向徐芝纶教授学习,刻苦研究教学方法,把真知灼见传授给学生。

四、学科大观,灼灼其华

徐芝纶是中国力学学科在当代发展过程中的领军人物,是举足轻重的一代宗师,他的名字甚至成为学科高度的一个符号,这早已成为业界共识。

其实,徐芝纶先前一直在搞水利工程专业,后来从事弹性力学教学和研究,用他自己的话说是"歪打正着"。原因是华东水利学院初创伊始,专业基础课教师极为缺乏,先为工程力学教研组主任,后任学校教务长的徐芝纶带头承担了工程力学、弹性力学等多门专业基础课的教学工作。这一教,竟然成就了他一辈子的圆满与丰实。

20世纪五六十年代,根据国家大规模水利建设蓬勃发展的需要,徐芝纶带领一批教师和研究生,对用弹性力学原理计算水工结构问题开展深入研究,发表了《基础梁的温度应力》、《中厚度弹性地基上的基础梁》等一批论文。他领导下的科研组,研制出弹性地基梁板的系列模型,并给出边荷载作用下基础梁的计算表格等处于国际先进水平的成果,这些模型和表格至今仍是工程技术人员进行设计的重要案头规范,1988年该成果获评水利电力部科技进步一等奖。

20世纪70年代初,徐芝纶和一批教师参加南京六合地区水利工程实践活动。他首次应用弹性力学理论,设计出结构型式新颖、经济适用又便于施工的双曲扁壳闸门。为了推广这一先进的闸门结构型式,他深入研究水压作用下该型闸门的内力计算方法,并制成计算表格,收录于《双曲扁壳闸门的计算》一书中,为工程技术人员提供了广泛应用的设计依据和参考资料。

有限单元法是国际上于20世纪60年代才定名并发展起来的,用离散化模型代替弹性力学中的连续体模型,再引入变分解法并结合正在迅速发展的电子计算机的应用,解决弹性力学中问题的新生事物。当时国家正值"文化大革命"动乱之中,国内几乎无人顾及,甚至有人说:"中国人现在离世界先进水平是望尘莫及了,连灰尘都看不到,已不知东南西北了。"但他们不知道,正是在"文革"闹剧愈演愈烈的社会环境中,徐芝纶敏锐地觉察到有限元这个新生事物的巨大学术价值和在水利、土建工程中广阔的应用前景,在国内率先引进、积极开展这方面的研究,并于1974年出版我国第一部相关专著《弹性力学问题的有限单元法》。在这本书中,他将有限单元法中大部分内容从变分法导出公式,改为用工程技术人员熟悉的结构力学方法导出,并将自己和同事的大量研究成果编入其中,成为一本系统性强、内容丰富、深入浅出、容易入门的启蒙性教科书。由于这本书的出版发行,以及随后由学校力学系举办的5期有限单元法训练班,被誉为具有划时代意义的该项新方法让中国人重新跻身于学科前沿,并迅速在全国推广,其成果获评全国科学大会奖。

国内第一次真刀真枪地用有限单元法解决重大工程问题的成果《葛洲坝二、三江工程及其水电机组》于1985年获评国家科技进步特等奖。华东水利学院力学系发展到今天的河海大学力学与材料学院,其学科水平一直保持全国一流并具有重要国际影响,参与了长江三峡、黄河小浪底、南水北调、润扬大桥等国内几乎所有重大水利等工程中相关项目的科学研究,解决了一大批关键力学难题,获得数十项国家和省部级科技进步奖。

五、笔耕不辍,仰屋著书

1951年年初的一天,时任上海市市长的陈毅邀请徐芝纶等上海各高校二三十位教授到市政府座谈。陈市长语重心长地说,现在我们绝大多数高校,特别是理工院校还在用外文教科书,用洋书,这种情况如不改变,我们就算不得社会主义学校。他希望在座教授在不太长的时间里写出自己的教科书,做到中国人讲课,中国人听课,采用中国的教材。性格豪爽的陈市长讲到激动之处,站起身来在会议室里不停地走动,向大家抱拳拱手:这件事我们是干不来的,务请诸位出手相助!

陈毅市长的谆谆嘱托,给了徐芝纶极大的触动和鼓舞,并把它牢牢地铭记在心里。之后多历年所,他在繁忙的行政和教学科研工作之余,埋头笔耕不辍,著作等身。

徐芝纶写书的原则是先讲课后出书,一门专业课待讲了三四年后觉得成熟了才考虑正式出版。因此,他写的教材充分体现了他的讲课艺术:系统性强,内容精炼,重点突出,深入浅出,通俗易懂等。此外,教材具有与生产实践密切结合的特点,如弹性力学中的例题,都是选择水利和土木工程中的实例。对于学科最新进展,特别是中国学者的贡献,都在教材中得到体现。他也把自己许多成熟的科研成果反映在教材之中,如有限单元法中许多问题的求解方法,弹性力学中温度应力问题的精确解答,差分法的许多改进和发展,对薄板和薄壳的进一步研究,以及关于文克勒地基和边荷载作用下的计算表格等等。

编写教材需要把众多的内容去粗存精,把复杂的因果关系理清线索,把冗长的叙述变得简明扼要,把理论进行严谨的规范化和系统化的归纳,这些都必须进行创造性的艰苦劳动。在编写弹性力学中的复变函数解法时,徐芝纶把穆斯海里什维里写的长达700页、语句晦涩难懂的一本书精简为一章,将其中双调和方程一般解的导出,从使人难以理解的2~3页内容改变为简明易懂的另一种方法导出,仅仅用了几行文字。为了编写薄壳理论教材,他把铁木辛柯的《板壳理论》和符拉索夫的《壳体一般理论》融会贯通,进行再创作,形成壳体一般理论—柱壳—回转壳—扁壳的严谨完整的理论体系。有次为了表述清楚薄壳弯曲中的一个问题,他苦苦思索了3天才动笔。即使在教材出版之后,他仍然不断加工改进,或根据学科进展对内容进行大段增删,或对语言文字再做精雕细琢。他还十分重视读者的反馈,甚至对读者提出的一字一句的意见都认真斟酌锤炼,力求尽善尽美。可以认为,他的皇皇大作不但无一字无来历,而且无一式无着落。

徐芝纶先后出版编著、专著 11 种 15 册,译著 6 种 7 册,形成了多层次、多专业、多方位的广泛适用的立体化教材体系。其中《弹性力学》第一版获评 1977—1981 年度全国优秀科技图书一等奖,第二版获评 1987 年全国优秀教材特等奖;《弹性力学简明教程》被作为全国工科院校通用教材广泛采用,全国高校工科力学教材编审委员会还配合此书,组织编写了 7 种配套的补充教材,以适应各种专业教学需要;《弹性力学问题的有限单元法》是我国第一部有限单元法专著,在国内起到了开拓、引领学科的重大作用;《Applied Elasticity》是我国第一部向国外发行的英文版工科教材,由印度威利东方出版社出版发行……徐芝纶的多部著作一版再版,至今仍在每年重印,总发行量达到数十万册,成为永恒的经典。国外众多高校图书馆也收藏有徐版图书,而且是读者借阅使用频率很高的图书之一。高等教育出版社负责人表示,徐芝纶院士的著作获得特等奖,也是为出版社争得了荣誉,只要是徐院士写的书,我们一定马上出版!

六、行仁倡义,高风亮节

作为一位学养深厚、年高德劭的老知识分子,徐芝纶一辈子崇尚正义,崇尚民主,崇尚科学。关于做人,他有着自己的一定之规。1995 年 11 月,他在接受《人民日报》记者采访时说,做人有三种境界:一是大公无私,二是先公后私,三是假公济私。第一种是理想的也是最高的境界,必须努力追求达到;第二种是普遍的、通常的、有德性的境界,但是要努力抑私而扬公,小私而大公,切不可公私扯平甚至大私而小公;第三种是禁区,做人入了禁区,也就没有人品人格可言了。

1958 年,徐芝纶曾满怀热情地参与社会大炼钢铁运动,可他看到拆门扒锅送到土高炉里冶炼,出来的却是一无用处的铁渣时,他仔细算了一笔经济账,认定这是得不偿失,并在多个场合呼吁不要再干这样的蠢事。对于在"反右"斗争中受到批判甚至被戴上"右派分子"帽子的教师,他深表同情,据理力保,认为这些教师不过是善意提了点批评意见,说了几句心里话,例如对知识分子尊重不够的问题,顶多算自高自大而已,怎么能定成反党反社会主义呢?也有些别有用心的人指责徐芝纶"走白专道路",企图通过召开所谓"红专辩论会"整倒他,搞突然袭击,让他在会上对某个定理当场做出回答。徐芝纶不卑不亢,从容作答:这个问题出现在哪本教科书的哪一页,书上是怎么写的,自己在课堂上是怎么讲的,应该没什么问题,并顺势纠正了提问人不规范、不确切的语言表述。在场有人赶紧翻开书本对照,果然丝毫不差。弹性力学专家本身具有的"弹性"是不应该被低估的,这场闹剧反而进一步提高了徐芝纶的威信,师生对他的学识人品更加敬佩了。

教书育人 60 年,徐芝纶克尽厥职,亲自教过的学生已达数千人。他从 20 世纪 60 年代初开始带研究生,培养了几十名硕士、博士,包括全国第一个水工专业博士,弟子们早已成为国家现代化建设的栋梁,其中担任大学校长的就有 4 人。在智育上,他注重发展学生的好奇心和理性思考的能力,而不仅仅是灌输知识;在德育上,他鼓励学生要有崇高的精神追求,而不仅仅是灌输规范;在美育上,他着力培养学生丰富多彩的灵魂,而不仅仅是灌输技艺。对已经毕业的学生,他同样给予了极大的关注,竭尽全力帮助他们解决工作中的难题。1998年,力学1979级同学返校团聚,徐芝纶不顾年高体弱,欣然莅会,并题词与大家共勉:"以勤补拙,以俭养廉;待人以厚,律己从严;知难而上,稳步向前;自强不息,年复一年。"看到学生像潺潺溪流从这里启程,一路欢歌汇入江河,一路奋发奔向大海,波澜壮阔,气象万千,他喜欢。他悉心指导的硕、博士生和专业教师取得丰硕成果,但在发表论文、成果报奖请他署名时,他一概加以拒绝。他一向认为,名利是身外之物,怎能去刻意谋求?

徐芝纶、伍玉贤夫妇一生膝下无子女,他们给予青年教师和学生更多的是父母般的关爱。三年困难时期,收入水平较高的徐芝纶经常把青年教师和研究生请到家中,让老伴给年轻人烧些荤菜补充点油水;"文革"中在水利建设工地上,他经常自掏腰包买来副食品让师生打打牙祭;平时哪个同事生活困难或生病住院,他知道后一定会带一笔钱或买上水果前往看望慰问,哪个年轻人结婚,他也一定会带着礼物参加婚礼表示祝贺。徐芝纶写书得到的稿酬,绝大部分捐给了学校以及社会公益和福利事业:20世纪50年代购买一架钢琴支持学生课余开展娱乐活动;60年代购买一台放映机方便学生看电影;70年代两次捐助学校幼儿园,给孩子们购买书籍和玩具;80年代购买大彩电捐给工会,还把上级照顾他的空调安装在系会议室;学校每次组织赈灾募捐活动,他都带头捐出万余元,等等。他还拿出20万元积蓄参与设立"徐芝纶教育基金"(徐芝纶病逝后,夫人伍玉贤遵从其遗愿,又向基金捐款30万元),用于激励青年教师和学生积极向上、奋发成才。而他自己一生安贫乐教,生活俭朴,一把计算尺从留学美国一直用到1970年,几件家具还是20世纪50年代从上海调到南京时购置的,使用数十年从未更换过。他病重住院期间,连一件好点的衬衫也没有,甚至在他病逝时,家中柜子里竟然找不出一件像样的衣服……

哲人说过,"名人不朽的光环再造了城市",正是拥有像徐芝纶这样的老一辈教育家、科学家的学术高度和人格魅力并代代传承弘扬,让河海大学,让力学学科闻名遐迩,蒸蒸日上,闪耀着黄金般璀璨的学术和人文之光。

徐芝纶先生是一本大书,一页页翻过,我们心慕手追,犹如一片片花落心河……

(作者系河海大学原党委统战部部长、机关党委书记)

选录篇

50 年教学的回顾与体会[①]

——徐芝纶教授教书育人报告

同志们：

前些日子,校党委的统战部以及九三学社的同志们要我跟大家谈一谈关于教书育人的体会。对于这一任务我起先是不敢接受的,虽然教书教了 50 年,也想努力把书教好,也取得了一些成绩,但是要我讲怎样育人,这是我感到有困难。因为我并没有学过教育学,没有专门研究过怎样育人,也没有常常把育人放在脑子里。回想过去我对同学们只是一般的辅导答疑,与同学们接触不多,我没有到宿舍对同学们答疑,也没有请同学们到家里来谈谈话,对于他们的一些思想状况、学习情况和生活情况没有进行深入了解。现在要我讲怎样育人,我觉得很困难很困难。这是我最初的想法。后来进行了仔细的思考,才感到当初的想法不完全对头,比较肤浅、比较片面。现在这样看,教书和育人是不可分割断、是密切相关的。我们说育人,总的讲就是要培养学生和青年同志,使他们茁壮成长,德育、智育、体育、美育几方面全面发展的人才,为我国的四化建设贡献力量。我们的教书是进行智育的一个主要方面,也就是育人的一个重要方面。同时,我们过去在体育和美育方面也不是完全没有做工作。例如,我们常常向同学们讲要端正学习态度,明确学习目的,这不就是进行德育吗？我们也曾经要求同学们作业要整齐,不要潦草,不要写错字、别字,这也是教同学们进行文字美的教育。我们也曾经给研究生讲,你们做报告汇报的时候,要注意逻辑,不要讲空话、废话,这是在教育他们语言美。说明我们在美育方面也不是没有做工作。更重要的是我们的一言一行,我们如何对待工作、如何对待同志,都时时刻刻给同学们起着示范作用、做出榜样、以身作则。这就是无声的教育、无言的教育。这方面的影响可能比我们教书的影响还要更大一些。基于这样的想法,我把我过去 50 年间的工作进行一番回顾、检查、分析一下,过去哪些方面做的是对的,符合教书育人的宗旨,哪些地方做得不够,甚至有错误的,对育人起了相反的作用。这样回顾以后,把我回顾的结果向同志们做一个汇报。因此我选择的题目是"50 年教学的回顾与体会"。

下面对我的教学工作分十点汇报,大致按时间的先后排列。

---

① 本文根据徐芝纶院士 1987 年 1 月的讲话录音整理。

一、立志教书的过程

我在什么时候,以及为什么选择教书作为我的终身职业,是怎样下这个决心的,给同志们汇报一下。我 1930—1934 年在清华大学土木工程系读书。那时是我们中华民族的苦难岁月。老百姓很多是吃不饱、穿不暖,很多人在死亡线上挣扎。更大的灾难是日本帝国已经侵占了我们的东三省,并窥伺我们的华北几省。那时的情况正像我们的国歌里所讲的,中华民族到了最危险的时候,每个人都被迫发出最后的吼声。当时的一些青年自然会想到我们应该怎样才能拯救我们的祖国。有人想,我们的祖国为什么这么穷困、受人欺负,主要是科学不发达、工业落后,所以要救国,主要是科学救国;也有人认为科学救国还不行,教育是基础,我们国家那么穷困,主要是人民的文化不高,所以要救国首先要教育救国。当时我就相信了教育救国,这就是我立志教书的第一个理由。

其次当时我比较喜欢学校的环境,有平等的气氛,不管是校长、院长、系主任还是一般的教师,都比较平等,没有上级、下级的关系。没有看到过校长、系主任对教师进行训斥的。反过来却看到过有一个教授对系主任拍桌子。另一方面,在学校教书可以不必求人,不必自我吹嘘,教好了,自有公论,学生欢迎你,学校也重用你。在旧社会这就是所谓"凭本事吃饭"。

再一方面是受到父亲临终前讲话的影响。我父亲过去也是学土木工程的,他在日本留学回来以后,稍微教了几年书,也做了几年实际工作,但后来大概是看见许多人做官有出息,就走了做官的道路,也做了几年不大不小的官。到后来官做不成了,自己的业务也荒疏了,再想回去教书、做点工作就不行了,因此后来他始终是潦倒、很不愉快,40 岁就去世了。临终时他对我这样说:"你现在很用功,也还不笨,书念得还不错,但是你要记住,你不是做官的材料,你要吸取教训,老老实实地做一些实际工作,最好在学校里工作。认认真真地教书,清清白白地做人。太太平平地过一辈子也就算了,千万不要走我的老路。"这也是我立志教书的一个原因。那时我在大学 3~4 年级之间,所以那时我就差不多打定了主意,要干一辈子教学工作。还有就是蔡方荫先生给我的鼓励。蔡先生是结构力学专家,是我的老师,那时是代理清华土木系系主任。原主任施嘉炀先生出国考察去了,他代理主任。因为我已经立志教书,而且最想在清华教,因此我就到他那儿探听口气,看看有无可能留我当助教。我把我的想法以及父亲的遗言都告诉他,他挺高兴。他说:"你父亲说得很对,你不是做官的材料,我也不是。我做的是代理系主任,施先生回来我就不干了。清华土木系每年可留一两个助教。只要留一个,我就留你,施先生也会同意的。"这样我就当了助教。经过了一个很短期的辅导答疑,受到了同学们的欢迎,有了一定的信心。但这个时间较短,不久以后我就进到了第二个阶段,就是在美国留学的阶段。我是清华毕业后靠"中美庚款"留学的。"庚款"就是庚子赔款。清末庚子年,八国联军攻陷北京,清政府接受了丧权辱国的条约。其中一项就是赔银四亿五千万两,分期偿清,以关税收入作保证,到了 30 年代时,好像是美国带头,把庚子赔款的一部分供给中国留学生作为在美国留学的费用,这就叫中美庚款公费。后来英国、法国跟着做,也有所谓的"中英庚款"、"中法庚款"等。这也是帝国主义对我们的侵略,留下这样一些痕迹。

二、留美读书阶段

我在留美期间，精神上是相当痛苦的。1935—1937年，我在麻省理工学院研究生院学习。当时日本人实际上已经占领了华北，而国民政府采取不抵抗政府，节节退让。我们中国留学生与外国同学们只好谈学习上的问题，绝不愿谈一些国家大事，因为我们这么大一个国家，受到日本这样小国节节进攻，我们节节退让。虽然那些同学们并没有讲很难听的话刺激我们，但只要稍微带一点，我们就受不了，精神上是相当痛苦的。因此只好埋头读书，什么社会活动都不参加。所幸的是我们的学习成绩都很好，受到教授们的重视，这是很自然的。因为我们是经过公开考试出去的，基础都很好，加上到那里什么也不干就是埋头读书，所以在那里公费留学的同学几乎门门功课都是A。个别同学有时一门课考了B，就很难过，我们其他同学还去安慰他。我用一年时间完成了硕士学位的学习，得了工程硕士学位。答辩以后，有两位教授找我，劝我留在那里继续攻读博士，我告诉他们说，我们的公费只有两年，现在只剩下一年，再念博士学位是不行的。他们说那有什么关系，你留下来，第三年我们保证给你最高的奖学金，或者当一名研究助教，一边搞博士论文，一边做一点研究工作，不也行吗？当时我已决定从麻省理工学院转到哈佛大学，因为哈佛大学去了一位比较有名的教授叫威士特加德，是当时美国弹性力学的两个权威之一。听说他有独特的一套。因此同时有好几位学土木、水利、建筑这方面的人转到哈佛大学。当时我就对麻省理工大学的那两位教授讲，一年以后再说吧。一年以后我在哈佛大学念完了第二个硕士学位（工程科学硕士学位）。答辩以后，麻省理工学院那两位教授叫人把我找去，恳切挽留。当时摆在面前的就是两条路，如果留下来，当然学习、工作的环境比较好，将来有这两位教授的赏识，也不难上升。但另一方面当时我们国家是什么样的情况呢？那是1937年的暑假前，西安事变过去了，国共第二次合作，全面抗战的形势已经形成，我们国家有了一线希望，我们应该马上回国，也就是所谓的"共赴国难"。当时战争的环境是比较动荡艰苦，这是肯定的。但是想到我们国家培养我们大学毕业，供给我们出国留学。留学公费表面上是美国供给，实际上是我们老百姓的血汗。国家到了这样困难的关头，我们在外面舒舒服服的读书、工作，不顾祖国，怎么说得过去呢？一批人就回来了。后来大家走了这样三条不同的路：一个是当年就回国，所谓"共赴国难"。也有一部分稍微观察一下，推迟回国。这里我要提到我的老同学钱学森，他和我是中学同学。我到清华读土木系，他在上海交大读机械系，考"中美庚款"时，我考的是水利发电工程，他考的是航空工程。后来我们同船出国，到了麻省理工学院后，住在同一个房间。当我告诉他一年后决定回国时，他说："你早些时候回国我是赞成的，我想迟一点回国。你搞水利工程也好、搞土木工程也好，你都有得搞。不管你教书或是搞工程都可以。我这个航空工程就难说了。中国到现在根本就不能制造飞机，近期也不会制造飞机，我回去干什么呢？我想等几年，等到中国的确能造飞机了以后再说。"后来他实现他的诺言，在解放初期就回来了。再一部分人就是现在所说的"美籍华人"、"华裔学者"，在那儿定居，入美国籍，这是第三条路。我在1937年6月底离开美国,在船上就听到"七七"事变。所谓"七七"事变,就是卢沟桥开始全面抗战打响了第一枪。我们在7月初经过日本时,看到日本街上贴着许多标语,上面写着"对支那宣战"、"惩罚支那"、"惩罚抗日分子"等等。他们的口气是日本老百姓向天皇请愿,要对"支那"宣战,其实那个标语底下印的是"大日本军部"的字样,哪里是什么老百姓要对中国宣战呢?回国以后,我就进到了教学的第三阶段。

三、初当教师,苦战3年

我正式当教师是1937年在浙江大学开始的,所谓苦战3年,"苦"并不是光指苦心教书、刻苦备课的意思,更重要的是我们的生活条件、教书条件实在很艰苦。浙大是"三年六迁",在3年时间里学校搬了六次。我在浙大名义上一共6年,但只在杭州上课一个半月。以后日本兵为了围攻上海,抄近迂回,在金山卫登陆。杭州紧急,飞机场、火车站都被轰炸,因此就搬离杭州。二三四年级搬到建德,一年级住不下,搬到天目山山里,算为二迁。后来再迁到江西吉安,又迁到泰知,又迁到广西宜山,最后迁到贵州遵义。每次搬家,都有日本兵在后面追,还有飞机轰炸。交通工具没有,有时坐一段小木船,有时坐一段敞篷卡车,有时候坐一段火车,也是敞篷货车。到了一处,就在庙宇里或者在一些地主的祠堂里上课,或者搭一些草棚子上课。同学们的教科书根本买不到,全靠教师在黑板上写。晚上没有电灯,在油灯底下备课。更麻烦的是躲警报,有时候一天两次,上午躲了下午又要躲,有时要在防空洞里备课。有些教师实在吃不消,有的跑到西南后方去,个别的回到沦陷区、回到老家去。教学的任务只好由不走的人来分担。当时我还不到30岁,算是年轻力壮的,没有人我就顶上去。在浙大的6年期间,我教过十几门课程,教过应用力学、材料力学、结构学、高等结构、弹性力学、结构设计、桥梁设计、土壤力学、基础工程、水力学、水利发电工程、水工设计、坝工设计等。同学们比我们更苦,那时大多数同学与家里已经失去了联系,没有经济来源,学校里也不可能供给那么多同学。条件非常艰苦,同学们没有床,到一处就想办法搞稻草,铺了稻草在地下睡觉。吃的是糙米饭,8人一桌,只有一碗素菜。两个人睡一床棉被的情况是很普通的,破衣、破鞋、破帽子那就不用说了。我为什么在这里讲陈年往事,这是为了使青年同志们了解过去,珍惜现在,着眼将来。希望同志们理解,我们现在有这样一个安定团结的环境真是来之不易的,千万不可以身在福中不知福。

四、一度脱离教学,但很快又回到教学岗位

我在浙大教了6年书,感到自己没有一点工程实践经验,就是教书,讲设计也是纸上谈兵,是教师的一个缺陷。当时工厂内迁,能源不足,为了开发水电,成立水利勘测总队,我就离开浙大,到重庆水利勘测总队,主持设计方面的工作。根据测得的资料进行设计,当然是初步设计。以后呢,也就是勘测,然后设计,搞出一卷卷图纸归档,根本没有按设计施工的希望。我还参加过三峡枢纽的初步设计,那时美国有一个勘务局的设计总工程师萨凡奇,中国请他来设计三峡枢纽,他非常高兴,他说他有幸做世界上最大的水利工程设计。各处调一些人去和他一起搞,我也被调过去。最后也搞了几十张图

纸。宜昌紧急，这件事就不了了之。总之在那儿一年多，结果就是搞了一些图纸。我想科学救国，工程救国，但图纸总不能救国。所以干了一年多，我又回到教学岗位上了。那时我就到重庆中大土木系，又回到"教育救国"老路上去了。去了以后很愉快，好像回了老家，又与许多同学们常见面了。在中大两年多。抗日战争胜利后转到上海交大，一直到全国解放。

五、受陈老总的鼓励，开始写自己的教科书

那时在 1950 年底或 1951 年初，陈老总召集了一个会，二三十个人，还有几位出版社的同志参加。他讲的一些话我还记得很清楚。他说，上海解放已经一年多了，我们在教育方面也做了一些工作：①收回了所有的教会大学；②完全免除学生的学费、宿杂费，比较贫苦的同学还给他们助学金；③组织教师们学一点马列主义，学一点辩证唯物论。目前有一项工作我们不能做，希望你们能够出力来做。他接着说，我们绝大多数高等学校，特别是理工院校，还在用外文教科书，用洋文。个别的上课还用外国话，这种情况一定要改变。这个情况如不改变，我们就是保持着半殖民地的教育，算不得社会主义学校。同志们是否可以在不太长的时间里写出自己的书籍，能够做到中国人讲课、中国人听课、采用中国的教材。这些我们是干不来的，你们可以干。这一点对我的鼓励很大。把半殖民地教育推翻，办我们社会主义国家需要的教育，是一个历史性的事业，我们应当贡献力量。特别是我，既然决心教书，当然很愿意尽力写出自己的教科书，写出具有自己独特风格的书。在写教材时，我尽力为读者设想，希望能够做到深入浅出。如果不行的话，至少也要使大多数学校的大多数教师能够感到合用，学生学习比较方便。为此我逐段、逐句、逐字地推敲，细心读书、读报、读论文，取其所长。从 1951—1960 年，编出工程力学、理论力学、弹性力学共三部五册。

六、学习俄文，翻译俄文教材，还教过俄文

在上海解放之前，我就听说哈尔滨工大的教师学习俄语，学习苏联，教学工作很先进，我觉得应向他们学习，因此就与土木系教授杨钦同志一起开始自学俄文。后来交大给教师专门开设俄语课，我开始正式学习俄文。加上听电台的广播，自己尽量查字典，阅读俄文方面的力学教科书，进而进行一些翻译。曾与季文美同志合译理论力学三册，后来与吴永桢同志翻译了两本弹性力学。在学习的过程中，克服了不少困难，当时我已38 岁，记忆力差，过去学英文是从小学就学起，学德文是高中学一点，大学一、二年级学一点。到了 38 岁学俄文，学了后面忘了前面，背单词实在是困难。因此我很体会许多中年同志学英文的困难，但是我想只要有决心，好好利用零碎的时间，还是能够学好的，我自己学了以后，还帮助同志们学习，并且开了两次课，最初是在上海交大水利系办公室帮助水利系的几位同志学习。1952 年到华水以后也还给全体教师们教过一次俄语课，又给三年级学生开了科技俄语课，当时我认为更多的人学习苏联，进行教改，作用就大了。

七、承担行政工作，仍不离开教学第一线

我在1954年担任教务长，1956年改成教学副院长。最初我认为自己不是做官的料，不愿承担。1952年华水成立，领导上做我的思想工作，要我当教务长。因为我当过几年系主任，多少有点经验，不少同志们也劝我接受这个任务，但我总是怕把事情搞坏，反而把自己的业务荒疏了，不符合我终身教书的志愿，最后有人说，你在交大时，国民党叫你当系主任，你就当了，现在共产党叫你当教务长，你反而不干了，这说得过去吗？他的话虽然是半开玩笑，但我却不能不考虑考虑，因此到1954年就干了教务长。干了以后，我想既然干了就得努力干好，总不能干得太不像样，但同时我也不愿意离开教学第一线，编教材的工作也不想丢开，到1959年底后还每年招收研究生一至二名。时间上当然发生矛盾，那怎么办呢？那只好早起晚睡，利用假期的时间来备课，这是远期备课。近期备课呢？就是在星期天把本星期要讲的课备好。所幸的是，当时的工作比较好做，因为教师的精神状态真好，大家都愿出力把学校搞好。不管是开新课，组织新的教研组等都没有很大的困难。大家都想到党的需要，叫干什么，就干什么，而且总想把工作做好。近来有的系主任、教研室主任与我谈话，问我对于当系主任的看法，我提出三点：①应当试一试。看看自己搞行政是不是所长，能否适应；②不要完全脱离教学第一线，尽可能两边顾；③实在干不下去，就辞掉，领导上也会谅解。

八、"文革"后期参加工程实践，写出两本书

"文革"是中国人民的一场灾难，但对于我来说，也还有坏事变成好事的一个方面。在"文革"后期，我参加了工程实践，真刀真枪地进行了工程设计与计算。另一方面，有机会与中青年同志们多多接触，我们在工地上同住、同吃、同劳动、同工作，增加了相互了解的机会，取长补短，也有利于消除隔阂，其中也包括"文革"中引起的隔阂。先是在六合参加滁河水利工程，当时大家对于闸门提出几种不同的方案进行了比较，最后决定采用扁壳闸门。我经过摸索，提出了合理的计算方案，进行了一些计算。后来回校后写出了《双曲扁壳闸门的设计与计算》这样一本书，供其他单位采用，当时曾起了不小的作用。1972年又到长沙设计院，对湖南凤滩的大坝进行了有限元计算，主要是计算温度应力。在这之前，六合回来以后，最早看到有两本英文书，谈了有限元，但讲得比较简单，但我觉得很有兴趣。后来在长沙试用有限元计算大坝温度应力，首次在我国的水利工程上应用有限元法，并在回校以后写了有限元一书，这是国内有系统讲述有限元的第一本书，当时也起了不小的作用。

九、"四人帮"倒台后10年来的工作

从1977年一次教材会议说起。从1977年开始各个教材编审委员会恢复活动，我当时担任力学教材编审委员会的副主任。蒋南翔部长在一次座谈会上谈到教师队伍的问题时说，"文革十年耽误了一代人，青年教师们的成长还需要一段时间，目前青黄不接，年老的同志还不能马上就脱离教学第一线"，并且点了三个人的名（其中有我一个），

然后说:"你们几位都是近70岁的人了,目前还在教学第一线上工作,很好。看你们几位身体都还不错,能不能再教十年八年书呢? 能不能再写三五本教材呢?"我当即表了态,我要再教 10 年,再写 5 本。后来我的诺言还是实现了。1978—1980 年,写了《弹性力学》上、下册,获得"1977—1981 年度全国优秀科技图书奖"。获奖的书有七十几部,其中教材只有两部,一部是弹性力学上下册,另一部是集体编写的关于地理方面的教科书。接着又写出了《弹性力学简明教程》一书。去年又把铁木辛柯新版的翻译书稿完成了,现正在排印。上个月又完成了一本叫《弹性力学中的差分法》的书,已把稿子寄出。教书 10 年,也差不多了,除了讲课以外,1978 年开始恢复带硕士研究生。1982 年首先在我校带博士生,第一个博士生已答辩通过。

十、近期计划

打算做两件事。一是修订弹性力学上下册,一两年内出第三版。二是写英文的弹性力学书。一两年前,出版局的领导同志们说,中国的科技图书与教材出版得不少了,有的水平很高,但是中文写的,国外一点都不知道。有人生动地说,在英国图书馆里陈列中文的书籍很多,但人家不懂中文,看的人很少。英文的书籍里,日本人写得很多,台湾地区出的也有一二书架,而我们中国大陆学者写的只有两本小册子。因此,出版局要各个出版社组织力量写些外文的书籍,对外发行。第二个原因是东南亚的国家有的用英语进行教学,他们自己写教本条件不够,过去买英国、美国的教科书,现在越来越贵,实在买不起,请中国出版英文教本,可以比较便宜地卖给他们,另外也可以创些外汇。高等教育出版社推荐的第一本就是英文弹性力学。我自己也认为中国的科技、教育工作者三十几年来做了不少工作,写了许多书,但国外都不知道。中国是应该有一批人来写英文书籍,对外宣传,让外国人了解中国的科技教育并不落后,各国有各国的长处,我国的教材也不见得就不如别国。半年多前出版社与我联系,我感到承担这项工作是有一定困难的,三十几年来一直没用英文写文章,但感到这项工作还是应该做好。系里同志也鼓励我去做,所以也就接受了。此外还想争取每年教一点课,带研究生也保持不断线。目前我的身体还不错,学校给我安排的工作条件、生活条件都很好,我想在教学第一线上再干 10 年,凑成 60 年一个花甲,我想想我是行的。

经过一番回顾以后,有下面这样几点体会;

1. 把自己的前途和祖国的前途联系起来,就会有很大的动力

回顾自己走过的路虽然是比较平坦的,但也有过一些困难,受到过一些挫折。另一方面我也有时干劲不足,有时也患得患失,顾虑这件事是否值得做,那件事是否做得成。但只要想到祖国的需要,也就打起精神再干下去了。过去有人说,中国的知识分子对祖国是有感情的,所谓"儿不嫌母丑",这就是说母亲不管怎么丑,儿女还是贴心的。这句话的意思是好的,但我不同意这个"丑"字,我们国家山河这样雄伟,风景这样秀丽,江山如此多娇,这怎么能说丑呢? 我们的母亲与世界上最美丽的母亲相比都毫不逊色。我改了一个字,成了"儿不嫌母穷"。我们国家一穷二白,与有钱的母亲相比确实穷。但我

们该想几个问题：

（1）为什么穷，怎么穷的？这是由于几千年的封建帝王的统治，多少年的闭关自守，100多年的帝国主义的侵略和压榨。

（2）是不是真穷？表面上看起来是穷，但我们有丰富的矿产资源、水利资源。我们的母亲不是真穷，有不少金银财宝埋在地下拿不出来，我们做儿女的就吃不好，穿不好。

（3）我们做儿女的应当怎么办，只有学好本领，给母亲争气，开发资源，建设"四化"，使她富起来。而且我们清楚地看到，自从三中全会以来，由于执行了对外开放对内搞活经济的政策，她也已经逐步富起来，我们应当为此欢欣鼓舞，更加努力做好我们教书育人的工作。

2. 精益求精是成功之母

无论做什么工作都应该精益求精，好上加好。什么事业都没有顶峰，要不断改进，永远不要自满。中国有句老话"学无止境"，我给它加上一句话成为"学无止境，教无止境"，教书育人也无止境，可以不断前进，也应当不断前进。什么时候感到自满，什么时候就要走下坡路。我一向以"不断改进，永不自满"作为座右铭。我的讲稿每年都要重新写过，教材也是写了再写，我从来不要别人誊写书稿，因为誊写书稿也是最后的修改的机会。当书稿寄出以后，我又开始考虑下一版该怎样修改，怎样更新内容以适应新的要求。因此还努力广泛征求意见，弹性力学第一版得奖后，我看到《光明日报》公布获奖名单时，我的修订第二版书稿已经寄到出版社去了。目前正在写修订第三版的书稿。

3. 身教重于言教

对学生和青年教师应严格要求，要讲道理，也要注意方式方法，使他们信服，并且长远记住，这是言教，是重要的。但这只是育人的一个方面，更重要的是还要作则，用自己的行动来起示范作用。因为我们与同学们经常接触，我们的一言一行，他们都看在眼里，记在心里，你讲大道理时，他们首先会想你是不是这样做的。如果他们感到你是只说不做，那就没有说服力。因此我们要对他们严格要求，同时就要对我们自己提出更严格的要求。曾经不止一次地有人对我说过去的力学教研组是先进教研组，说这与我的领导有关。还有的教研组主任问我如何才能领导好教研组，做出力学教研组那样的成绩。这个问题，我一向是回答不出的。我认为，虽然力学教研组多次被评为先进集体，同志们得到教学优秀奖的也不少，这主要是他们自己的努力。虽然我在建院初期担任过三四年主任，那已是30年前的事，以后与他们接触不多。进行回顾以后，我认为，我对教研室的同志们如果说是有影响，主要是由于我起了一些带头作用。一是工作努力，认真负责，做得细致，有不断提高的要求。二是我对公与私的关系处理的比较恰当。公与私的问题是普遍存在的，不论是教研室的领导同志，还是一般教师，即所谓"老百姓"，不论是过去、现在以及可以预见的将来都有这个问题。公与私是相对的，在组内，组是公的，我是私；在校内，个人是私，其他同志都属于公。公与私的关系，包括了个人与集体、本人与其他同志的关系。公与私的想法，有四个等级或者四个不同的境界：一是大公无私、公而忘私，就是所谓毫不利己、专门利人，这是最高的境界，不易做到，但我们应该努力争取做到。其次是先公后私、先人后己，自己克服一些困难，给别人一些方便，我一般还是可以做到的。例如我写书，要逐字逐句地推敲，力求不写出模棱两可、不大清楚的词句，该怎样就怎样，给同学们看了不至于发生一些不应当发生的问题。我们有的同志字写得非常潦草，自编的简化字很多，让人看不懂，应该自己克服困难，慢一点写，给人以方便，这是不难做到的。第三等是公私两利，以前人民银行劝大家储蓄，这是公在国家，利在自己，这就是公私两利。人我之间应当互相互利，做到公平合理，彼此满意，这是我总能做到的。至于最后一等，化公为私，假公济私，压制别人，抬高自己，则坚决不干，并且时刻警惕自己。近年来，有的教研室内部或教研室之间发生过一些问题，有一些矛盾。比方说，发表文章时署名次序问题，教材谁是主编的问题以及稿费如何分配问题，引起过一些纠纷，影响团结，影响工作。我想，如果大家能够把公私关系、人与我的关系处理得好一些，自己甘愿吃点亏，那么同志之间就不会有这方面的矛盾，也就不会影响团结，影响工作了。

4. 教书育人是我们的光荣职责

我教书50年。常有人说我是桃李满天下。当然这是过奖的话，但我确实教了不少的学生，少说也有几千，总是四位数字吧，带过研究生也是两位数字。他们目前分布在全国各省市，大多数成为教学、科研、生产方面的骨干，还有的成为部门的得力领导，在"四化"建设中起了很大的作用。很多的是青出于蓝胜于蓝，比我强得多。当然这主要归功于他们自己的努力，归功于在座各位同志们的精心培养，更归功于祖国给他们以实践的机会。但我的50年教学工作给他们指点、领路也起了一定的作用，想到这些自己感到很大的安慰，也感到自豪，觉得50年的努力没有白费。也感到当初我选择教书这一行业作为我的终身职业，是选对了。遗憾的是过去自己的努力还不够，也受到一些挫折，走了一些弯路，特别是没有把育人放在主要的地位，没有自觉做育人的工作。今后还要在有限的晚年中，以育人为目的，多做一些工作。

在座的教师同志们，让我们在党的正确领导、在党中央正确政策的指引下，更加努力工作，把教书育人看做自己的光荣职责，认真负责地把有用的知识教给同学们，以自己的优良品质影响同学们，使他们茁壮成长，成为德、智、体、美全面发展的人才，成为可靠的接班人。特别要建议同志们向广大的同学们说明，经过十年"文革"的大动荡，大混乱，我们好不容易才取得现在这样安定团结的局面，我们必须十分珍惜这种局面，抓紧时间，努力学习，努力工作，为"四化"建设贡献力量。

我准备讲的就是这些。如果我所讲的某些内容和所做过的一些工作是对头的，可以供同志们参考，那是我所希望的。如果有的内容讲得不对或是有的工作做得不对，那也可以作为同志们的前车之鉴，我的目的是和同志们互相交流、互相启发、取长补短、共同提高，进一步做好教书育人的工作。

我的话完了，谢谢同志们。

怎样提高课堂讲授的质量①

为了提高课堂讲授的质量，必须掌握课程内容，了解学生情况，适当安排教材，认真准备讲稿，做好默讲试讲，注意表达方式，及时检查改进，不断努力提高。现在针对上述八个方面，谈谈我个人的体会。

一、掌握课程内容

要讲好一门课程，首先必须对这门课程的内容下工夫钻研，不但要做到深刻理解，而且要做到全面掌握。这样才能适当选择教材和妥善安排教材。所谓深刻理解，就是要把课程内容的每一个组成部分都彻底搞懂，不能有一点含糊，准备回答学生们可能提出的一连串的"为什么"，这是基本的要求。所谓全面掌握，就是要能从全部内容中抽出重点，理出系统，用一根线贯穿起来。这个要求虽然是高了一些，但也要努力争取做到。要知道，即使教师自己明确了重点，理出了系统，再去讲课，同学们听了以后，还可能感到"重点不突出"，"系统不清楚"。如果教师自己就是重点不明，系统不清，同学们所听到的将只是无主次、无头绪的一堆零碎知识。这是因为，把教师的知识转变为学生的知识，要经过"讲"和"听"的过程，要打一定的折扣。道理虽很简单，但有些教师同志们未能深切体会，因而不够重视。

为讲课而钻研一门学科的内容，绝不能以教学大纲或一本教科书的内容为限，不能要讲多少就只学多少，不能懂得几分就讲到几分。一定要"多走一步，深入三分"，有一定的储备力量。不然，将来会感到无法启发同学，答疑的时候会感到词穷才尽，无法应付。其次，对这门学科过去发展的过程、目前发展的情况、将来发展的方向，以及它在各个发展的阶段怎样和生产实际相联系，也必须有一定的了解。这样，在讲课的时候才不致内容枯燥，范围狭窄，使同学们感到"干巴巴的"、"只有骨头没有肉"。如果自己曾经在这一学科方面结合生产做过一些科研工作，就更能使讲课讲得生动，使同学们感到有说服力。

在钻研教学内容时，在广泛阅读各家各派不同的学说和不同的方法后，比较它们的优点和缺点，并且肯定自己的看法。虽然将来在讲课时一般并不讲授所有不同的学说和方法，但可能有一些同学们阅读参考书，提出这方面的问题，教师要做到有备无患。

---

① 本文系徐芝纶院士于 1982 年在《人民教育》上发表的文章。

如果教学大纲中规定全都要讲授,那么教师就更必须有肯定的见解,在讲课时明确指出,否则同学们将更加不知所从了。

二、了解学生情况

教师在准备为某一班级讲授某一门课程之前,必须去了解这个班级里学生们学习的情况,尽可能地多搜集这方面的资料,作为将来安排教材、决定教学进度和选择教学方法的一部分依据。搜集的资料,包括这些学生们的基础、学风、惯用的学习方法,以及其中是否有特殊优异和特别困难的学生,等等。更重要的是与这一门课程密切相关的课程,特别是这一门课程的先修课程,学习的情况怎样,更应当深入了解。要了解学生们在先修课程里学过什么内容,理解的程度怎样,对某些重要概念是怎样理解的,用什么名词,惯用怎样的方法来处理问题等等。这样,在将来备课的时候,才能使讲授的内容与先修课程的内容多多地联系,充分利用学生们已有的知识为自己的讲课服务。这样做,不但可以使得学生们易于接受所讲的内容,还能使他们对先修课程的内容理解得更深刻。如果不这样做,就不但不能利用他们已有的知识为自己的讲课服务,而且会在讲课中与先修课发生矛盾,使学生们迷惑不解。

为了搜集上述资料,可以向系里去了解,可以向先修课程的教师或教研室去了解,也可以向本班的同学或班干部去了解。但是,这样得来的资料不免是间接的、粗糙的、片面的。要得到比较直接的、精细的、全面的资料,最好是把同学们在先修课程中所记的笔记和作业借来几份,仔细翻阅。这样,不但可以得到所需的资料,还可以从中吸取其他教师的讲课经验。

在教学过程中间,还应当通过交谈、答疑、辅导、批改作业、举行测验等等的环节,不断加深对同学们的了解。

三、适当安排教材

这里所谓安排教材,是指分量的多寡和次序的先后这两方面说的。

教材分量的多寡,首先是决定于教学大纲的要求。对于同一门课程,不同专业有不同的要求,这都反映在教学大纲里面。凡是教学大纲规定的内容,必须纳入教材之内。凡是教学大纲不要求的内容,一般都不要塞进教材。切忌贪多求全,更忌以多取胜。内容太多,不免会有两种结果,一种结果是赶进度,抢时间,早上课,迟下课(拖堂),分秒必争,弄得师生两方面都非常紧张;一种结果是讲授内容过于浓缩,讲解过于简略,同学们对主要内容反而不能理解或不能深刻理解,自然也得不到好的效果。过去有同志讲过:"我出于好心,想让同学们多学一点,想把自己所知道的都讲出来,结果是意见一大堆,好心没有好报。"这是值得吸取的教训。

如果只讲授教学大纲规定必讲的内容还嫌时间太紧,可以考虑利用讲课以外的教学环节,使学生们学到这些知识。例如:有些数学推导,如果教科书上已经写得很清楚,同时也不包含重要的物理概念,那就不必在黑板上再写一遍,而让同学们用自学的时间去阅读教科书。有些例题,如果并不是用来说明重要理论的,可以移到习题课里去讲。

对某些结构或机器的描述，与其在课堂上费时费力还讲不清楚，倒不如让同学们在课后看一看模型或实物，既省时间又省力，效果可能更好些。教学内容次序前后的安排，主要是要符合学生学习的规律，要由简入繁，由易到难，要注意分散难点，分散新概念。不从学生的学习规律出发，不为学生学习方便来打算，而片面强调学科的系统性，或是勉强适应生产过程的先后，都是错误的。为了使学生对于学科的系统性和生产过程有所了解，可以在课程结束，学生已掌握了课程内容以后再进行介绍。

如果教师对教学内容不很熟悉，或是教学经验较少，还不能对全部教材融会贯通，自己理成更好的系统，那么，最好还是老老实实地按照一本教科书中的次序来安排教材，不要作很大的变动，因为教科书一般是由经验比较丰富的教师们编写的，他们都曾经深入考虑过这方面的问题。但这是暂时的措施，应当争取以后做到对教材融会贯通，自成更好的体系。

四、认真准备讲稿

讲稿应当包括全部要讲的内容，但不必像演讲稿那样写出全部的字句，准备在讲课时照本宣读。一般说来，初讲课或者讲新课时，讲稿应当详细些，以免临时找不到恰当的词句；讲过几次、比较熟练以后，可以简略些，以免讲课时过于呆板。整块的内容，特别是其中内在的联系比较紧密的，不会临时遗漏，可以简略一些，承上接下、联系其他章节、联系其他课程内容的，要详细一些。

在着手编写一章的讲稿时，应先分析一下这一章有哪些新的概念、新的理论，哪些是重点，哪些是难点，应考虑如何充分利用学生已有的知识去讲清这些新的概念和新的理论，要善于应用对比的手法和类比的方法。

对重点部分要考虑得周到些，要写得详细些，要从正面、反面、侧面等多方面去说明，要在不同的地方反复强调，要从它在理论系统中所占的地位、在应用中所起的作用等方面把重点"烘托"出来，使学生自然而然地感到确实是重点而予以重视。

对难点应分析它是概念上的难，还是数学上的难；是复杂造成的难，还是冗繁造成的难，应有区别地去处理。对于概念抽象造成的难点，应努力使之具体化，尽量采用感性较强的例子去说明。对于数学上的难点，则要把有关的数学知识先讲清楚。是复杂造成的难，就要把难点分解为几个简单部分，逐个去解决。是繁造成的难，则应把段落分清，层次分清，前后联系讲清楚。

讲课时板书的布置和次序，要在讲稿中准备好。哪些词句公式要写或不必写，哪些图要画或不必画，以及公式的排列，图线的次序，投影的角度，各部分的相互位置，都要事先安排好。否则临时布置，安排不好，可能影响教学效果，还可能忙中有错。

在每次两节课的终了，准备一两小段可讲可不讲的内容，用来调剂时间，免得下课时无法告一段落。

讲稿写好以后，在备课期间当然会要一再修改。但千万不可在临上课之前还做较大的更改，免得忙中有错。即使临时想到的安排办法比原来的办法好得多，如果变动较大，那也宁可还是照原稿讲授，等到下次讲到这个内容时再行更改。

五、做好默讲试讲

默讲和试讲,是近期备课中最重要的环节,在这方面多下一些工夫,总是值得的。

所谓默讲,就是在写好讲稿以后,把它拿在手里,假想自己面对学生,按照将来正式讲课的速度,一字一句、丝毫不苟地,不出声地讲课。默讲的时候,虽然实际上是自己讲给自己听,但要同时把自己当做听讲的同学,听听自己讲得怎么样。如果感到什么地方讲得不顺,就要修改讲稿。如果发现时间太多或太少,就要修改原定的讲课份量,或者调整讲授的内容。初讲课时,每节课的内容至少要默讲三遍以上,一遍两遍是不够的。

如果条件许可,应当争取试讲。简单的试讲,是在空教室里,请一位同志或班里的一位中等同学,代替全班同学来听讲,和演员们预演一样。这就不但可以发现词句是否恰当,速度是否适宜,还可以发现口语是否清楚,音量是否合适。如果听讲的是同学,还可以当场知道讲课的效果。

目前由教研室或教学小组来组织进行的试讲,由较多的同志听讲,听过以后,大家讨论,提出意见,当然更好。但这将花费较多同志的时间,不可能常常举行。

六、注意表达方式

讲课时要态度自然,不宜过于拘束,更要注意保持严肃,不可表现轻飘,以免使同学们分散注意力,易于疲倦。眼睛要多多正视同学们,不宜以过多的时间面向黑板,更不可常常看窗外、看地板、看天花板。要轮流正视左右前后的同学,使他们感到你是在向他们讲心里话。写了板书以后要及时让开,使所有的同学都能看到黑板上的字。不可随写随擦,要让同学们来得及看,来得及记。

讲话的声调要有轻重缓急,要有节奏感,要能鼓动学生们动脑筋积极思维。在适当的地方,可以先提出一些问题让学生考虑,在学生经过一定的思考以后再讲。在讲课中,还应注意适当留些问题给学生课后去思考,启发学生深入钻研。在下定义、下结论时,要把声调加重些,把速度放慢些,要斩钉截铁,毫不含糊,还应有适当的重复,但重复时不可改动字句,以免同学们不知怎样记才好。

如果口头语太多,要注意改正,如果不会讲普通话,要坚决学会。

讲话要准确、精炼,要讲究逻辑,不要拖泥带水,更不可语病丛生。例如,两句话之间如果并没有因果关系,就不要随便用个"因此"把它们连接起来。不要只举了一个很特殊的例子,马上就接着来个"由此可见",讲出一般性的结论来。这和不恰当的语句,不但妨碍同学们对讲课内容的正确理解,而且不利于他们在思维逻辑和辩证观点方面的锻炼。应当尽量用通俗易懂的语言来讲课。不要用同学们不熟悉的、比较艰深的数学语言或哲学语言。如果非用不可,必须简单地解释一下,免得同学们在思想上起疙瘩,妨碍听讲的效果。

讲课时,要随时注意同学们脸上的表情。如果发现有不正常的情况,要及时找出原因,设法补救。例如学生们交头接耳,手指黑板,就表示黑板上写错了字,要立即改正;学生们目光呆滞,记笔记的速度放慢了,就表示他们有些疲乏,注意力难于集中,这时就要调整声调,讲一两句警语,甚至讲一两句笑话,使他们恢复注意力;学生们皱眉苦脸,就表示教师所讲的内容难于理解,这时应当减慢讲授的速度,适当地重复讲解或补充说明。

七、及时检查改进

每次下课以后,都应当把讲课的内容和方式仔细地回忆一下,检查一下,看看哪些方面是成功的,哪些方面是失败的。对于成功的方面,应当作为经验,肯定下来;对于失败的方面,应当分析原因,定出改进的办法。默讲试讲时,虽然也可以检查改进,但究竟不是正式对学生宣讲,有些毛病不会发现,不如正式讲课以后可以全面地深入地检查一番。对于失败的方面,当然也可以暂时记下来,等待下一次备课时再仔细研究如何改进,但总不如在刚下课之后,记忆犹新,立即定出改进的办法。

课程结束以后,要再做一次总的检查。这个检查,主要是针对整个课程教学内容的多寡和次序的安排进行的,同平时的课后检查一样,最好是在检查以后立即定出改进的办法,不要推迟到下一次备课时再来考虑。

课后征求学生的意见,征求听课同志们的意见,都可以从中发现自己讲课中的缺点和问题。但是,根据我个人的经验,自我检查是更重要的一方面。虽然一般说来是"当局者迷,旁观者清",但是,自己如果能够深入地、客观地、全面地检查,是可以做到比旁观者更加清楚的。同学们所提的意见,往往只限于表面现象。只要讲课者的讲授能力达到一般的水平,让同学们基本上听懂了,记下笔记,做出作业,他们也就提不出什么意见了。至于听课的同志们,有的人并没有在这门课程的讲授上多下过工夫,他们所习惯的讲课方式也不一定适合你的情况。因此,在一些大的方面,明显的方面,他们是可以提出很宝贵的意见的,但是,对于一些比较隐微而不明显的缺点和问题,是不容易发现的,这只有靠自己吹毛求疵挑剔出来。一般说来,在初讲课时,主要是靠别人提意见;在讲过几次以后,主要是靠自己的检查。

坏习惯总是很容易养成而难以改正的,讲课方面的坏习惯也是这样。因此,在初讲课时,必须十分注意讲课的方式与方法,多多向别人学习,多多请别人指点,努力改进。如果有些缺点,有些毛病,及早改正是比较容易的,等到习惯成自然,就难以改正了。我在初讲课的几年中间,由于自己没有注意,那时也没有请人批评、征求意见的风气,因而养成一些不好的习惯。例如,讲话过分夸张,在任何情况下都不重复一句话,板书凌乱,在黑板上做过多的数学推导,等等。这些缺点,在自己发现以后,都经过很长的时间才慢慢地改正过来,有的毛病到现在还没有改好。这个教训值得介绍。

八、不断努力提高

课堂讲授质量的提高,是没有止境的。过去人们常说"学无止境",对于我们教师来说,应当说是"学无止境、教无止境"。如果我们仅仅满足于完成教学大纲,同学们没有意见,那就把要求降得太低了。即使同学们不但没有意见,而且公认你讲得很好了,讲课质量还是可以大大提高的。

首先，掌握课程内容，就是没有止境的。深入了还可以再深入，宽广了还可以再宽广。近几十年来，科学发展得很快。要对一门学科的内容做到深刻理解，全面掌握，并不是可以轻易做到的。何况现在四个现代化的任务摆在我们面前，国家对人才培养的要求越来越高，对教育质量的要求也就越来越高，对于我们课堂讲授质量的要求也就越来越高。同时我们也可以预见，学生的程度也将是越来越高。因此教材的内容必须不断地改进，不断地更新。这些方面，同学们是不会提出好多意见的。

再说，改进教学方法，也是没有止境的。例如，讲课这个教学环节应当怎样和其他环节相配合？哪些内容必须在课堂上讲授，哪些内容宜于由同学们自学？怎样讲授，才能使同学们以最少的精力和时间掌握基本内容，腾出精力和时间去进行自学？在讲课中应当怎样深入浅出，对不同程度的同学因材施教，使得程度较好的同学可以深入钻研，发挥他们的才能，程度较差些的也能掌握基本内容，为他们日后的自学打下基础？这些问题，将永远摆在我们面前，有待我们不断地钻研，逐步去解决。

作为讲课的教师，我们应当树立这样一个观点：每讲一节课，都应该让同学们有一节课的收获。一节课讲得成功，将使听这节课的同学们在向科学进军的道路上前进一步，也就是自己对祖国实现四个现代化做了一份贡献（哪怕是极其微薄的一份）。一节课没有讲好，对全班几十个甚至几百个同学来说，便浪费了几十个甚至几百个小时。如果在这一节课中间，自己向同学们灌输了任何错误的内容、观点和方法，造成的损失就更大了。我们怎能对任何一节课掉以轻心呢！

目前，我们开展教学法的研究，条件是很好的。有党组织和教研室的领导，有同志们帮助，有同学们提意见，还有集体备课、组织试讲、检查性听课等等的措施。在这样的条件下，任何一个教师，只要明确自己的责任，愿意努力钻研，虚心听取意见，决心改正缺点，总可以使自己的讲课质量不断地提高，为祖国的四个现代化做出更多的贡献。

高等学校中的教育方式与学习方法①

　　首先让我代表本院全体教师同志们和教务工作同志们再次向全体 400 多位新同学表示衷心的、热烈的欢迎。我们不单是欢迎你们由各处来到华东水利学院学习,也不单是欢迎同学们和我们一同在这大家庭里生活,更重要的是欢迎你们来和我们一块做教学工作,来完成我们大家共同的任务。也许有些同学会这样想:我们同学是来学习的,你们是在这里教书的,怎么说一块完成共同的任务呢? 理由很简单。我们教学,目的是使同学们学好,学好就是教好。同学们任务完成,我们任务也完成。另一方面,没有同学的帮助,我们就不可能搞好教学。有人拿学校比工厂,教员比工人,同学比产品,有些方面是很合适的,但是有一个主要的区别:工程产品的质量决定于工人的技术和机械的控制,但是学生要经过自己的劳动才能保证质量。因此就必须要同学们自己端正学习观点,运用智慧,改进学习方法,而我们则尽可能地改进教学环境帮助同学们。所以,我们大家是在不同的岗位上,做同一件工作,任务相同,目的相同。只有大家齐心合作,步调一致,互相配合,才能把教学工作做好。

　　根据了解,同学们来校后最关心两件事:一是学什么;二是怎么学法。前一问题已由各系主任做过专业介绍与教学计划的报告,现在我来就学习方法的问题谈谈。当然,要知道学习方法,首先就得使大家了解高等学校的教学方式;而要了解高等学校的教学方式,就必须先把高等学校的教学目标及任务向大家讲清楚。

　　诸位同学从前几个报告中,已经知道像我们这样的一个高等工业学校,是培养高级技术员与工程师的。培养什么样的技术员与工程师呢? 各专业不同,但有共同的条件,就是要"适应祖国当前经济建设的需要,忠实于人民事业,体魄健全,具有一定科学理论与专业技术"。具体说来就是要:

一、忠实于人民。要做到这点,就必须重视政治课程及时政学习

　　作为一个新中国的建设干部,我们必须明了祖国经过怎样的革命过程由旧中国成为新中国,必须明了祖国目前的建设情况,必须看清楚祖国社会主义的远景,这样才不至于专门为个人出路打算,才谈得上忠实于人民事业。此外,还必须通晓无产阶级革命的科学,懂得社会发展的规律,能够用无产阶级的立场、观点、方法来分析问题和处理问

---

　　① 本文系时任教务长的徐芝纶院士在全院新同学大会上所做的报告。

题,这样才能适应祖国当前经济建设的需要。政治课和时政学习,正是为了培养同学们能合乎这一规格。

二、体魄健全

对于任何一个建设干部来说,这是很重要的。因为我们任务是重大的,工作是繁重的,困难的,没有健全的体魄就不能胜任。即使在学校期间,学习任务也是不轻,我们在繁重的学习中不但要保持健康、完成学习,并且要一年比一年加强,迎接学业后的工作,因此,学校对于体育课和课外锻炼极端重视。

三、掌握一定的科学理论与专业技术,并且能独立思考和独立工作

由于新中国建设面广而人才缺乏,同学们毕业后常要独当一面地工作,独立设计,领导施工。因此,高等学校要尽力避免填鸭式的讲课,保姆式的辅导,在各个教学环节中训练"独立"。诸位同学在中学里受到老师的照顾可能是多了些,听到独立有些害怕,但必须锻炼,老要人扶着走就永远不会走路。高等学校各种的教学方式,正是为了达到以上这些目的而服务的。具体方式有:

(1)讲课。同学们每星期在教室和实验室内和先生见面的时间大约是三十几小时,最多 36 小时,其中有一半或一半以上是用于讲课。就形式上看来,与中等学校没有什么差别,除了班子大些(两个、三个或六七个小班合为大班,多至 200 人),但实际上不同,高等学校的讲课是最重要而且起主要作用的。同学们在课堂上听了并领会了课程内容以后,可掌握一定的具体知识,并了解这些学科在他未来工作中的重要性与必要性。不是简单地记住所讲教材,而且要真正懂得;不单要懂得单独问题以及个别章节,并应理解这门科学的发展逻辑,懂得所讲理论问题与社会主义建设之间的关系。只有这样,在独立工作时,遇到没有讲到的这门科学知识范围内的问题,才不会有很大困难。同时,由于时间上的限制,只能讲述课程中最基本最主要的问题,凡是与整个课程的系统性和逻辑性没有关系和次要的问题,都不能在课堂上讲授,这就需要同学事后独立阅读,并对这门课加以补充。

(2)课堂实习。凡有计算与作画的课,不论普通理论课、普通技术课或专业技术课,都有适当的习题课。小班进行在先生指导下做题,主要作用是使同学学会运用所得知识解决具体问题,同时帮助同学体会理论,巩固记忆可学会运用手册、图表、计算尺等,以减少计算工作。进行时,老师指出一般解题方法,必要时通过例题说明,然后同学独立解题,有疑问可问,老师也主动了解学习情况,指出错误,启发思路。最后,指定课外习题或作业,使同学独立解答。

(3)实验。在实验中,同学可以直接观察到讲课时已用理论说明过的现象(自然现象在人为条件下重复一次),加深了解;同时可学会使用仪器,明了机器或其他技术装备的操作条件,并获得一些生产操作的技巧。在实验室中分小组进行,要求每个人亲自动手,不容许袖手旁观,要求深入观察并与课堂所讲的联系思考,不能机械地操作;要求每个人作一份书面报告。

（4）成绩检查。由成绩检查教学效果，分为经常性的与总结性的两种。经常性的有检查作业、实验、课程设计、测验等，目的是了解学习情况，发现问题，对学习不好的及时帮助并改进教学，督促同学按时复习，不致积压。总结性的成绩检查就是考试在期中举行，目的是总结一年或一学期的全部教学工作。每个同学在考试时，都得温习课程全部的内容，并把所学内容加以整理，使之系统化，加深对课程的了解。考试定出成绩，向政府报告。

本院一般课程都采用口试的考试办法。根据苏联高等学校多年积累起来的经验，以及本院试行以后的经验，我们一致认为实行口试，容易判断同学理解程度，从考试本身可以使同学再一步提高。但有些新同学对这个办法还不够了解，所以对口试很担心。这里我简单地解释一下：口试的时间充裕，两三周考五六门，两至三天一门，不是一天考几门。考试前布置特别答疑时间，考时拿到试题后还有半时至一时的准备，可写提纲，怕口齿不灵，答不清楚，也可借纸笔帮助。同时在面对面口试的时候，并不紧张，你们会觉得老师比讲课时更可亲，因为他希望在这门课程上最后帮助同学并改进自己。老师在口试中，可以看得出哪些是偶然疏忽，哪些是概念模糊，不对题的可以指点、启发，有遗漏的可经提问补充，这些都是笔试所不能做到的。

此外还有课程设计、教学实习、生产实习、毕业设计等等的方式，将由教师们及时向诸位介绍，今天不多解释。

针对以上的教学方式，同学们用什么方法学习呢？这是很难以用一定的公式加以规定的。因为学校里课程的种类很多，同学们的基础及过去所习惯采用的方法也不尽相同，所以就不能机械地加以规定，而应当按照各门课程的要求及自己的条件而灵活采用。现根据过去的从实际工作中得来的经验，将主要的可行的学习方法向各位同学介绍：

1. 定学习计划

课程门类多至七八门，而自修时间是有限的，为了用一定时间取得最好效果，就必须把时间合理分配。开课以后系里会通知你们每门课程的自修时间，合理地安排一下。要结合课程表，尽可能当天复习听过的课，印象深刻、省力。每位同学结合个人情况，每门课自修时间可略做增减。总的自修时间也可以结合身体、基础情况，略做增减。但是，绝不应将自己认为"次要"课程自修时间减得很多，因为教学计划中所列的课程绝对没有主要次要之分。定了以后照计划执行，要坚持，这样不至于东抓西抓，被动。

2. 怎样听讲、记笔记

在课堂上要集中精神，专心听讲，不能思想开小差；要使自己的思路与老师的思想逻辑一致起来，才能理解、消化所讲的内容。听课脱落一段，课后补起来是费事的。有一些因素使思想不集中，要克服它们，例如：①认为这门课程次要；②对老师有成见。不能否认老师的讲课水平有高低，但不应事先有成见，须知老师讲课都是在进步的。不要太注意老师讲课的口齿，要重老师的思想逻辑；③发生疑问，不要停留，记下来课后解决;④注意身体健康,充足睡眠与休息。记笔记是高等学校中课堂教学重要的一个环节,同学在中学不习惯,必须从第一课就开始练习。必须跟着老师的思想发展,将所讲的经过思考、理解了,有重点地用自己的语言写下来,为了课后自己复习时主要参考。单是听一句写一句,像录音机不但来不及,而且没有经过自己的思索,不是自己的东西,没有用。单是看一字写一字,写下来像照相,连不起,也没有用。因为记笔记是给自己看,不求整齐漂亮,也不必求字句通顺,当然,更不必用仪器画图(另有训练画图的课程,这里倒是应该训练简单示意的徒手画)。起初,是有困难的,记与听难兼顾,需要一段锻炼过程,然后才可以从习惯到熟练。在一年级课程中,老师会照顾同学,指点记笔记的方法,同时也可从老同学那里汲取经验。开始是绝不能畏难地记,一个大学生应该能把听懂的主要部分记下来,做不到要努力做到。

3. 怎样复习

复习是为了巩固上课所讲的理论,并且为下一次听课打好基础,前面不巩固后面听不进是必然的,因此必须及时复习,最好当天复习,至少在下次听课前复习。复习时先按照自己的笔记阅读、回忆、整理,彻底搞清每一段讲课解决什么问题? 根据什么理论? 逐步推广的逻辑怎样? 得出什么结论? 最主要的是先搞懂再求记,不懂而记住,靠不住,会忘记,而且会误用,反比不记更坏;反过来完全理解了,就能大大帮助记忆。此外,在复习时要前后联系对比。有些课程,孤立章节不易懂,懂了也不易记,记了也不会用。基本上弄懂笔记,再看书(假若老师指定了),再补充笔记,就可以消化课程的内容了。复习时,最主要的就是独立思考,不要无限制地依赖老师,经过自己的独立思考理解出来,才会巩固。将来向老师发问,可能会觉得老师不直截了当的回答,答一点反问一下,这正是启发同学的思路,其实老师通盘解答倒是最省事的。

4. 怎样做习题

习题的目的在于帮助同学把听讲和习题课程得来的知识综合起来,使之具体化;同时又可训练同学独立解决问题,因此,必须在复习以后,在彻底掌握所听理论之后,在习题课里解决一些简单的问题以后才开始做。过去的不少同学没有这样做,未复习或未掌握理论,为了交习题而做习题,凑答案,结果费时间、吃力,理论没有懂,题目也没有做对,耽误了其他课程的复习,造成混乱。这些问题,新同学应该注意。

课外作业是训练同学独立解决问题的,自然没有老师在旁指点,也不需要其他同学的帮助;但如经过思考而不能解决,也是容许向老师发问或与同学讨论争辩的。因为课外作业是复习过去所学的重要部分,所以习题或作业绝不仅限于本章本节,而是与若干章节的理论或方法有关,非如此不能掌握整个课程内容,就不能灵活运用所学的知识。在毕业前有一个大作业,叫毕业设计,借此来综合所有学过的各课程的知识,做一个总复习。

总之,在高等学校中一切教学工作,都是为了培养同学们能在将来祖国建设工程中做一个合格的干部。因为祖国建设需要忠实于人民的事业,学校就必须重视政治课程和时政学习;因为需要体魄健全,就得重视体育课和课外锻炼;因为需要科学理论基础和专业技术,我们就得有一个完整的教学计划;最后因为需要独立工作,所以我们要强调独立思考和独立工作。当然,在短短的几年内从中学生而成为合乎规格的高级技术员或工程师,在学习上是有困难的,但这困难是必须克服,而且是一定可以克服的。当我们想起祖国美好的将来,想起党和政府对我们的培养,想起祖国人民对我们的期望,我们会有勇气有力量来克服困难,在老师的帮助下和同学相互鼓舞之下,我们一定可以克服困难,完成学习任务。

最后,祝同学身体健康,学习胜利,工作胜利。

如何温课准备考试^①

如何温课,准备考试? 首先,在课程没有结束以前,不要先紧张忙乱,要坚持正常的学习生活,继续讲授的课程仍然要及时复习,实验、习题、作业有缺的要先补齐。

其次,在考试日程公布以后,按照所排考试课程的次序,依次复习。考试日程的安排是按照大多数同学的情形安排的,在复习每门课程以前,要具体地定出自己的复习计划,除了复习所需的时间外,要留下答疑的时间和最后总结的时间。不定出总结的时间,不能得系统复习的效果,不论口试笔试,都要全面复习,不能丢掉某些章节。

计划定好,要切实执行,同在一组的同学要相互督促检查,如果当天复习计划没有完成,要找出原因,设法弥补,必要时要修改计划,复习时切忌先松后紧,往往第一天复习思想上认为时间还早,精神涣散,不能完成计划,到最后必然紧张起来,乱抓一番,就难以系统掌握内容了。

在复习每一章以前,最好先回想一下,这章主要内容是什么,哪些还比较熟悉,哪些生疏,心中有数,就可以有目的地进行复习。先看笔记还是先看教科书或讲义,要根据自己情况来决定,这里笔记记得比较完整,而且平时经过整理,当然先看笔记,有亲切之感,容易抓住主要内容。

复习,应先将不明确的概念和基本概念先明确起来,然后分析每章的主要问题和次要问题,以及它们之间的联系,有模糊的地方不要轻易放过,要想通,想不通要记下,和同学讨论或去问教师,不要怕问教师,自己硬钻牛角尖,浪费时间。但也不要无限制地问教师,要培养独立思考能力,因为自己想通的要比教师讲通的更巩固些。

各章复习完毕,要将各章内容联系起来,使它系统化,然后归纳出来这门课程的主要内容,想想这些内容,想想这些内容如何联系实际,能解决什么问题。从总结中提出自己平时在复习中的缺点,并考虑以后如何改进。

考试之前必须有一段休息时间,不要临入考场还在最后挣扎;要用最大努力来维持镇静,要看清题目,不要所答非所问。要答主要内容,不要为了捡芝麻丢掉西瓜。

考试以后对自己的复习工作要做一番检查,复习计划是否恰当,复习的方法是不是

---

① 本文为时任副院长的徐芝纶院士就学期考试问题向全院一年级学生做的报告中关于如何温课准备考试部分。

好？成绩好是由于什么原因？成绩差是由于什么缺点？是先松后紧？是思考太少？是临时紧张？复习下一门考试科目应如何进行？这样分析一下，对以后的考试有很大帮助。成绩好不要麻痹，要更进一步努力，不然下一门考试会失败的。成绩不好，不要丧失信心，要克服缺点，再度努力，争取下一门考好。

必须不断革命，才能攀登科学高峰

我是从去年 11 月中旬开始进行科研工作的，到现在已经整整三个月了。回想着 3 月中旬，随着工作的是否顺利，思想波动很大，种种不对头的想法此起彼落。可以说搞出一点点成绩，是通过不断的思想斗争才取得的。

去年"七一"前夕，修改个人红专规划时，虽然已经明确，作为一个高等学校的教师，为了直接支援国家建设和提高教学质量，必须进行科研工作。但是在规划中又提出"积极准备进行科研，从 1960 年起每年至少写一篇科研论文。至少帮助教研组同志写出一篇"。这就是说，还打算用半年的时间进行准备，打好基础，再行上马。

通过八届八中全会决议的学习，深深感到自己右倾保守思想是严重的。不禁对自己提出一系列的问题："半年"，从高速建设社会主义的角度来看，这是多么长的一段时间！在过去，多少个半年被你无声无息地荒废了？你还能为祖国工作多少个"半年"？如果你还需要准备半年才能开始搞科研，那么，刚刚毕业的同志们要准备几年呢？没有毕业的同学是否还能搞科研呢？经过这一系列的问题得出正确解答以后，很自然地得出结论——立刻上马。一个结论决定立刻上马以后，思想上仍然有很多的顾虑，搞理论问题吧，数学荒废已久，怕遇到困难不能克服；搞实验分析吧，自己过去很少动手，又没有经验。搞大的问题，怕实力不够，一时拿不出成果；搞小的问题，又觉得不够劲，意义不大。考虑了几乎一个星期，还不知从何下手，决定不下来。听过党委一系列有关大搞科研的传达报告，参加了南京市科研技术革新跃进大会以后，对这些问题有了比较明确的看法：题目不论大小，只要是对国家的建设有用，都值得研究；估计力量，不应以自己的力量为限，要考虑到人家的协作，兄弟教研组的支援。估计自己的力量，不应该以目前的力量为限，边干边学，在实践中提高。至于能不能有成果，是不是"够劲"，那是过多的顾虑，还掺杂着个人主义的想法。经过几天的考虑，决定选择"中厚度土层上的基础梁"这一问题，因为这是水工建筑上迫切需要解决的问题，又是与目前教学工作密切结合的问题，如果理论分析不能成功，还可以用实验方法来解决，如果自己搞不出来，也可以请教研组的同志们协助，总会搞出成果来。

工作总算顺利，不到 10 天的时间，理论分析进行完毕。推出的公式能够包括目前已有的特殊公式，表明理论方面没有问题。在这极端兴奋的时候，又产生了两种不对头的想法。一方面想，这个问题是外国文献上认为目前不能解决的，我竟然能够在 10 天中间把它解决了，好像自己很有一手。另一方面想：为什么我所想到的这样一个简单的处理方法他们竟没有想到，莫非已经有人已经发表而我们没有看到吗？翻遍手头的文献并没有发现，但心中仍然怀疑。经过冷静的思考，自己对自己提出了这样的警告：认为外国学者想不出的自己也不会想出，这是妄自菲薄，对别人的迷信；认为自己能想出别人想不出而感到"了不起"，这是妄自尊大。不管哪一种想法，都是不健康的，都会限制自己前进。应该是：别人想不出的我也有信心去解决它，不要自卑；自己想出来以后，应该认识到这是在前人的基础上得出来的，不要自高自大。

理论分析进行完毕，还需要进行大量的计算工作，才能付诸实用。这时，思想上又出现了种种顾虑：如果单靠我一个人进行计算，要算到哪一天，才能拿出成果来呢？如果请同志们或同学们帮助计算，人家愿意来干机械的计算工作吗？即使他们愿意帮助我计算，精度是不是能保证呢？如果计算有错误，是不是要我负责呢？这些顾虑几乎使我决定把工作暂时结束，只把理论分析拿出来，作为完成献礼的任务，计算制表的工作等以后再说。这时，系党总支通过赵光恒同志向我提出，可以请一批同学来参加计算工作，许慰祖同志也表示愿意参加工作并且帮助我指导同学们进行计算，才使得这项工作继续进行，及时得出成果。事实表明，我的顾虑不是必要的，只要工作有意义，党是鼓励支持我的，同志们同学们也会及时给我帮助。

通过三个月的科研工作，我比以前更深刻地体会到思想改造是长期的反复的。几十年来，资产阶级个人主义的思想在脑子里根深蒂固随时随地以各种形式表现出来，并使工作受到损害，今后必须时刻警惕，不断革命，才能逐步克服。同时，我也更深刻地体会到服务与改造的统一关系，脱离实践空谈改造，是不会收到好的效果的。现在，全院的同志在党的领导下，正以冲天的干劲，忘我的劳动进行科研工作。我要更积极地投入这个洪流，在工作中时时刻刻不放松自我改造，使自我改造也成为工作中的动力，同时，也通过工作达到自我改造的目的。

庆祝建校二周年^①

　　两年前，全国高等学校进行院系调整以后，我们华东水利学院成立，经历一个短时期的建校工作，在 1952 年 10 月 27 日正式上课。

　　这一天，中国第一所新型的水利学院开始上课，在我国高等教育事业上讲来，意味着我们脱离了旧型的、不能适应新中国建设需要的高等教育的范畴，而向着新型的、能适应国家过渡时期社会主义建设要求的高等教育迈进了。在我国水利事业上讲来，意味着此后将有大批的合格水利技术干部从事新型的、高度技术的水利工程建设。

　　过去的两年，对我们全体师生员工讲来，是紧张的战斗过程，战斗的目标是进行教学改革，努力学习苏联。战斗的结果是：以英美资本主义制度为基础的、旧的教学内容、教学方法，以及教学观点和教学态度一个个地被打垮，或正在被打垮。现在我们有了完全切合社会主义建设的教学计划，明确了培养目标；我们大多数课程都基本上应用着苏联教材；我们在迅速地学习并逐步开展苏联先进教学方式。我们已订出 3 年计划，可在 3 年之内完全开展各种教学方式，包括课程设计，毕业实习，毕业设计，专业试验在内。这样，可使得我们能够贯彻培养目标所提出的要求，也就能够培养出适应第二个五年计划中水利工程建设所需的干部。这些改革不是改良主义的改革而是本质的改革，不是一枝一节的改革，而是包含一切的全面改革。今天，我们能取得了基本的胜利，是值得庆祝的。

　　战斗的另一结果是：教师们经过两年的工作和学习，在工作上及思想上都有显著的提高。很多年轻的教师，毕业三四年以至一两年的，现在在独立讲课，指导实验，并领导一些教学组织。过去教师们出卖知识出卖技术的雇佣态度完全打垮，他们对学生负责，对学校负责，对国家建设负责的精神是大大地提高了，假使今天还有这样的教师，不以搞好教学为目的，对学生不负责，主观上不遵守教学计划的规定，而自己搞一套，就必然受到群众的指责。学生们"为饭碗混文凭"的时代，是一去不复返了，他们绝大多数都能了解是为国家学习，并且愿意到祖国需要的地方去工作。在平常的学习中是这样表现，在生产实习、防汛工作、毕业后离校工作中也都这样表现。所以，学习成绩和健康状况能一年一年提高。上届毕业生中出现了很多优等生，上学年劳卫制经过评选，十几个班级内有很多同学得奖，在生产实习中受到工程部门的重视。在防汛工作中不但很多同

---

　　① 本文系时任教务长的徐芝纶院士在庆祝建校二周年大会上的讲话。

学个人立了功,而且在全院防汛工作上得到了集体奖。现在假若还有学习不努力,投机取巧混得文凭的学生,一定要被群众看不起。我们在行政工作上的成绩也是巨大的,一系列教学制度的改变,教学组织的调整,"一切工作为教学服务"这一方针的贯彻,在校舍设备仪器图书方面物质条件的保证,都是这种成绩的表现。

所以,我们回忆一下,两年来,学校是从无到有,又从小到大;我们的思想从旧到新;我们的工作不断提高,逐渐接近国家对我们提出的要求。这些成绩使得我们完全有理由抱着兴奋愉快的心情在这里开会庆祝。

为什么我们能取得这些成绩呢?

第一,因为我们的目标是一致的,所以我们是团结的。对于党所提出的目标和行动口号,我们是坚信不疑的。因为我们大家都能意识到,顺着党所指出的道路前进,不会迷失方向,而必然走上光明灿烂的社会主义社会。在两年中,我们有从许多学校来的师生相聚在一处,有许多外来的行政干部来工作,而我们处处能体现出团结的精神,这是党的基本路线与政策的成功。

党和政府一再强调指出,进行教学改革学习苏联是搞好教学工作的关键,并且经常给我们具体的指示与帮助,并派苏联专家来校指导,这是我们能搞好工作的主要原因。这样,对于教学改革,我们原来是生疏的,现在慢慢熟悉起来了;原来是模糊的,现在慢慢清楚了;原来有摸错的,现在加以改正了。当我们有些急躁冒进的时候,党和政府提出要稳步前进;当我们有些自满或保守的时候,党和政府又提出如何较大地跨进一步。

同学们,党和政府对青年素来是关怀的,对于大学生则特别关怀。在两年中,你们不断地可以体会到,党和政府谆谆地教育你们要为祖国为人民服务,要全面发展,要使你们有独立工作的能力,并且在一切具体工作中贯彻这一点。当你们生活上有困难的时候,给你们物质上的帮助;当你们健康不很好的时候,给你们特别的照顾。

因此,在庆祝校庆的今天,我们应该首先感谢党和政府的正确领导、帮助和关怀。

其次,我们之所以能取得成绩,是和全院师生员工的辛勤劳动分不开的。教师们为了给同学们讲一小时的课,有时要花一两个小时的准备,常常工作到后半夜。的确,绝大多数的教师已把他们的全部的理想寄托在教学上,把全副的精神都投到教学工作上。学生们抓紧时间学习和锻炼身体,钻研问题的精神和学习的自觉性逐步提高,并常常对学校行政上贡献意见。职工同志们工作也是很辛苦的,虽然他们本身对教学工作并不熟悉,而且有些工作又是单调的,但他们知道他们的工作是为了我们共同的目标,搞好教学,所以他们能够努力学习,找窍门,节约物质,节省人力。最近评选了优良工作人员,正是为了他们能够在现有的条件下,配合直接教学工作。

此外,应该着重指出,我们之所以能取得一些成绩,是和兄弟学校和业务部门对我们的帮助分不开的。各兄弟学校,尤其是比较先进的学校,慷慨地告诉我们一些经验,免得我们走弯路,帮助我们培养师资。

各业务部门对教学计划提出宝贵意见,供给参考资料,协助生产实习。江苏省和南京市一些机关,更直接帮助我们进行建校工作,并给一些日常的协助。因此,在庆祝校庆的今天,我们要感谢各方面兄弟般的帮助。

　　总之,我们在党和政府的正确领导下,在兄弟学校和业务部门的帮助下,用我们的辛勤劳动取得了一些成绩。但是,我们绝不能以此自满,我们只在长期的教学改革过程中跨了一步,我们还有很多的更艰难的工作要做;并且在我们取得成绩的同时,必然有很多的缺点,我们应该在今后的战斗中纠正这些缺点,这是比总结成绩更为重要的。

　　最近,行政上对我们的工作提出这样的要求:教师同志们要好好订出并努力执行教学工作计划以提高教学质量,为保证完成 3 年教学任务而奋斗;同学们要努力全面发展,不偏废,培养自己独立工作的能力,爱专业,爱学校,尊师长,守纪律;职工同志们应该进一步贯彻为教学服务的方针,这就是我们庆祝校庆的行动口号。

　　同志们,同学们,祖国的每一片土地上都在进行着建设。原来是偏僻的山区,现在在建造巨大的闸坝和水电站;原来是大片的荒地,现在在建设大规模的农场。我们这个校址,原来叫做清凉山的地方,由于我们全体师生员工的工作热情,再也不清凉了。所以,可以断言,学校的前途和我们祖国的前途一样光明。在这里,我们用不着列举今后学校逐年发展的规模与数字,也用不着作某些具体的描写。因为,这一些,是我们辛勤工作的每一个人所能体会的,也是我们每一个人自己能够设想的。最主要的就是:让我们去掉一切个人思想,热爱我们的专业,热爱我们的工作,热爱我们的学校,热爱我们的祖国。我们要认清,祖国的光明的前途就是我们学校的光明前途,也就是我们个人的光明的前途。这样看,我们就有力量克服困难,有信心克服困难,就能取得更大的成绩。

　　最后,庆祝我们全院师生员工,更加强团结,挖掘潜在的力量,发挥积极性,发挥创造性,使得在明年今日,我们能有更大的成绩,更值得我们庆祝。

我们应当珍视今天的好条件[①]

　　我想谈一点感想。我深深感到,现在的教学条件,和过去对比,简直是一是天上,一是地下。

　　从我们的主观条件来说,我们经过思想改造、红专辩论、学术批判等等的运动,受到党的教育和群众的帮助,我们的教学观点和教学态度的问题基本上解决了,这就使我们教学工作的动力十足、干劲大,有条件飞跃地进步。回想我在开始教学的时候,虽然也会决心以教学为终身职业,但那全是为了个人。因为我感到教学工作好做,相对地讲,可以不求人,不要看人家眼色,自己靠本事吃饭;教得好教得坏,学生们自有公论,人家不能颠倒黑白;一个学校不容我,我可以换一个学校去教。在教学工作中间,我也努力钻研教材,改进教学法,那是因为我要在学生中间建立威信,要学生对我服帖,给我宣扬名气。正因为教学是为了个人,改进教学也是为了个人,所以动力有限,等到学生们对我没有什么坏的意见,个人有了一些名位,就感到满足,不再力求上进,太大的困难,就不再想努力克服,甚至有时想躲避困难,混过去,使学生的学业受到一定的损失。现在,同志们也愿意以教学为终生职业,但这是为了党和人民的事业,为国家培养又红又专的建设人才,因此大家都有无比的动力,有无穷的干劲,任何困难,都要想尽一切办法来克服。昨天李栋如同志所讲的,她在党的具体帮助下如何克服教学中重重困难的情形,就是很多事例中的一个,我听了非常感动。我想如果我在初教课的几年中间遇到了她的困难,早就想甩手不干了。

　　从客观条件来说,今昔也是不能相比的。回想我初开课时,全是自己摸索,自己找缺点,自己想法改进,没有人来关心我,没有人来指点我。向人家征求意见,没有反应,或者恭维我几句,对我有什么帮助呢? 在无可奈何的情况下,我只有找几个比较熟悉的学生(常和我一起打球的),把他们请到家里,请他们吃些点心水果,要求他们给我提些意见,偶尔征求到一点意见,就如获至宝。自己也想听听人家怎样教课,想学几手,但是那时从无互相听课的习惯,因此自己也没有勇气打破惯例,公然到教室中间听别人讲课。我的办法,只是从向学生借阅的笔记中间吸取一些教学法,我是跑到教室窗户外面偷听别人是怎样讲课的。现在呢,我们的教学有党的领导,有教研组的集体帮助,有同学不断地给我们提意见,有时还具体指出我们应该怎样改进。只要我们愿意接受意见,

---

　　①　本文系徐芝纶院士于 1959 年 7 月在《水院生活》上发表的文章。

不怕没有意见提出来；只要我们愿意接受帮助，到处都有手伸出来帮助我们；只要愿意向别人学习，任何人讲课都可以去听。再加上集体备课，课程小组的活动，试讲、总结、经验交流会等等，使我们客观上完全有条件不断地进步。

今天，我们真应该珍惜这样的好条件，好好利用这样的好条件，才不辜负党和政府给我们创造的好条件。我相信，只要我们真心听党的话，真心愿意接受群众的意见，向群众学习，无论遇到怎样大的困难，都可以克服，我们的教学质量也一定可以不断地、飞跃地提高。

徐芝纶自述[①]

在 1930—1934 年期间,我就读于清华大学土木工程系。那时,我们中华民族正处于水深火热之中。很多老百姓们是吃不饱,穿不暖,还有不少人在死亡线上挣扎。更大的危难是日本帝国主义者已经侵占了我们的东三省,并正在蚕食华北几省。当时,有些青年认为,我们国家之所以那样穷困受欺,主要是因为科学不发达,工业落后,因而提出"科学救国"的口号;更有人认为,科学的基础在于教育,所以要救国首先是"教育救国"。我就是在这两个口号的影响下争取留校任教,并争取考取公费留学,进修科学。所幸的是这两个目的都先后达到了。

在 1935 年,我进入美国麻省理工学院当研究生。当时,日本军队实际上已经占领了华北,而国民党政府仍然采取不抵抗政策,节节退让。为此,我们中国留学生都感到不光彩,在与外国同学们谈话时,只敢谈学习和生活,不愿谈国家大事,以免听到难堪和刺激的话语。这样,大多数中国留学生都埋头读书,很少参加社会活动,学生成绩都很好。特别是我们公费留学生基础特强,成绩都很优异,受到教授们的赞赏。我在学习一年得到硕士学位以后,有两位教授劝我留在该校继续攻读博士学位,并保证我领取最高奖学金或者任研究助教。当时因我已联系好了转学哈佛大学,所以答应他们一年以后再考虑。等到一年之后,我在哈佛大学得到第二硕士学位,他们又把我找去,重申前议。当时我想,如果听从他们的劝告,当然学习和工作的环境都比较好,而且有那两位教授的赏识,将来也不难往上升。但另一方面,当时"西安事变"已经过去,国共第二次合作,全面抗日的形势已经形成,祖国有了一线希望,我们留学生理应马上回国,"共赴国难"。因此,我就婉言谢绝那两位教授的挽留,毅然回国,到浙江大学任教。

抗日战争期间的浙江大学是有名的"流亡大学"。我在杭州只讲了一个半月的课。以后日本军队为了迂回围攻上海,在金山卫登陆,杭州紧急,飞机场和火车站都被轰炸。因此,浙江大学就搬离杭州,开始了 3 年的流亡,先后迁到建德、吉安、泰和、宜山,最后到遵义。每次搬迁,都有日本兵在后面追,还有飞机轰炸。交通工具只有小木船和敞篷卡车,有时乘一段火车,也是敞篷的货车。每到一处,就在庙宇里或地主的祠堂里上课,或者临时搭一些草棚子上课。同学们买不到教科书,学校也无法印出讲义,教学内容全靠教师在黑板上写。晚上没有电灯,只好在油菜灯下备课。更苦的是常要躲空袭,有时

---

① 摘自《中国科学院院士自述》。

一天两次,上午躲了,下午又要躲,甚至不得不在防空洞里备课。有些教师实在吃不消了,离校他去,留下的教学任务只好由在校的教师来分担。当时我年轻力壮,有些课程没有人教,我就顶上去。在浙大的 6 年期间,我教过应用力学、材料力学、结构力学、弹性力学、结构设计、桥梁设计、土壤力学、基础工程、水力学、水力发电工程、水工结构、坝工设计等 10 多门课程。

我开始编写教科书,是由于教学工作中的需要,又受到陈毅同志的鼓励。在 1951 年初,陈毅同志曾召开一个座谈会,有十几位教师和出版社的几位同志参加。他在会上说(大意如此):"在我们高等学校里,特别是在理工方面,现在还大多采用外国的教科书。这种情况应当改变了。同志们是否可以在不太长的时间里结合我们的国情,写出自己的教科书来,和我们的社会主义大学相适应。我想这是完全可能的,也是十分必要的。"此后,我就响应这个号召,广泛参阅各种不同风格的教材,取其所长,结合自己的教学经验,努力写出具有独特风格的教科书。在写的时候,我总是不厌其烦,逐段、逐句、逐字地推敲,直到自己感到满意为止。在出版以后,我还不断通过自己使用的结果和同行们提出的反向意见,写出修改的内容,以备在下一版中使用,从而提高质量。在1951—1980 年的 30 年期间,我先后写了力学方面的教科书 5 部,共 9 册,其中的《弹性力学》上、下册第一版获"1977—1981 年度全国优秀科技图书"奖,第二版获 1987 年"全国优秀教材特等奖"。1992 年,我用英文写出的《Applied Elasticity》一书由我国高教出版社和 Wiley Eastern Limited 联合出版,并同时由 John Wiley & Sons Ltd. 出版,在国内外发行。

此外,我也曾结合工程实际写过几本科技参考书,供设计部门使用。例如,我在参加滁河水利工程设计时,曾提出双曲扁壳闸门的合理计算方案,然后写出《双曲扁壳闸门的计算与设计》一书,为华东地区若干水利部门使用。又例如,我在参加湖南凤滩大坝的工程设计时,曾为承担该设计的人员开出有限单元法讲习班,并和他们一起应月该法计算了大坝的温度应力,并在此基础上写出《弹性力学问题的有限单元法》一书。这是国内第一部关于有限单元法的系统专著,得到国内大专院校和工程部门的广泛使用。

论文篇

继承徐芝纶院士的优良教育传统，创建弹性力学立体化教材体系

王润富

（河海大学力学与材料学院，江苏 南京 210098）

徐芝纶教授在一生的教育工作中，积累了丰富的优秀教育教学经验，这是他留给我们的宝贵的精神财富，值得我们学习和继承。在近几年中，我们通过创建立体化教材体系，努力在教书育人、课堂教学、教材编写等方面，继承和发扬他的优秀教育传统。

一、修订《弹性力学简明教程》

《弹性力学简明教程》从 1983 年出版开始，一直是我国使用最广泛的弹性力学通用教材，受到国内院校师生的广泛欢迎。2001 年高等教育出版社为了适应科技的发展，贯彻新的国家标准和规范，及时反映教学实践中的经验，要求我们对发行了近 20 年的上述教材进行修订。

如何对徐芝纶教授的经典教材进行修订，这是一个难题。修订得不好，反而会降低教材的质量；修订得好，应当是精益求精，锦上添花。为此，我们广泛地发函征求国内许多弹性力学专家的意见，向进行弹性力学教学的教师和学生调研，并在高等教育出版社的参与下，开了两次座谈会，进行讨论，最后才将修订的原则、意见和修订的内容初步确定下来。

我们确定的修订原则是，在严格地保持原作的特点、风格前提下，做部分的、必要的修订：①对书中的量和单位，均按照新的 1993 年的国家标准和公布的"力学名词"执行；②有的意见认为，教科书上有的内容过于简明。因此，为了更便于初学者掌握弹性力学的内容，对基本理论（基本概念、基本方程和基本解法）及其应用，做了一些强调和说明，如关于边界条件、圣维南原理、按位移求解、按应力求解、有限单元法的概念、差分法的概念等，都在叙述上补充了少量说明，使初学者更易于理解；③为了加强实践性教学环节，将习题量增加了一倍。这些习题的计算工作量不大，但对巩固基本知识很有好处；④在有限单元法中，因为多数文献是从变分原理导出的，因此补充了从最小势能原理导出的方法；⑤在附录中简单地介绍了直角坐标系中的下标记号法。

2002 年《弹性力学简明教程》第三版（修订版）出版，受到了国内院校的肯定和认可，

继续成为国内使用最广泛的弹性力学通用教材,使徐芝纶教授的教材继续发挥作用。

二、创建弹性力学立体化教材体系

2003年,教育部提出建设精品课程的要求,其中的主要任务,是要建立适应于多专业、多层次和全方位的立体化教材体系。在高等教育出版社的支持下,我们接受了这个任务。

我们确定的立项的目标是,继承徐芝纶教授优秀的教学传统,总结河海大学的教材建设和教学经验,构建弹性力学课程立体化教材体系,以适应科技进步和教学的发展,提高师资水平和人才培养的质量,促进我国高校弹性力学课程教学质量的共同提高。

建设弹性力学立体化教材体系,我们的指导思想是,必须继承徐芝纶教授优秀的教材和教学经验,在此基础上发扬光大。为此,我们做了下面一些工作。

1. 主教材

《弹性力学》(适用于多学时的本科、力学专业和研究生的教材)。这是曾经获得国家特等奖的优秀教材,我们在严格保持其特点和风格不变的前提下,做了少量的、必要的修订,作为修订的第四版。本书具有完整的弹性力学体系和丰富的弹性力学学科内容。

《弹性力学简明教程》(适用于一般工科专业的弹性力学通用教材,即上述所叙修订的第三版)。本书包含了弹性力学的基本理论(基本概念、基本方程和基本解法)和基本的工程实用解法(变分法、差分法和有限单元法)。

《弹性力学及有限单元法》(适用于少学时的本科及函授和成人教育的教材)。此书的特点是:内容简明扼要,突出了平面弹性力学问题的基本理论和平面有限单元法;加强了教学辅导,便于学生自学。

2. 辅助教材

《弹性力学简明教程电子教案》。本书总结了自徐芝纶教授以来,河海大学弹性力学课堂教学的经验,包括教学的基本内容、教学方法、电子板书及教学的参考资料,可供讲授弹性力学的教师参考,并可修改后形成教师自己的教案。

《弹性力学简明教程学习指导》。本书是学生使用的学习参考书,其中突出地讲解了弹性力学的基本理论和加宽、加深理解的内容,以及解题的方法和典型题解,本书也作为报考研究生的参考书。

《有限单元法教学程序汇编》。本程序汇编供师生上机实习时使用,包括平面、空间问题和杆系等的有限单元法程序,提供学生进行实践教学。

《弹性力学简明教程网络课程》。本网络课程提供远程教学使用,其内容便于自学,也可供学生自学时使用。

《弹性力学简明教程》的英语翻译教材《Concise Textbook of Elasticity》,可提供给研究生和本科生双语教学使用。

214

三、取得的丰硕成果

2005 年在结构力学、弹性力学课程指导小组扩大会上，高等教育出版社理工中心的黄毅主任说："结构力学有 3 本教材为全国通用教材，而弹性力学只有 1 本为全国通用教材，这就是《弹性力学简明教程》。这本书的一、二版已发行了 45 万册，我们修订的第三版，从 2002 年到现在也已发行 234734 册，均为全国使用最广泛的教材。"《弹性力学简明教程》(第三版)为"十五"国家级规划教材，江苏省精品教材。

《弹性力学》原为获国家特等奖的教材，其第四版为"十一五"国家级规划教材，是多学时的弹性力学教材中使用最多的教材，从 2006 年到现在，已发行 38224 册。

《弹性力学及有限单元法》为江苏省精品教材，已发行 12586 册，并作为我校函授教学的主要教材。

2002 年，我校工程力学课程群获得江苏省优秀课程群奖。

2008 年，我校弹性力学及有限单元法课程获得全国精品课程奖。

此外，《弹性力学简明教程学习指导》已发行 11070 册，《弹性力学简明教程电子教案》已免费发行给使用弹性力学教材的高校，《有限单元法教学程序汇编》和《弹性力学简明教程网络课程》都已在高等教育出版社的网站发行。

在立体化教材建设的过程中，我们深深地体会到，徐芝纶教授的教材、教学经验和优良的教学传统，是徐芝纶教授留给我们的宝贵财富，我们一定要继承和发扬他的优秀教学传统，这样才能使教材和教学质量不断地提高。我们欣喜地看到，经过修订的徐芝纶教授的优秀教材，至今仍然获得我国高校广泛的使用和好评，他的教材至今仍在发挥着重要的作用。

附录

弹性力学课程立体化教材体系介绍

为了促进我国高校弹性力学课程教学质量的共同提高，继承和发扬徐芝纶院士的优良教学传统，总结河海大学的教材建设和教学经验，高等教育出版社和河海大学共同构建了《弹性力学课程立体化教材体系》(列入高等教育出版社百门精品课程项目)。

河海大学的《弹性力学及有限单元法》课程，获得 2008 年国家级精品课程奖。本《弹性力学课程立体化教材体系》是其中的主要教材内容。

一、主教材

1.《弹性力学简明教程》——一般学时的通用教材

该教材适用于一般工科院校的弹性力学课程，是国内工科院校使用最广泛的弹性力学通用教材。该教材第三版为"十五"国家级规划教材，2005 年江苏省高校精品教材。从 1980 年以来，第一版、第二版累计印数约为 45 万册，第三版在 2002 年 8 月——

2011年3月已累计印刷14次,发行234734册。

该教材第三版是在徐芝纶院士所著第二版的基础上,保持原有的体系和特点,根据教学改革的需要和国家的有关新标准,由王润富于2002年进行了修订。全书按照由浅入深的原则,安排了平面问题的理论及解答、空间问题的理论及解答和薄板弯曲理论,并着重介绍了弹性力学的近似解法,即差分法、变分法和有限单元法。第三版对基本理论及其应用做了一些强调和说明,使读者更易于理解和掌握;加强了实践性环节,增加了一倍多的习题;补充了一些重要的内容,如按最小势能原理导出有限单元法的公式;更换了新的国标规定等,规范了全书的力学名词及符号。

该教材作为弹性力学的入门教材,注重基本理论(基本概念、基本方程和基本解法)的阐述及其应用,以使学生在掌握基本理论的基础上能阅读和应用弹性力学文献,并能初步应用弹性力学的近似解法解决工程实际问题。

高等教育出版社于2006年12月的统计说明,《弹性力学简明教程》是我国高等学校弹性力学课程中使用最广泛的教材。

2. 《弹性力学》——多学时教材

该教材为工程力学专业、本科多学时和研究生的教材。该教材第一版获"1977—1981年度全国优秀科技图书"奖,第二版获1987年"全国优秀教材特等奖"。第一版、第二版、第三版累计印数达10万余套,第四版为"十一五"国家级规划教材,在2006年12月—2011年5月时间内,第四版的上、下册共印刷5次,发行38224册。

该教材第四版是在保持徐芝纶院士所著第三版内容、编排和写作风格不变的基础上由王润富、徐慰祖、张元直于2006年修订而成。全书分上、下册。上册为数学弹性力学部分,内容包括:平面问题的基本理论及其直角坐标解答,极坐标解答,复变函数解答,温度应力的平面问题,平面问题的差分解;空间问题的基本理论及其解答;等截面直杆的扭转;能量原理与变分法;弹性波的传播。下册为应用弹性力学部分,内容包括:薄板的小挠度弯曲问题及其经典解法,差分解法,变分解法;薄板的振动、稳定、各向异性、大挠度问题,壳体的一般理论,以及柱壳、旋转壳、扁壳的理论。该教材可适用于高等学校工程力学、土建、水利、机械、航空航天等专业弹性力学课程,也可供工程技术人员参考和应用。

3. 《弹性力学及有限单元法》——少学时教材

该教材由王润富、陈国荣编著,高等教育出版社于2005年出版,可适用于工科本科少学时的弹性力学课程,尤其适用于以自学为主的函授生、专升本学生和自学人员使用。该教材的特点是,内容简明,便于自学。在2005年12月—2009年已印刷4次,累计发行12586册。2009年此书获评江苏省级精品教材奖。

该教材根据《弹性力学课程教学基本要求》(2004年由教育部高等学校非力学类专业力学基础课程教学指导分委员会结构力学与弹性力学指导小组制定),教材中安排了下列内容:平面问题的基本理论及解答、平面问题的有限单元法以及空间问题的基本方程和一般定理的简介等。其内容简明扼要,学好这些内容,就可为学习弹性力学和有限单元法的其他内容打下良好基础。每章安排有学习指导、内容小结、思考题、例题及求解过程、习题的提示和答案等,以便于读者自学和复习。书后附有《有限单元法程序及其使用说明》(光盘),供读者上机实习使用。

二、辅导教材

1.《弹性力学简明教程学习指导》——辅导学生学习使用

该书由王润富编著,高等教育出版社于 2004 年出版,是为配合教育部"十五"国家级规划教材《弹性力学简明教程》的教学而编写的,供学习弹性力学的学生和自学人员使用,并可供讲授弹性力学课程的教师参考。书中提供了深入理解和加宽、加深知识的内容,介绍了解题的思路、方法和步骤,及 50 余题典型例题的求解全过程。此书在 2004 年 1 月—2006 年 11 月已印刷 3 次,发行 11070 册,被作为弹性力学教学参考书和报考研究生的读者使用。

弹性力学是应用高等数学来求解的,工科学生往往感到生疏和困难,很需要一本适用的教学参考书。因此,编写本书的目的,就是为了使学生加深理解,增强解题能力和培养思维分析的能力。本书的内容是:①深入地阐述弹性力学的基本理论(基本概念、基本方程和基本解法),使读者加深对弹性力学基本理论的理解,增强自学能力;②详细地叙述解题的思路和方法,介绍了较多的典型例题的解题过程,提供了教材中习题的提示和答案,以增强读者解决实际问题的能力;③适当地扩充和加深弹性力学的知识,以增强读者的思维分析的能力。

2.《弹性力学简明教程电子教案》——供教师参考使用

该书由王润富编著,邵国建制作,高等教育出版社于 2007 年出版。该教案反映了自徐芝纶院士主持力学教学以来,河海大学弹性力学课堂教学的内容和经验,供讲课的教师参考和使用,并可修改后形成教师自己新的教案。

编写该教案的目的是引导读者深入理解弹性力学的基本理论,增强解决实际问题的能力,帮助教师备课和讲课,以提高教学质量。

该教案包含以下内容:电子板书(即相当于教师上课时的板书),有关的教学素材和教学参考资料,例题及求解过程,习题的提示和答案,有关提高课堂教学质量的参考文章等。此教案对青年教师有较好的参考价值。

3.《有限单元法上机实习程序汇编》——供上机实习使用

该书由邵国建、余天堂编著,高等教育出版社于 2007 年出版。有限单元法是解决工程实际问题的重要手段,因此需要安排教学实践。该书汇编提供了教学实习需要的程序,包含了空间问题和平面问题的有限单元法程序,供教师和学生上机实习使用,并可用于解决工程实际问题。

该程序汇编包括:平面刚架程序,平面三角形单元和平面四结点等参单元的程序,空间八结点等参数单元的程序等,其中附有程序的功能说明、使用方法和例题。

4.《弹性力学简明教程网络课程》——供远程教学和学生自学使用

该书由王润富、陈国荣编著,高等教育出版社于 2010 年出版,并纳入高等教育出版社的教学网站。此网络课程供远程教学使用,并可供本科学生自学和复习时使用。

在该网络课程中,每章的内容包括:内容提要、知识点、学习重点及难点、内容小结、例题、习题的提示和答案以及参考资料等。每节的内容有:内容简介、学习目标、重点难点、本节的内容概述(详细介绍本节的知识内容)、思考题和习题等。

关于工科弹性力学课程
建设新体系的思考

郭　力　李兆霞

（东南大学土木工程学院，江苏 南京 210096）

摘　要：弹性力学是工科院校一门重要的专业基础课，但现有的弹性力学课程体系在某些方面不能很好地适应工科院校的培养模式。在长期的教学实践过程中，作者发现在现有教学体系下学生学习该课程时容易产生"重点轻面"现象，难以把学到的弹性力学知识用于解决实际工程问题。本文针对这些问题，提出工程弹性力学新的课程建设体系，其基本要点为在弹性力学课程教学中突出工程实践能力的培养、问题求解途径的拓展和学术水平的提高，以适应工科专业现代人才的培养模式。

关键词：工程弹性力学；课程建设；新体系

　　弹性力学是面向工程力学本科专业和相关工科专业研究生的重要专业基础课程，是工程力学专业、机械设计与制造专业、土木工程专业、交通工程专业的学士学位核心课程和硕士研究生的学位课程。弹性力学课程既是大学生将数理知识与工程应用相结合的一门技术基础课程，也是相关专业工程技术人员最重要的知识结构素养之一。该课程对学生力学素质、逻辑思维能力和创新能力的培养具有不可替代的作用。因此，弹性力学教学质量的好坏直接关系到相关专业的人才培养质量。

　　国内现有的弹性力学教材主要介绍经典弹性力学的内容，侧重于数学弹性力学基本理论框架的表述。由于经典弹性力学在建立弹性力学基本理论框架时，核心内容为数学中边值问题的表述和求解，涉及的数学知识较多，因此，在教学过程中，我们发现学生在学习该课程时将绝大部分精力放在问题的数学求解过程的探讨上，而忽略了在工程中弹性力学问题的力学建模过程，以至于学生在学完该课程时感觉又学了一门数学课程，而力学素养的提高有限，学生出现重具体问题的求解，轻实际问题转化为弹性力学问题的过程，即"重点轻面"现象，难以达到相应的教学目的。造成这一结果的原因很多，一方面与工科院校学生平时学习时习惯于关注具体问题的求解有关，更重要的与现有弹性力学课程内容安排体系有关。下面就现有弹性力学课程内容安排中的优缺点展开讨论，进而提出新的弹性力学课程内容安排体系。

一、经典弹性力学课程体系

弹性力学已经有 360 多年的发展历史,在 17 世纪 40 年代伽利略就进行了弹性理论的初步尝试。从 17 世纪 70 年代开始,英国的虎克和法国的马略特进行了系统定量地弹性力学研究。之后牛顿提出了力学的三大定律,加之数学的发展,奠定了弹性理论的基础。当时,伯努利和欧拉建立的梁的弯曲理论今天依然被应用着。到 19 世纪 20 年代至 50 年代,弹性力学形成了较为完整的理论体系[1—2],纳维和柯西明确提出了应力应变的概念,并建立了几何方程、运动微分方程和广义虎克定律,从而完成了弹性力学的基本理论体系。之后,人们将弹性理论应用于各种工程实际问题,标志性的工作有1854 年圣维南发表的柱体扭转和弯曲理论的研究工作;1862 年艾瑞针对平面问题引入的应力函数;1882 年赫兹求得了弹性球体接触问题的解;1883 年基尔解决了小孔的应力集中问题。这一时期,在建立弹性力学的一般性原理方面的研究也取得了许多重要成果,如虚功原理、最小势能原理、最小余能原理以及功的互等定理等。在弹性理论的近似解法方面也取得了许多有效的方法,如瑞利-里兹法、伽辽金法等[3]。至此,弹性理论取得了飞速的发展。

由于弹性力学发展历史悠久,通过一部教材来系统地介绍其基本理论体系和重要的研究成果是非常困难的。我国老一辈力学家在这方面做出了卓越的贡献,如钱伟长、胡海昌、叶开沅、徐芝纶等著名科学家都编著了弹性力学教材,为弹性力学的教学作出了奠基性的工作。其中,徐芝纶院士编著的《弹性力学》(上、下册)[4]在工科院校中使用较普遍。该教材上册主要介绍数学弹性力学的经典内容,按照先平面再空间的内容安排顺序,分别介绍平面问题和空间问题的弹性理论框架及其经典问题的解答,内容由浅入深,各个知识点容易理解。该教材的下册主要介绍实用弹性理论的内容,由于课时的原因,一般院校的本科教学中基本不介绍下册的内容。国内还有其他的一些弹性力学教材,总体来说,现有的弹性力学教材中,具体知识点的介绍都做得很好,学生在学习过程中能较好地深入具体问题的求解细节。但是,由于弹性力学涉及的数学知识较多,学生在关注问题的具体求解过程和细节时,容易产生弹性力学近乎为一门数学课程的感觉。这样,一方面使部分学生在学习过程中产生畏难情绪,另一方面易使学生难于把握和贯通弹性力学的知识面,更难以把所学的弹性力学知识用于实际问题的解决,这是当前弹性力学教学中面临的主要矛盾。随着科技的快速发展,经典弹性力学的内容也不断地得以延伸和拓展,但现有教材中很少涉及弹性理论学术动态的介绍,这与培养创新型人才的需求是不适应的。为了更好地满足现代教学的需求,很有必要对弹性力学课程体系进行改革和创新性建设,下面就建设弹性力学的新课程体系的几点基本设想具体展开讨论。

二、弹性力学新课程体系的基本设想

在弹性力学新课程建设中拟加强工程实践、求解手段和学科学术动态的介绍,下面就这三个方面的具体设想展开讨论。

1. 工程实践能力的培养

已有的弹性力学教材存在重理论轻实践的问题。针对如何将工程问题转化为弹性力学问题并加以解决,现有的弹性力学教材中较少涉及。从创新型人才培养的角度,如何提高学生从工程实践中提炼问题、解决问题的能力是教学的关键,现有教材尚无法满足该方面的教学需求。为了满足创新性人才培养的需要,在教学过程中除了要夯实学生的理论基础外,更要培养学生从工程实践中提炼问题,进而解决问题的能力,达到理论与实践紧密结合。作为一本面向工程力学专业本科生和相关工科专业研究生的新型教材,不仅介绍经典弹性力学的主要内容,同时着重把握如何在工程实际中正确运用弹性力学理论和方法解决问题,主要包括:如何将工程问题转化为相应的平面或空间弹性力学问题来解决,如何运用弹性力学理论和方法求解工程中的弹性力学问题。力求使学生通过新教材的学习,达到思考问题、理解问题和解决问题的能力。避免以往学生在弹性力学学习过程中,面对力学问题的数学描述时感到枯燥无味,尽可能地提高学生的学习兴趣。

一些学者的科研成果中直接涉及把工程问题转化为弹性力学问题进而求解的实例,为了培养和提高学生的工程实践能力,把这些科研成果及时引入弹性力学教学中来无疑是必要的。参考文献[5]中将研究香港青马大桥桥塔断面扭转力学特性的计算问题(如图 1 所示),转化为考察具有不同材料组成的一般梁的扭转问题(如图 2 所示)。扭转问题是弹性力学研究的经典问题之一,但其研究的结构是由单一材料构成的。虽然这里研究的问题比一般弹性力学教材中研究的对象复杂,但是充分利用弹性力学的基本知识完全可以解决这一问题。参考文献[5]中采用经典弹性力学中扭转问题的翘曲函数解答,设截面上各点的位移为:

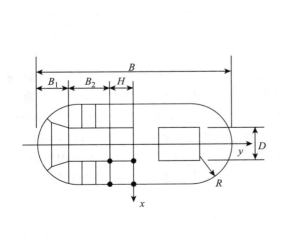

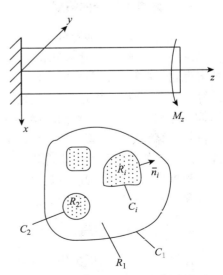

图 1　青马大桥桥塔断面图　　　　图 2　一般杆件的扭转问题

$$u = -\theta zy, v = \theta zx, w = \theta\varphi(x,y) \tag{1}$$

式中：θ 为单位扭转角；$\varphi(x,y)$ 为翘曲函数。

采用解答扭转问题中的应力和位移关系式，对截面上不同的区域 R_i 有：

$$\sigma_x = \sigma_y = \sigma_z = \tau_{xy} = 0 \tag{2}$$
$$\tau_{zx} = G_i\theta\left(\frac{\partial\varphi}{\partial x} - y\right), \tau_{zy} = G_i\theta\left(\frac{\partial\varphi}{\partial y} - x\right)$$

把关系式（2）代入平衡方程，对区域 R_i 有：

$$\Delta^2\varphi = \frac{\partial^2\varphi}{\partial x^2} + \frac{\partial^2\varphi}{\partial y^2} = 0 \tag{3}$$

当杆件截面为具有空洞的同一种材料构成的平面时，翘曲函数满足的内外边界条件为：

$$\frac{\mathrm{d}\varphi}{\mathrm{d}n} = y\cos(x,n) - x\cos(y,n) \tag{4}$$

分区域求解得到翘曲函数 $\varphi(x,y)$ 后，可以得到杆件的扭转刚度为：

$$GI_p = \sum_i G_i \iint\limits_{R_i} \left(x^2 + y^2 + x\frac{\partial\varphi}{\partial y} - y\frac{\partial\varphi}{\partial x}\right)\mathrm{d}x\mathrm{d}y \tag{5}$$

杆件截面扭转刚度的计算是进行复杂结构整体计算的基础，在工程计算中非常重要。上述的研究对象远不同于经典弹性力学扭转问题的杆件，但是，如果研究者能从弹性力学扭转问题的基本求解过程出发，做出合理假设后，最终可以把复杂的工程问题转化为弹性力学问题，得到的分区域基本方程与经典扭转问题的基本方程极其相似。

如果弹性力学中合理地加入上述工程实践内容，可以激发学生勤于思考敢于思考，极大地提高学生解决问题的能力。因此，新的课程体系中加入实际问题转化的内容无疑是必要的。

2. 问题求解途径的拓展

弹性力学课程中涉及的数理知识较多，在学习弹性力学过程中可以充分地运用学生已掌握的数理知识，达到知识贯通的效果。但是，如果在学生已经熟练掌握相应问题求解思路的前提下，再强调问题的求解细节的话，容易使学生产生弹性力学等同于数学计算的错觉，难以全面地掌握弹性力学的学科思想。事实上，现代数学分析和计算的商用软件已相当成熟，如常用的 Matlab、Mathmatica 等工程计算软件，均具有功能强大的符号计算和数值计算功能，常规的微分方程的求解完全可以通过软件来得到解析解或数值解。如果在弹性力学课程中适当地引入求解方法和相关求解软件的介绍，可以拓宽和提高学生解决问题的途径和手段，让学生从繁琐的求解过程中解放出来，更好地理解和掌握弹性力学的基本思想和如何从工程中提炼弹性力学问题并加以解决。

3. 学术水平的提高

弹性力学是一门历史悠久的学科，随着科技水平的飞速发展，弹性力学学科自身也在不断地发展，当今力学学科的研究前沿中有不少新方法是由弹性力学衍生出来的，如有限元法和边界元法等数值方法，一些新型数值方法更是现在研究的热点，如无网格法、拓扑流型法、多区域边界元法等。在弹性力学课程中，可以简单地介绍这些学术研究前沿，使得学生在学习过程中，了解相关研究领域的学术动态，更为学有余力的优秀学生提供进一步深入学习的引领材料，满足他们对本课程更高层次的学习要求。

三、结束语

弹性力学是一门古老的学科，为了更好地适应现代教学需求，本文对目前教学中广泛采用的经典弹性力学课程体系进行了简单总结，对现有课程体系中存在的问题进行了初步的评述。为了适应创新型人才的培养需求，体现"重组基础、反映现代、融入前沿、综合交叉"的现代课程建设思想，提出在弹性力学课程新体系中加强三个方面的建设，即工程实践能力的培养、问题求解途径的拓展和学术水平的提高。

参考文献：

[1] TIMOSHENKO S P, GOODIER J N. Theory of Elasticity 3rd ed. [M]. New York：McGraw-Hill，1969.

[2] 钱伟长，叶开沅. 弹性力学[M]. 北京：科学出版社，1956.

[3] 程昌钧. 弹性力学[M]. 兰州：兰州大学出版社，1995.

[4] 徐芝纶. 弹性力学[M]. 3版. 北京：人民教育出版社，1990.

[5] ZHAOXIA Li, KO J M, NI Y Q. Torsional rigidity of reinforced concrete bars with arbitrary sectional shape[J]. Finite Elements in Analysis and Design，2000，35：349-361.

[6] 李兆霞，郭力. 工程弹性力学[M]. 南京：东南大学出版社，2009.

弹性力学及有限单元法精品课程
建设的思路与实践

邵国建

（河海大学力学与材料学院，江苏 南京 210098）

摘　要：本文叙述了河海大学弹性力学及有限单元法国家精品课程建设的发展历程以及多层次立体化教材建设，阐述了该门课程教学的重点、难点和解决办法，探讨了该门课程的课堂教学方法和手段，归纳了河海大学弹性力学及有限单元法精品课程的主要特色和创新点，以促进该门课程的建设和课堂教学质量的提高。

关键词：精品课程；弹性力学及有限单元法；教学方法；教学质量

大学教育基本的教学方式是课堂教学。在质量工程中，精品课程建设无疑是其中的一个重要部分。自 2003 年以来，全国评出一批精品课程，这些课程在教育教学改革方面发挥了示范和辐射作用。力学属于技术科学或工程科学，力学教育是高等工程教育的重要组成部分。近年来，我国高校的力学教师积极投身于力学教学改革，尤其在课程体系、教学内容、教学手段、知识与技能竞赛等方面进行了许多探索，取得了积极成效。随着社会的发展，以及社会对人才类型和知识结构需求的变化，我国高等工程教育体系应该是一个多层次、多类别的教育体系，需要根据各类企业的不同需求培养不同层次和类别的工程师。对于高等工程教育中起着基础性作用的力学教育，自然应该围绕不同的层次和类别的培养目标而进行设计，开展实践[1]。

目前，老一辈力学教师普遍怀念 20 世纪五六十年代力学教育在高等工程教育中所处的显赫地位，而中青年力学教师则怀念 20 世纪 80 年代所接受的坚实的力学教育。与此同时，力学教师对于力学课程学时的不断压缩、众多学生的学习兴趣不浓等问题深感困惑。河海大学弹性力学及有限单元法课程于 2008 年被评为国家精品课程，在精品课程建设过程中，我们对如何强化立体化教材建设以及如何提高课堂教学质量等问题进行了认真的实践和思考。

一、课程发展的历史沿革

在中科院院士、著名力学家徐芝纶教授的倡导下，首先集多年教学积累之大成，相继编写出版了一批国内知名的优秀教材,为提高弹性力学及有限单元法课程的教学质量奠定了基础。本课程发展的主要历史沿革分为以下几个阶段:

1. 开新课和填补国内教材空白(20 世纪六七十年代)

1958 年徐芝纶教授率先在华东水利学院(现河海大学)水工专业开设弹性力学课程,1962 年徐芝纶教授出版《弹性理论》,1974 年徐芝纶教授等出版《弹性力学问题的有限元法》,该书为我国第一本普及、推广有限单元法专著,1978 年出修订版。20 世纪 70 年代初,以徐芝纶教授为首的老一辈学者为有限元在国内的推广应用和研究进行了开创性的工作,在本科生和研究生中首开有限元课,连续举办了 5 届有限元进修班,研制了国内首批有限元软件,为水利工程结构设计提供了第一批有限元科研成果。华东水利学院是国内最早开展三维非线性有限元研究,并推出较为成熟软件的单位之一,当时被誉为我国培养有限元人才的摇篮和有限元科研基地。

2. 多层次通用教材建设和教学内容的改革(20 世纪八九十年代)

1978 年、1982 年、1990 年和 2006 年徐芝纶教授编著《弹性力学》(一版、二版、三版、四版),作为多学时工科类弹性力学教材。其中第一版获"1977—1981 年度全国优秀科技图书奖",第二版获 1987 年"全国优秀教材特等奖"。1980 年、1983 年和 2002 年徐芝纶教授编著《弹性力学简明教程》(一版、二版、三版),成为中少学时工科院校广泛使用的弹性力学教材,教育部高等学校弹性力学课程指导小组还专门组织 7 本配套教材配合使用。

弹性力学及有限元法课程包含弹性力学和有限元法两部分内容,对教学内容进行了精选优化,在保证力学知识结构完整性的前提下,强化工程应用和实践,引进现代力学知识,充分体现基础性、先进性和前沿性。

3. 立体化教材建设和精品课程建设(20 世纪末和 21 世纪初)

2002 年《弹性力学简明教程》列入高等教育出版社立体化教材建设项目,2003 年弹性力学及有限单元法立体化教材列入高等教育出版社百门精品课程建设项目。

徐芝纶教授编著的《弹性力学简明教程》第三版于 2002 年在高等教育出版社出版,并列入"十五"国家级规划教材,在 2002—2006 年度已发行 11.1 万余册,一版、二版、三版的累计印数为 50 万余册。此书定位为本科少学时弹性力学及有限元法教材。

徐芝纶教授编著的《弹性力学》第四版于 2006 年由高等教育出版社出版,为"十一五"国家级规划教材。此书定位为本科多学时和研究生的弹性力学教材。

此外,由高等教育出版社相继出版《弹性力学简明教程》的配套教材,先后出版了《弹性力学简明教程学习指导》、《弹性力学简明教程电子教案》、《有限单元法教学实习程序汇编》、《弹性力学简明教程网络课程》。

修订工作是在保持徐芝纶教授原著特点和风格下,总结河海大学的弹性力学教学和教材建设经验,使此教材进一步完善,从而构建了弹性力学课程立体化多层次的教材体系。

二、课程的重点、难点及解决办法

（1）弹性力学的基本概念（重点）：讲清物理量的定义、表示、量纲、符号规定。

（2）弹性力学的基本假定（重点）：结合工程实际对象讲解（宜使用多媒体手段、实物教具、课外生活观察等），讲清为什么在弹性力学中要提出一些基本假定以及基本假定在建立弹性力学基本方程中的作用，培养学生建立力学计算模型的能力。

（3）两种平面问题（难点）：突出如何从结构形式、受力方式、约束情况三方面阐述两种平面问题的简化，以及两种平面问题中任一点应力状态和应变状态。结合实例，利用多媒体的优势更加容易讲解清楚。

（4）弹性力学基本方程的建立（重点）：讲清弹性力学的研究方法以及如何从静力学、几何学、物理学三方面建立弹性力学三大方程，同时强调基本方程的适用条件。要求学生动手推演公式加深理解。利用黑板和多媒体的优势，更加容易讲解清楚。

（5）边界条件（重点）、圣维南原理及其应用（难点）：讲清位移边界、应力边界和混合边界，结合例题和习题，达到熟练列写；圣维南原理强调小边界和静力等效，注重理论的提升和推广应用能力的培养，提高分析和实际应用能力。宜充分应用多媒体技术，多举例题，培养学生的想象和理解能力，循序渐进，逐步掌握。

（6）弹性力学的解法（重点）：充分利用黑板和多媒体课件，讲清如何采用消元法从三大方程和边界条件中建立按位移求解和按应力求解的方程和条件，使学生做到熟练掌握。

（7）形变协调方程（相容方程）（难点）：重点讲清形变协调方程（相容方程）的物理意义。这部分内容理论严谨，逻辑性强，宜使用粉笔、黑板教学，训练学生的逻辑思维和理论推理能力，并通过这一教学方法使学生达到深刻理解、熟练应用的要求。

（8）在常体力下按应力函数求解（重点）：通过具体问题基本条件的阐述，深刻理解该方法的内涵，通过例题、习题达到熟练应用。宜部分使用多媒体教学。

（9）平面问题直角坐标解答（重点）：应用逆解法和半逆解法，重点讲清弹性力学问题是如何求解以及如何满足有关方程和边界条件的。结合具体例题的讲解，深刻理解该种解法的内涵，通过习题练习达到熟练掌握，并应用到工程实践中去。宜部分使用多媒体教学。

（10）平面问题极坐标解答（重点）：在极坐标系下基本方程建立和按应力求解的方法中，强调与直角坐标系下基本方程的对比，了解两者的相似和不同之处。孔口的应力集中（难点）：讲清孔边应力的集中性和局部性以及分析方法，结合例题和工程实例理解孔边应力集中现象。宜部分使用多媒体教学。

（11）有限单元法（重点）：讲清有限单元法的基本概念和分析思路，着重讲清有限单元法的分析步骤和具体分析内容。该部分内容特点是：概念性强、理论分析方法新。单元的数学分析和力学分析（难点）：深刻理解单元位移模式，单元劲度矩阵的性质和力学含义，单元等效结点荷载的处理办法；整体分析（难点）：整体劲度矩阵的组装和整体等效荷载的形成。结合例题讲解,强化有限元支配方程的形成过程和步骤,并通过习题练习和上机实习达到熟练掌握的要求。有限单元法内容宜部分使用多媒体教学,贯彻精讲多练的原则。

三、课堂的教学方法与手段

1. 教学理念

教学是一门艺术,只有不断创新,才能放射出光芒。徐芝纶院士"学无止境,教亦无止境"的名言,激励全体教师在教学中探索,在探索中前进。

科学技术的快速发展,使得知识、技术更新的速度加快、周期缩短。教学已从单纯的传授知识转变为在传授知识的同时,重视培养学生的素质和能力。

教师的责任是充分利用传统的、现代的、国内的、国外的一切教学方法、教学手段,开发学生的潜能,唤起学习的动力。在课堂教学中,应根据教学内容的特点,分别采用启发式、讨论式、互动式和研究性教学方法,使学生由被动接受知识转变为主动获取知识,由单纯地学习知识转变为培养求知的能力,使培养出来的学生掌握科学的学习方法,具备自我学习、知识更新、开展研究和实施创新的能力。

2. 教学设计

河海大学弹性力学及有限单元法课程的教学内容分为两种类型,分别适用于工程力学专业和水工结构、土木工程等其他工科专业。两种类型的课程内容是根据各专业人才的培养需求设计的,在实施课堂教学时,任课教师还要根据专业特点,采取相应的教学方法(如讨论课、实验课如何安排,教学内容与专业课怎样联系结合,课堂例题如何挑选等),选用合适的教材,推荐适宜的教学参考书,选择适合该专业的创新实践课题等。在教学过程中,灵活使用各种教学方法和充分利用多媒体教学技术,使用各位教师自己研制的课件,圆满完成教学任务。对于教学中存在的问题,大家及时交流,尽快解决,不影响正常的教学工作。

3. 重视立体化教材和精品课程建设

河海大学在弹性力学及有限单元法立体化教材建设方面处于全国领先地位,并为中少学时工科院校广泛使用,依托河海大学精品课程弹性力学及有限元法建设项目和国家高等教育百门精品课程弹性力学及有限元法立体化教材建设项目,课程组成员积极创建《弹性力学简明教程》立体化教材体系(含主教材、学习指导书、电子教案、教学和实用程序汇编、网络课程)。

4. 改革教学内容

针对该门课程包含弹性力学和有限元法两部分内容,对教学内容进行了精选优化和整合。将力学分析的平衡律、协调律和本构律这个最基本、最重要的理论工具进行了强化和贯通,始终贯穿于不同材料、不同类型问题的分析求解过程中,突出了弹性力学的基本理论。有限元法教学中在注重基本理论的同时,安排学生课外上机实习,并提供相关程序,培养学生利用有限元法解决工程实际问题的能力。

5. 加强与工程实践的结合

本课程理论性和实用性较强,作为工科学生一门重要的专业基础课,在教学过程中,特别注意与工程实践的联系,结合教师的科研工作,提出一些新问题,引导学生参与研讨,激发学生的学习兴趣和学习潜能。例如,在力学模型的建立方面,注意培养学生如何从实际复杂的工程问题中抓住矛盾的主要方面提炼出合适的力学模型。在问题的求解方面,量化计算固然重要,除此之外,应注重引导学生应用所学知识进行定性和概念分析。这样,才能有助于提高学生发现问题、分析问题和解决问题的能力,培养学生的创新思维。

6. 进行教学方法与手段的改革

教学过程中充分发挥学生的主体作用和教师的主导作用,以课堂教学作为传授知识的主要手段,并辅以电子教案(电子版书＋教师讲课)方式进行教学。不断探索新的教学模式和教学方法,针对不同专业对教学内容进行整合,将课程内容模块化,以适应不同专业学生学习的需要。在教学方法方面,合理运用黑板、粉笔、电子教案等多种媒体,取长补短、优化组合,重视批改作业和课外答疑等辅助环节,通过研讨和实践,采用启发式、讨论式、提问式、比较式和连贯式等多种教学方法,促进学生自主性学习、研究性学习和个性发展。为培养学生解决实际问题的能力,设置例题讲解和习题作业,并安排有限单元法上机实习环节。

四、课程的主要特色及创新点

本课程的主要特色:①优秀的主教材以及配套的立体化教材为提高教学质量提供了基本条件;②由浅入深、体系完备,突出重点、分化难点,强调基本理论、强化练习;③秉承和发扬徐芝纶教授的优秀教学传统,重视课程师资的培养与提高。

本课程的创新点:①在国内首次建成弹性力学课程立体化教材体系,具有适用于多专业、多层次和全方位的特点,并成为中少学时工科院校广泛使用的弹性力学教材,教育部高等学校弹性力学课程指导小组还专门组织 7 本配套教材配合使用;②将力学分析的平衡律、协调律和本构律进行了强化和贯通,突出了弹性力学的基本理论,强调基本理论的教学和能力的训练,体现创新教学的思想理念;③科研做教学的后盾,紧密结合工程实际,完善教学内容,反映时代前沿,培养具有较强的解决工程问题能力的实用性人才。

参考文献:

[1] 胡海岩. 对力学教育的若干思考[J]. 力学与实践,2009,31(1):70-72.

［2］徐芝纶.怎样提高课堂讲授的质量[J].河海大学学报:哲学社会科学版,国家工科基础课程（力学）教学基地建设研究专辑,2001:6-10.

［3］徐芝纶.弹性力学简明教程[M].3版.北京:高等教育出版社,2002.

［4］徐芝纶.弹性力学[M].4版.北京:高等教育出版社,2006.

工科《弹性力学》教学改革的探索

郑州大学弹性力学教学小组

(郑州大学工程力学系,河南 郑州 450001)

摘 要:弹性力学课程理论性强、逻辑严谨、内容抽象难理解,是学生认为比较难学的课程。在弹性力学教学中,如何将抽象深奥的理论课程的讲授过程变得生动活泼,便于学生理解接受,使学生在有限课时内掌握弹性力学的教学内容,是弹性力学教学改革的主要目的。本文根据弹性力学课程的特点,在分析弹性力学教学现状的基础上,从教学内容、教学思路、教学手段和方法等方面对弹性力学课程教学改革进行探讨,以期达到好的教学效果,提高教学质量。

关键词:弹性力学;教学改革;教学理念;教学方法

弹性力学又称弹性理论,是研究弹性物体由于外力作用或由于温度改变等原因而发生的应力、形变和位移[1]。弹性力学是固体力学的重要分支,广泛应用于建筑、机械、化工、土木、水利、航天等工程领域。因此,弹性力学是工科多个专业(如机械、土木、航空航天等)的本科生必须掌握的一门专业基础课,学生在掌握理论力学和材料力学的基础上,通过本课程的学习,可以全面系统学习弹性力学的基本概念、基本原理、基本方程和基本解法。课程学习后学生应有明晰的基本概念和系统的理论体系。

在弹性力学的学习中,学生需要掌握大量的概念、公式和理论模型,由于该课程理论性强、逻辑严谨、内容抽象、难理解,且课程的学习中公式多而繁,涉及大量的公式推导,计算求解过程复杂,使得学生普遍认为该课程比较难学。因此,应对弹性力学教学改革进行研究,形成有效的教学方法,使学生在弹性力学的学习过程中,充分理解弹性力学基本概念,形成一个明晰的学习思路,真正掌握弹性力学的知识和理论体系,这是弹性力学教学改革追求的目标。

一、工科弹性力学课程的现状

弹性力学是工科的专业基础课,工科的许多专业都开设有弹性力学课程。目前在我国高校中,除了力学专业和研究生阶段的弹性力学课程学时较多外,随着高校教学改革的深入,在“厚基础、宽专业”的指导思想下,许多专业由于教学改革的要求,弹性力学课程学时缩短为 $32\sim40$ 个学时[2—5],但教学任务没减少,使得教学难度加大。

弹性力学理论性强,学习过程中涉及大量复杂的公式及推导,学习过程中需要高等数学、工程数学、理论力学、材料力学等知识基础，而学生的理论基础参差不齐，一些学生对弹性力学的基本概念没有充分理解，或没有真正理解弹性力学基本方程的含义和各物理量之间的关系，再加上对学过的基础知识的遗忘，很多学生不能真正掌握弹性力学的内容，对所学内容一知半解，只能生搬硬套地完成作业，严重影响了学生学习的情绪和积极性[2,5-6]。

二、教学内容的制定

在弹性力学教学中，应根据各个专业人才培养的目标，制定教学大纲和教学计划，确定教学内容的基本知识点、重点和难点。对于非力学工科专业，由于学时比较少，要注意采用由浅入深、先易后难的教学方法，重视平面问题基本理论的讲授，该部分内容既是平面问题求解的基础，也是空间问题及后续其他内容的基础。在授课过程中，要重视弹性力学基本概念的讲解，这会为本课程和后续专业课的学习打下良好的基础。掌握了平面问题基本理论后，空间问题的讲授可采用与平面问题的对比方式进行讲解，这样学生更容易接受[7]。在内容的安排上，还要结合学科特色，以听课对象为中心制定教学内容。例如，在例题的讲授时，除了典型例题的讲解外，还可加入一些本学科工程应用方面的例子。介绍工程实际应用方面的内容，一方面能使学生对抽象理论的应用有一个明晰的认识，另一方面也能使学生接触工程实际，可激发学生的学习动力。

弹性力学中公式较多，概念抽象，在教学过程中，应注重引导学生理解模型的物理背景和工程背景，并建立其与数学表达之间的相互关联。对于非力学专业的学生，在教学过程中，应将精力集中在公式建立的基本原理及其适用条件上，授课要侧重于公式的推导思路，避免学生机械记忆公式。对于一系列的基本方程，要让学生在理解公式的基本原理和适用条件的基础上进行记忆，而对于导出公式，则可要求学生理解公式推导的物理背景及推导思路，掌握由基本公式进行推导的思路和方法，自己能够独立完成推导过程。

对于工程力学专业的学生，通常课时设置为 60～72 学时[8]，对弹性力学的教学目标要求就高得多。因此，在讲授时，平面问题、空间问题、薄板弯曲问题都是必须掌握的内容，学生不但要掌握基本概念和问题求解的思路，还要掌握上述问题的公式推导，并掌握弹性力学问题的求解过程，具有分析弹性力学问题的能力和计算能力。

三、教学方法和手段的改革

由于工科的弹性力学课程内容抽象繁多，课时少，如果仍采用传统的教学模式，则大多数时间将花费在公式推导上，很难提高教学效率。近年来，采用多媒体技术成为国内外改革教学方式的重要手段，利用多媒体可以形成新的教学模式，达到很好的教学效果，提高教学质量。在教学过程中，利用多媒体播放视频动画或者实验录像，将生动的实物形象搬上屏幕，引入课堂，这种方式形象生动，能够帮助学生建立清晰的物理概念，缩短认识过程，加深学生对某些重要知识点的理解。例如，对于弹性体受力后的变形情况，传统教学手段的描述对学生来讲总是有点抽象，而多媒体技术可以采用动画的形式演示整个变形过程,将抽象的过程生动形象地展示出来,使学生有了具体的认识,便于学生对问题的理解。

虽然多媒体教学有诸多好处,但是,由于弹性力学教学过程中涉及很多公式推导,如果完全采用多媒体教学,由于不像在黑板上板书能给学生留下足够的时间思考,会给学生的理解带来困难。因此,在授课过程中,应采用多媒体和传统教学方式结合的教学方法,对一些重要公式推导,应采用电脑 PPT 结合板书来讲解,这有助于学生对公式推导的理解和消化,可达到更好的教学效果。

四、教学与工程实际问题结合

弹性力学是一门理论性和应用性都很强的课程,在授课过程中,应与工程实际紧密结合。加入适当的工程实例,可使学生对所学的抽象理论有更具体的认识。也可在课程中邀请相关教师加入一些相关的专题讲座,使学生对弹性力学在实践中的应用有更明晰的认识。

目前的数值模拟技术已经深入到各个领域,在工程实际中都有相关的模拟软件的应用。在教学过程中可引入模拟软件(如 ANSYS 软件)的介绍和一些具体应用的例子,并可作为大作业让学生利用模拟软件进行解决典型问题或者解决一些工程实际问题的分析。另外,还可以鼓励学有余力的学生参加相关课题组教师的一些科研工作,以获得直接的科研锻炼,这样不但可以使课堂内容丰富多样,还可以使学生能了解学科前沿的内容,接触工程实际的具体问题。学生通过这些活动,综合素质、创新精神与实践能力都有所提高,为日后参加工作打下良好的基础。

五、考核方式的改革

弹性力学课程由于公式多而复杂,记忆困难,因此结业考试不适宜采用完全的闭卷方式并以一次考试成绩来定结业成绩。结业成绩可采用如下综合评价方式:采用平时作业记入总分来激励学生更好地完成作业;课程中留一次大作业,大作业命题不唯一,可让学生自己选择,学生可采用模拟软件解决或者自己编程序解决(不同题目不同要求);结业考试采用开卷形式,允许学生带教材或者一张 A4 纸记录的知识要点,重点考核学生分析、解决问题的能力和在工程中的实际应用能力。在分数的分配上,期末成绩占 60%~70%,平时成绩和大作业各占 15%~20%。这样可避免学生平时学习很认真,因为临场发挥不好影响考试成绩,或者不注重平时课程的学习,只在考前抱佛脚。

六、结论

作为多个学科的专业基础课,顺应时代的要求,弹性力学的教学目的不仅要让学生学习到相关的理论知识,还要使学生掌握应用弹性力学解决实际问题的能力。弹性力学教学改革是目前各个高校弹性力学课程共同关注的问题。本文从教学内容、教学方法和手段、考核方式等方面对弹性力学教改进行探讨,以授课学生为主体制定教学大纲,采用多媒体与传统教学方式结合的教学方法,在授课过程中,注重基本概念的讲解,并注重授课内容与工程实际结合,采用综合考评的考核方式等一系列措施,激发学生的学习动力,提高弹性力学的学习效率。

参考文献:

[1] 徐芝纶.弹性力学简明教程[M].3 版.北京:高等教育出版社,2002.

[2] 韩志型.关于弹性力学课程的教学探讨[J],西南科技大学高教研究,2008,(2):49-51.

[3] 蒋泉.关于少学时《弹性力学》教学的思考[J],中国科技博览,2008,(13),56-57.

[4] 侯作富.大众化教育下的弹性力学教学改革[J],中国西部科技,2009,3(26):75-76.

[5] 黄新武,吕建国.提高"弹性力学"课程教学质量的探索与思考[J],中国地质教育,2008(2):92-95.

[6] 何琳.弹性力学课程的教改实践与探讨[J],重庆交通学院学报(社科版),2006,6(1):137-139.

[7] 郝刚立,王维早,张书建.弹性力学教学改革研究[J],山西建筑,2010,36(25):204-205.

[8] 薛江红.对"弹性力学"课程教学改革的思考[J].高等理科教育,2008,(6):84-87.

研究生课程《有限元法基础》
教学改革与实践

许 政 廖孟柯

（石河子大学水利建筑工程学院，新疆 石河子 832003）

摘 要：在新的形势下培养学生的创新能力和综合素质是教学的一个重要任务。作者在工科研究生《有限元法基础》课程教学中，总结多年的教学实践经验，对教学过程中的教学要求、教学内容、教学方法和考核形式等四个环节进行改革与实践。经过多年的教学实践，对增强课程的教学效果，提高学生的实际操作能力起到积极的作用。

关键词：有限元法基础；教学改革；教学实践

有限元课程是工科研究生的重要力学基础课程，是现代数值分析的理论基础，在目前工程问题数值分析中应用非常广泛，对于培养研究生的科学研究能力起着十分重要的作用。但长期以来，这门课程过于侧重有限元法原理方面的讲授，而忽视了其作为现代数值分析理论基础的重要性，忽视了除弹性力学问题之外在其他问题中的应用。鉴于此，我们近年来进行了一系列的课程改革，在考虑课时减少的情况下，确定了本课程改革的目标是使学生掌握本课程的基本理论与应用方法，理解领会有限元分析方法、概念和分析问题的过程，同时，在理论分析、计算方法、软件应用等方面得到较强的训练，从而达到"力学基础→工程概念→现代有限元软件应用→解决实际问题"的目标。

一、课程改革的思路

为达到改革的目标，我们按照水工结构专业硕士研究生人才培养计划规定的 32 个学时，重新制定教学大纲，确定教学内容、教学方法和教学重点。教学思路如图 1 所示。

二、课程内容的改革

有限元方法的核心思想是将对象先离散再组合，即先将对象离散为由若干节点连接在一起的若干单元，单个单元计算完后，再将所有单元按节点结合在一起，因此，课程内容也应紧紧围绕这一离散化思路展开。由于有限元法涉及变分、泛函、矩阵分析、数值计算等数学知识，同时与结构力学、弹塑性力学等力学基本理论有密切的联系，对学

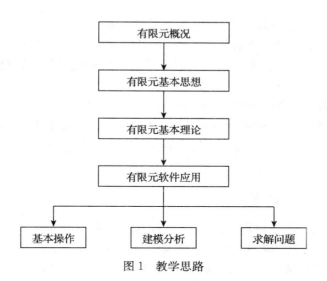

图 1　教学思路

生的基础要求较高,学生会因为大量的数学概念与繁琐的公式推导而对有限元法产生一种畏惧感。我们通过分析,根据专业方向特点和学生就业需求调整了授课内容,将课程内容划分为三部分:第一部分为有限元的基本思想和理论,该部分应用较多课时系统地讲授了常用的各种单元(杆系元、平面元与块体元及等参元等)有限元法的求解过程;第二部分是有限元软件 ANSYS 的基本应用,包括有限元软件的界面和环境设置方法、网格划分、载荷和约束的添加、结果后处理等,使学生掌握一种有限元软件的前处理、求解、后处理的完整分析方法和流程。我们舍去了原来程序编制内容,要求学生必须掌握一种有限元分析软件的分析方法,在软件应用学习的过程中去理解有限元方法的思想和基本原理。从培养工程应用型人才来讲,我们更倾向于学生学习一种应用软件而不是去编制程序;第三部分是有限元模型的建立方法及典型案例分析。介绍建模方法和如何进行力学模型分析与简化,熟悉有限元理论的工程应用背景,提高学生的综合实践能力。

另外,采用专题讲座形式,引导学生了解有关有限元分析的最新研究成果。针对研究中多数存在非线性问题,本课程以讲座形式增加了粘弹性和大变形等问题。

三、教学方法和手段改革

要使学生学会学习,教师一定要转变观念,改变学生原有的单一、被动的学习方式,建立旨在充分调动和发挥学生主体性的学习方式,促进学生在教师指导下主动地、富有个性地学习。

我们在有限元法基本原理的教学中避免了繁琐的公式推导和数学细节的描述,从工程实际中选出具有典型代表意义的实例作为教学素材,增强学生的感性认识。学生若能很快地接受知识,便会产生浓厚的学习兴趣。兴趣是进行积极思维活动,探索事物真谛的动力源泉。这样让学生在学习有限元的数学力学理论基础方面有较深刻的理解,不仅学习内容比较容易接受,而且更容易把握有限元分析的思想内涵。

为提高学生的实际应用能力,软件教学部分采用实例教学的方法。先有针对性地精选几种简单结构作案例,介绍有限元软件的基本功能和整个基本计算过程,即:设置计算类型→选择单元类型→定义材料参数→定义截面→生成几何模型→单元网格划分→模型施加约束→分析计算→结果显示。让学生在实例中学会对不同情况的处理方法,并熟悉掌握有限元软件的基本功能和操作过程。同时在课堂上采用边讲边练的方式,活跃课堂气氛,调动学生的学习积极性。典型分析实例的建模、求解及结果的分析处理,不仅使学生掌握了有限元分析软件的基本操作,同时也积累了一些有限元建模及分析的经验。

四、考核方式的改革

考试内容的选择尽量体现综合性、灵活性和多样性,切实考查学生灵活运用所学知识,创造性地解决问题的能力。因此采取大作业、开卷笔试和上机建模分析综合考试方式。作为课程大作业要求学生独立完成分析计算,实现对所学知识的整合,综合提高应用能力;开卷笔试主要考查学生掌握有限元法基本原理和方法的情况;上机建模分析考查学生在建模方面的创新能力。

五、改革实施效果和完善

我们经过3届学生的改革实践,学生普遍感觉收获很大,授课过程中的信息反馈和研究生在课题工作中对本课程内容的应用状况表明,研究生提高了对有限元法的掌握程度,尤其是提高了用有限元法解决实际工程问题的应用能力。这些表明本课程的改革实践基本达到了预期目标。

同时,从学生的反馈意见中,我们感到该课程在许多方面还需进一步完善,如:编写合适的教学参考资料、增加上机时间等。

总之,《有限元法基础》课程的教改虽然取得了一些成绩,但仍存在许多不足之处,但我们相信,经过不断地努力和完善,一定能将该课程建设成开放的、重创新和实践的高水平研究生学位课程。

参考文献:

[1] 王勖成,等. 有限单元法[M]. 北京:清华大学出版社,2003.

[2] 孙旭峰. 有限元法课程中的研究型教学实践[J]. 高教论坛,2009,86(3):86-88.

[3] 龚曙光. ANSYS基础应用及范例分析[M]. 北京:机械工业出版社,2003.

高校新教师迅速融入教学
岗位的几点体会

王 磊 章 青

（河海大学力学与材料学院，江苏 南京 210098）

摘 要：笔者在仔细研读了徐芝纶先生《50 年教学的回顾与体会》和《怎样提高课堂教授的质量》两篇经典文章的基础上，结合个人进入教学岗位两年来的教学体验，对高校新教师如何迅速融入教学岗位谈几点体会。

关键词：高校新教师；教学岗位；策略

高校的核心任务是培养人才，而高校教师则是人才培养的主体和执行者。近年来，高校教师中青年教师的数量有了很大程度的增加，这些年轻教师一般都具有博士学位，在学科知识的掌握上已具备了很好的基础条件，并有很好的科研基础。但作为刚刚踏足教学岗位的新人，青年教师十分缺乏教学经验，并且在高校教师所需的基本素质方面仍亟待提高和成长[1]。针对高校新教师如何迅速融入教学岗位这个问题，笔者结合自己进入教学岗位两年来的教学体验谈几点个人体会。

一、教师态度

在课堂教学中，教师首先要让学生感受到自身对教学的热情和认真负责的态度，这是对职业的尊重，也是对台下作为听众的学生起码的尊重。唯有如此，教师反过来才能获得学生情感上的认同和内心的尊重，教师在讲台上的表现才是有感染力的。敷衍刻板、照本宣科、应付了事的态度不可能换来学生真心的敬重，学生若感觉被敷衍自然会从情感上表现出抵触或漠视。师生之间的这种隔阂无疑会给不成功的课堂教学定下了基调。

徐芝纶院士当年在清华大学土木工程系读本科时，有感于民族危难、国弱民穷，因而立志教书，希望以教育救国。在徐老此后的人生道路上，都对教学投入了无与伦比的热情。即使是在浙江大学 3 年艰苦的岁月里，睡地铺吃糙米饭的境遇也没有磨灭他对教学的热爱，反而是在几年内教授了包括应用力学、材料力学、结构学、高等结构、弹性力学、结构设计、桥梁设计、土壤力学、基础工程、水力学、水力发电工程、水工设计、坝工设计等在内的十几门课程。徐老一生潜心教学,学生喜欢听他的课,一生桃李满天下,终成一代宗师泰斗而为后人敬仰。

二、在学生中间建立认同感,达成与学生的互信

学生常带着种种欲望进入教学之中,不仅有求知的欲望,而且有归属、自尊的欲望,期望得到教师和同学的认同和尊重。当这些欲望得到满足时,学生才能反过来回馈给教师认同感,学生的主体性也得以顺利发展[2]。

作为一个独特的个体被识别是建立认同感的第一步。笔者在每学期开始的几堂课上都会下工夫记住班上每位学生的名字。当上了三四次课,有些学生对课程的新鲜感已过有逃课的念头时,笔者会在课上随口点出所有当天缺课学生的名字,学生虽然表现出了惊异,但已经意识到自己被识别。每次作业笔者都会做好详细的作业批改记录,课间直接与作业有问题的学生交流。当笔者面对面清楚地说出学生作业里的问题并提出建议和鼓励时,学生内心在被识别的基础上又进一步建立起了被认同和被尊重的感觉。笔者相信学生按时上课的原因并非担心被老师发现旷课,而是内心的认同感已经建立起来,他们愿意到课堂上来,愿意与尊重、关心他们的老师互动交流。

三、课前认真准备讲稿,设计好讲授思路

徐老说:"在每次课前准备讲稿和备课笔记时,首先要梳理清楚这一堂课要讲授内容的逻辑体系。有哪些新的概念、新的理论,哪些是重点,哪些是难点。"按照徐老的思想,教师在课前应想到如下问题:问题的起源在哪里,是如何提出的;问题提出后理论模型是如何建立的;模型的求解过程和策略是怎样的;从求解结果可以得出哪些结论等。对这些问题,教师脑海里要有全局的理解和掌控,把它们串连成一个有机的整体而不是支离破碎的章节,并且要适合学生已有的知识基础和认知规律。为此,必须要对不同的授课内容有针对性地设计不同的教学思路。例如,笔者在讲授弹性力学的几个基本假设时,在正面陈述的同时,对每个假设都从反面举出了若干实例,既在鲜明的对比分析中加深了学生对知识点的认识和理解,又拓宽了学生的知识面和视野。在讲述带有小圆孔矩形板的孔口应力集中问题时,笔者先从学生所熟知的材料力学中两端受均匀拉伸的杆件出发,自然延伸到受均匀拉伸、不带圆孔的二维薄板,然后再抛出本堂课要研究的带有小圆孔的矩形板模型,最后再从坐标系的选取、边界条件的等效、半逆解法的应用等方面逐步深入展开。遵循这样一条讲授思路,学生就不会有突兀的感觉,整堂课的进行过程比较流畅。

四、注意学生反馈,及时检查改进

教学不是教师的一言堂,而是师生共同的舞台。课堂教学的目的是要让学生听得进、学得好,这就要求教师必须要密切关注学生对课堂教学的感受和反馈,以此来改进或调节自己的教学思路和教学手段。我们应该按照徐老说的那样:"每次下课以后,都应当把讲课的内容和方式仔细地回忆一下,检查一下,看看哪些方面是成功的,哪些方

面是失败的。对于成功的方面,应当作为经验,肯定下来;对于失败的方面,应当分析原因,定出改进的办法。"

学生的作业情况是对课堂讲授质量的最直接的反映。大部分的学生做的好还是不好,普遍性的错误出现的多不多,概念性的错误有多少人犯,这都是教师需要特别注意的反馈信息。如果在某一个知识点上大部分学生都做错了,很可能教师在此处的讲授深度、着力程度和教学方法上是有很大欠缺的。徐老说过:"课程结束以后,再做一次总的反思回顾,这次回顾应该是着眼于课程的整体布局上的。在一个学期的教学过程中,哪些内容讲得深度不够而哪些内容讲得过多以致干扰了主题,哪些内容调到前面讲比较好而哪些内容适于在后面讲授,及时总结调整,并做好记录,以备下次授课时参考。"

五、教师科研功底对教学的辅助

如果一门课程能激发学生内在的求知欲和好奇心,能吸引学生主动来学,无疑能取得很好的教学效果。教师的科研功底在这一方面往往能发挥很好的作用。德国教育家洪堡曾经强调"教学与科研的统一",要当好一名高校教师,教学与科研两手都要硬。有了科研积累,教师就可以在授课时加入自己的观点和思想,将课程内容与最新的实际应用结合,不断更新,通过与时俱进的授课内容吸引学生,激发学生的兴趣和思考,把课程讲得既深刻又生动,形成自己的特色[1]。这种有"灵魂"的教学无疑能激发起学生的兴趣,甚至能引导一些基础好的同学早日进入科研的阶段。例如,笔者在为"大二"和"大三"的学生讲授弹性力学课程时,结合自身的研究方向,介绍了将弹性力学中传统的板、壳理论用于研究最新的功能材料,如碳纳米管和石墨烯等,学生就表现出了浓厚的好奇心和兴趣。再如,笔者在讲述完毕弹性力学中小孔口的应力集中问题后,曾启发学生思考为什么通常的输液管道均设计为圆形?对于有使用要求的交通隧道,除底面外,顶部和边侧为什么尽可能设计成曲线状,并在底角处采用贴脚处理的方式?笔者还联系所进行的三峡大坝泄洪坝段孔口应力问题的科研项目,讨论横缝灌浆和不同位置的止水措施对三峡大坝泄洪深孔孔口应力的影响。此外,还要求学生自己查阅资料,了解黄河小浪底水利工程中18个泄洪、输沙孔口组成的洞群,思考孔口布置和间距设置的理论依据,也取得了很好的教学效果。

六、人文教育在教学过程中的贯穿

一个人的人文积累在很大程度上决定了他的思维方式和思想方法,而人文知识往往是理工科教师最欠缺的素养。如果一名理工科的教师具备好的人文积累并把人文教育贯穿在教学过程中,运用哲学、经济、历史等多方面的知识辅助自己的教学,则可以完成对学生方法论、认识论等更高层次的塑造[1]。徐老早年赴美国哈佛大学和麻省理工学院求学,抗战伊始,毅然放弃国外优越的工作和生活条件,慷慨赴国难,一辈子"认认真真做事,清清白白做人"。笔者曾以徐老这种高尚的品格告诫学生要"先做人、再做事",这无疑是对学生精神品格的很好地塑造。师者,授业传道,不仅要让学生掌握科学知识,还要让学生具备完整的人格。笔者在为工程地质专业的学生上课时,经常把实际生活中桥梁、隧道、基坑、边坡等工程破坏的新闻图片放到课堂上展示分析,引导学生从专业的角度去关心这些问题,在一定程度上建立起职业道德和社会责任感。同时还有意识地介绍一些中外力学家(重点是教材中提及的力学家)的学术思想、在弹性力学领域的主要贡献和相关的逸闻趣事,调动学生的学习热情和积极性。这些精神层面的塑造是理论知识灌输和说教所无法完成的任务。

教学之功的修炼,是一项长期而艰巨的任务,正如徐老的名言"学无止境,教亦无止境"。课程内容是没有止境的,每一门学科都在快速发展,而且时代发展也对学生的知识体系提出了新的要求。徐老说过:"教学方法的改进和完善也是没有止境的,应该虚心学习,把各种现代的技术和手段融合到教学过程中,不断提高教学质量。"年轻教师应谨记徐老的教导,努力提高自身素质,迅速融入教学岗位,并在教学的道路上不断学习,不断提高。

参考文献:

[1] 叶志明.谈当好一名高校教师的基本素质[J].中国大学教学,2006:4-6.

[2] 周昊.互动教学对学生主体性发展的作用[J].吉林工程技术师范学院学报,2009:57-58.

弹性力学的教材内容与体系

任九生 李晶晶 张俊乾

(上海大学力学系,上海 200444)

摘 要:本文比较了理科和工科弹性力学教材的主要内容与体系安排,结合作者自己学习和教学体会,讨论了理科和工科弹性力学教材的特点和优点。

关键词:弹性力学;内容;体系;优点

弹性力学作为固体力学的基础,是理科力学专业的主干基础课,同时弹性力学在工程上有着广泛而重要的应用,也是土木、材料、机械和航空等相关工程专业的技术基础课。弹性力学的发展与近代工业的发展密切相关,弹性力学对各种工程结构的受力分析、变形分析和稳定性分析是近代工业技术的重要基础。近代计算机技术和有限元方法的出现和发展使弹性力学更加如虎添翼,可以很方便地解决任何大型复杂工程结构问题,数值解弥补了解析解的不足之处,因此弹性力学和有限元在工程中的应用更加广泛而重要。

一、弹性力学的主要内容

作为理科力学专业的学生要学习弹性力学,一方面是因为弹性力学本身就是固体力学的一门重要基础课;另一方面弹性力学又是塑性力学、粘弹性力学、断裂力学、损伤力学、板壳理论、弹性稳定性理论及其他交叉学科的重要基础。其他相关工程专业的学生也要学习弹性力学,这是他们分析工程结构的重要工具和手段。理科和工科专业对弹性力学的教材内容要求不一样,理科弹性力学要求严格的数学分析方法,系统阐述弹性力学的基本概念、基本理论和基本方法,在相当一般的前提下建立弹性力学的初边值问题,讨论解的存在性和唯一性,寻求适当的数学方法求解,这就是数学弹性力学的范畴。工科弹性力学主要是为了得到可供解决工程实际问题所需要的结果,可以采用进一步的假定进行简化,这就是应用弹性力学的范畴。

不论是理科弹性力学,还是工科弹性力学,教材的主要内容可大致可分为两大块,即基本部分和专题部分[1—4]。基本部分所有教材内容基本一致,主要包括应力分析、应变分析、应力应变关系、边值问题与一般原理、平面问题、扭转问题、空间问题基本理论、变分原理与近似解法,同一问题的基本内容也大致相同。专题部分不同的教材内容就不同了,大致包括热弹性理论或温度应力、弹性波、空间问题、薄板问题、薄壳问题、接触问题,同一问题内容也不尽相同。工科弹性力学的专题部分一般与自己学校的专业相联系。

二、弹性力学的体系安排

理科弹性力学与工科弹性力学的体系安排通常是不一致的。理科弹性力学一般遵守数学弹性力学的方法,代表性教材如武际可教授和王敏中教授编写的《弹性力学引论》[1],程昌钧教授编写的《弹性力学》[2]等。工科弹性力学一般遵守应用弹性力学的方法,代表性教材如徐芝纶教授编写的《弹性力学》[3],吴家龙教授编写的《弹性力学》[4]等。

理科弹性力学教材基本部分章节的安排顺序一般是应力分析、应变分析、应力应变关系、边值问题与一般原理、平面问题、扭转问题、空间问题基本理论、变分原理与近似解法。工科弹性力学基本部分章节的安排顺序一般有两种,一种如上所述,另一种是先系统讲述平面问题的基本理论及各类解法,再讲空间问题和扭转问题的理论及解法,变分原理与近似解法等。

理科弹性力学从连续介质力学基本公理出发,以严格的数学分析方法,系统阐述弹性力学的基本概念、基本理论和基本方法,在相当一般的前提下建立弹性力学的初边值问题,这些基本概念、基本理论和基本方法可以贯穿于固体力学其他课程的学习中[1-2]。工科弹性力学主要以解决工程实际问题为目的,和实际应用结合着重于问题的求解,一般避免纯数学的推导[3-4]。

1. 关于柱坐标和球坐标系中应力张量和平衡微分方程的推导

理科弹性力学在一般正交曲线坐标系中得到有关公式,再具体应用或退化到柱坐标和球坐标系中,或直角坐标系中。工科弹性力学一般直接在柱坐标和球坐标系中由相应微元的平衡直接导得。

2. 多连通域和位移单值性条件

工科弹性力学一般只讲单连通域问题,满足变形协调条件的物体变形后仍为连续体,且由应变-位移关系可得到单值连续的位移函数。理科弹性力学不仅详细讨论单连通域问题,还讨论一般的多连通域问题,由截断法导得位移单值性条件,同时满足变形协调条件和位移单值性条件的物体变形后才可能仍为连续体,且由应变-位移关系得到单值连续的位移函数。

3. 小变形理论与有限变形理论

工科弹性力学一般只讲小变形理论,不涉及有限变形理论。理科弹性力学一般提及有限变形理论,由欧拉坐标推导有限变形理论的各类应变张量,并退化到小变形理论的应变张量,由此解释说明小变形理论和有限变形理论的区别和联系。如拉格朗日应变和欧拉应变在有限变形理论中有区别,在小变形中就没区别了;应变位移关系在有限变形理论中是非线性的,在小变形中是线性的;哥西应力和皮奥拉应力在有限变形理论中有区别,在小变形中就没区别了;平衡微分方程在有限变形理论中建立在变形后的物体上,在小变形理论中可忽略物体的变形等。

4. 应力应变关系的导出

理科弹性力学一般基于连续介质力学的本构公理,从热力学基本定理出发建立一般各向异性弹性介质的应力应变关系,然后根据材料的对称情况一步步退化到各向同性弹性介质的应力应变关系——拉梅方程及广义虎克定律,由 21 个弹性系数退化到 2 个弹性系数,一般也会介绍非线性应力应变关系和通常线性应力应变关系的区别和联系。工科弹性力学一般将单向拉伸条件下的虎克定律叠加得到广义虎克定律。

5. 弹性力学一般原理与问题的解法

理科弹性力学一般详细讲述弹性力学的一般原理及应用,包括叠加原理、唯一性定理、功的互等定理、应变能定理和圣维南原理。关于弹性力学问题的三类解法,理科弹性力学一般侧重精确解法,精确解法系统涉及分离变量法、复变函数法、逆解法、半逆解法、位移解法、应力解法、混合解法等。工科弹性力学一般侧重近似解法和数值解法,近似解法一般包括李兹法和伽辽金法,数值解法包括有限单元法、边界元法、有限差分法等。

6. 变分原理及其应用

理科弹性力学一般详细讲述弹性力学变分原理的基本概念和基本原理,包括广义虚功原理、虚位移原理、虚应力原理、最小势能原理、最小余能原理及广义变分原理,然后介绍变分原理的应用及各种近似解法及应用。工科弹性力学一般直接引入近似解法,侧重近似解法的应用。

三、弹性力学教材的优点

理科弹性力学一般着重系统阐述弹性力学的基本概念、基本理论和基本方法,着重理论系统的完整性和严密性,着重于问题的数学物理基础,概念清晰、数学严谨。体系安排一般是先讲应力分析、应变分析、应力应变关系、边值问题的建立与一般原理,再具体到平面问题、扭转问题、空间问题,最后是变分原理与近似解法,应力分析、应变分析、应力应变关系、V 边值问题的建立与一般原理这一部分内容不仅是后面一部分包括平面问题、扭转问题、空间问题的共同基础,也可加以补充推广应用到固体力学其他课程,包括塑性力学、粘弹性力学、断裂力学、板壳理论、弹性稳定性理论等,这样比较适合理科专业的特点。

工科弹性力学一般着重弹性力学的实际工程应用,联系工程实际,着重问题工程背景的叙述,着重具体的解题技巧,背景明确,便于掌握。体系安排一种和上面相同,另一种是首先以平面问题为研究对象,详细介绍弹性力学的基本概念、基本原理和基本解法,然后再深入到扭转问题和空间问题。从简明的基本概念出发,深入浅出,由浅入深,循序渐进,逐步深入,通俗易懂,易于接受,这样比较适合工科专业的要求和特点。

参考文献:

[1] 武际可,王敏中. 弹性力学引论[M]. 北京:北京大学出版社,1990.

[2] 程昌钧,朱媛媛. 弹性力学[M]. 上海:上海大学出版社,2005.

[3] 徐芝纶. 弹性力学[M]. 4 版. 北京:高等教育出版社,2006.

[4] 吴家龙. 弹性力学[M]. 北京:高等教育出版社,2001.

重视能力培养，改革弹性力学教学方法

李晶晶　任九生　张俊乾

（上海大学力学系，上海 200444）

摘　要：本文针对弹性力学课程的特点，从教学方法和教学内容等方面进行了一些有益的尝试和探讨，旨在提高课程教学质量，加强学生能力培养。

关键词：弹性力学；教学方法；教学质量；能力培养

弹性力学是力学、机械、土木等专业的一门理论性与应用性都很强的技术基础课程，在这门课程中必须强调对学生综合能力的培养。力学教学的任务不仅仅是注重学生对知识的吸收，更重要的是促成学生的思维能力的发展，同时要培养自觉运用力学知识去考虑和处理工程和日常生活中所遇到问题的能力，从而形成良好的思维品质。作为高等学校的教师，我们在教学过程中也应始终注意把培养学生的探索新知识、新方法的创造思维能力和实践能力作为组织教学的大目标。本文结合弹性力学教学的尝试，在这方面谈一些粗浅的体会。

一、力学课堂必须向学生展示力学的价值，激发学生的求知激情

创新意识也即创新精神，它表现为一种内在的创新欲望，表现为在创新活动中高度的热情、足够的自信心、独立思考和勇于探索的品质。

教师作为培养学生创造力的主导，首先要帮助学生发现力学丰富的内容与求实的精神，激发学生对科学的兴趣、好奇心和强烈的求知欲。没有对科学寄予很大热情，是很难攀上高峰的。好奇心不仅是激起科学家、发明家不断进行钻研与创造活动的重要品质，而且也是学生主动观察事物和反复思索问题的强大内部动力。因此，教师有责任更多地介绍力学学科的广度和力量，要让学生明白"哪里有技术难题，几乎哪里就有力学难题"[1]。比如，运用多媒体教学软件向学生演示航天、航空、高层建筑、桥梁、大坝等工程中的力学问题；引入反映现代科技成果的新内容，诸如新材料、复合材料、材料的断裂行为、材料的疲劳行为等最新科技成果。进而拓宽学生的工程知识，加强学生的工程概念，让学生感到学有用武之地，从而激发学生的创新意识。

二、把握教学重点，充分调动学生的主动性

学生在学习弹性力学之前，通常都学习过理论力学、材料力学、结构力学等力学课程。弹性力学与这些力学课程之间有何异同，这是首先必须让学生了解的。为了充分调动学生的积极性，在授课过程中，可以结合工程问题，通过对真实物体及过程进行合理简化及抽象，引导学生回顾力学模型由质点、质点系、刚体、简单变形体（杆件）、变形体的发展过程，明确研究的问题不同，建立的模型也就不同，说明模型是分析问题和解决问题的关键。在建立模型中，最重要的是如何根据实际工程研究对象的要求抓住主要因素，忽略次要因素，然后考虑如何把弹性体变形体这样一个力学模型变成一个既符合实际又能够求解的数学模型，应该遵循什么样的基本规律，这种模型能适用于哪些工程和科学领域，弹性力学与其他学科的联系。不妨引导学生回顾总结同样是研究弹性变形体的材料力学的建模思路，并对比两门课程在建模手法上的差别，即材料力学主要采用"假想截面法"，而弹性力学则采用"微小单元"法，从而自然认识到两者在研究思路和方法上的异同，进一步明确分析变形体力学必须遵循的三方面的规律，即牛顿运动定律、几何连续性定律和本构定律[2—4]，它们既是不同的，但又是有机地结合在一起的，从而在一定的假设前提下，经过数学的严格推演，得到不同变形体力学，例如弹性力学的数学模型。三个基本规律是研究和学习弹性力学的"纲"，抓住这个纲，才有可能站在一定的高度上学习、掌握弹性力学的理论和方法。所以，这个纲教师要时时讲，也要让学生时时讲，真正了解其含义，并灵活地应用。同时，也能让学生自然认识到"假设减少，数学增多"是任何一门工程学科向高级、成熟发展时都会具有的特征，随之，在应用上必然更广泛、更精确，从而跳出学习材料力学时带来的思维上的束缚。

在建模过程中，应注重引导学生分析模型的工程背景、物理背景和数学背景之间的相互关联。必须强调对工程模型的普遍性和特殊性的认识，也即对共性和个性的认识，尤其强调对数学模型中描述工程模型个性的边界条件的重视，且让学生明白模型的正确性必须经过工程实际的检验或实验的验证或根据其他结果的间接证明。由于手工计算的局限性，应借助多媒体课件，模拟弹性力学与工程实践的紧密结合，同时也必须让学生了解到虽然随着计算技术的发展，过去无法求解的很多弹性力学问题现在都已经可以比较快速地通过各类计算机程序尤其是有限元商业程序得到解答，但鉴于工程问题的复杂性，需要对弹性理论有足够深刻的掌握，并结合实际经验，才能利用有限元软件得到正确的解答。否则，滥用有限元软件就会得到不合实际的解答，这种现象广泛存在于实际工作中。把学生的注意力从单纯的记忆公式、模仿教师课堂的演练引导到注重形成弹性力学基本理论、基本概念和公式的方法，发现解决问题的思路和手段等方面上来，有利于发挥学生的主观能动性，培养学生的科学精神及发现、分析并解决问题的综合能力。

三、注重发现法教学，加强思维训练

著名数学教育家波利亚指出："教学必须为发明作准备，或至少给一点发明的尝试。无论如何，教学不应该压制学生中间的发明萌芽。"这里所说的发明，大多是指客观上早

已被前人发现了的知识的再发现。这段话深刻地阐明了教学中教师应认真为学生实现知识的再发现作好启发、引导等准备，着意为学生营造再发现的氛围，提供再发现的机会，让学生进行再发现的尝试，使学生亲历知识的探索形成过程，品尝再发现的喜悦，而绝不是采取把所有的现成定理、结论等全盘托出，也不是讲深讲透不留余地、满堂灌输的教学方法。不能给学生提供再发现的机会和条件，充其量是"依样画葫芦"，学生只是机械地接受，生硬地套用，它阻碍了学生的探索能力和创造能力的培养。而发现法教学一改"满堂灌"的传统，教学中蕴涵了学生主动发现的过程，促使学生在获取知识的同时发展思维能力，培养独立思考能力和创新精神。

"科学一方面是方法，另一面是理论，它是二者的统一而不是同一。"科学家笛卡尔又指出："最有价值的知识是方法的知识。"因此，在教学中不能仅仅照搬课本中的定理、公式、结论，而不去剖析其探索、研究方法与过程。应注重在关键环节上激励、引导学生主动发现，应用科学的研究方法和思想方法。比如，上述建模教学过程中，引导学生总结发现三个基本规律，在满足一定的工程条件下将空间问题简化为平面问题时，可发现是由一般到特殊的演绎过程；在结合实际工程，讲授圆孔应力集中问题的解答时，启发学生发现对复杂情形下问题的研究可采用合成与分解的思想方法，这是对立统一观点在研究力学中的一种反映；讲解圣维南原理时，引入工程和日常生活中的疑难问题，启发主动思维等。这样，可以引发和促进学生进行高层次的思维，使得学生从理解和接受式的被动学习转变为探索和研究式的主动学习，从接受、记忆和理解知识转变为训练思维能力及交流沟通能力等。

四、鼓励学生自学，培养独创能力

自学能力是独创能力、研究能力形成和发展的基础。教师应激发学生的自学热情，有意识地培养学生的自学能力，让学生真正成为整个教学过程中的主体。自学包括课前预习和课后复习，也可以有意识地留出一些章节、定理的证明、推导，由学生自行探索，更应鼓励学生自主自学与研究，学会自学，学会从实践中学习，从而培养学生独立学习和终生学习的能力。

总之，在弹性力学课程教学中要紧密结合工程实际问题，引导学生自主活动，培养学生善于提出问题、分析和解决问题的能力，培养学生的科学精神和创新精神。

教学尝试使我认识到教学改革是一个不断实践、探索的过程，需要教师付出大量的劳动，对教师自身也提出了更高的要求。教学艺术的提高是无止境的，我们要不断努力，不断尝试，在发展自己的创造个性的同时，使教育过程本身充满创新的色彩。

参考文献：

[1] 钱伟长. 教育和教学问题的思考[M]. 上海：上海大学出版社，2000.

[2] 吴家龙. 弹性力学[M]. 北京：高等教育出版社，2001.

[3] 徐芝纶. 弹性力学简明教程[M]. 3 版. 北京：高等教育出版社，2002.

[4] 程昌钧，朱媛媛. 弹性力学[M]. 上海：上海大学出版社，2005.

车辆工程专业有限元法的教学与实践

姚林泉

（苏州大学城市轨道交通学院，江苏 苏州 215006）

摘　要：我国部分高校的车辆工程专业本科生作为选修课，研究生作为专业基础课开设了有限元法课程。无论是以汽车还是以轨道车辆作为研究对象，所涉及到的结构都非常复杂和全面，有车架结构、悬架结构、板壳结构、加肋板壳结构、弹簧系统、齿轮传递系统、轮胎系统等。要研究的问题也非常多，如强度、疲劳、振动、噪声、碰撞和冲击等。因此，有必要探讨如何在有限的课时和有限的基础知识条件下，使学生能最大程度地接受有限元方法的基本原理，了解使用有限元方法的过程和技巧，能够应用有限元软件进行以车辆部件为研究对象的力学分析。

关键词：车辆工程；有限元法；教学改革；课程内容

现代车辆设计技术的发展已全面进入 CAD/CAE/CAT 的综合应用阶段，进入到虚拟产品开发阶段，在车辆设计的各个阶段都广泛采用了有限元分析和计算机仿真 CAE 软件，从而缩短研发流程，降低开发费用，提高设计质量。市场上可用于车辆结构有限元分析的软件有几十种之多，例如，ANSYS，Nastran，ABAQUS，Marc，ADINA，LS-Dyna 等，新一代有限元软件可将工程设计、工程分析、结果评估、用户设计与交互图形界面集于一身，构成一个完整的 CAE 集成环境[1]。因此，作为车辆工程专业的学生有必要掌握有限元分析软件的使用技巧，高等院校有必要为他们开设关于有限元法的课程。

车辆结构的类型很多，按照几何特性可以分为杆系结构、板壳结构、实体结构及其组合形式。车辆各部件多处于运动状态，受到地面作用的随机干扰力将产生较大的动应力甚至发生共振，需要了解结构的振动特性，因此，在车辆设计中，除了要考虑强度、刚度外，还应该进行动力学分析以及疲劳可靠性、碰撞安全问题等。针对车辆结构的有限元法不仅研究的结构复杂，而且涉及的力学问题多。无论是本科阶段还是研究生阶段要全面掌握这些有限元分析技术是不现实的，因此，有必要探讨该课程的教学内容和教学方法。只有把主要的原理和方法讲授给学生，通过实践来掌握车辆结构的有限元分析，才能使他们能够在车辆设计和分析的工作岗位上不断地深入熟练，发挥出更好的作用。

一、专业基础课程

车辆工程专业作为机械类专业,其开设的力学类基础课程有理论力学和材料力学,数学类基础课有高等数学(微积分)及线性代数。力学教学指导委员会力学基础课程教学指导分委员会发布的《理工科非力学专业力学基础课程教学基本要求》(试行),对理论力学和材料力学作出了具体的要求[2]。根据"理论力学课程教学基本要求(A 类)",理论力学由基本部分和专题部分两部分内容组成。基本部分包括静力学、运动学和动力学;专题部分包括刚体定点运动、碰撞问题、离散系统的振动、运动学问题过程分析、动力学问题过程分析、非惯性系下的动力学、第一类拉格朗日方程、第二类拉格朗日方程和哈密尔顿原理。建议学时:基本部分建议 64 学时,专题部分建议 16 学时。目前各院校开设该课程的课时在 72～80 学时之间,在实际讲授过程中往往由于课时不够而把专题部分去掉。

根据材料力学课程教学基本要求(A 类),材料力学也由基本部分和专题部分两部分内容组成。基本部分包括轴向拉伸与压缩、剪切与挤压、扭转、弯曲、应力状态和强度理论、组合变形、能量法、压杆稳定及材料力学实验等;专题部分包括薄壁截面直杆的自由扭转、杆件材料塑性的极限分析、动载荷和疲劳、应变分析与实验应力分析基础等。基本部分学时要求 60～80 学时之间,其中实验不少于 6～8 学时。

二、课程内容

从以上的课程内容可以看出,机械类专业对基础力学课程教学内容的要求要比力学专业少且低。要根据学生已有的基础知识,在有限的课时下确定课程内容,使学生能最大程度地掌握有限元法的基本原理和使用技术,能够应用有限元软件简单地进行以车辆部件为研究对象的力学分析。作为有限元法前期基础课的弹性力学在机械类本科专业更是没有开设,也没有开设相关的计算方法(数值分析)课程。这两门课一般在研究生阶段会开设,因而应该区分本科阶段和研究生阶段对有限元法教学内容的要求。

1. 本科生

由于本科生的基础比较薄弱,知识面也不够宽,因此在讲授有限元法课程时应以工程应用为主,理论介绍为辅。下面按 3 周学时共 54 课时给出主要内容及课时安排[1,3]。

第一章概论(1 课时)。这部分内容主要有有限元法的历史和发展、有限元分析软件及有限元法在车辆工程中的应用。

第二章杆梁结构分析的有限元法(6 课时)。这部分内容主要通过对杆、梁结构的分析过程引入有限元的概念,包括节点、杆单元、梁单元、单元刚度矩阵、单元载荷向量、总刚度矩阵等,使学生对有限元分析的基本步骤有个基本的认识。由于这部分只需要材料力学的知识,学生容易接受,要由浅入深地引导他们进入后面连续体部分的有限元分析。

第三章弹性力学的基本问题(9 课时)。这部分内容首先导出弹性力学平面问题的基本方程及边界条件,导出位移法的边值问题。然后给出空间问题的基本方程及边界条件,包括空间轴对称问题的基本方程。最后介绍变分原理,为有限元分析做准备。

第四章平面问题的有限元法(6课时)。这部分内容首先通过引入平面3节点三角形单元,导出平面连续变形体的有限元分析过程,然后给出高阶单元和等参数单元。

第五章空间问题的有限元法(3课时)。这部分内容包括4节点四面体常应变单元,8节点六面体单元,20节点六面体等参单元以及空间轴对称问题的有限元法。

第六章结构动力学问题的有限元法(6课时)。这部分内容引入离散结构的动力学方程,结构自由振动及动力响应的方法。

第七章车辆结构有限元分析概述(3课时)。这部分内容主要介绍汽车结构的有限元建模、单元选用及网格划分标准、边界条件处理、受力分析与载荷处理等的一般原则。

第八章软件介绍及车辆结构有限元分析实例(18课时)。这部分内容是对前面基础知识和原理的具体应用,应注重应用的技术性。首先介绍ANSYS有限元软件的使用,然后给出以车辆部件为研究对象利用ANSYS软件进行有限元分析的实例。实例主要包括:桁架、框架结构的静力学分析;平面连续体结构的力学分析;车辆结构强度分析;车辆结构刚度分析;车辆结构动态分析。车辆结构包括车架、悬架、车桥壳、轿车车身、客车骨架等。这部分的实例主要是供学生实习用的,通过上机实习掌握有限元法的使用及其分析过程,教师主要讲述关键技术。由于建模需要花费很长时间,对复杂模型给出完整的命令流。

附录。参数单元的一般原理和数值积分(2课时)。由于缺乏数值分析的知识,附录内容可作为补充,讲授关于数值积分特别是高斯积分的内容。

2. 研究生

研究生由于生源不同,有的院校在本科阶段可能没有开设有限元法课程,下面是针对没有学过有限元法的研究生而言。研究生阶段的车辆工程专业应该开设弹性力学或弹塑性力学以及数值分析课程,有限元法课程应该在这些课程之后再开设。弹性力学应该包括:平面问题、空间问题、能量原理与变分法、薄板小挠度弯曲问题、薄板振动问题、薄板稳定问题、薄板的大挠度弯曲问题等。根据他们的知识结构及特点,按54课时对课程内容和课时进行安排[1]。

第一章绪论(3课时)。内容包括有限元法的历史和发展、有限元分析软件及有限元法在车辆工程中的应用、回顾与总结、弹性力学的基本方程及变分原理。

第二章弹性力学问题的有限元法(9课时)。内容通过引入一维线性单元,平面3节点三角形常应变单元和4节点四面体常应变单元,分别导出杆梁结构、平面问题和空间问题的有限元分析的一般原理和表达格式。

第三章单元类型及插值函数的构造(9课时)。内容包括一维、二维、三维的高阶单元以及等参数单元、插值函数构造的一般方法。

第四章板壳问题的有限元法(9课时)。内容包括薄板矩形单元、三角形单元以及板壳有限元分析简介。

第五章结构动力学问题的有限元法（6 课时）。内容为引入离散结构的动力学方程、结构自由振动及动力响应的方法。

第六章汽车结构有限元分析概述（3 课时）。内容为主要介绍汽车结构有限元建模、单元选用及网格划分标准、边界条件处理、受力分析与载荷处理等一般原则。

第七章软件介绍及车辆结构有限元分析实例（15 课时）。内容为介绍 ANSYS 软件的使用，给出以车辆部件为研究对象利用 ANSYS 软件进行有限元分析的实例。

三、教学方法与教学手段

课堂教学是教师传授学生知识的一个主要环节，因此要特别注重教学方法的革新。有限元法课程是针对高年级本科生及研究生开设的，他们中的大部分人都已具有较好的自学能力及学习主动性，因而也基本具备"讲一、学二、考三"这样一种国外课程教学模式的条件，这是促进学生自主学习，培养学习能力，提高课程教学质量的突破口[4]。要改变单一的课堂传授知识的教学方法，使知识、能力、素质和创新四位一体的教学方式得以实现。有限元法是一门技术性很强的课程，通过教师的引导，不仅要使学生能够了解该课程的理论知识，更要使他们掌握该方法的使用，进而提高利用有限元软件解决实际问题的能力。

有限元法课程的信息量大，展示的图片较多，有些展示的结构可能还较复杂，因此要充分利用多媒体的教学手段。多媒体课件可以非常清楚直观地展现出教学内容，节约大量的课堂时间，应把主要的精力花在对原理的理解及技术分析上。本课程的另一主要目的是通过掌握有限元软件的使用方法来进行车辆结构的力学分析，因此，要提高学生实际操控软件的能力。通过几个车辆结构的典型例子，不仅使学生能够会使用有限元软件，还要使他们学会如何建模和分析。

俗话说，"师傅领进门，修行在个人"，我们要真正把学生引导到有限元法技术的应用领域，通过他们不断地实践成为能够掌握这一技术的专门人才。

参考文献

[1] 谭继锦,张代胜. 汽车结构有限元分析[M],北京:清华大学出版社,2009.

[2] 力学教学指导委员会力学基础课程教学指导分委员会. 理工科非力学专业力学基础课程教学基本要求(试行)(I)[J]. 教育部高等学校教学指导委员会通讯,2009,75(8):4-19.

[3] 曾攀. 工程有限元方法[M],北京:科学出版社,2010.

[4] 葛文杰. 对机械基础课程教学方法改革的思考与探讨[J]. 中国大学教学,2009,(10):4-7.

弹性力学教学与提高力学
专业学生的素质

汤立群　　刘逸平

（华南理工大学土木与交通学院，广东 广州 510641）

摘　要：弹性力学课程是力学专业学生必修的课程之一，也是广大学生深感畏惧的一门课程。但如果在教学中更加注重让学生体会到，在弹性力学知识体系建立过程中力学基本假设和基础分析方法的作用，这不仅能激发学生的学习兴趣，减轻畏难情绪，提高学生基本力学素质，还能增强学生作为力学专业学生的自豪感。

关键词：弹性力学；力学专业；教学；基本假设；基础分析方法

弹性力学是众多理工科专业的必修课程，因涉及比较复杂的概念（应力张量、边界条件等）和数学推导，成为学生深感畏惧的一门课程[1-2]。为此，教师在教学方法[2,3-5]、教学内容[1,5-7]和考试改革[3-4,8]等方面进行了大量的探索，使该课程内容易于被学生接受，在提高弹性力学教学质量方面发挥了积极的作用。但是力学专业的弹性力学教学存在一些自己的特点，需要探索如何通过弹性力学课程更有效地提高学生的力学素质。本文作者已从事十几年力学专业的弹性力学教学，在提高学生力学素质方面进行了一些初步的探索，请广大同行批评指正。

一、力学专业学生修习弹性力学存在的问题与基本对策

一般学生在学习弹性力学时存在的共性问题，这里就不讨论了。力学专业学生在修学弹性力学课程时，其存在不同于一般工科学生的问题：首先，学时的压力不大，一般力学专业的弹性力学能保持在 64 学时，而不像土木、机械等专业只剩下 48 学时，甚至更短；其次，很多力学专业学生在上弹性力学时，还是不明白力学和相关专业，如土木、机械、航空航天等的差异在哪里，似乎理论力学、材料力学，直至弹性力学大家都学，感觉不到本专业的特色，学习动力不足。

相对非力学专业，多余的学时重点用在哪些方面，是扩大知识面？还是加强基础？我校力学专业的弹性力学因属于双语教学，为此，我们选用了 Timoshenko 的《Theory of Elasticity》这本教材。如果选择扩大知识面，那么 64 学时要覆盖全部书籍内容也是

比较困难的。如果是选择加强基础,那么加强哪些基础? 还是多做习题? 我们的观点是:应该加深在弹性力学知识体系建立过程中力学基本假设的作用和基础分析方法的体会。

二、若干加强基础概念和理解力学分析方法的措施

1. 强化课堂练习

虽然弹性力学课程有大量的数学推导,但如果概念清楚,绝大部分的推导都是属于学生已有的知识范围。为了使学生尽快掌握相关的概念,需要强化课堂练习,即无论是弹性力学基本方程,还是一些课本上的例题,都要求学生自己在课堂上写边界条件和求解,并由学生进行讲解,这样能比较有效地了解学生在基本概念和分析方法上的误区,同时提高学生的基本素质。当然,大量的课堂练习和讲解,是得益于力学专业学生的学时相对充裕和小班上课。

2. 弹性力学的基本假设

弹性力学的基本假设包括连续性、均匀性、各向同性、小变形和完全弹性,这五个基本假设必须向学生讲透,这里包括假设的意义、作用(在数学描述方面),以及假设存在的必要性等,并且鼓励学生通过举例说明,自然界的哪些材料及其行为不满足这些基本假设,例如混凝土、泡沫材料事实上是不均匀的,也是不连续的,为什么常常可以按照均匀材料处理,如有弹性模量、屈服应力等。通过这样的分析,让学生体会到基本假设和分析尺度密切相关。同时在基本假设不满足时,力学又相应地发展了哪些学科和方向,从而拓展学生的眼界。

3. 应力张量的引入

描述一点的应力状态需要使用应力张量这一概念,始终是广大学生学习的一个难点。导致这个难点的核心是学生不能直观地体会到:经过一点,不同法向截面的应力不同。为此,本人引入应力的本质:截面另一侧分子因变形产生的附加力综合作用的效果,对于不同的截面,产生作用力的分子也不同,从而不同截面的应力完全可能不同(图 1)。同时,该观点很容易让学生理解自由边界上应力为零。

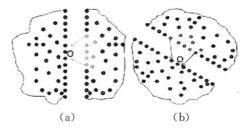

(a)   (b)

图 1   不同截面下相同点应力产生的机理示意图

(a) 截面一;(b) 截面二

4. 微元体分析法

在建立弹性力学平衡(运动)方程和几何方程时,大量使用了微元的分析方法。这里可以强调三个要素:①微元思想与学生在学习中学物理时用的"隔离体"法和材料力学中的"截面法"是一脉相承的,即虚拟地"割"开物体,产生的界面用力等效,剩下的"物质"保持平衡(运动);②强调这平衡是"力"的平衡,而非"应力"平衡。这一点可以通过让学生自己推导平衡(运动)方程来体会;③微元的平衡是"点点"平衡,如果"点点"平衡,那么整体一定平衡,反之未必成立。这很容易通过举例说明,如钟表等。这部分内容可以为将来学习能量法等打下基础。

5. 边界条件与圣维南原理

学生在初学弹性力学时,对边界条件理解比较困难。甚至有的学生在毕业时,都不能正确写对边界条件。为此,我们对学生关于边界条件的理解提出如下两个要求:

(1) 对于边界条件公式,能用自己的话解释该公式的含义;

(2) 任何一个弹性力学问题(无论是平面问题、扭转问题还是空间问题,无论使用哪种坐标系),只要看到该问题的示意图,要求能正确地写出边界条件。

另外,很多教材对一些短的自由边界条件,只是简单地说它可以根据圣维南原理简化为内力为零的边界条件,这会让学生困惑,到底什么时候该根据圣维南原理将边界条件放宽?我们的做法是,就让学生使用"精确"的边界条件,然后在使用边界条件确定应力函数的待定系数时,学生得到"矛盾"的待定系数,再用圣维南原理解决该问题。这样学生就体会到圣维南原理并非在短边界一定要用的。通过这样的方法,我曾经收获一个问题:"为什么不用圣维南原理就得不到解,问题出在哪里?"显然,学生能提出这样的问题,其价值远远超出解这道题目。

6. 材料力学的平截面假设

在材料力学的体系中,"平截面假设"发挥了重大的作用。可惜的是很多学生在听完教师的介绍后,就将它抛到九霄云外(因为期末考试不考)。弹性力学在平面两弯曲问题求解过程中,核心问题是没有使用平截面假设,导致广大学生常常体会不深刻,而感觉到应力函数的选取依靠了材料力学解的提示,得到的是材料力学意义的解,没什么价值。

为此,我们在讲授这部分内容时总是增加一项课程设计:给出梁弯曲平面假设的公式描述,并且用弹性力学的解检验平面假设。学生通过做该课程设计,可以充分体会弹性力学和材料力学的不同,并且体会材料力学中平面假设的价值。

三、结束语

弹性力学是力学学生的一门重要的专业课,学生在学习该课程之前已经学过理论力学和材料力学,有了一定的力学基础。因此,可以针对其课时相对充裕和小班上课的特点,通过强化若干概念和加强包括推导弹性力学基本方程等在内的课堂练习,使学生夯实基本功和能较深入地理解力学分析方法,提高自豪感,初步体会力学专业特点与使命。

参考文献:

[1] 朱克强,王志东,姚震球,张家新. 弹性力学教学中的重点与难点评析[J]. 华东船舶工业学院学报,1999,13(4):89-91.

[2] 黄新武,吕建国. 提高"弹性力学"课程教学质量的探索与思考[J]. 中国地质教育,2008(2):92-95.

[3] 刘鸣,翟振东. 工科弹性力学教学的实践与思考[J]. 交通高教研究. 2003(5):74-76.

[4] 原方,吴洁. 研究生弹性力学教学方法及问题探讨[J]. 力学与实践,2005(27):82-84.

[5] 韩志型. 提高弹性力学课程教学质量的研究与实践[J]. 教育教学论坛,2011(18):162-164.

[6] 周太全. 土木工程专业弹性力学课程教学的若干思考[J]. 无锡教育学院学报,2005,25(2):73-74.

[7] 刘章军. 弹性力学教学中的归纳对比法实践[J]. 高等建筑教育,2009,18(6):49-52.

[8] 王红,刘峰,袁兵,朱艳峰,张妃二. "弹性力学"双语教学的实践与研究[J]. 广东工业大学学报:社会科学版,2003,3(4):47-49.

当前大学生的学习状况分析及对策

邓爱民　朱为玄

（河海大学力学与材料学院,江苏 南京 210098）

摘　要:随着高等教育大众化的不断推进及社会发展的进程,在校大学生的各个方面有了明显的变化,本文通过对在校大学生的学习现状调查分析,了解当前大学生思想、学习现状和心理需求,从学生视角分析高等教育教学方式、教学管理及考核方式现状,探索高等教育教学方式、管理及考核方式改革的具体对策。

关键词:高等教育;学习现状;考核方式;学生视角;改革

从 20 世纪 90 年代中后期以来,我国高等教育开始进入大众化时期。10 余年来,我国高等教育快速发展,大学规模不断扩大,有相当一部分大学都变成了门类相对齐全的万人大学[1]。而现今在校大学生多出生于 90 年代,是所谓"90 后"一代,随着我国社会、经济的改革与发展,这一代大学生有着自己鲜明的特点。他们既具备综合素质全面、创新精神强、独立自主、积极上进的特点,同时存在道德观念淡漠、消极被动、心态浮躁、自我中心、依赖心强、实用功利等方面的不足[2—4]。因此,在我国高等教育新的发展历史时期,将这些"90 后"大学生培养成新世纪具有创新精神和实践能力的高级专门人才,是当前高等教育必须直面的课题[5]。

在高等教育教学中,考核既是检验学生学习效果的一种重要方式,也是反映教师教学效果的有效手段。通过考核,可从中了解学生在学习中存在的一些问题,从不同的方面反映教与学的效果,使教师可以有针对性地进行教学方法和教学方式的改进。对学生而言,考核可以起到督促、引导学生主动学习的作用,使学生分阶段、分科目总结和归纳前一阶段的学习内容,进一步理解所学的理论知识,更加熟练地掌握一些基本技能和技巧,巩固学习成果,为下一步学习打好基础。但是,在实际教学过程中,往往经常过分地强调考核的这种检查、评判功能,而忽视了考核方式对学生自主学习能力的影响[6—7]。

一、当前大学生学习状况调查

为了了解当前大学生学习状况,笔者在 2009 年对我校 2008 级两个专业约 120 名学生进行了匿名调查,回收有效调查问卷 102 份。调查分两部分:一部分为客观部分,主要涉及学生学习情况(如听课情况、重修课程门数、旷课迟到早退、交作业情况、学习态度、学习观和学习投入等);另一部分为主观部分,主要涉及对当前学习的建议(如作业量、上课讨论、答疑安排、考核方式和其他建议)。

客观部分调查结果显示,14 人重修课程门数达 3 门及以上,26 人重修课程门数为 1~2 门,分别占总调查人数的 13.7% 和 25.5%。在旷课情况调查中,7 人经常或较经常旷课,67 人偶尔旷课,分别占总调查人数的 6.8% 和 65.7%。迟到早退与缺交作业情况与此类似。听课情况相比较要差一些,较经常或经常开小差的有 28 人,59 人偶尔会开小差,分别占总调查人数的 27.5% 和 57.8%。认为自己学习态度良好的仅 41 人,占 40.2%,认为自己学习态度一般的 37 人,占 36.3%。在学习投入方面,一半在情感上有厌倦和反叛心理,84.3% 的学生停留在对知识的浅尝辄止,只有 17 名学生认为自己是努力学习的,有 20 名学生认为自己对学习很不用功,大部分人认为自己学习用功程度一般。在学习目的和意义上,一半学生出于兴趣,另一半学生则明确选择为了获得毕业证书。学习观上,36 人认为只需要学好书本和教师传授的知识就好。对于学习管理,绝大多数人认为应该自我管理,学校不要管得太多,只有 17 人选择需要学校管理。

主观部分调查结果显示,对于点名考勤,大部分学生都认为可以偶尔为之,作为正常的教学活动和过程,不少学生认为出勤只会凭自己的兴趣,作为平时考核依据意义不大,而有的学生则干脆认为教师点名就是给学生几分钟放松时间,也有学生觉得没必要,认为以这种方式将那些本不想听课的学生叫了来,非但他们自己不会好好听课,还会给课堂制造麻烦,影响其他学生。对于迟到,大部分学生都说是由于特殊原因,一部分学生是起床晚了。对作业量大小反映不是很强烈,多数学生没有抱怨,认为每次课后 3 题左右也是正常。抄袭作业方面,大部分学生是不会做,有的学生是忘记了,有少数学生回答是没时间。对于比较能够反映探究式教学的课堂讨论,大部分学生不买账,有的甚至回答说课堂讨论就是给大家放松。答疑方面并不像我们想象的那样,学生会强烈要求,他们认为同学之间互相讨论即可。对于任课教师,大部分学生希望教师具有调动学生学习积极性的能力,也有的学生对教师专业知识掌握程度要求较高。对于平时成绩在考试考核中的比例,大部分学生认为在 30%~50% 为好,有少数学生认为一张试卷并不能涵盖一学期所学的所有知识,可以着重培养学生的创新发散意识,因此以开卷考试或写论文等开放的形式来考核为好,明确提出他们不希望"一张试卷定终身",而是"学有所用,学以致用"。

二、基于大学生现状的分析与对策

从调查结果看,这一批"90 后"的大学生,总体上是有思想、积极上进的。但是自律性一般较差,不愿意受太多管束,表现在重修课程门数多,重修学生范围广,迟到早退、抄袭作业现象严重,学习精力投入不足,学习目的功利化;强调学习的自主性;对任课教师要求较高;对考核方式有自己的见解。

基于此,笔者认为高校应从下列多方面采取对策。首先,在低年级学生中加强理想信念教育,激发学生的学习动力,增强学生的自信心,培养学生的创新能力;帮助学生积极适应学习环境,自觉排除内外干扰,勤奋学习,刻苦钻研,产生成就感和自我价值感。而有了这样的动力,即使在学习上遭遇困难和挫折,他们也能及时进行自我调节,表现出坚强的意志力。其次,学校要把学习心理辅导融入学科课程教学之中,通过各种形式的学术、科技活动提高学生的学习兴趣,激发学生的学习潜能和创新能力;对学生进行校风、学风教育和学习方法指导,引导学生正确对待学习,提高学习兴趣。再次,在高年级学生中加强专业教育,邀请专家就学科、专业做一些讲座或召开座谈会,积极引导学生将学习与今后的职业、事业相联系,端正学生的学习目的。

三、结束语

大学阶段是人生的一段很重要的经历,大学生仍具有较高的可塑性,对大部分大学生来说也是一个社会身份开始转变的过程,是选择人生方向和事业的关键阶段。然而,在当前开放式的社会环境下,很多大学生思想上很迷茫,对人生、对事业缺乏正确的认识理解,学习态度不够端正。要在了解大学生当前学习状况,分析其原因的基础上,社会、学校采取相应的针对性措施,引导大学生学好专业知识,培养出适应社会发展需要的具有独立学习和进行科学研究能力的优秀大学生。

参考文献:

[1] 柯文进. 大学的规模、结构、质量、效益与大学的竞争力[J]. 北京教育:高教版,2008(3):7-11.

[2] 翟鑫. 当前大学生思想政治教育的现状及对策研究[J]. 华北水利水电学院学报:社科版,2009,25(1):119-121.

[3] 王根顺,雍克勤. 从学生发展角度看高校教学方法的运用和改革[J]. 高等理科教育,2007,(1):6-9.

[4] 李家鹏. 从学生学习现状看高校教学改革[J]. 煤炭高等教育,2008,26(5):30-32.

[5] 钟志贤. 大学教学模式改革的十大走向[J]. 中国高教研究,2007(1):6-8.

[6] 陈立贵. 高校课程考核方式之我见[J]. 科技创新导报,2008(15):203.

[7] 李汉东. 对开放教育考试的几点思考[J]. 扬州大学学报:社科版,2005,9(2):83-85.

提高结构力学教学效果的思考与探索

郭兴文

（河海大学力学与材料学院，江苏 南京 210098）

摘　要：根据笔者的教学实践，从结构力学课程特点出发，就如何提高结构力学教学效果问题进行了探索，分别从结构力学应用目标性、定量计算与定性分析的结合以及计算机应用等方面，提出一些看法，并给出了几点可行和有效的实施途径。

关键词：结构力学；教学实践；教学效果；途径

结构力学是土建、水利类专业的一门重要专业基础课，在整个专业教学中起承上启下的作用。传统的结构力学教学，在教学方法与教学内容上基本以能够掌握书本上的理论和方法为培养目标，这样的教学模式会降低学生的学习兴趣，缩小学生独立思考空间，不利于创新型人才的培养，难以取得好的教学效果。笔者结合多年教学实践，就教学过程中发现的一些问题，进行了尝试性的改变，取得了一定的效果。现将笔者的几点心得体会写出来与同行交流，以期抛砖引玉，达到提高结构力学教学效果的目的。

一、将工程应用贯穿于教学过程，以应用目标性促进学习

结构力学的任务是研究杆件结构的组成规律和合理形式以及结构在外荷载作用下的内力和位移的计算方法，为结构的强度、刚度和稳定性设计服务。结构力学较之理论力学、材料力学而言，与实际工程的结合更为紧密。在结构力学教学过程中，笔者发现在讲授结构力学绪论时，由于通过视频、图片展示结构力学所能解决的不同专业领域大量的实际工程背景资料，学生都表现出浓厚的兴趣，觉得结构力学是一门重要而且非常有用的课程。但随着教学内容逐步转到基本理论与基本方法的讲授时，可能由于课时的限制，大多数例题一般都是直接给出了计算简图，然后应用基本理论与方法求解。正是由于忽视强调例题的具体工程背景，学生对相关知识应用的目标失去了针对性，不自觉地降低了对相关内容的关注度。随着时间的推移，学生对结构力学的认识又回到了公式推演、例题演算的老路上，效果越来越差。

针对这种情况，作为改进的做法是针对不同专业学生，选择有具体工程背景的简单结构作为例题，实现相关原理与方法内容的讲授。强调实际工程背景介绍，提出问题，引导学生如何应用基本理论与方法解决该问题，这样一方面可以让学生掌握基本理论

与方法,同时又可解决结构力学应用目标的针对性问题,学生的激情能在不同章节中不断地被激发,进而从一个方面取得较好的教学效果。

二、定量计算与定性分析相结合,提高学生分析实际问题能力

结构力学作为一门专业基础课,其任务之一就是能对结构进行计算和校核,按基本原理以及基本流程进行定量计算是结构力学教学的基础性工作,也是让学生掌握相关知识点不可缺少的必要工作。但结构力学的定量计算又会表现出一种程式化的运算过程,导致学生产生厌烦情绪,影响教学效果。为了克服这种问题,需要在结构力学教学过程中合理地融入定性分析的内容,使学生能够从多个角度及更高的层次上去理解和把握经典结构力学的基本原理,去分析身边的力学问题。从课堂教学效果看,在定量分析基础上再给出一些定性分析结论,常常能起到吸引学生的注意力,激发学生新的探索欲望的作用。

在教学过程中,笔者发现存在一个定性分析内容引入的广泛性与深度问题,经尝试性探索后,结合具体情况,笔者将定性分析的重点放在以下两个方面:一是同类结构不同形式受力特点的定性对比分析,例如平行弦桁架、三角形桁架、抛物线桁架、折线型桁架内力对比分析,又如不同形式的组合结构内力变化特点的对比分析等,通过这些定性分析,不但能使学生对这类结构的受力特点形成整体概念,也为今后的初步设计选型提供了一定的指导;二是针对实际工程常见问题的定性解释,例如在讲授超静定结构变温作用下的内力计算时,依据计算结果绘制弯矩图,温度低的一侧受拉。依据这一特点,引导学生定性分析混凝土浇筑后的养护措施的必要性与合理性,取得了很好的效果。

三、展示计算机的魅力,促进基本原理的学习

调查发现,尽管大多数学生都拥有计算机,但在学习结构力学课程之前只有少数学生应用计算机分析过相关的问题,大多数学生基本没有这方面的概念。结构力学课程中矩阵位移法又是学生学习的一个难点,如果不能使学生保持较高的注意力,学生对这部分内容的学习效果就难以保证。为了提高这部分教学效果,我们尝试在结构力学课程刚开始的时候,就向学生推荐一些操作比较简单的软件或结构力学求解器,暂时不需要学生掌握相关的计算原理与方法,只是让学生体会计算机在结构分析中的效率与魅力,激发学生了解计算机求解结构力学问题"黑箱"内部秘密的动力,这样在讲授有关结构矩阵分析的基本原理与方法时,学生就会有较高的热情及投入更多的精力来学习这部分内容,从而取得较好的教学效果。

四、结束语

如何提高结构力学教学效果,涉及到的因素很多,笔者结合自己的教学实践,从该课程特点出发,分别从结构力学应用目标的持续性、定量计算与定性分析的结合以及计算机应用等方面,提出了自己的想法。不足之处,敬请同仁批评指正。

参考文献：

[1] 许凯,陈朝峰,杨祖权. 定性分析在结构力学教学中的应用[J] 高等建筑教育,2010,19(6)：99-101.

[2] 张晓萌. 关于结构力学拓展式课堂教学的思考[J]. 教研教改,2009(8):43-45.

[3] 袁海庆. 结构力学的概念加强和力学综合能力的培养[J]. 理工高教研究,2007(2):103-104.

[4] 单建. 趣味结构力学[M]. 北京:高等教育出版社,2001.

工程材料实验教学的传承与改革

贾艳涛

（河海大学力学与材料学院，江苏 南京 210098）

摘　要：以培养具有扎实基础、富有创新精神和实践能力的工程材料人才为目标，构建基础型、研究型、综合型三个层次的实验课程体系，从机制构建、教师队伍、实验条件等方面进行综合改革。

关键词：材料；实验教学；改革

　　高等教育的任务是培养具有创新精神和实践能力的高级专门人才，发展科学技术文化，促进社会主义现代化建设。实验教学无论是对基础理论的理解巩固，还是对创新精神、实践能力的培养都具有举足轻重的作用。

　　但是长期以来，人们对材料学科实验教学在人才综合能力培养方面的地位与作用存在着许多认识上的误区。在教学上，重视基础和专业理论教学，轻视实验教学；在实验教学内容的安排上，往往是验证型的实验居多，启发型、设计型的实验很少。产生这些现象的原因，除了办学经费紧张、仪器及人员不足外，在思想认识上的"理论教学中心"论，认为"实验教学仅仅是理论教学的一种补充，是巩固已学理论知识的一种手段"是一主要原因。必须对实验教学在实现培养目标中的地位进行再认识，对现有的实验教学模式加以改进乃至改革，为国家和民族培养一代创新型、重实践的人才。

一、教育理念的发展

　　要在以前以教授基本理论、基本知识、基本技能为目标的实验教学模式的基础上，更加重视创新思维和综合能力训练，建立从教理论、教实验技能，到学生自主思考研究，逐步提高学生的学习能力、思考能力与研究能力的创新型实验教学新模式。

二、实验课程体系的构建

　　河海大学材料科学与工程专业坚持"依托水利、土木优势学科，培养既专又通的技术人才"的办学方针，以培养具有扎实基础、宽广的专业知识、富有创新精神和实践能力的工程材料人才为目标，从材料学科的"制备——组成——性质——功能"四要素的学科特点出发，设计构建三层次的实验课程体系，即基础型、研究型、综合型三个层次的实验课程。

1. 基础型实验

涵盖材料专业的基本制备方法、分析测试方法、使用性能的评价方法等。该系列的实验单独设课,均为必修,有实验指导书,教师全程指导。基础型实验的目的,是使学生掌握基本实验方法,熟悉大部分仪器,培养严谨求实的科学精神。

2. 研究型实验

从不同专业方向或不同的研究方法中,限选几个模块的实验题目,由学生自主选择感兴趣的问题进行探索实验,在教师指导下,自己查阅资料,制定研究方案,选择实验方法,进入实验室进行科学实验,并对实验结果进行分析和总结,形成实验报告,最后不同项目组之间集中汇报交流。目的是拓宽学生的知识面,使学生掌握科学研究的基本方法和思路。

3. 综合型实验

任意选择一些贴近工程应用的课题,引导学生自主完成从材料设计/选择、材料合成/制备/处理、组织结构分析、相关性能测试、综合分析评价全过程的实践锻炼,深刻认识材料四要素之间的相互关系,掌握材料科学与工程的基本科学研究方法,培养学生的团队协作能力、实践动手能力、创新意识及分析问题和解决问题的能力。

三、围绕实验教学目标的各方面的改革

为了真正实现创新型、实践型人才培养目标,必须从程序、机制、软件、硬件各方面进行综合改革。

1. 课程设置

以上三个层次的实验均单独设课、单列学分,不包含在理论课程之内,以保障学生有充分的实验课时、教师有明确的工作量和实验室有较准确的经费预算。

2. 评价机制

评价机制主要指对学生的评价考核标准。基础型实验以实验过程的严谨程度、实验报告水平、基础知识掌握情况为评价指标;研究型及综合型实验需要从理解基础知识的深度、研究思路、实验技能、结果分析能力、交流协作能力等方面综合评价。

3. 实验条件

由于研究型、综合型实验的复杂性,相比以前整班上同一个实验项目来说,实验项目数激增,所需器材工具场地等相对短缺。因此需采用预约登记制度,分批进场实验。随着实验室建设工作的不断深入,场地扩大,仪器设备不断完善,管理人员及管理手段不断补充,有望取消预约登记制度,实现真正的自由开放型实验室[1]。

4. 教师队伍

教师专业水平是衡量教学效率的一个重要标尺[2]。要培养创新型、实践型人才,必须有一支创新型、实践型的教师队伍。目前,高校教师通常都是科研成果斐然,也有指导学生完成自己科研任务的积极性。然而由于种种原因,教辅人员普遍专业水平偏低,且工作积极性不高,实验教学的改革发展又在很大程度上依赖于教辅人员来实现。因此,必须对提升教辅人员专业水平给予足够的重视,不仅用责任感,更要用学习培训机会、职业发展空间和相应的劳动报酬来鼓励教辅人员积极学习专业知识、创造性地完成实验教学工作。

5. 经费来源

综合型、研究型实验需要经费较多,实验中心对上述实验免收实验费。原材料成本由指导教师的科研经费承担一部分,另外,创造条件,鼓励学生积极申请各种学生科研基金。

四、预期成效

工程材料实验教学是学生直观认识工程材料、了解材料性能及质量控制方法的重要途径,对于培养创新型、高素质的材料人才具有重要意义。通过教学理念的更新,教学体系的改革,不仅能提高材料实验课的教学效率和效果,进一步培养学生的学习能力、实践能力、创新能力,同时也将提高教师自身的职业素质和专业水平,进而提升整个学科的水平,实现教与学、学与管多方面的互相促进、共同发展。

参考文献:

[1] 张淑琴,建筑材料实验教学改革与实验室管理实践[J].交通高教研究,2001(2):52-53.

[2] 龙宝新,陈晓端.有效教学的概念重构和理论思考[J].湖南师范大学教育科学学报,2005,4(4):39-43.

基础力学研究性实验
教学的探索与实践

雷 冬 杜成斌 陈玉泉 尚作萍

（河海大学力学与材料学院，江苏 南京 210098）

摘 要：结合河海大学国家级力学实验教学示范中心在本科基础力学研究性实验教学中的不断探索与实践，从学生创新能力的培养、新型实验教学仪器的研制、特色实验教学项目的开发等几个方面，总结了经验，展现了成效。

关键词：力学实验教学；研究性教学；创新能力培养

基础力学实验作为力学课程中不可分割的重要的实践性教学环节，对于培养学生用科学的方法来研究处理实际问题的能力，培养学生的实践能力和创新精神，提高学生的综合素质有着极其重要的作用。为了适应培养 21 世纪具有创新精神的高素质科技人才的需要，教育部在《关于进一步加强高等学校本科教学工作的若干意见》中指出："积极推动研究性教学，提高大学生的创新能力"，"要增加综合性与创新性实验"，"引导大学生了解多种学术观点并开展讨论，追踪本学科领域最新进展，提高自主学习和独立研究的能力"。多年来，河海大学国家级力学实验教学示范中心在本科教学中坚持探索和实践研究性实验教学，积累了宝贵经验，并取得了显著成效。下面从学生创新意识的培养、新型实验教学仪器的研制、特色实验教学项目的开发等几个方面加以介绍。

一、学生创新意识的培养

研究性实验教学是对课内实验教学、课外开放性实验教学的有益补充，是培养高素质研究型人才的重要途径。具体实施以学生为主体，将教师的研究性实验教学与学生的研究性实验学习有机地结合，激活学生对实验的学习和探究动机，培养学生的实验兴趣，从而增强学生对研究性实验学习的自觉性和积极性。

研究性实验教学具有很强的目的性，就是要培养学生独立研究的能力和创新的能力，因此具有高度的研究性质。在河海大学，研究内容一般结合教师的科研项目或者学生在生活、学习中获得的创新原动力，并且多以大学生创新训练项目为载体。下面就分别以一个源于日常生活创造力和一个源于教师科研成果的作品为例来介绍。

1. 基于平行四连杆运动的坡道担架

平行四连杆运动原理是：当设定一个连架杆为主动件并绕铰链中心点做整周连续的匀速回转运动时，根据机构的运动学分析，另一个连架杆也以相同的运动规律绕铰链中心点作整周的连续匀速转动，此时连杆将做平面移动，连杆上各点处的速度相等，角速度等于零。在学生学习该知识点的时候，我们就有意识地引导学生发挥想象力，关注这种机构可以应用在日常生活的哪些地方。学生大胆设想，提出了各种设计，其中坡道担架就是最典型的一个作品。

坡道担架（图 1）运用平行四杆机构力学特性可实现在有一定坡度的道路上使用，担架面和前后的把手能够始终保持水平，解决了在有坡度的道路上进行救援工作时要保持担架水平所带来的不便，使得救援工作如在平地上一样方便。该设计申请并获得了国家实用新型专利。详细设计思路和原理发表在《力学与实践》[1]上。

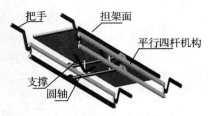

图 1　坡道担架设计图

2. 新型圆盘式磁流变液离合器

磁流变液是一种新型智能材料，当外界施加一定强度磁场后，其表观粘度能够在毫秒级的时间内提高几个数量级以上，呈现出类似固体的力学性质。根据磁流变液的这种性能设计成的磁流变液离合器具有响应快、结构简单、磨损小等许多优点，因此其在工程技术领域有很好的应用及发展前景。

图 2　新型圆盘式磁流变液离合器

在教师的引导下，几名学生组成的研究团队，申请获得了国家大学生创新训练计划项目的支持，提出对现有的磁流变液离合器的主动盘与从动盘连接形式进行改进，通过增加主动盘与从动盘的接触面来提高离合器所能传递的扭矩。有了这个设想以后，学生开始动手加工制作，最终完成的作品将扭矩提高了 30% 左右。该作品（图 2）经评审，最终入选第三届全国大学生创新性实验计划项目优秀学生创新项目展，并已申报发明专利。

二、新型实验教学仪器的研制

对于基础力学研究性实验教学来说，其研究性还表现为跟踪科技发展前沿，了解新的实验装置和技术，并应用到实验教学中来，改进或开发出新型的实验教学设备。多年来，河海大学国家级力学实验教学示范中心的教师不断进行探索，成功研制了 20 多套新型实验教学仪器[2—3]，申请获得多项国家专利，并已经向其他兄弟院校推广。其中比较典型的有：

1. 静定与超静定结构内力对比实验装置

静定与超静定结构内力对比实验装置(图3)由试件、加载手轮和数据采集与显示三部分组成。试件由两个同材料、同几何尺寸的刚架组成。其中一个刚架一端为固定支座,一端为辊轴支座,构成超静定结构;另一刚架一端为铰支座,一端为辊轴支座,构成静定结构。由于装置自带电源,还可用作演示设备。实验装置将传统的形象化的特点和现代测试技术定量化的特点相结合,可充分体现静定结构与超静定结构的特性。该装置已经获得国家发明专利授权。

2. 非圆截面杆件自由扭转实验装置

图4为可以进行开口薄壁圆管自由扭转的实验装置,试样两端不仅扭转角位移是自由的,而且轴向变形也是自由的。通过该装置可以让学生掌握圆截面扭转和非圆截面扭转的区别,在实验中观察开口圆截面自由扭转试件在扭矩作用下的截面翘曲现象,以及进一步了解开口圆截面管扭转变形和承载能力等方面的特点。该装置获得首届高等学校自制教学仪器设备优秀成果奖。

图3 静定与超静定结构内力对比实验装置　　图4　非圆截面杆件自由扭转实验装置

三、特色实验教学项目的开发

河海大学国家级力学实验教学示范中心围绕学校的背景和特点,引入先进的光学测量实验技术,开发了30多项具有自身特色的演示性或验证性实验项目。

1. 单层框架结构悬吊质量摆的减震实验[4]

针对单层框架结构来设计试验(图5),以研究悬吊质量摆的减震效果,同时可以进一步探讨影响减震效果的因素。该演示实验制作成本低,操作简单,但是演示效果很形象,用于教学效果明显,可以帮助学生更清晰、更直观地理解悬吊质量摆减震的效果以及该减震系统中的能量传递和转换。通过简单动力学模型和实验定量测量的结果比较,既可以分析影响减震效果的因素,又促进了理论知识的应用和先进实验仪器的使用。作为创新型实验教学项目,在实际教学中取得了较好的效果。该实验在第三届全国高等学校实验室工作论坛上获得三等奖。

2. 混凝土压缩破坏的数字图像相关实验[5]

材料力学中介绍的五个常用强度理论,其中最大拉应力理论(第一强度理论)和最大切应力理论(第三强度理论)在材料力学实验中通过铸铁和低碳钢的拉伸实验,可以给学生一些直观认识,得到一定的验证。最大拉应变理论(第二强度理论),认为最大拉应变是引起材料脆性断裂破坏的因素。当构件内危险点的最大拉应变达到某一极限值时,材料就会发生脆性断裂破坏。混凝土、岩石等脆性材料的压缩破坏就满足该强度理论,对于土木、水利类工科专业的学生必须深刻掌握。混凝土压缩破坏的数字图像相关实验(图6)引入数字图像相关技术来验证混凝土材料压缩破坏过程中的第二强度理论。

图5 单层框架结构悬吊质量摆的减震实验

图6 混凝土压缩破坏的数字图像相关实验

四、总结

本文结合河海大学国家级力学实验教学示范中心在本科基础力学实验研究性教学中的探索和实践,从学生创新意识的培养、新型实验教学仪器的研制、特色实验教学项目的开发等几个方面,总结了经验,展现了成效。这些经验和成效得到了学生和学校的认可,包含这些成果在内的"力学实验课程体系和教学模式的探索与实践"获得了2010年河海大学教学成果特等奖。在成绩面前,我们仍然存在太多需要继续努力的地方,希望通过交流与合作,继续开展深入探索,不断完善研究性教学模式和体系。

参考文献:

[1] 李昊,尚作萍,杜成斌.平行四杆机构的力学特性与新型担架的研制[J].力学与实践,2009,31(6):63-66.

[2] 陈玉泉.开口薄壁圆管自由扭转实验装置的研制[J].实验技术与管理,2007,24(10):272-274.

[3] 孙立国,杜成斌.组合结构梁的实验设计改进[J].实验技术与管理,2007,24(10):254-256.

[4] 雷冬,杜成斌,孙立国,陈玉泉.单层框架结构悬吊质量摆的减震实验[J].实验室研究与探索,2011,30(3):201-203.

[5] 雷冬,乔丕忠.混凝土压缩破坏的数字图像相关研究[J].力学季刊,2011,32(2):173-177.

浅谈力学实验教学质量的提高

雷　冬　邓爱民　孙立国

（河海大学力学与材料学院,江苏 南京 210098）

摘　要:本文结合徐芝纶教授的教学论文,分析了提高力学实验教学质量的基本要求;为了适应新的具有创新精神的高素质科技人才培养的需要,总结了对实验课教师提出的新要求;从教师职业责任感和学校激励政策方面出发,讨论了提高实验教学质量的深层次问题。

关键词:力学实验;实验教学;提高教学质量

徐芝纶教授是著名的力学家和教育家,中国科学院资深院士。他热爱教师职业,倡导"学无止境,教亦无止境",并身体力行,长期坚持为本科生和研究生上课,他的课堂教学持续到 80 岁。1979 年,《人民教育》刊登了徐芝纶教授总结自己 40 余年教学经验和教学心得撰写的教学研究论文《怎样提高课堂讲授的质量》[1],旨在指导青年教师提高教学质量。论文从"掌握课程内容,了解学生情况,适当安排教材,认真准备讲稿,做好默讲试讲,注意表达方式,及时检查改进,不断努力提高"八个方面来论述怎样提高课堂讲授的质量,非常全面、深刻、具体地告诉每一位教师,如何从各个教学环节做起,以保证和提高每一节课的教学质量。学习这篇论文已成为包括河海大学在内的多所高校青年教师岗前培训的必修课。

徐芝纶教授的这篇教学研究论文,其内容主要是围绕如何提高课堂讲课质量展开的。对于从事实验教学的教师,通过学习这篇论文,同样受益匪浅。我们结合实验教学与理论教学的差异,总结了其中的一些体会,以力学实验教学为例,简要谈谈如何提高实验教学质量。

一、提高实验教学质量的基本要求

徐芝纶教授的教学研究论文从八个方面论述了如何提高课堂讲授的质量,围绕这八个方面,对于提高实验教学质量同样有一些基本要求。

1. 掌握课程内容

掌握课程内容同样是实验教学要做的第一项工作,要求教师把实验内容的每一个步骤及其基本原理,每一个实验操作的要点彻底搞清楚,梳理好逻辑。对于实验课教师要求则更高,还必须掌握每一台实验设备的基本操作和工作原理,更重要的是对于各种可能出现的实验过程中的误操作、设备异常等情况下导致的不同实验结果有预见性,这些都要求实验课教师需要更多的实践经验和钻研精神。

2. 了解学生情况

理论课教师需要准确了解学生的基本情况,尤其是选修课程的情况,而实验课教师更需要了解学生理论课的教学情况。一般实验课程,尤其是基础力学实验课程,其中一个主要目的是来验证理论课堂上学习的知识点和结论,给学生一些直观认识,加深对理论知识的理解。因此,实验课教师需要掌握学生在理论课上学习到的知识点,要能够用学生可以理解或者已经学过的知识来解释实验现象,尤其是对于某些理论课上经过假设、简化后推导出来的结论,要能够给学生指出这些假设和简化对实验结果的影响。

3. 适当安排教材

各个学校的力学实验课大多采用自己编写的教材或者讲义。主要是因为各个学校开设的实验项目可能不同,开发或购买的实验设备也各不相同,设备的操作和实验数据的格式都有差异,所以很难有一本教材可以被广泛采纳使用。但实验课教师并不能只依赖自己学校的教材,同样需要大量阅读其他学校的教材,一方面可学习其他学校的长处和特色,另一方面要告诉学生,除了自己学校的实验设备,工程上还有的其他类型设备,这些设备在使用过程中会有哪些不同,尤其是有什么优点和缺点。

4. 认真准备讲稿

实验课教师除了与理论课教师一样,课前认真备课,准备好上课用的备课笔记和讲稿外还需要在上课以前,检查设备状态是否正常或者是否需要预热,检查实验中需要的各种工具和实验样品是否齐全。对于实验课程这些细节工作非常重要,若准备不充分,就会影响实验课的有序进行。设备没有检查调零就会导致无法获得正确的实验数据,工具不齐全就会出现各组学生相互借用抢用工具的情况,影响课堂秩序。

5. 做好默讲试讲

默讲和试讲是新教师开始进入课堂教学初期最重要的实践练习阶段。实验课教师除了要练习给学生讲解实验外,更重要的是要亲手操作实验。不仅要把每个实验项目都操作几遍,了解可能在实验过程中出现的意外,还需要对每台设备进行操作,了解每台设备的特点。这样才能保证在上课的时候不会因为某些实验出现意外或某台设备不能正常工作而变得手足无措,影响教学进度。

6. 注意表达方式

理论课教师需要注意自己的表达方式,来控制上课的节奏,调动学生的听课积极性和注意力。实验课教师在讲解实验时,更要注重与学生的互动。实验课的大部分时间是学生自己进行操作,教师逐个检查指导。在检查指导实验的过程中,教师一定要控制好自己的情绪,注意表达方式。当学生操作不正常,或者是出现错误操作,特别是可能导致设备出现损坏的操作时,不少教师会对学生大声严厉警告,甚至是辱骂或恐吓。这些都会影响到与学生的沟通,导致学生在实验操作过程中缩手缩脚,无法锻炼动手能力,无法发挥创造力。一般情况下,教师应该提前告诉学生,哪些操作是绝对不允许的,碰到特殊情况,可以警告学生,但不能辱骂,应该晓之以危害,耐心提醒。

7. 及时检查改进

实验课教师除了检查自己讲课的内容和方式,总结不足,不断改进外,还应针对每次实验课上学生所操作的各个实验中出现的问题或者失误进行总结,找出原因。如果是设备出现的问题,要对设备进行维修或改进;如果是学生理解出现的问题,要在下次实验课前特别提醒学生注意。

8. 不断努力提高

徐芝纶教授特别列出这一条来告诫年轻教师"学无止境,教亦无上境",掌握课程内容是无止境的,改进教学方法也是无止境的,要不断去提高。通过每一次课,让学生有一份收获,有一次提高。这是理论课教师和实验课教师都应该不断追求达到的。

二、提高实验教学质量的新要求

随着高等学校教育教学改革的不断深入,对力学实验教学也有了新的要求。力学实验作为力学课程中不可分割的重要的实践性教学环节,对于培养学生用科学的方法来研究处理实际问题的能力,培养学生的实践能力和创新精神,提高学生的综合素质有着极其重要的作用。为了适应培养 21 世纪具有创新精神的高素质科技人才的需要,要求承担力学实验教学任务的教师在以下几个方面进行尝试和探索。

1. 引导学生创新意识

实验课教师在教学过程中,要注重学生创新意识的培养,引导学生从课本中走出来,走到生活中去发现创新的源泉和动力。

2. 研制新型实验设备

要跟踪新的科技发展,了解新的实验装置和技术,并应用到实验教学中来,改进或者重新开发出新型的实验教学设备。

3. 开发特色实验项目

要围绕学校的背景和特点,开发一些具有自身特色的实验项目,特别是要注重学生的参与性,和学生一起共同完成新的实验项目,培养学生的实践能力和创新精神。

河海大学国家级力学实验教学示范中心在这些方面就进行了不断的探索与实践,

开发创新性实验项目 30 余项,取得了丰富的成果[2-6]。

三、青年教师的责任感和学校的政策激励

高校教师的三个主要任务是教学、科研与社会服务,教学是教师的首要任务和基本要求,科研与社会服务一方面可以发挥教师更大的能量,创造更多价值,另一方面也是为教学积累实践经验,促进其教学能力的提高。因此,青年教师一定要把教学作为自己工作最根本的任务,先完成好教学工作,努力提高教学水平。当前,很多青年教师做不到这一点,他们把科研作为首要的工作,大量挤占用于提高教学能力的时间,甚至有的教师连最基本的备课都马虎了事,头脑中成天装着的都是写文章、做项目。这是一种本末倒置的现象,是一种教师责任感的缺失。

这种现象的产生,其根本原因是教师的考核体制和评价机制的问题。学校每年给教师制订的各种任务指标,大多是论文、项目等科研类指标,并且这些指标也都跟考核评级、职称晋升密切相关,无形中诱导青年教师丢掉最基本的教学,去无止境地追求科研项目和科研论文。这些都必将导致学校教学水平的降低,是学校责任感的一种缺失。学校必须改变这些现状,出台各种激励政策,提高教师的教学积极性,这才是促使教师不断提高教学质量的根本途径和基本保障。河海大学在职称晋升中制订的教学考核"优先推荐和一票否决制度"是值得推荐的,一定要做到公正和坚持。

承担实验课教学的实验室一般还需要配备一定的实验教学辅助工作人员,即"教辅岗"人员,他们承担了大量实验课前的实验设备检查和试样准备,课中的实验仪器操作讲解和问题解答,课后的实验设备维护等工作。河海大学国家级力学实验教学示范中心的教辅人员甚至还承担了部分实验课的讲授工作。因此,他们在提高实验教学质量中同样扮演了重要的角色,学校应该制订相应的政策,激励他们的积极性,引导他们投身到教学改革中来,避免成为实践教学改革的短板。

四、总结

徐芝纶教授当年从八个方面来论述提高课堂讲授质量的方法,对于现在理论教学和实验教学仍然非常有意义,是对一名实验课教师的基本要求。随着国家对高校教育改革的推进和对实践教学、创新素质教育要求的不断提高,对实验课教师也提出了新的要求。实验课教师要端正态度,不断改革教学模式,创新教学手段,提高教学水平,与时俱进,担负起新时代教师的使命。学校也要从政策上激励教师从事教学改革,形成正确的导向和良好的氛围。

参考文献:

[1] 徐芝纶.怎样提高课堂讲授的质量[J].人民教育,1979(10):29-31.

[2] 尚作萍,杜成斌,陈定祈,陆晓敏.理论力学创新思维启发教育的探索与实践[J].力学与实践,2007,29(3):80-81.

[3] 陈玉泉.开口薄壁圆管自由扭转实验装置的研制[J].实验技术与管理,2007,24(10):

272-274.

[4] 孙立国,杜成斌. 组合结构梁的实验设计改进[J]. 实验技术与管理,2007,24(10):254-256.

[5] 雷冬,杜成斌,孙立国,陈玉泉. 单层框架结构悬吊质量摆的减震实验[J]. 实验室研究与探索,2011,30(3):201-203.

[6] 雷冬,乔丕忠. 混凝土压缩破坏的数字图像相关研究[J]. 力学季刊,2011,32(2):173-177.

理工类高校美育现状与对策分析

马爱斌　江静华　陈建清

（河海大学力学与材料学院,江苏 南京 210098）

摘　要:美育对于培养创造型人才具有深远的意义。本文从强化素质教育的角度出发,剖析了当前理工类高校不容乐观的美育现状及其成因,强调了面向普通高校理工科大学生实施美学教育的重要性和紧迫性;针对高校美育体系存在的有关问题,提出了整体优化与实践对策;特别指出理论美育与实践美育并重,是强化理工类专业美育、催生创新人才的必由之路。

关键词:理工类高校;美育;现状分析;对策;创新人才

当前,高科技的发展和应用水平已成为衡量一个国家国力强弱的标准。中华民族要实现跨越式发展,成批培养拔尖创新人才这一任务迫在眉睫。大学,特别是理工科大学,对培养和造就拔尖创新人才肩负着义不容辞的历史重任。创新是一个民族进步的灵魂,是国家兴旺发达的不竭动力。创新与美育有着密切的关系,纵览古今中外历史,美育对于人的创造力的高度发展和完善具有积极的促进作用,对于培养创造型人才具有深远的意义[1—3]。然而,在传统的高校理工科教育中,美育的地位向来不高。鉴于当前理工类高校不容乐观的美育现状,审美教育就显得尤为必要与紧迫[4—6]。因此,本文从强化全面素质教育的角度出发,针对理工类高校中普遍存在的大学生欣赏美、表现美、创造美的能力相对缺乏这一现象,深入分析了其美育体系存在的有关问题及其成因,并就如何强化理工类专业美育、催生创新人才这一问题进行了有益的思考与实践探索。

一、加强审美教育是培养高素质理工科大学生的现实需要

创新思维和创新精神的培养绝不是单纯的专业知识教育问题。历史的经验告诉我们,人文与社会科学同自然科学从来就不可分割。达·芬奇在创作"永恒的微笑"的同时又设计了直升飞机的蓝图,爱因斯坦伴着小提琴的乐曲完成了相对论。因此,素质教育已成为当前教育界的一个热门话题。

从根本上讲,素质教育是着眼于人的素养和品质的教育,它强调的是知识的内化和人的潜能发展,强调的是人的身心和谐与全面的发展[3,7]。对于学习自然科学和工程技术专业知识的理工科大学生而言,这一要求是具体而全面的,即要求其不仅具有扎实

渊博的科技知识,还应具有德、美等方面的素质。但是,在目前的教育体制下,大多数理工科院校对学生的专业知识进行了深入、全面的教育,但或多或少存在着理工和人文尤其是美育失衡的现象,过弱的文化底蕴导致一些"学"有所成的人综合素质尤其是人格素养不够,不能胜任本职工作或无法超越自我实现理想价值。

1. 美育是加强理工科学生人文素质,完善其人格的有效手段

美育,即审美教育,是培养高素质理工科大学生的现实需要。作为一种自由的教育方式,美育具有加强学生人文修养和文化底蕴,提高学生审美鉴赏和判断能力,提升道德情操,塑造健全人格的功能。它所培养起来的审美情感最突出的特点就是具有某种超越性,能够超越个人利害得失,摆脱利己主义,实现自我完善,从而达到全面素质的提高。

值得我们注意的是,从20世纪90年代开始,我国市场经济的巨大成就导致了以金钱为导向的价值观肆意泛滥,低格调的影视文学作品广为传播,带来了精神世界的"世俗化、功利化和平庸化",致使大众审美情趣向低层次滑坡,人格发展畸形化。大学生作为一个特定的社会群体,也不可避免地受到影响。在新形势下,实行理工科高等教育的改革,尤其是美学教育的强化,可以化解社会道德要求与个体内在需要的矛盾,培养造就出具有审美感受能力、鉴别能力、欣赏能力和审美创造能力的积极健康向上的人。

2. 美育有助于激发学习兴趣,提升大学生的创造力

自然科学中充满美的光辉,美育能够起到启迪智慧的作用。纵观古今中外,大凡有成就的科学家都有很高的美学造诣,很多科技的突破亦来自于人文知识的灵感。如:爱因斯坦在阳光下欣赏美景时突发奇想,如果乘一束光线旅行结果如何? 由此为开端,他为人类建树了一门伟大的新学说——相对论;纳米材料概念的诞生传说就源于科学家对沙漠的感悟;我国科学家正是借荷花表面石蜡微晶结构的构思,研究出了既不亲水又不亲油的"布料"和纳米洁净陶瓷。人文与美学方面知识的交叉与融合,将在科学研究中发挥出巨大的作用。爱因斯坦早就认识到,他从艺术中比从物理那里获得更多的东西。李政道也指出:"科学和艺术是一枚硬币的正反面,谁也离不开谁。"

需要强调的是,美育并不是美学和艺术教育独有的功能,其他学科(诸如数学、物理、化学、生物、材料等)的教学活动都与美育有着密切的关系。科学之美体现在抽象的科学定律和理想概念之中,存在于物质的微观和宏观结构形态变幻之中。如:牛顿定律包容天上、地下运动物体的统一之美;几何学中正多面体的和谐、对称之美;自然界中矿物呈现出丰富多变的形态之美等。这些都是激发学生学习兴趣,培养其良好观察力和想象力的极好素材。在大学专业教育中渗透美育,可以培养理工科大学生良好的观察力和想象力,帮助他们从千头万绪的科学问题中找到美的身影,真正感受到科学所蕴之美,从而激发出浓厚的学习兴趣和强烈的创造欲望。对于学习自然科学和工程技术专业知识的理工科学生而言,通过美学教育不仅能提高这些未来的工程技术人员的人文艺术修养,而且通过美学教育所获得的审美知觉、想象力以及批判思考能力将有助于他们按照美的法则、规律进行科技发明和创造。

二、理工类高校美育实施现状分析

1999年初,美育被正式列入了我国教育方针。高校是审美观念的主要传播者和审美功能的主要执行者。近些年来,尽管全国理工类高校的美育工作较之以前有了长足的发展,但由于种种原因,其美育现状仍不尽人意,究其原因主要在以下几个方面:

1. 对美育的重要性认识不够,美育推行不力

过去传统理工科教育模式中一个突出的问题,就是仅注重专业知识的积累和专业素质的培养,而忽视全面素质教育和综合能力的培养。学生所接受的只是以专业知识为主的教育,美育等人文素质课仅作为选修课开设,科目、课时少,可选课的学期有限。由于大家普遍认为,科学和艺术思维完全不同,一个靠理性逻辑,一个靠感性想象,以为科技的研究和创新单纯依靠逻辑思维。这种片面的认识导致了大学美育的严重缺失,以致该项工作在理工科高校长期处于一种可有可无的地位。学校领导和专业教师普遍轻视审美教育,认为这是“搞花架子”和“不务正业”;学校开的艺术类讲座只有少数人去听,不少理工科大学生在本科阶段没有上过艺术门类的课程或选了也不认真学,从而造成大多数理工科大学生只懂专业设计图纸而不懂欣赏中外名曲、名画、名建筑。

2. 美育课程体系不合理,教学配套设施不完善

由于美育涉及领域广、涉猎内容多,作为一门综合性的学科,一直没能真正地独立出来。由于缺乏学科上的独立性和完整性,美育的独特价值和作用没有得到应有的重视和利用,从而无形中都增加了高校美育教学与实践、教材及相关课件开发、完善的难度。

美育教学的内容和特点[7—8],决定了它的教学环节不能采取传统纯理论的教学方式,而必须综合运用多媒体演示、现场观摩等教学手段,通过生动、具体、直观的形象展示才能达到美育应有的教学效果。当前,很多高校没有专门的美育教材,没有与美育教材配套的完整的音乐、美术、建筑等鉴赏课程的设置,授课必需的教具和器材、开展美育的场所也多有欠缺。由于现有的美育课程体系不合理,教学配套设施不完善,教学实施方式单一,教材陈旧、抽象,直接影响了美育教学的正常进行和实施效果。

3. 美育实施难度大,师资力量薄弱

在高校美育中起着首要作用的是教师。身教胜于言教,如果教师能用自己优良的品格和积极的行动来影响、感染学生,学生就会在美的滋养和熏陶下形成良好的人格素养。美育并非只是人文社会科学教师的事,可以单纯地通过几门课程(如美学、哲学等)来解决,它更需要专业教师的参与和配合。

当前,我国许多理工科院校的美育师资力量严重不足,业务上也亟待提高。有些高校甚至没有专职的美育教师,很多美育课程由兼职教师或外聘教师代课,美育教学实施

难度大。美育教师队伍的建设是一个系统工程,美育需要教师具备深厚的美学理论基础以及教育学、心理学等多方面的艺术修养。目前,国内各师范艺术院校尚没有专门的审美教育系,而社会上也无专门培养审美教育人才的机构。因此,美育教师数量少、素质低,这也是我国新时期发展美育事业的最大难题之一。

三、理工类高校美育体系的整体优化与实践对策

美育是"心灵的体操",是全面素质教育中一个不可替代的重要组成部分。面向理工科学生实施审美教育,并非要培养专业的艺术家,故无需系统地传授、研究、探讨美学的基础理论,而重在融合德、智、体、美为一体的人文教化。其美育定位应是以培养大学生的审美素质、提高审美能力为起点,以塑造完善的人性、人格为目标,以追求个体诗意的生存和全面发展为根本目的。在实施美育的过程中,应将美学理论和实践相结合,使知识与情感相统一,以感性形象的方式作用于学生的情感世界。

1. 树立全面的美学观念,促进学生的全面发展

高校实施美育的任务,就是帮助大学生树立全面的美学观念,为其审美提供必备的理论和方法的指导,培养健康的审美情趣,提高审美能力,激发其自觉地追求美的人生境界,促进学生的全面发展。美育对开发创造力、培养创造型人才具有的重大作用和深远意义。懂得美,能真正理解美、追求美的人,才是真正具有"创造力"的人。通过美育的途径培养大学生的综合素质,也就开发了其创造力,有利于进一步把大学生培养为创造型人才。

现实中人们的审美情趣存在着高低之分和强弱之别,如孔子闻"韶乐"竟"三月不知肉味",而审美感受能力、创造能力的强弱主要是在后天长期的社会实践中形成和培养的。作为理工科院校的大学生,应自觉纠正轻视艺术教育的错误观念,既要重视学科知识的积累和学术成果的获取,更不能忽略人性发展和良好人格素养的形成,要尽力避免过强的功利主义与过弱的文化底蕴陶冶的严重失衡所带来的诸多弊端。

2. 合理构建美育课程体系,确保专业与美学教育相得益彰

审美教育包括传授审美知识、培养审美情趣、提高审美与创美能力等几方面的内容。美育离不开美学理论与方法的教育,而要把抽象的美学理论向可操作的实践性知识转化,向育人方面转化,使其内化为审美者的文化底蕴和审美能力,就离不开审美实践活动。因此,理工科学生的美育课程体系,除纯粹的美学知识与艺术赏析之外,还应融合美学理论和专业实践[9—10]。

高等院校美育课程体系建设,可由三个部分组成:①开设一些必要的美育理论课,如美学与美学史、艺术与艺术史的基础知识等。美育首先是一种审美理论和方法的教育,它为人们的审美提供必备的理论和方法的指导。理论课的讲解一定要精选出学生有感性印象的实例展开,力戒不切实际的闲谈;②开设系列配套的鉴赏课,如音乐鉴赏、美术鉴赏、影视鉴赏、珠宝鉴赏等。审美情趣、审美能力的培养和提高,只有通过实际的

审美活动才能实现。鉴赏课是高校美育的主要内容,其既要强调知识的完整有序,又应突出艺术欣赏的实效功能,宜从视觉艺术、听觉艺术、综合艺术中选择富有代表性的作品,引导学生全面地接受作品,从审美的角度进行比较和感受,在审美鉴赏活动中培养审美能力和丰富的想象力。由于受目前理工科院校教学课时的限制,鉴赏课适合采取专题性的讲授方式,不求面面俱到,而是有所侧重;③针对所学专业特点开设形式多样的创造课。如面向材料专业本科生开设"材料美学与造型艺术"课程,可借助理想晶体模型、晶体的宏观特征(自范性、对称性和各向异性)等包含科学美学思想的知识培养学生的想象力,并训练其利用金属工艺、玻璃工艺、陶器工艺进行工艺造型的技能。学生的审美想象力和创造力只有通过一定的培养才能得到切实的发展,学校对创造课应给予足够的重视,课时量应占美育课总课时量的 40% 左右。

3. 完善美育管理与教学保障体系,提升专业教师与管理人员的美学修养

美育是一项复杂的系统工程。要完成美育的任务,高校的领导者和教育者必须充分认识到美育的重要性,自觉提升自身的美学修养,改革并完善美育管理与教学保障体系。

各有关部门要密切配合,齐抓共管。要加大舆论宣传的力度,在全校范围内形成浓厚的美育气氛,将校园文化、社团活动的重心放到大学生审美能力和创造力的开发上,有意识、有目的地使素质教育、创新教育、美育(含艺术教育)达到完美的结合。必须建立完善的学校、院系两级美育工作体制,成立由专人负责的美育工作指导委员会和美育教研室,组织编写美育教材,组织实践和社团活动,加强对美育教学、实践和研究等工作的指导和监督。发挥理工科专业教师的作用,依托于课程设置、教材建设和启发、互动式课堂教学,努力将美学教育渗透到专业课程教学当中去。可以说,美育管理与教学保障体制的健全,是美育工作顺利开展的组织保证。总之,要多方面努力,使审美教育顺畅地进行。

四、展望

21 世纪是中华民族实现伟大复兴的世纪,将美育正式列入我国教育方针是对时代呼唤的一种积极回应,是对孔子重视美育优良传统的继承和发扬。自然科学充满美的光辉,推进理工科大学生的审美教育,将美育融入教学、实践的各个环节,尽可能发掘理工学科的美育因素,不仅有助于丰富其精神世界,陶冶情操,净化心灵,增强对现实生活的感悟力,而且能无限地开发学生的智慧潜能,促使其在学术和工程领域取得成就。可以预见,美育工作在理工科高校的全面开展,将有助于从文化层面激发我们整个民族的智慧和原创性,对实现我国经济的持续增长并获得丰富的文化内涵具有重要的现实意义。

参考文献:

[1] 刁生富. 美育与知识经济时代创新人才的培养[J]. 华南理工大学学报:社会科学版,2001,3

（4）：86-89.

　　［2］毅坚,赵一夫.关于创新人才培养若干问题的思考［J］.北京教育：高教版,2008（12）：6-7.

　　［3］叶碧.论高校美育与和谐人格的关系［J］.探索与争鸣,2007（2）：72-74.

　　［4］吕疆红.加强美育教育提高　理工科大学生综合素质［J］.高等理科教育,2003（S2）：142-145.

　　［5］陈丹.新时期高等院校美育实施现状调查与分析［J］.学校党建与思想教育,2007（5）：48-49.

　　［6］程琳杰.高校美育实施的现状与出路［J］.中国成人教育,2006（8）：68-69.

　　［7］刘雨春,刁华.理工科院校美育教学探索［J］.教书育人,2007（18）：94-96.

　　［8］张跃民.试论我国高校美育的弱化与强化［J］.当代教育科学,2009（9）：60-62.

　　［9］宋安东,张世敏,陈红歌,吴坤.浅谈美育在理工科院校专业课教学中的渗透［J］.天中学刊,2003（5）：25-27.

　　［10］霍磊.高校美育教材建设初探［J］.新乡教育学院学报,2008（4）：101-102.

青年教师如何有效提高教学质量

茅晓晨

（河海大学力学与材料学院，江苏 南京 210098）

摘　要：领会"掌握课程内容，了解学生情况，适当安排教材，认真准备讲稿，做好默讲试讲，注意表达方式，及时检查改进，不断努力提高"的教学精神，结合自身教学实践，探索有效提高教学质量的新方法。

关键词：结构力学；教学质量；教学方法

徐芝纶教授是我国著名的力学家和教育家，堪称"一代宗师"。他为人正直，德高望重，淡泊名利，无私奉献，深受广大师生爱戴和敬重。

笔者最早看到徐老先生的名字是在大学期间的《弹性力学》课本上。这本教材体系安排合理，语言通俗易懂，深入浅出，言简意赅，给笔者留下了极其深刻的印象，至今仍时常翻阅。博士毕业后，笔者有幸来到徐老先生执教多年的河海大学任教，主讲《结构力学》。作为一名刚毕业的学生，如何成长为一名教师是笔者当时所面临的难题。值得庆幸的是，徐老先生撰写的《怎样提高课堂讲授的质量》提供了很大的帮助。这篇文章从"掌握课程内容，了解学生情况，适当安排教材，认真准备讲稿，做好默讲试讲，注意表达方式，及时检查改进，不断努力提高"八个方面介绍了如何有效提高课堂教学质量[1]。以下结合学习这篇文章的感受和结构力学的教学实践，谈谈青年教师如何有效提高教学质量。

一、合理选择教材，恰当安排教学内容和方式

结构力学是研究结构的几何组成规律、合理形式及在外因作用下结构的受力、变形和稳定性等问题的课程。它集理论性、实用性和系统性为一体，是重要的技术基础课程，也是土木工程等众多专业的核心课程。

结构力学的教材有很多，不同的专业应该根据教学大纲的要求选取合适的教材。例如，土木工程、水工结构等专业通常要求多学时课程，而地质工程专业则只要求少学时课程。再如，有些专业只要求讲授结构静力学，而有些专业还要求讲授结构动力学。选择教材应遵循"凡是教学大纲规定的内容，必须纳入教材之内。凡是教学大纲不要求的内容，一般都不要塞进教材"的原则。然而，在没有完全符合教学大纲要求的教材时，

应选取最接近教学大纲要求的教材,有时甚至需要选取两本或多本教材。青年教师在初讲课时,通常都会被安排讲授学时较少的课程,有些教师喜欢选"大而全"的教材,目的在于使学生获取更全面更丰富的知识。这种做法的出发点是好的,但会导致进度过快、讲解过于简略等弊端。此外,"大而全"的教材通常售价也高,会增加学生的负担。

选定教材后,教师应全面掌握讲授内容。初讲课时,青年教师大都不熟悉教学内容,有时甚至是完全陌生的。例如,结构力学是笔者在大学三年级修学的,到自己授课时已忘却许多。在掌握讲授内容的过程中,不能再沿袭学生时代的旧思路,而应从教师的角度去领悟教学内容。因为之前只要自己看懂即可,而现在更重要的是让学生们都能明白。这就需要教师在掌握教学内容后,还要认真思考如何让初学者更好地理解和把握所授知识。将书本知识转化为教师的知识,进而再转化为学生的知识,这一过程看似简单,然而实践起来就不那么轻松了。值得指出的是,教师应多补充一些课外知识,如发展史、应用前景等,切忌"要讲多少就只学多少,懂得几分就讲到几分"。例如,讲授结构力学绪论时,可介绍台湾 101 大楼、上海金茂大厦、南京紫峰大厦、杭州湾跨海大桥等世界著名的建筑结构。丰富多彩的课外知识不仅可以拓展学生的知识面,更有助于增添学生的学习热情,激发学习兴趣。

教师还应恰当安排教学内容,认真准备讲稿。讲稿最好写成提纲形式,这样简洁明了、便于查找。初讲课时,青年教师常会遗忘一些知识点,导致"突然没有话说"、"支支吾吾"、"反复重述"等现象,而通过提纲式的讲稿可以迅速找到遗忘的知识点。但是切忌将所有讲述内容都写在讲稿中,这样易导致照本宣科、讲稿冗长、查找费时等弊端。讲稿应根据教学大纲的要求对教材内容有所取舍,如不需要学生了解的就不讲、少讲,重点和难点要反复强调、补充说明。讲稿还应包括具体的授课方式,如教材中章节次序的调整,重要知识点的突出,公式、图表的布置等。具体而言,结构力学中叠加法作弯矩图是重点和难点,讲稿中应详细列出叠加法的使用要点和解题步骤;再如,板书作内力图时要预先布置好弯矩图、剪力图和轴力图的位置等等。此外,多媒体教学和板书教学的相互配合是必须要考虑的。多媒体教学有很多优点,但也有一些弊端[2—3]。因此,不能单纯依赖多媒体,更不能完全照着多媒体课件念。笔者认为,对于文字叙述(如定义、定理等)、图片、表格、公式等,宜用多媒体;而对于基本原理、解题过程(如几何组成的分析思路、内力图的作法等)等宜用板书。好的授课方式,易于学生理清思路和快速掌握教学内容,从而起到事半功倍的效果。不恰当的授课方式会造成"老师费尽气力,学生一头雾水"的现象。授课方式应提前设计好,并在讲稿中注明。例如,讲稿中可标明哪里用多媒体,哪里用板书;哪里一带而过,哪里反复强调等等。青年教师最好采用板书教学或以板书教学为主。较之多媒体教学而言,板书教学会花费很多时间和精力,但是可以帮助青年教师迅速理解和把握教学内容,为后续教学工作打下很好的基础。

二、了解学生情况,加强师生交流,教学相长

教学过程是师生交往、共同发展的互动过程。教师应注重多与学生沟通,及时了解学生的学习和生活等多方面的情况,如学习基础、学风、个体差异、价值取向、兴趣爱好

等[1]。例如,理论力学和材料力学是结构力学的先修基础课程,教师应当深入了解学生学习这两门课程的情况,如已学内容、掌握程度、考试成绩等。青年教师授课有时会不顾及学生的基础或高估学生能力,从而造成学生"听不懂"、"跟不上"等现象。又例如,在讲授静定结构的内力计算时,教师会认为这部分内容学生之前学过而产生轻视情绪,授课进度过快甚至一带而过,从而严重影响教学质量。青年教师在课上应适时提问学生,加强课上的互动,活跃课堂气氛,课间和课下也要多找学生了解听课情况(如进度快慢、掌握程度等)。教师还应在课后留给学生主动思考的问题,如两跨连续简支梁的改造问题[4]。教师应适当布置作业,作业是学生巩固已学知识和教师检查学生掌握情况所必需的。青年教师应亲自做一遍习题,认真批改作业,了解学生的掌握程度,以便下次授课时可以有的放矢地进行纠正。对于易犯错的和错误较多的地方,要反复多次强调,视情况可增加一次作业以再次检验学生的掌握情况。答疑是师生交流的重要途径。通过面对面的直接交流,可以迅速扫清学习障碍,有效提高教学质量。教师应视情况每隔一段时间安排一次答疑,或者根据学生的需要安排答疑[1,5]。然而,由于对初授课内容的不熟悉,有些青年教师担心回答不了学生的提问而很少安排答疑,这显然是错误的。不安排答疑,教师不仅不能解答学生的困惑,还会失去了自身提高的机会,更为后续教学埋下了隐患;而安排答疑,即使当时有些问题回答不了,但通过后续自我学习或请教其他教师是可以解答的,这样做会赢得学生的理解和尊重,从而实现教学相长。此外,对于学生不来答疑的情况,应问清原因,适当调整内容和时间,指定学习有困难的学生前来答疑[5]。

师生交流时应注意表达方式。讲课时,青年教师常常会出现表情不自然、语速快、节奏感差等现象。这些现象大多是由内心紧张、不熟悉教学内容等因素导致的,但归根到底还是缺乏自信造成的。随着讲课次数的增多,讲课经验的丰富,教师的自信心会逐渐增强,这些现象也会逐渐减少。然而,个别青年教师却会出现自信心始终不足的情况,甚至长时间站不住讲台。事实上,第一次讲课很重要,讲好了有助于自信心的提升,讲不好则会留下后遗症。青年教师一定要充分准备,努力讲好第一轮课,尤其是第一次课。此外,青年教师有必要学习发声技巧。因为优美的声音给人一种享受的感觉,有利于吸引学生的注意力,也有利于教师提升自身感染力。

三、总结成功经验,针对不足之处开展批评与自我批评

教学是长期过程,不断总结经验是必要的。每次下课后,都要仔细回忆授课过程中出现的问题,如授课进度是否过快、重点和难点是否突出、板书布置是否合理、学生的反应是否异常等。每门课程讲完后也要自我反省,最好结合学生的学习情况和考试情况做一个全面的检查,看看哪些方面还需要改进,以便下轮讲课能够获得更好的教学效果。青年教师应养成总结教学经验的习惯,特别要注意总结的时效性,不要时隔很久才想起总结,这样往往会遗忘许多有价值的东西。

青年教师在教学过程中常常会出现错误和不足的情况,这很正常,也并不可怕,引以为戒后就不容易再犯了,教学质量也会越来越好。青年教师应经常自我检查、自我批

评。默讲时最能发现问题,而且这些问题也极有可能被带入课堂。每次默讲后都要将出现的问题及时记下来,下次默讲时努力克服,一次不行就多讲几次。讲课时出现的口误、书写错误、逻辑错误等,一经发现,要立刻更正,还应及时提醒学生不要犯类似的错误。然而,仅仅自我查错是远远不够的,因为自己认为正确的理解,有时却有可能是错误的。这就需要多与其他有经验的教师交流,互相指出彼此的错误。青年教师要多听经验丰富的教师讲课,学习他们讲课的优点并加以借鉴,同时也要善于发现他们讲课的一些不足之处并引以为戒。青年教师要多试讲几次,最好能请经验丰富的教师多加点评。笔者任教以来,参加过学校、教研室组织的多次试讲。每次试讲时,都会暴露出很多问题,如进度快、重点不突出、板书布置不合理、师生互动不够、数学公式推导过多等。虚心接受同行的批评,不断自我反省和检查,努力改进自身的不足,这样才能持续有效地提高教学质量。

作为一名青年教师,要以徐芝纶院士为楷模,不断深入学习他的教育思想和教学艺术,努力提高教学质量,切实做到"每讲一节课,都应该让同学们有一节课的收获"。

参考文献:

[1] 徐芝纶.怎样提高课堂讲授的质量[J].河海大学学报:哲学社会科学版,2001:6-10.

[2] 李书进,厉见芬.结构力学多媒体教学的策略与思索[J].高等建筑教育,2010,19(1):131-135.

[3] 侯文崎.《结构力学》多媒体教学实践的若干体会与思考[J].长沙铁道学院学报:社会科学版,2009,10(1):41-42.

[4] 穆建春,习会峰,李胜强.创新结构力学教学方法以提高课堂教学质量[J].中国建设教育,2011,2(3-4):52-54.

[5] 王惠民.以徐芝纶教授为楷模,努力提高课堂讲授质量[J].河海大学学报:哲学社会科学版,2010(12):1-3.

梁弯曲变形计算的叠加法
教学中的一点体会

梅明荣

（河海大学力学与材料学院，江苏 南京 210098）

摘　要：在关于梁变形的叠加法教学中，需要向学生强调在处理这类问题时，应掌握两个原则：内力等效和位移协调的几何关系。

关键词：梁；弯曲变形；小挠度微分方程；材料力学

在材料力学梁的变形计算一章的教学中，叠加法作为求某些特定截面的变形是这一章重点内容，同时也是一个分析难点。叠加法通常可以分成两类：一是关于荷载的叠加；二是关于结构变形的叠加（也有参考文献[6]将其称之为"逐段变形效应叠加法"）。前者的典型例题为图 1 所示，结构作用的荷载可分解成单独作用的集中力和均布荷载，通过梁在简单荷载作用下的变形表[2]（简称梁变形表），可迅速计算指定位置的挠度或转角。这部分内容学生一般比较容易理解和掌握[1—3]。后者的典型例题为图 2 所示的外伸梁求 C 点的变形。由于无法从"梁变形表"中直接查到，需要将结构形式作等效化处理。事实上这部分既包含荷载的叠加又有结构变形的叠加[4]。通常做法是将 C 点的力平移至 B 点并附加力偶 M，这样梁 BC 部分变为不受力的刚体，其位移随 B 端作刚体转动，即所谓的"刚化"处理，如图 3 所示。国内大部分教科书对此均作一般性地解

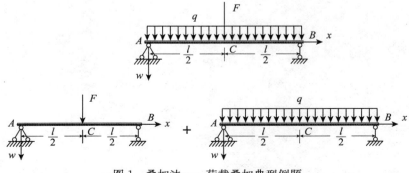

图 1　叠加法——荷载叠加典型例题

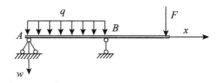

图 2　叠加法——荷载或结构叠加典型例题

释：由梁段的局部变形与梁整体位移的几何关系得到结果，而没有对这种处理方法的理论基础加以说明。作者在多年教学过程中发现大部分学生不能很好地掌握这部分内容，困惑其仅仅为解题技巧呢，还是有一般的原则？参考文献[6]论证了这种方法的适用范围，但其叙述过于数学化，对于非土木、结构专业的学生理解有难度。参考文献[7]虽然指出问题的所在，但把它归类于挠曲线微分方程的初始条件，不符合一般的提法，不在此讨论。作者通过教学实践，认为在讲解第二类叠加法时，应阐述"两个原则"，一是

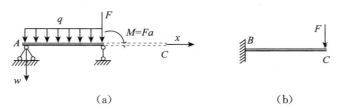

（a）　　　　　　　　　　　　　（b）

图 3　叠加法——荷载或结构叠加等效化

内力等效，二是位移协调（即几何关系）。具体做法是：首先应给出如图 4（a）所示整体的弯矩图，因为梁的变形是根据弹性小挠度微分方程 $EIw'' = -M(x)$ 以及边界条件而得到。在讲解局部变形与整体位移的几何关系时，应配合给出结构对应部分的弯矩图，如图 4（b）、图 4（c）所示，其中图 4（b）的弯矩图即由分布荷载 q、等效力 F、M 作用下得到。图 4（b）、图 4（c）所示内力图与原体系一样。

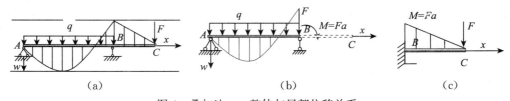

（a）　　　　　　　　　　　（b）　　　　　　　　　　　（c）

图 4　叠加法——整体与局部位移关系

这样，经等效处理后的梁 AB 段与原体系的 AB 部分完全一样，可以通过查表计算指定处转角 θ_B：

$$\theta_B = \theta_B(q) + \theta_B(M); \quad \theta_B(q) = -\frac{ql^3}{24EI}; \quad \theta_B(M) = +\frac{Ml}{3EI} = +\frac{Fa \cdot l}{3EI} \tag{1}$$

而 BC 部分则需要由 AB 变形所引起的刚性位移基础上，叠加其本身弯矩引起的变形，如 C 点位移 $w_C = w'_C + w''_C$：

$$w'_C(F) = \frac{Fa^3}{3EI}; \quad w_C = w'_C(F) + \theta_B \cdot a = \frac{Fa^3}{3EI} + \frac{Fa^2 l}{3EI} - \frac{ql^3 a}{24EI} \tag{2}$$

可以看出,强调了"两个原则"——内力等效和位移协调(几何关系),可以让学生领悟第二类叠加法的原则,避免出现只考虑静力等效而忽略内力等效的错误。

参考文献:

[1] 孙训芳,方孝淑,关来泰. 材料力学[M]. 北京:人民教育出版社,1979.

[2] 刘鸿文. 材料力学[M]. 3版. 北京:高等教育出版社,1992.

[3] 黄孟生. 材料力学[M]. 南京:河海大学出版社,2001.

[4] 赵志刚. 材料力学学习指导与提高[M]. 北京:北京航空航天大学出版社,2003.

[5] 西南交通大学材料力学教研室. 材料力学学习及考研指导书[M]. 成都:西南交通大学出版社,2004.

[6] 蒋持平,严鹏. 计算梁和刚架位移两类叠加法的使用范围[J]. 力学与实践,2003(25):62-64.

[7] 范秀昌. 材料力学用登加法求梁变形个别例题的商榷[J]. 天津理工学院学报,1992(1):82-85.

学习徐芝纶教授的教学理念
进行教学内容改革

王向东　朱为玄

（河海大学力学与材料学院，江苏 南京 210098）

摘　要：通过学习徐芝纶教授的经典教学论文，应用其中的观点在《材料力学》教学内容改革中进行实践。根据《材料力学》的特点，以创新人才培养为目的，在《材料力学》课堂教学内容安排和选择上提出了一些切实可行的方法，有利于寓学生能力培养于基础知识教学中。

关键词：材料力学；教学内容；创新意识；能力培养

中国科学院院士徐芝纶教授是著名的力学家和教育家，无论是做教师、做学问还是做人，都是我们学习的楷模。徐芝纶教授热爱并献身教育事业，提出并在实际工作中实践"学无止境，教亦无止境"的教学理念，他在《怎样提高课堂讲授的质量》的论文中[1]，从八个方面论述怎样提高课堂讲授质量，即"掌握课程内容，了解学生情况，适当安排教材，认真准备讲稿，做好默讲试讲，注意表达方式，及时检查改进，不断努力提高"。这八个方面是徐芝纶教授的教学经验，对于每位教师的教学工作都有很大的启发作用，在《材料力学》教学内容改革方面有重要的指导意义。

工科院校的《材料力学》课程是许多专业重要的技术基础课，其主要任务是为学生学习专业课打好理论基础，同时，也要培养学生运用材料力学知识观察、分析和解决工程实际问题的能力。随着时代的发展和科学研究水平的不断进步，《材料力学》作为一门经典的力学课程，在教学中，如何处理好经典内容的传承和现代科技研究成果的引进，如何协调好基础知识的传授和学生力学综合能力的培养之间的关系，是《材料力学》教学内容改革中值得认真思考和研究的问题之一[2—3]。

不论如何进行教学内容改革，《材料力学》教学的基本任务都是以杆件的强度、刚度、稳定性为主线，以强度问题为重点，培养学生分析和解决实际问题的能力。因此在《材料力学》教学内容上应该做到徐芝纶教授论文中的前三点，即掌握课程内容，了解学生情况，适当安排教材。以下是我们在具体实践中的几点体会。

一、学习徐芝纶教授的教学理念，进行《材料力学》教学内容改革

1. 只有掌握课程内容，才能将基本概念和方法系统地传授给学生

正像徐芝纶教授论文[1]中所述："要讲好一门课程，首先必须对这门课程的内容下工夫钻研，不但要做到深刻理解，而且要做到全面掌握。这样才能适当选择教材和妥善安排教材。所谓深刻理解，就是要将课程内容的每一个组成部分都彻底搞懂，不能有一点含糊，准备回答学生们可能提出的一连串的'为什么'。这是基本的要求。所谓全面掌握，就是要能从全部内容中抽出重点，理出系统，用一根线贯穿起来。"

在《材料力学》讲课过程中，首先要对教学内容深刻理解，全面掌握，然后注意内容的前后联系。例如，为了使学生从第一次课就对这门课程的整体有所了解，并知道各章节与整个课程的关联，第一次课的主要内容是结合教学课时安排，介绍《材料力学》课程的主要内容及各章的联系。这样，学生从一开始接触本课程就能够初步了解课程的基本内容、研究方法、课程的重点以及其在生活、工程实际中的应用等。使学生知道《材料力学》是一门非常重要、实用的一门专业基础课，从而引起重视并激发学生的学习热情和积极性，为后续的学习奠定良好的基础。

在三种基本变形，即轴向拉伸与压缩、扭转和平面弯曲内容讲完之后，应该对于三种变形的基本概念，如内力、应力和变形进行对比分析，突出各种基本变形的特点，明确分析问题方法的共同点和不同点，强调研究内容以两个重要的结构安全指标——强度、刚度为主线，以便于学生更容易理解和灵活应用。如不同种类的组合变形、不同约束压杆的稳定性、不同动荷载的动载荷系数的推导等，都可以进行对比分析，使学生加深印象，提高教学效果。因为通过基本知识的对比分析，可以增进学生的思考力，理出系统，将知识点用一根线贯穿起来；通过基本方法的对比分析，可以促进学生学习研究方法的迁移性、继承性和发展性。此外，系统的知识就是知识合理的组合、知识内在的逻辑关系，系统掌握知识可以提高学生分析问题和解决问题的能力，为将来分析工程实际问题奠定基础。

2. 只有了解学生情况，才能因材施教

正像徐芝纶教授论文[1]中所述："教师在准备为某一班级讲授某一门课程之前，必须去了解这个班级里学生们学习的情况，尽可能地多搜集这方面的资料，作为将来安排教材、决定教学进度和选择教学方法的一部分依据。"

根据学生专业不同、培养目标及今后职业发展状况，有选择性地设计教学内容，对有些内容可以少讲或不讲，而有些内容则需要进行有针对性的整合、增加和侧重。如对于力学等专业的学生需要补充一些理论内容，这是因为随着现代科学技术的发展，《材料力学》教学除介绍传统的基本理论、基本概念、基本方法外，还要融入现代科学，如固体力学的概念和思维方法。材料力学是固体力学的重要组成部分，固体力学的研究已不仅局限于连续介质模型，而要在多尺度上建立分析模型，以研究材料宏观、微观、细观

等方面的力学行为,让学生了解固体力学研究模型的改变。结构材料的力学响应不仅依赖于结构材料本身,而且依赖于结构中微观缺陷,即初始损伤的类型和分布。而固体结构材料的破坏过程,实质上是材料内部微观缺陷萌生、发展和演化的结果。因此固体力学研究将变形、损伤、断裂或塑性流动直到破坏认为是固体材料从变形到破坏的全过程[3]。在《材料力学》课程中,除了讲授经典的材料破坏以及对应的强度理论外,还应该介绍一些现代力学的材料破坏知识,让学生了解随着科学研究水平的不断进步,材料力学的研究内容在不断深化和拓展。

对于水利、土木和交通等专业的学生则要补充介绍应力状态分析中的主应力轨迹线、弯曲中心、截面核心等概念及分析方法[4]、组合变形中的危险点位置及其应力状态分析,并介绍在今后工程结构设计、钢筋配制中的重要用途。全面细致地研究结构变形和破坏的模式,从宏观行为看,材料的变形过程有两种基本形式即脆性和塑性,在固体材料的变形过程中当滑移型缺陷起主导作用时,材料呈现塑性行为。当裂纹型缺陷起主导作用时,材料呈现脆性行为。材料塑性的程度决定于在变形过程中滑移型缺陷起作用的程度。同种材料的力学响应是塑性还是脆性不仅与材料本身性质有关,而且与外部环境和所处的应力状态有关,在《材料力学》课程中也要介绍相应的辩证思维和具体问题具体分析的观点。

3. 只有适当安排教材,才能满足后续课程对《材料力学》的要求

正像徐芝纶教授论文中[1]所述:"这里所谓安排教材,是指分量的多寡和次序的先后这两方面说的。"

(1)根据后续课程要求对《材料力学》的内容进行改革。上课之前,应将后续专业课程梳理一下,看这些课程涉及哪些材料力学的知识,着力研究如何把这些知识讲透。例如,材料力学在土木专业的本科后续教学中所涉及的内容主要是一些基本概念,如应力、变形、应力状态、强度理论、超静定、压杆稳定等[5]。所以,重点要将材料力学的基本概念讲解清楚,教学内容要侧重于力学模型的简化前提及简化方法、公式的运用条件、应用公式能得到哪些基本结论,然后再进行公式推导的讲解,使学生不仅知其然而且知其所以然,以便达到举一反三的效果。另外,计算机是学习的一个基本工具,学生均具有较好的计算机应用能力。作为力学教师必须考虑如何使材料力学与计算机运用相结合的问题。有很多计算软件可以定量分析材料力学问题,如计算约束力、变形、应力,进行强度、刚度校核等。所以《材料力学》课程教学的任务应该既要定量分析又要定性分析。教师上课应该侧重于引导学生能对问题进行定性分析的思路和方法上,培养学生理论联系实际,应用知识的能力[6]。定量分析主要通过课上例题及课后习题掌握,且要鼓励学生应用所学的计算机知识解决一些材料力学问题,为将来学习专业课、课程设计打好基础。

(2)在教学过程中要注意渗透相应专业的工程实例。《材料力学》的工程应用是提高学生学习兴趣的一个重要渠道。学生工程实践认识能力的培养是一个渐进的过程[7]。在授课过程中,教师应在加强对于相关专业了解的基础上,用尽可能多的工程实例引导学生尝试解决问题。如在讲解每一个基本概念或基本方法前,先引出一些生活或工程应用的实例,工程实例既可以是教师所做过的项目,也可以是相应文献中或新闻报道中的工程应用实例,让学生思考实例中存在什么问题,应该怎样解决,需要哪些知识点,然后引出将要介绍的材料力学概念和方法。通过不断引导,使学生逐渐认识到工程应用是材料力学的最终目标,材料力学是解决复杂工程课题的理论基础。直观的工程认知是激发学生打好基础的动力,同时也是激发学生产生工程意识的重要环节。通过学生对工程课题的早期认识活动可以培养科学研究意识,挖掘潜在的创新能力[8]。

在《材料力学》的教学过程中,首先对学生穿插进行工程认识介绍,使学生对工程问题与材料力学的关系有一个初步的了解和感性认识,激发学生参与工程课题研究的兴趣,培养学生善于思考、勇于创新的意识[8]。另外,在课程学习过程中,更重要的是将理论知识与工程问题紧密联系,使学生对学科产生浓厚兴趣,这是创新人才应该具备的一个重要素质。在具体实践中表明,通过对学生工程认识的培养,可提高学生的学习兴趣和拓展知识面;提高学生的自学能力和思考能力,增强创新意识,对学生知识、能力和素质的协调发展有很大的促进作用,教学效果也得到了明显提高。

二、小结

通过学习徐芝纶教授的教学经验,在《材料力学》教学中不断实践,我们深刻体会到徐芝纶教授的论文《怎样提高课堂讲授的质量》,是徐芝纶教授用心写出的具有实用价值的教学经验总结,不论对教学内容还是其他各个教学环节的改革都具有重要的指导意义,在各门课程的教学过程中也具有普遍的指导意义,有利于提高教师的教学责任感和教学水平,使我们逐渐感受到了教学的荣誉感和成就感。同时也有利于提高学生的学习能力、研究能力和创新能力。

参考文献:

[1] 徐芝纶. 怎样提高课堂讲授的质量[J]. 人民教育,1979(10):29-31.

[2] 张雪红,谢跃生,马建强,等. 浅谈研究型教学模式[J]. 高教论坛,2006(12):55-56.

[3] 李文兴,等. 材料力学课堂设计和教学方法探索[J]. 广西高教研究,2002(4):53-55.

[4] 范钦珊. 材料力学(土木类)[M]. 北京:清华大学出版社,2006.

[5] 徐道远,朱为玄,王向东. 材料力学[M]. 南京:河海大学出版社,2006.

[6] 马继刚,陈敬贵. 研究性学习与创新能力培养[J]. 中国大学教学,2006(10):33-34.

[7] 季顺迎,等. 材料力学课程中创新意识和实践能力的培养[J]. 高等理科教育,2008(5):90-92.

[8] 高盘良. 浅议创新能力与创新人才的培养[J]. 中国大学教学,2005(10):21-22.

理论与悖论

严湘赣

（河海大学土木工程学院，江苏 南京 210098）

摘 要：本文讨论了基础力学中存在的理论与实际相悖问题。指出在理论脱离实际的错误之外，还存在另一类错误：忽视理论的独立性和自我完备性，过度使用实际经验来干预理论，由此导致理解错误和概念混淆。发现并解决了摩擦问题中的一个奇异悖论。

关键词：悖论；基础力学；理想化；实际

理科习性者常犯的错误是固执于理想化，这很可能导致脱离实际。仿佛"博士买驴"，洋洋数千文，不见一个"驴"字。反之，以应用为己任者，虽然不得不屈身在理论的屋檐下，目光却始终盯着实际情况。从理论与实际结合角度看，这是好事。但有时，这会使他们忘记了自己的立场。

一个开放的体系无法实施可重复的实验检验，为了有效处理问题，所有自然学科无例外地要给出假设，忽略"次要因素"，简化模型。因此，任何理论在一定程度上都是理想化产物。由此，理论与"实际"存在差异势所必然。这里所言"实际"，是指我们用直觉、经验、长期实践积累所得出的观念和论断。

实践（或曰"实际"）确实能检验理论，但既然理论与实践之间存在固有隔断，理论有其自身规律与价值，则实践并非总能凌驾于理论之上。

本文所言悖论，指"理论上可行，却与实际情况不符"的情况。需要强调的是：如此状态之存在，并非理论本身出现了问题，也不是不可接受的现象。悖论伴随理想化、绝对化而来，在理论的框架里，它们就是"事实"。

"理论脱离实际"式的错误经常被批判，但如坐在理论的舟筏上，却老想着现实的水平仪，同样会犯错误。本文主说后者。

案例一：讨论图 1 铆钉剪切问题时，几乎所有参考文献[6—10]中都有这样的话，"假设剪切面上剪应力均匀分布"。然而大家都清楚，仅仅从剪应力互等定理看，圆截面上的剪应力就不可能均匀分布。明知其非，怎么还会做这样的假设？

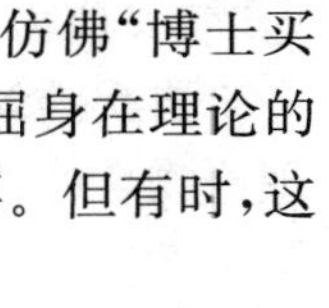

有人说，正因为不可能均匀分布，才称之为"名义应力"。如此解释，

图 1 铆钉剪切示意图

属于一误再误。

其实这里没有假设。我们称 $\tau = F_Q/A_Q$ 为名义应力，就是用截面上应力的平均值，来考核该铆钉承受剪应力的能力。例如，在 100m 跑比赛时，我们给"平均速度最快的运动员"发金牌，根本没必要假设运动员奔跑速度是"均匀的"。

如果做出了"剪应力均匀分布"的假设，那么 $\tau = F_Q/A_Q$ 反而不是"名义应力"，而是在假设基础上的"真实应力"。请注意，真实应力并非在现实中真正发生的应力——那只有上帝知道，它只是"与我们的理论吻合"。

打个比方，我假设"所有体重超过 80kg 的人都很胖"，如果你认可我的假设，则任何体重 80kg 以上者都是名正言顺的胖子。但有一天你发现了一位身高超过姚明的家伙，体重 82kg，他一点也不胖，那时你应该质疑我的假设，而不是认可假设，却称之为"名义胖子"。

参考文献[9]甚至假设，在名义挤压面上，挤压应力均匀分布。做这项假设需要更大的勇气。

案例一中不存在悖论。基于材料力学的理论，剪切面上的剪应力不可能均匀分布，为了简单处理该问题，我们不去具体分析剪应力的分布状况，仅仅用剪应力的平均值来度量该剪切面的受力状态。各文献均误以为"真实应力"就是现实中真正发生的应力，而"名义应力"之所以为"名义"，是因为引进了与实际情况不符的假设。

再次强调：无论假设与实际状态相差多大，只要在该假设框架里讨论问题，所有与理论吻合的概念都是真实的！

案例二：参考文献[3]给出图 2 至图 4 所示受力结构，认为它们都不是静定结构。理由是：静定结构的解是唯一确定的，而图 2 有无穷多组解，图 3 的解为无穷大，图 4 中 AB 杆的内力有两个值——书中原意，由 A 节点平衡方程得 $F_{AB} = 0$；由 B 节点得 $F_{AB} = F$。

这里既包含悖论，也包含错误。先说错误。

参考文献[3]错误地认定，既然只有 AB 杆在铅垂方向，则外力 F 只能由 AB 杆平衡。事实上，先将图 4 所示换成图 5 所示状态，这时结构静定且不是瞬变的，由平衡方程可得到 AB 杆内力的唯一解。再令 $\theta \to 0$，很容易算出 $F_{AB} = F/2$。外力 F 的另一半，由水平杆平衡之。

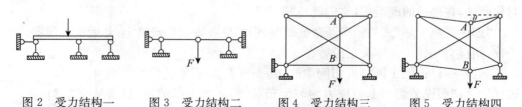

图 2　受力结构一　　图 3　受力结构二　　图 4　受力结构三　　图 5　受力结构四

之所以出现这样的错误，根源在于对图 3 所示的理解。许多重视工程背景的学者，虽然也承认内力无穷大是一种解，但骨子里认定这是"不可能的"。也正是基于如此心理，参考文献[3]才认为图 3 所示不是静定结构。据作者对静定结构的定义，"内力仅用静力平衡条件就能全部确定,且其解是唯一确定值",作者似乎不肯承认无穷大的内力是唯一确定的。

站在纯理论的基础上,刚体不变形,且可承受无穷大的内力,那么图2所示有无穷多组解,图3所示和图4所示的水平杆内力无穷大,都可接受,均属于"理论上可接受却与实际情况矛盾的悖论"。

案例三:图6所示也是理论力学教材常见问题[3—5]。A 处小轮质量不计,则小轮与地面间的摩擦力直接被确定为零。理由是 $J\varepsilon = F \cdot r$,而 $J_c = 0$,所以 $F = 0$。

然而,上述理由并不成立。在图7中,F 为有限常量,A 轮质量不计,那么由 $J\varepsilon = F \cdot r$,轮的角加速度将为无穷大。无穷大的角加速度乘上等于零的转动惯量,得到一个有限值。

图 6   案例三示意图   图 7   案例三示意图

在图6中,因杆有质量,A 点的加速度必为有限值,那么当 A 轮纯滚动,其角加速度只可能为有限值,于是摩擦力肯定为零。但如果 A 轮并非纯滚动,则其角加速度是独立变量,无法直接判断为有限值。由此,"直观判断"摩擦力为零,缺乏依据。

事实上,先假设小轮质量 m_1,根据刚体动力学微分方程,很容易计算出初始时刻该问题的解——包括小轮的角加速度和小轮与地面间的摩擦力,最后令 $m_1 \rightarrow 0$。结论是:摩擦力的确为零。

角加速度为无穷大的状态,与实际情况不符,但却是"质量等于零"的理想化假设所包含的一个可能解。因此,解图6所示问题时,直接令摩擦力为零,似乎与我们的知觉吻合,却与理想化的理论相悖——虽然最终结果正确。

案例四:图8所示的两点摩擦问题,在各种《理论力学》[1—2]教材中均可见到。楼梯 AB 重量不计,长度 $2l$,与墙面夹角 θ,A、B 两处与接触面的摩擦角皆为 φ_m。问人能够爬到的最高高度是多少?

当 A、B 两处均未达到临界状态时,该问题为两次超静定。平衡方程三个,未知量 F_A、F_{NA}、F_B、F_{NA} 和能达到的高度 h 共五个。我们用几何法来讨论之。由 F_A 和 F_{NA} 合成的 A 处约束力 F_{RA} 介于直线 AH_4 和 AH_2 之间,由 F_B 和 F_{NB} 合成的 B 处约束力 F_B 介于直线 BH_4 和 BH_3 之间,因此 F_{RA} 和 F_{RB} 的交点集合为由 $H_1 H_2 H_3 H_4$ 围成的四边形。再由三力平衡汇交定理,重力 F_P 的作用线必须经过这个四边形。这样,从 H_2 作铅垂线,交 AB 于 C 点,此即为人能够爬到的最高处。H_2 点也就是该问题的极限平衡位置。显然,H_2 正是当 A、B 处摩擦力均达到临界状态时 F_{RA} 和 F_{RB} 的交点。也就是说,该问题的极限平衡位置由两个摩擦点的临界状态确定。补充的方程为 $F_A = F_{NA} \tan\varphi_m$ 和 $F_B = F_{NB} \tan\varphi_m$。

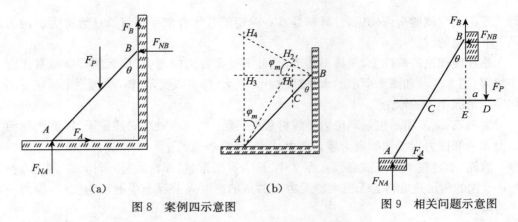

图 8　案例四示意图　　　　　图 9　相关问题示意图

图 8 中,夹角 θ 大于摩擦角 φ_m。如果 θ 小于 φ_m,交点 H_2 在墙内,人自然能够安全地爬到 B 处。但如果把问题略微改动,将出现意料之外的情况。

现考虑相关问题,如图 9 所示。楼梯 AB 和一根不计重量的水平杆刚性连接,C 为 AB 中点,重力作用在水平杆上,夹角 θ 小于 A、B 两处的摩擦角 φ_m。问 F_P 向右最远能移到什么位置?

平衡方程:

$$\begin{cases} \sum F_{ix} = F_A - F_{NB} = 0 \\ \sum F_{iy} = F_{NA} + F_B - F_P = 0 \\ \sum M_{iB} = F_A \cdot 2l\cos\theta - F_{NA} \cdot 2l\sin\theta - F_P \cdot a = 0 \end{cases} \quad (1)$$

其中,a 为 ED 间长度。

约束条件:

$$\begin{cases} F_A \leqslant F_{NA}\tan\varphi_m \\ F_B \leqslant F_{NB}\tan\varphi_m \\ F_A \geqslant 0, F_B \geqslant 0, F_{NA} \geqslant 0, F_{NA} \geqslant 0 \end{cases} \quad (2)$$

情况 1:假如 A、B 两处均达到临界状态,即令约束条件的前两个为等式,可以计算出

$$a = 2l\cos\varphi_m\sin(\varphi_m - \theta) \quad (3)$$

情况 2:假如 B 处光滑接触,没有摩擦力,在方程中去掉 F_B,并令 A 处临界,得

$$a = \frac{2l\sin(\varphi_m - \theta)}{\cos\varphi_m} \quad (4)$$

请注意,按临界状态计算结果,如 B 处没有摩擦力,F_P 能向右移得更远,这怎么可能?

图 10 给出问题的几何表示。

现在 F_{RA} 和 F_{RB} 的交点集合为由 BH_1H_2 和 BH_3H_4 围成的两个三角形。重力 F_P 的作用线向右最远可以平移到 H_1 的铅垂线上,故 H_1 在水平杆上的垂足 E_1 是该问题的

极限平衡位置。

从图10中我们看到，H_1对应了A处摩擦力临界，而B处摩擦力为零的状态，H_2对应的是A、B两处均处于临界状态的情形。当人走到E_2位置时，A、B两处约束反力有无穷多对解，其中之一是两点均处于临界状态。即使我们认定两点临界时楼梯会下滑，其下滑的概率为零。

事先假设B处没有摩擦，计算结果与H_1点对应。

考虑到三力平衡汇交定理仅为必要条件，下面给出满足平衡方程及约束条件的全部解集合的几何图形。

记$x=\dfrac{a}{2l}$，$y=\dfrac{F_B}{F_P}$。将所有未知量用x、y表示，并代入约束条件，最后可得解集合应满足

$$\begin{cases} x \leqslant (1-y)\,\dfrac{\sin(\varphi_m - \theta)}{\cos\varphi_m} \\[2mm] x \geqslant y\,\dfrac{\cos(\varphi_m - \theta)}{\sin\varphi_m} - \sin\theta \\[2mm] y \geqslant 0 \end{cases} \tag{5}$$

对应区域见图11。解集合为D_1、D_2、D_3围成的三角形，其中$D_1\left(\dfrac{\sin(\varphi_m-\theta)}{\cos\varphi_m}, 0\right)$对应图10中的$H_1$，是极限平衡位置；$D_2\left[\cos\varphi_m\sin(\varphi_m-\theta), \sin^2\varphi_m\right]$对应图10中的$H_2$，$A$、$B$两处均临界，$B$处摩擦力达到极大值；$D_3(-\sin\theta, 0)$对应图10中的$H_3$，摩擦力皆为零，只有$F_{NA}$与$F_P$平衡。图10中与$x=-\sin\theta$对应的是$H_3H_4$线段，似乎有无穷多解，但从解集合图可知，此处只有一个解。这是由于在图10中，BH_1H_2和BH_3H_4围成的两个三角形反映的是F_{RA}、F_{RB}和F_P三力汇交的可能区域，而不是此超静定平衡问题的解集合。

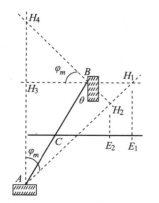

图10　相关问题的几何表示图

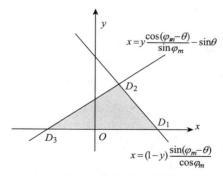

图11　解集合区域图

需要指出的是，当人走到图10所示的E_1点时楼梯处于滑动的临界状态，此时B点摩擦力为零，法向接触力却不等于零。一旦开始滑动，B处摩擦力不再为零。理论上，它应该跳回到H_2对应的值。

　　这样,对于两点摩擦问题,即使接触面的摩擦力均达到临界状态,刚体失去平衡的概率可以是零。由此可见,"理论允许的解",有时的确超出了我们的想象。

参考文献:

[1] 朱照宣,等. 理论力学(上)[M]. 北京:北京大学出版社,1982.

[2] 华东水利学院工程力学教研室《理论力学》编写组编. 理论力学(上)[M]. 北京:高等教育出版社,1984.

[3] 武清玺,等. 静力学基础[M]. 南京:河海大学出版社,2003.

[4] 李俊峰,等. 理论力学[M]. 北京:清华大学出版社,2001.

[5] 同济大学理论力学教研室. 理论力学[M]. 上海:同济大学出版社,1990.

[6] 叶开沅,等. 材料力学[M]. 北京:高等教育出版社,1989.

[7] 刘鸿文,等. 材料力学[M]. 北京:高等教育出版社,1992.

[8] 孙逊方,等. 材料力学[M]. 北京:高等教育出版社,2002.

[9] 范钦珊,等. 材料力学[M]. 北京:清华大学出版社,2006.

[10] 徐道远,等. 材料力学[M]. 南京:河海大学出版社,2004.

小节养大德

——有关几个力学概念的探讨

严湘赣

（河海大学土木工程学院，江苏 南京 210098）

摘　要：本文针对基础力学中若干概念进行讨论。说明应变不是变形，而是变形的集度，故变形只能与受力对应，不能用某一种应力解释；针对教材中的习题，讨论了"动"与"不动"的力学意思；设计了一个辨析刚体转动与点的曲线运动关系的题例；给出"工作应力可以稍微超出许用应力"的合理说明；对弯曲的分类进行解读，明确一般弯曲、平面弯曲、对称与非对称弯曲、两向弯曲、斜弯曲各概念的意义；指出在一般弯曲状态下，截面挠度方向通常与中性轴并不垂直。

关键词：变形；不动；转动；许用应力；一般弯曲

独学无友，则孤陋寡闻。从教以来，问题良多。各处皆重学术，唯前沿是瞻。基础问题，都是小节，方家不为，难觅索解。姑集问题于此，强作解人，不惴抛砖，引玉为幸。

一、动与不动

曾经问过许多届学生：在你心目中，什么叫一个物体"某时刻没有运动"？

基本上，学生分成三拨。一拨认为，"某时刻速度为零"，该物体"不动"；另一拨称，"某时刻速度、加速度都为零"，该物体"不动"；第三拨不置可否，静等标准答案。

回答问题之前，先看一道题。

题一[10]：质量为50kg、半径为250mm的管子放置如图1。试求①支承B突然移去时，管子的角加速度；②此瞬时A处的反力（假设该瞬时接触处不发生相对滑动）。

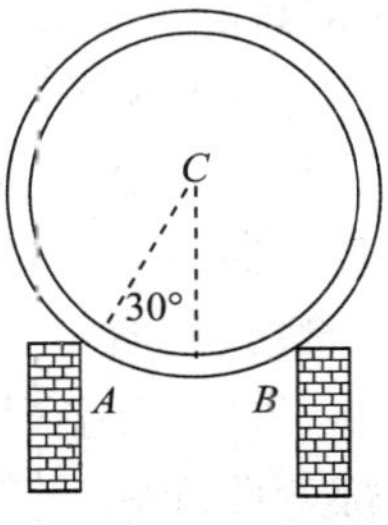

题中，"瞬时接触处不发生相对滑动"是何意？速度为零？此为初始时刻，速度肯定为零，无需假设；切向加速度为零？圆轮在水平面上的纯滚动，没有加速度方面的假设，照样可以计算。并且，加速度这一物理属性，超过了我们的直觉能力。

比较参考文献[12]，那里用的是"无滑动地滚下"，这就清楚了：在一个时间段里，接触点没有分离。于是管子圆心C的运动轨迹，是以

图1　题一示意图

A 为圆心的圆。这样,将图中的 30° 换成 θ,圆管仅有一个自由度,用 θ 作广义坐标,可解。

作为比较,再看一道题。

题二[10—11]:质量 $m=45.4\text{kg}$ 的匀质杆 AB,下端 A 搁在光滑水平面上,上端 B 用绳 BD 系在固定点 D 处,杆长 $l=3.05\text{m}$,绳长 $h=1.22\text{m}$,当绳铅垂时,$\theta=30°$,点 A 以 $v_A=2.44\text{m/s}$ 匀速开始向左运动,如图 2 所示。试求此瞬时:①杆的角加速度;②需加在 A 端的水平力 F_A;③绳的拉力。

求解该瞬时的问题,完全没必要让"点 A 以 $v_A=2.44\text{m/s}$ 匀速开始向左运动",直接令该瞬时 A 点加速度为零即可。像这样的机构,要实现 A 点的加速度为常数,力 F_A 必须采取怎样的方式?有兴趣的读者可以试试。

也就是说,题一应该给出"某时间段的约束",却做出瞬时假设;题二只需一个瞬时量,反而设定了一个阶段量。

据此,"不动"概念定义为阶段量,似乎有益于理解。即:在一个时间段里,某点的位置没有发生改变,是常量。

相反,如某运动点的坐标为 $x=3(t-1)^6$,那么在 $t=1\text{s}$,其坐标、速度和加速度均为零,但在 $t=1+\Delta t\text{s}$,该点已经不在 $x=0$ 处——虽然是六阶高级小量,我们就说,$t=1\text{s}$ 时,这点正在"动"。

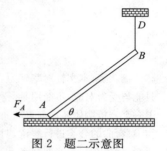

图 2 题二示意图

二、什么叫"弯曲"

弯曲问题属于材料力学的重中之重,但在减学时后,有关斜弯曲或称非对称弯曲、两向弯曲问题之处理,现行教材各行其道,谬误多多。最典型的情况是不下定义,仅以个别具体案例代替普遍状态[2,8]。如参考文献[2],例举矩形截面悬臂梁受一个斜方向集中力的算例,且在论述中反复强调"外力作用平面",似乎仅探讨外力作用在一个平面里的问题,但在后面的作业题中,外力不在一个平面里的情况随处可见,比例超过 50%。

就目前教材看,这部分内容的处理方式有如下几类。

第一种分类[3—6]:"对称弯曲"和"非对称弯曲"。

优点:任何教材的弯曲部分从"有纵向对称面,外载荷作用在此对称面内"起步,"对称弯曲"单指这类问题。名称与内容相恰,定义完整。

其缺陷有三:

(1)"无论是否有对称面,所有外力作用在一个与主平面平行的平面内,且该平面过弯曲中心",这种弯曲与对称弯曲的性质完全相同,将其归属在"非对称弯曲"中,不能反映其特质——这正是引进"平面弯曲"类别的原因。

(2)看字面意思,"非对称弯曲"与"对称弯曲"互补,在交集为零的情况下,覆盖全部弯曲问题。其实呢,"对称弯曲"是"非对称弯曲"的特例。

(3)图 3 中,梁有两个相互垂直的对称面,外载荷也分别作用在对称面里,显系两个对称弯曲叠加,却被强调为"非对称弯曲",名不正,言不顺。

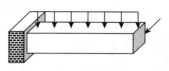

图 3　对称弯曲

第二种分类[2,7-8]:"平面弯曲"和"斜弯曲"。

优点:弥补了第一种分类方式的缺陷。

其缺陷有二:

(1) 据参考文献[7],除了平面弯曲外,其他所有的弯曲都属于斜弯曲。那么我们不清楚,是什么东西离经叛道,脱离正轨,使得这类弯曲被赋予"斜"的称号? 不少教材仅举图 4 示例,称之为"斜弯曲"。图 4 例中外力作用在一个非主平面内,其结果是梁的轴线变形后仍为一条平面曲线,该挠曲线平面不在外力作用面内。也就是说,挠度方向与外力方向不一致,外力这么压,梁却"斜"着出去了。如此甚得"斜弯曲"之意。

但这仅是一个特例。图 3 情况中挠曲线为空间曲线,外力作用面为两个,何为"正"? 哪是"斜"呢? 有人解释说,两个对称平面的弯曲都是"正"。那么两"正"叠加为"斜",这有点滑稽。若认为挠度方向与合弯矩方向不垂直,就是"斜",未尝不可。可是,每个截面的合弯矩方向都不同,且它们自己一点也不"正",为什么把别人称为"斜"呢?

图 4　斜弯曲

(2) 平面弯曲怎样定义? 有两条路。第一条路,直接给出完整定义,如参考文献[7],但涉及尚未引入的"弯曲中心"概念,且问题不直观,无法解释为什么所有外力作用在主平面时,轴线将弯曲成一条平面曲线。第二条路,参考文献[2,8]称,梁有对称面,外力作用在此对称面内,如此弯曲,称为平面弯曲。这比较好理解,问题是这类弯曲仅为平面弯曲的特例,它不能作为平面弯曲的普遍定义。

按此分类,平面弯曲是斜弯曲的特例。

第三种分类:"平面弯曲"和"两向弯曲"。该方案与第二类相同,只是将"斜弯曲"改为"两向弯曲"。

妥协方案(任何妥协方案都比理想主义丑陋):

(1) 先引进"平面弯曲"称谓,将参考文献[2,8]中的言辞略更改,"称为平面弯曲",或"是平面弯曲",改为"属于平面弯曲"。不下定义,留条后路。这样,由最直观、简单的问题入手,先有个"平面弯曲"的案例在此,为日后进一步讨论打下基础。

(2) 第一种分类中的"非对称弯曲"更名为"一般弯曲",得出普遍适用的结果后,经讨论给出平面弯曲的定义。

(3) "一般弯曲"由平面弯曲及其补集构成,后者命名为"非平面弯曲"或"两向弯曲"。"所有外力作用在一个非主平面上"的特例,因其挠度方向与外力作用方向不同,称为"斜弯曲"较适宜,但意义不大。

对 4～5 学分的材料力学,由于学时不够,一般弯曲问题无法完全展开,这也是许多教材语焉不详的原因之一。建议采取如下方案。

(1) 直接给出"产生平面弯曲的条件":①外力过弯曲中心;②外力作用在同一平面里;③该外力作用面与主平面平行。

至于为什么满足这些条件就会产生平面弯曲,给出课外阅读的参考书目。

（2）以"有相互垂直对称面的梁"为例,直接给出一般弯曲问题的解法——分解成两个主平面里的平面弯曲。

另外,对非平面弯曲问题,常有参考文献[6]称,"挠度方向与中性轴垂直"。铁摩辛柯版也如是言,但那是在悬臂梁纯弯曲状态下,结论成立,图 4 也成立,但图 3 不成立。图 5 给的是任意截面中 y、z 为两形心主轴,记中性轴 $n-n$ 与 y 轴夹角为 θ,合弯矩 M 与 y 轴夹角 β,则

$$\tan\theta=\frac{I_y}{I_z}\tan\beta; \quad EI_z\omega''_y=M_z; \quad EI_y\omega''_z=-M_y$$

上式中挠曲线方程符号来源:M_z 为正时,曲线上凸,ω_y 有极小;M_y 为正时,曲线右凸,ω_z 有极大。因此有:

$$\omega''_y/\omega''_z=-\tan\theta$$

如能由此推出 $\omega_y/\omega_z=-\tan\theta$,则挠度方向与中性轴 $n-n$ 垂直,但这一般不成立。以图 6 示圆截面悬臂梁为例,不难得到如下结果:

$$\tan\theta=\frac{F_2}{F_1}\left(1-\frac{a}{l-x}\right); \quad \omega_y/\omega_z=-\frac{F_2}{F_1}\left(1-\frac{3a}{3l-x}\right)\neq-\tan\theta$$

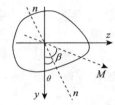
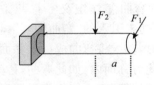

图 5　M 与 y 的夹角 β 示意图　　　图 6　圆截面悬臂梁示意图

三、谁在旋转

美国哲学家威廉·詹姆士在《实用主义》[1]一书中举了一例。一只松鼠攀在一根树干上,一个人隔着树站在它对面。此人想看这只松鼠,当他绕过树干跑到对面时,松鼠也按他的旋转方向跑到另一面去了。无论人跑得多快,松鼠总保持与他隔着树身。在旁边观看的人们因此产生争议:这个人是否绕着松鼠走?

说"是"者与言"否"者分成两大阵营,争吵不休。詹姆士发现,这些争吵者对"绕着……走"其实有不同的理解。如果你给"绕着……走"下的定义为:先在它的南边,然后在它的东边,随之在北边,又到了它的西边,最后回到南边。那么,此人的确"绕着松鼠走"。若你的定义为:先在它的前面,再到它的右边,然后到它的背面,又到它的左边,最后回到它的前面。那么,因为此人一直在松鼠的前面,他没有绕着松鼠走。

由此可知,如果两个人对"胖子"一词给出的概念不同,则争执某人是否属于胖子就毫无意义。他俩说的是同一个词,意思却完全不同。自己怀有某概念,且理所当然地认为他人也怀有同样的概念,这是我们经常犯的错误之一。

平面运动一章是理论力学难点所在,几乎所有的学生对"旋转"概念理解有偏差。

由詹姆士之例得到启发,我们设计了图 7 所示题例:A 币固定不动,B 币在其上做纯滚动。当 B 币运动到 A 币的正下方时,请问:B 币中头像的脑袋朝什么方向?

先猜测后实验。实验得知,脑袋依然朝上。接下来的对话如下:

问:B 币转了多少度?

答:360°。

问:但显然有什么东西转了 180°,或者说走了半圈,是什么呢?

答:A 币圆心到 A、B 交点的那条连线转了 180°,A、B 交点走了半圈。

问:再换一种说法,什么走了半圈?什么转了半周?什么转了一周?

答:A、B 交点走了半个圆周,我们也说"走了半圈";A 币圆心到 A、B 交点的那条连线转了 180°,我们有时也说它转了半周;B 币转了 360°,或者说转了一周。

再进一步,画出图 8,解释为什么 B 币转了 360°。实践表明:此题例之讨论,对掌握点的曲线运动、刚体(包括抽象的连线)的转动等概念很有帮助。

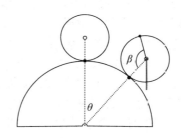

图 7　A 币、B 币滚动示例图　　　　图 8　图 7 题例简图

四、变形的原因

题三[8]:若在圆轴表面画一小圆,试分析圆轴受扭后小圆将变成什么形状?使小圆产生如此变形的是什么应力?

将图 9(a)换成图 9(b),通过计算小圆上任意一点在变形后的坐标,很容易得出第一问的答案:小圆将变形为椭圆。类似习题在参考文献[6]中很普通,但此处多了一问,问题就来了。我们不清楚第二问的标准答案是什么,由于该题出现在扭转一章,应力状态还没有讲到,估计答案是"切应力"。

由图 9(a)和图 9(b)很显然看出,与其说如此变形的原因是切应力,还不如说是正应力。然而,说"变形的原因为正应力",也是错误的。

先看图 9(a)中整个微元体,变形后的形状如图 9(c),变形的原因是什么?显然,因为只有切应力,微元体在 x、y 方向的长度都不变,仅仅微线段间夹角改变,使得矩形变形成图 9(c)形状,似乎切应力正是变形的原因。若将原微元体视为由图 9(d)所示 45°的纤维构成,每根纤维纵向受拉而伸长,横向受压而缩短。从这角度看,变形的原因似

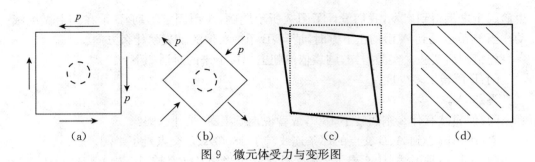

图9　微元体受力与变形图

乎应该是正应力。

　　两种说法皆误。将图9(a)矩形变形成图9(c)的,既不是正应力,也不是切应力,而是整个边界上所受的力系——力导致变形,而非应力。

　　我们知道,比重仅仅是重量的集度,它反映物体某点处的重量状态,但它不是重量。比重必须乘以体积,才获得重量意义。应力反映的是物体某点处的受力状态,也是集度概念,不是受力本身。应力矢量必须乘以面积,才是受力。同样,应变反映变形状态,也不是变形本身。仅当取出微元体,才有变形——某微线段伸长,两微线段间夹角改变。进一步说这微元体变形的原因,正是它周围所受之力。

　　所以说,是微元体周围所受的全部力系——两对剪力,使得矩形变形成图9(c)形状。图9(a)中小圆变成椭圆的原因,也是它周围一圈所受的力系——除了0°和45°整数倍这些特殊位置,其他各处既有正应力,也有切应力,它们乘上面积,构成表面力系。

　　顺便说一句,任意微小圆圈,如不考虑高阶项的影响,在平面应力状态下,肯定变形为椭圆——主应力相等时,仍为圆。就冲这结果,问是什么应力引起的毫无意义。

　　为什么出现这样的问题? 回看参考文献[8],在定义线应变时,文中特意说明是"相对变形"。由于材料力学的参照系很明确,"相对"二字毫无意义。显然,作者误以为应变就是变形,所以才将变形与应力对应。

五、5%是什么?

　　5%很微弱,微弱得你在教材中几乎找不到它的地位。但它存在且声称:强度计算时,按工程设计规范,工作应力可以稍微大于许用应力,超出范围控制在5%之内。

　　起初讲授这一规定时,十分丧气。几分钟之前,刚刚斩钉截铁地宣布,工作应力必须小于许用应力——"许用应力"这个名称就表明,超出此值,绝不允许! 粉笔还没搁下,便刮自己的嘴巴。

　　试想,当许用应力$[\sigma]$既定,拉伸杆面积A既定,由$F/A\leqslant[\sigma]$,若计算结果为$F\leqslant$100kN,难道我们还要刻意将F放大,申明104kN也在允许范围? 如果这样,为什么不干脆把安全系数取小一点,使得许用应力$[\sigma]$恰好就是我们所需要的,如此避免5%的麻烦?

　　查阅许多材料力学教材,仅参考文献[9]对此做了解释,"考虑到许用应力是概率统计的数值,为了经济起见,最大工作正应力也可略大于材料的许用应力,一般认为以不超过许用应力的 5%为宜。"

解释不通！我们都知道,稍微大于许用应力,构件破坏的概率很小。但既然已经规定了一个约束值,为什么又单独提出一个破坏它的规定?

其实只需多一句嘴,"这项规定,针对型材。"工程中所用型材,尺寸不可能数值连续。计算时,取小一号型材,工作应力可能稍微大于许用应力;若取大一号,就比许用应力小不少。在这种情况下,"为了经济起见"才是一个很好的理由。

参考文献:

[1] 詹姆士. 实用主义[M]. 北京:商务印书馆,1983.

[2] 邱棣华,等. 材料力学[M]. 北京:高等教育出版社,2004.

[3] 铁摩辛柯. 材料力学[M]. 北京:科学出版社,1978.

[4] 叶开沅,等. 材料力学[M]. 北京:高等教育出版社,1989.

[5] 刘鸿文,等. 材料力学[M]. 北京:高等教育出版社,1992.

[6] 孙逊方,等. 材料力学[M]. 北京:高等教育出版社,2002.

[7] 范钦珊,等. 材料力学[M]. 北京:清华大学出版社,2006.

[8] 徐道远,等. 材料力学[M]. 南京:河海大学出版社,2004.

[9] 李庆华,等. 材料力学[M]. 成都:西南交通大学出版社,2005.

[10] 武清玺,等. 理论力学[M]. 北京:高等教育出版社,2003.

[11] 同济大学理论力学教研室. 理论力学(下)[M]. 上海:同济大学出版社,1990.

[12] 李俊峰,等. 理论力学[M]. 北京:清华大学出版社,2001.

河海大学结构力学国家精品课程的建设

杨海霞　杜成斌　张旭明

（河海大学力学与材料学院，江苏 南京 210098）

摘　要：总结了河海大学结构力学课程建设的主要特色：根据新世纪对土木水利类人才的要求，坚持"强化概念，培养能力"的教学理念，课程的优化新体系突出基本概念，反映前沿成果，紧密联系工程；建成了包括教学课件、网络教学、教学模具、实验教学、双语教学的立体化高水平教学新体系，符合教学规律；高度重视实践性和创新性教学，培养学生科学思维方式和创新能力。

关键词：结构力学；课程建设；教学研究；教学改革

《结构力学》是水利、土建类各专业的主要专业基础课，河海大学结构力学课程的教学对象有水工结构、土木工程、港口工程、交通工程、农田水利、农业设施、工程力学、海洋工程、给排水工程、水务工程等 10 多个专业，平均每年约有 40 个班级。拥有的教学对象之多，在同行中是首屈一指的，这对结构力学课程建设既提出了高要求，也带来了很多机遇。

在徐芝纶院士带领下，经老一辈教师谭天锡、赵光恒、杨仲侯、吴世伟和胡维俊教授等的共同努力，逐渐形成了治学严谨、不断进取的良好教风，并代代相传，使结构力学的教学质量持续保持较高水平。通过 30 多年几代教师的不懈努力，在 20 世纪八九十年代取得了辉煌的成就。

1987 年河海大学牵头组织了 8 校 1 社（河海大学、清华大学、哈尔滨工业大学、高等教育出版社等）研制了《工科结构力学试题库》，该题库于 1993 年由高等教育出版社出版，同年获国家优秀教学成果二等奖。1995 年河海大学作为副组长单位牵头研制了《全国普通高校结构力学题库》，1997 年该题库获江苏省优秀教学成果一等奖。1995 年杨仲侯等编写的教材《结构力学》，获国家教学成果一等奖，1991 年胡维俊等的教改成果"深化改革，不懈努力，教学质量稳步提高"获江苏省优秀教学质量一等奖，1993 年胡维俊等的教改成果"《结构力学》课程整体改革"获国家优秀教学成果二等奖，1998 年结构力学课程被评为江苏省一类优秀课程。

1996 年，河海大学被评为国家力学课程教学基地。同时，河海大学是国家"面向 21 世纪力学系列课程教学内容与课程体系改革研究与实践"项目的参加单位，江苏省和水利部"面向 21 世纪力学系列课程教学内容与课程体系改革研究与实践"项目的主持单位。抓住这个机遇,10 多年来,河海大学结构力学课程的教学改革和教学研究方面得到了全面的开展。

一、重视教学体系和教学内容方面的改革

结构力学课程与其他力学课程一起进行力学系列课程的改革,打破原有各门课程自成体系、相互独立的格局,重新研究各门力学课程内容的内在联系,进行优化组合,组建了一体化的新体系。按照新的课程体系编写出版了系列教材 7 本,其中,本课程教材有《结构静力学》《结构动力学》和《计算力学基础》。新体系教材在我校及部分兄弟院校经过两轮使用后,被评为教育部"面向 21 世纪课程教材"。

新体系采用小型模块化和分层系列化的结构,增加了组合的灵活性,适应不同专业、不同层次的教学要求。具体是将静力问题和动力问题分别设置模块集中论述,将静定结构和超静定结构以及结构分析的经典理论和现代计算机方法分别设置于不同模块。改革系统既强化了力学知识完整性,又达到精简篇幅的目的,减少课时约 10%。

新教材在基本概念的强化、内容的阐述方法上作了精心研究,更符合认知规律,既有利于培养学生抽象思维和逻辑思维的能力,还可以提高授课质量和效率;加强了工程概念、实验和上机计算等实践性内容,增加了反映新科技成果的篇幅,以达到强化学生工程应用、创造性思维和动手能力,提高学生综合素质的目的,体现了"强化概念,培养能力"的教学理念。

二、积极开展现代化教学方法与手段的研究

在已成功牵头研制《结构力学试题库》的基础上,借助于现代化教学方法和教学手段研究方面的经验,在 1997 年初,提出了研制《结构力学课堂教学系统》的构思,该课件于 2001 年由高等教育出版社出版,并于 2002 年获得首届江苏省高等学校"方正奥思杯"多媒体竞赛二等奖,开创了相关课程多媒体课堂教学的先河。2006 年,建立了结构力学课程教学网站,网站提供了丰富的教学资源。

结构力学课堂教学系统的使用提高了学生对课堂学习的兴趣,加深了对结构力学基本概念和基本理论的理解。课程网站是助教和助学的好平台,特别是解决了广大学生课外学习、自主学习的方法和资源问题。合理利用现代化教学手段,改革现有教学模式和考试模式有力地促进了教学质量的整体提高。

河海大学曾多次在全国性教学会议上做课件演示及课件制作和多媒体教学经验介绍,起到了示范和辐射作用。有 20 多所院校使用过我们研制的课件,其中大多数又在此基础上制做了自己的课件。

三、充分发挥实验、实践教学在人才培养中的重要作用

《结构力学教学大纲》没有要求结构力学实验,目前开展结构力学实验的学校也不多。2002 年,在力学基地建设的过程中,河海大学创建了结构力学实验室。从零开始,经过两年的努力,就对学生开出了结构静动力学实验。目前,已开设了 4 项结构静力学

和动力学基本实验;4 项提高性实验和 8 项研究性实验,其中,提高性实验和研究性实验不提供实验指导书。2007 年,结构力学实验室与其他力学实验室一起被评为"国家级实验教学示范中心"。

研制的静定与超静定结构内力特性对比试验装置,不仅直观地将静定结构和超静定结构的受力特性同时进行比较性的演示,还可以通过应力传感器与数据采集装置定量地进行检测。该试验装置已获得国家专利。

利用结构力学实验室还指导学生参加了国家、省级和校级大学生创新性实验计划项目和课外实验项目,为学生提供了创新实践的平台,提高了学生动手能力、创新思维能力和科研能力,激发了学生对学习结构力学的兴趣,为他们提供了发挥创造性才能的第二课堂,得到学生的欢迎和好评,也受到同行的好评,已有 10 多所院校的同行来结构力学实验室学习、交流。

同时,还通过多种形式加强学生的实践活动:指导学生参加校省级结构设计大赛,举办结构力学知识竞赛,指导学生做课外小论文,加强实践性环节的教学,使学生能通过工程结构实例,对工程结构建模及结构计算有一个完整的了解和训练;安排课外 16 课时作"连续梁影响线程序"、"平面刚架计算程序"和"平面刚架结构动力计算程序"的计算机实习;带学生到工程现场参观等一系列课外实践活动。

四、建立一支高水平双语教学团队

从 2001 年起,河海大学就在工程力学专业、土木工程试点班开设了《结构力学》双语教学,并编写了英语教材《Structural Mechanics》。目前已探索出双语教学的丰富经验,建立了一支以教育部"长江学者"特聘教授乔丕忠为首的高水平双语教学团队。乔丕忠教授自 1997 年起先后在美国西弗吉尼亚大学和阿克伦大学讲授结构力学等课程,教学效果好,尤其注重探索创新性教学和积极学习方法,以实验和计算机演示来辅助学生接受新知识,常以亲身的研究感悟教给学生科学思维方法。2004 年起乔丕忠教授任河海大学工程力学系教授和博士生导师,讲授结构力学双语课程。双语教学骨干教师张旭明 2006 年获国家留学基金委资助,于 2009 年 1 月作为访问学者赴美国华盛顿州立大学留学 1 年。

2006 年该团队主持教育部高等理工教育教学改革与实践项目"结构力学双语教学的研究与实践"。2006 年双语教学研究成果"以激励学生自主学习为目的建设《结构力学双语课程》"获河海大学教学成果一等奖。

通过双语教学能更好地实施素质教育,培养创新人才,增强学生创新意识,提高接受国际先进科技知识和进行国际交流的能力,促使学生结合专业知识强化外语的学习和实际应用,拓宽专业学习和交流的界面。

双语教学还能吸收国外教材知识点新、信息量大、系统性强等特点,体现大学本科教材宽口径、厚基础的原则,促进教学内容和教学方法的改进。用外语组织启发式、互动式、讨论式课堂教学,全方位调动学生学习的积极性和主动性,促使学生用英语思考、表达,提高英语的使用能力,进一步强化学生对专业知识的掌握。

五、结束语

通过全面开展结构力学的教学改革、教学研究和课程建设,使结构力学的教学质量得到提升,取得了很好的效果。

河海大学结构力学课程于 2006 年被评为江苏省精品课程,2009 年被评为国家精品课程和国家双语示范课程,2011 年被评为江苏省成人教育精品课程。2002 年与其他力学课程一起获评江苏省优秀课程群,2005 年获得江苏省教学成果一等奖;2007 年与其他力学课程一起被评为国家优秀教学团队;2007 年结构力学实验室与其他力学实验室一起评为国家级实验示范中心。

时代在变,学生在变,师资也在变,一门课程的建设是一项长期而艰巨的任务,我们将继续努力,不断地探索和实践。

利用 Matlab 软件绘制梁的
内力图及挠曲线

张 慧 吴威皋

(河海大学土木工程学院,江苏 南京 210098)

摘 要:引入了奇异函数,采用初参数法分别建立了梁的弯矩方程、剪力方程和挠度方程的统一数学表达式,利用 Matlab 软件实现了弯矩图、剪力图和挠曲线的绘制。

关键词:奇异函数;弯矩方程;剪力方程;挠度方程;Matlab

绘制梁的内力图,直观地寻找"危险截面"、"危险点",描绘梁的挠曲线,确定梁的变形情况,从中确定最大挠度等问题是材料力学研究的重点之一,同时又是完成梁的强度设计和刚度设计的关键环节。在人工绘制这些图形的过程中,尤其是梁的挠曲线的绘制,计算量大,效率低。如何利用计算机技术,辅助完成这些图形的绘制,成为从业人员追求的目标。

过去常利用高级语言如 Fortran、Basic、C 等来进行这样的工作。但是,受限于这些语言的局限性,程序的编写困难,最重要的是可视化结果不甚理想。目前,工程界十分流行的 Matlab 软件为以上问题的解决打开了大门。Matlab(Matrix Laboratory)是美国 Mathworks 公司开发的大型科学计算类软件。它有运算效率高,人机交互好,书写形式简单,可视化效果佳等特点。本文以运用奇异函数法建立弯矩方程为线索,介绍如何利用 Matlab 软件来实现弯矩图、剪力图和挠曲线的绘制。

一、数学模型的建立

任意一段梁上的弯矩方程都可以用作用在所考察的截面以左的所有力或力偶来表示,其中包括在坐标原点截面上的弯矩和剪力,它们以及坐标原点处的挠度 w_0 与转角 θ_0,统称为初参数。在线弹性、小变形的条件下,可以用叠加法得到任何荷载下梁的内力。为了使各部分叠加以后的数学表达式有统一的形式,先引入奇异函数[1]的概念,其定义如下:

$$f(x) = (x-a_i)^n = \begin{cases} 0 & x \leqslant a_i \\ (x-a_i)^n & x > a_i \end{cases}$$

式中:n 为任意整数;a_i 为常数。

设梁上作用有 N_F 个集中力、N_m 个集中力偶、N_q 个分部荷载,采用初参数法[2]建

立统一的数学模型,各段弯矩方程可以由最后一段给出统一表达式:

$$M(x) = \pm \sum_{j=1}^{N_m} \frac{M_{ej}\ (x-a_{mj})^0}{0!} \pm \sum_{k=1}^{N_F} \frac{F_k\ (x-a_{Fk})^1}{1!} \pm \sum_{l=1}^{N_q} \frac{q_l\ (x-a_{ql})^2}{2!}$$

上式称为弯矩的通用方程。

利用弯矩、剪力和挠度的微分关系可以推得剪力通用方程和挠度通用方程:

$$F_q(x) = \pm \sum_{k=1}^{N_F} \frac{F_k\ (x-a_{Fk})^0}{0!} \pm \sum_{l=1}^{N_q} \frac{q_l\ (x-a_{ql})^1}{1!}$$

$$EIw(x) = \pm \sum_{j=1}^{N_m} \frac{M_{ej}\ (x-a_{mj})^2}{2!} \pm \sum_{k=1}^{N_F} \frac{F_k\ (x-a_{Fk})^3}{3!} \pm \sum_{l=1}^{N_q} \frac{q_l\ (x-a_{ql})^4}{4!} +$$
$$EI\theta_0 x + EIw_0$$

式中各项符号分别由所对应的力和力矩的符号确定。这样,用初参数法建立方程,就归结为求初参数,其中静力参数由梁的平衡条件确定,几何参数由梁的支座条件确定,它们都可以通过查表求得。对于遇到中间铰以及超静定问题的情况,可以先假定解除支座约束,求出支座荷载,然后把求得的约束反力作为作用在梁上的荷载处理,同样可以列出梁的内力和挠度通用方程。

二、算例分析

下面通过实例来演示 Matlab 软件的使用。

图 1 为一悬臂梁。由静力关系[3]知:在固定端的约束反力为 8kN,约束力偶为 64kN·m。由变形条件知,在左端梁的初始挠度和转角都为 0。设梁的弯曲刚度为 $2 \times 10^7 \mathrm{Nm}^2$。

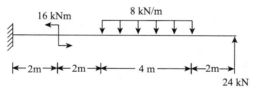

图 1   悬臂梁

运行 Matlab[4]软件,在命令栏输入:Mechanics_of_materials,然后安照提示输入相关数据。运行结果如图 2 所示。

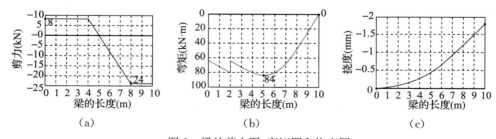

图 2   梁的剪力图、弯矩图和挠度图

(a) 梁的剪力图;(b) 梁的弯矩图;(c) 梁的挠度图

三、结束语

有几个问题仍需说明。首先,用叠加法计算时,要把支座处的约束反力包括在内,作为一般荷载处理。其次,计算机绘图时往往采用描点的方式,而不是直接给出连续的曲线。所以,当遇到集中力(力偶)发生突变的情况时,计算机先求出作用点左右两侧的内力,然后连成直线。这样就造成了把直线画成斜线的问题,引起图形失真。不过这个问题可以通过控制绘图精度解决。本文中是把杆长等分为 1000 份,基本可以满足精度要求。最后,只需要定性地了解挠曲线的大致轮廓即可。

通过 Matlab 软件编程,能够快速、高效、准确地进行内力图和挠度图的绘制,具有很强的可操作性、实用性。

附录

Matlab 软件程序流程图

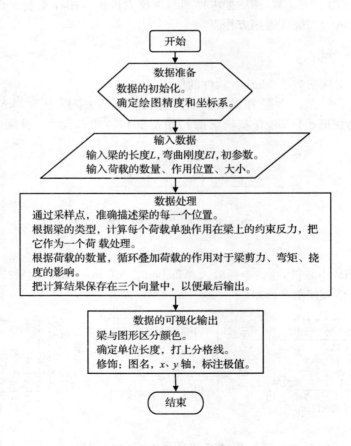

参考文献：

［1］T. C. 皮萨连科,等. 材料力学手册［M］. 范钦珊,朱祖成,译. 北京：中国建筑工业出版社,1981.

［2］孙训方,胡增强. 材料力学［M］. 4 版. 北京：高等教育出版社,2002.

［3］武清玺,陆晓敏. 静力学基础［M］. 南京：河海大学出版社,2003.

［4］张志涌,等. 精通 MATLAB 6.5 版［M］. 北京：北京航空航天出版社,2003.

浅谈静定结构位移计算中的几个问题

张健飞

（河海大学力学与材料学院，江苏 南京 210098）

摘　要：本文依据虚功原理对结构力学教学中的静定结构位移计算的几个问题进行了探讨，包括各种位移计算公式的应用范围，温度改变引起的位移计算中的符号规定，制造误差引起的位移计算公式的推导。通过对这些问题的探讨，一方面可以澄清学生在学习中产生的一些疑问，另一方面使得学生在学习静定结构位移计算时能更多地在理解的基础上学习，从而能更好地掌握这部分内容。

关键词：静定结构；虚功原理；位移计算

杆件结构在荷载、温度变化、支座移动、制造误差等因素作用下会产生变形和位移。在工程设计和施工中，结构的位移计算很重要，它直接为刚度验算服务，同时也是超静定结构计算的基础，是结构力学教学中的重要内容[1]。由于位移计算的理论基础是虚功原理，虚功原理具有一定的抽象性和理论性，因此学生学习和理解起来比较困难，特别是对于理解一些非常规位移计算问题有一定难度。很多学生在学习位移计算时，通常是生搬硬套计算公式，不求甚解，无法做到灵活运用。本文就静定结构位移计算部分的几个问题进行一些探讨，以便学生能够深入理解和掌握相关知识。

一、位移计算公式的应用范围

1. 位移计算一般公式

位移计算的理论基础是虚功原理，虚功原理是变形体力学中的基本原理之一，它把变形体中静力平衡系与位移协调系联系起来，能解决许多重要问题。虚功原理的应用条件是：力系是平衡的，位移系是协调且微小的，除此之外没有其他附加条件，因此虚功原理不仅可以应用于静定结构，也可以用于超静定结构，对弹性和非弹性的可变形物体都适用[2]。那么依据虚功原理，采用单位荷载法推导得到的结构位移计算的一般公式为：

$$\Delta_{km} = \sum \int \overline{F}_{Nk}\varepsilon_m \mathrm{d}s + \sum \int \overline{F}_{Qk}\gamma_m \mathrm{d}s + \sum \int \overline{M}_k \frac{1}{\rho_m}\mathrm{d}s - \sum \overline{F}_{Rik}C_i \tag{1}$$

式中：$\overline{F}_{Nk}$、$\overline{F}_{Qk}$、$\overline{M}_k$ 分别为虚力状态的轴力、剪力和弯矩；$\overline{F}_{Rik}$ 为虚力状态有位移支座

的反力；ε_m、γ_m、$\dfrac{1}{\rho_m}$ 为位移状态的应变,即移动支座发生的位移。

式(1)的适用范围跟虚功原理的适用范围相一致,即可以用于弹性或非弹性材料的静定、超静定结构的位移计算。

2. 荷载作用下的位移计算公式

如果结构只受到荷载的作用,则位移计算的一般公式(1)可简化为:

$$\Delta_{km} = \sum \int \overline{F}_{Nk}\varepsilon_m \mathrm{d}s + \sum \int \overline{F}_{Qk}\gamma_m \mathrm{d}s + \sum \int \overline{M}_k \frac{1}{\rho_m}\mathrm{d}s \tag{2}$$

其中,变形位移 $\varepsilon_m \mathrm{d}s$、$\gamma_m \mathrm{d}s$、$\dfrac{1}{\rho_m}\mathrm{d}s$ 是由于实际荷载作用而产生的真实变形,可以根据实际荷载作用下的内力来计算,计算公式为:

$$\varepsilon_m \mathrm{d}s = \frac{F_{NF}}{EA}\mathrm{d}s ; \quad \gamma_m \mathrm{d}s = \lambda \frac{F_{QF}}{GA}\mathrm{d}s ; \quad \frac{1}{\rho_m}\mathrm{d}s = \frac{M_F}{EI}\mathrm{d}s \tag{3}$$

将式(3)代入可以得到荷载作用下的位移计算公式:

$$\Delta_{kF} = \sum \int \frac{\overline{F}_{Nk}F_{NF}}{EA}\mathrm{d}s + \sum \int \lambda \frac{\overline{F}_{Qk}F_{QF}}{GA}\mathrm{d}s + \sum \int \frac{\overline{M}_k M_F}{EI}\mathrm{d}s \tag{4}$$

由于变形位移计算式(3)是根据材料力学提供的物理条件得到的[2],只是针对线弹性材料,因此荷载作用下的位移计算式(4)的适用范围就缩小成线弹性材料的静定、超静定结构在荷载作用下的位移计算。很显然,不管是积分法还是图乘法,只要是基于式(4)进行计算的,其适用范围是一致的。

3. 支座移动与温度改变时的位移计算公式

支座移动和温度改变作用下的结构位移可以根据一般式(1)进行计算。对于静定结构,由于支座移动不会产生内力和变形,只发生刚体位移,因此式(1)中的前三项都因为变形位移等于零而等于零,从而简化为:

$$\Delta_{km} = -\sum \overline{F}_{Rik} C_i \tag{5}$$

静定结构受到温度改变作用,材料会发生膨胀或者收缩,从而引起结构的变形和位移,由于静定结构在温度改变作用下产生是自由变形,因此不会产生内力,也就不会产生内力引起的变形,因此式(1)中的变形位移只是由温度改变引起的,考虑到温度改变不引起剪应变,因此计算公式简化为:

$$\Delta_{kt} = \sum \int_s \overline{M}_k \frac{\alpha t'}{h}\mathrm{d}s + \sum \int_s \overline{F}_{Nk}\alpha t \,\mathrm{d}s \tag{6}$$

若结构中每一杆件沿杆长温度改变,截面高度不变,则式(6)变为:

$$\Delta_{kt} = \sum \frac{\alpha t'}{h}\Omega_{M_k} + \sum \alpha t \,\Omega_{\overline{F}_{Nk}} \tag{7}$$

很显然式(5)、式(6)和式(7)只适用于静定结构。

4. 互等定理

结构力学中的互等定理包括虚功互等定理、位移互等定理、反力互等定理和反力位移互等定理,其中虚功互等定理是最基本的互等定理,其余三个都是根据虚功互等定理导出的[3]。虚功互等定理在推导的时候用到了式(4),因此虚功互等定理的适用范围是线性变形体系,其余三个定理由于都源自虚功互等定理,因此只适用于线性变形体系,但可以适用于静定和超静定结构。

二、温度改变的位移计算公式中的符号规定

应用式(7)进行温度改变的位移计算的符号规定:轴力以受拉为正,受压为负;温度改变以升高为正,降低为负;在计算中约定以 $\overline{M}_k$ 图中的受拉面变温定为 t_2,受压面变温定为 t_1。也可直接比较虚拟状态的变形与实际状态由于温度变化所引起的变形,若两者变形方向一致则为正,反之则为负,此时式中的 t 及 t' 均只取绝对值。以往学生对于符号规定大多采用死记的方式,不能很好地理解这些规定,从而容易遗忘或者记错,因此必须要在理解的基础上进行记忆。

根据图1杆截面变温,位移状态微段变形位移为 $\mathrm{d}\varphi = \dfrac{\mathrm{d}s}{\rho_t} = \dfrac{\alpha(t_2 - t_1)}{h}$,$\varepsilon_t \mathrm{d}s = \alpha t \mathrm{d}s$,$\overline{M}_k$、$\overline{F}_{Nk}$ 为虚力状态的微段外力(切割面内力)。根据虚功原理,虚力状态的力在位移状态的位移上做功,外力虚功等于虚变形功,建立虚功方程即为式(6)。

式(6)中的物理量符号正负实际上是根据做功的正负性规定的。如果轴力以拉为正,那么式(6)左侧虚力状态的轴向拉力要做正的虚变形功,必须要求位移状态的纤维是伸长,反之如果是轴向压力,则纤维缩短时做正功,根据材料的热胀冷缩,从而规定温度以升高为正,降低为负。对于弯矩,假设变温为 t_2 的一侧为虚力状态 $\overline{M}_k$ 图的受拉侧,此时变温引起的微段转角 $\mathrm{d}\varphi$ 如果和弯矩方向一致则做正功,反之则做负功。因此,也可直接比较虚拟状态的变形与实际状态由于温度变化所引起的变形,若两者变形方向一致则为正,反之则为负,这些符号规定实际上都是从做虚功的正负性角度建立的,因此学生应该在理解的基础上进行记忆,这样才容易记牢。

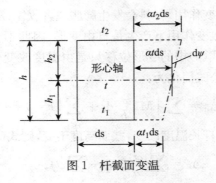

图1 杆截面变温

三、制造误差的位移计算

制造误差是引起结构发生位移的重要原因。对于静定结构,制造误差不会产生内力和变形,但是会产生位移。目前的结构力学教材大多未对制造误差引起的静定结构位移计算做详细的介绍,甚至未做介绍。制造误差常见的是杆件发生长度偏差 Δl 和曲率偏差。根据虚力原理,制造误差引起的是位移状态,根据所求位移再虚设一个虚力状态,让虚力状态的力经历制造误差位移状态的位移做功,外力虚功等于虚变形功,建立虚力方程求解未知位移。虚力方程左端的外力、虚功计算比较明确,右端的虚变形功可以取微段计算再积分求和。

对于由轴向长度偏差 Δl 引起的位移计算,由于仅有轴向变形,因此微段切割面内力只需考虑虚力状态微段的轴力 $\bar{F}_{Nk}$ 即可,而位移状态的微段变形位移为长度偏差产生的 $\dfrac{\Delta l}{l}ds$,虚力状态的微段轴力 $\bar{F}_{Nk}$ 在微段长度偏差上做虚功。最后建立的虚功方程如下:

$$\Delta = \sum \int_s F_{Nk} \frac{\Delta l}{l} ds \tag{8}$$

式(8)就是由于长度偏差引起的位移计算公式。如果是桁架结构,考虑到 $\dfrac{\Delta l}{l}$ 和 $\bar{F}_{Nk}$ 沿着杆长不变,则式(8)可以简化为:

$$\Delta = \sum \bar{F}_{Nk} \Delta l \tag{9}$$

轴力以拉为正,压为负,长度偏差以伸长为正,缩短为负。

对于曲率偏差,直杆做成微弯杆,假设曲率半径为 $\rho(s)$,则位移状态微段转角偏差为 $\dfrac{ds}{\rho(s)}$ 。根据所求位移,虚设虚力状态,考虑到只有曲率偏差,因此只要计算虚力状态的弯矩项 $\bar{M}_k$ 。根据虚力原理,建立虚力方程,得:

$$\Delta = \sum \int_s \bar{M}_k \frac{1}{\rho(s)} ds \tag{10}$$

如果曲率半径分段为常数,则公式简化为

$$\Delta = \sum \rho_i \omega_{\bar{M}_k i} \tag{11}$$

式中: ρ_i 为偏差杆段曲率半径; $\omega_{\bar{M}_k i}$ 为杆段虚力状态弯矩图的面积。

式(11)中的计算结果若弯矩产生的变形与曲率偏差变形方向一致,乘积为正,否则为负。

因此制造误差引起的静定结构位移计算公式如下:

$$\Delta = \sum \bar{F}_{Nk} \Delta l + \sum \rho_i \omega_{\bar{M}_k i} \tag{12}$$

以往学生在学习制造误差的位移计算时,由于不属于重点内容,教师通常简略带过,或者只介绍一下公式,从而造成学生理解记忆的困难,而通过文中的理论推导,学生可以通过理解来加深记忆,甚至可以引导学生推导一些其他问题的位移计算公式。

四、结束语

静定结构位移计算是结构力学教学中的重要内容。本文针对静定结构位移计算中的几个问题进行了阐述和探讨,从推导过程分析了各种位移计算公式的适用范围,从虚功计算的角度分析了温度改变引起的位移计算过程中相关物理量的符号规定,依据虚功原理推导了制造误差引起的位移计算公式和符号规定。通过这些问题的探讨,可以解答学生在学习中的一些问题,同时也可以使得学生更加深入地理解相关的计算公式和规定,从而能更好地掌握这部分的内容。

参考文献:

[1] 李家宝,洪范文. 建筑力学第三分册:结构力学[M]. 北京:高等教育出版社,2006.

[2] 王焕定,结构力学[M]. 北京:清华大学出版社,2004.

[3] 蔡新,孙文俊,结构静力学[M]. 南京:河海大学出版社,2004.

编写细观力学教材的探索

张 研

(河海大学力学与材料学院,江苏 南京 210098)

摘 要:细观力学是 20 世纪力学领域重要的科学研究成果之一,世界上很多大学都开设了这门课程。但是,却一直没能为这门课程找到一本合适的教科书。本文介绍了作者编撰细观力学教材的做法和体会,简要分析了这本教材的主要内容和特点,对这门课程的改革和建设进行了有益的探索,并在实践中取得了较好的效果。

关键词:细观力学;教材建设;课程体系;教学改革

一、背景和目的

细观力学是 20 世纪力学领域重要的科学研究成果之一,它是连续介质力学和材料科学相互结合衍生而形成的新兴型学科。细观力学利用多尺度的连续介质力学理论和方法,研究材料细观结构与宏观性能之间的定量关系,预测材料的有效弹性模量、热膨胀系数和强度等宏观性能。复合材料的性能不但取决于其组分材料的性能和细观结构的几何形状、组分结合界面的性态等,还与生成过程中的压力、温度、加工历时和周围约束等因素相关,通过对细观结构观测和生成工艺参数的适当选择,可以使材料达到预期或最佳的工作状态。值得庆幸的是,近 20 年来,我国的科技工作者应用细观力学的理论和方法,成功地研究了多种合成材料(航天复合材料、纤维增强复合材料、陶瓷、岩石和混凝土等)的增强、断裂损伤和破坏问题,给出了一些颇具特色和有价值的研究成果。

随着细观力学理论的成熟,世界上很多大学都开设了这类课程。在过去的 15 年里,教师虽在各自的高校中教授细观力学课程,但却一直没能为这门课程找到一本合适的教科书。现有的书籍大部分针对专家和研究人员的研究专题,这些优秀著作并不适合作为教科书。因为细观力学理论还处于发展阶段,不同的研究者使用不同的方法得到研究结果。为了让学生能够理解不同概念和方法之间的内在联系,需要用一种统一的方法(包括符号的使用)介绍细观力学理论,使教师和学生可以完全掌握细观力学的本质,我们编撰了细观力学教材。该书重点叙述细观力学的基本概念,而不是对现有著作和研究成果的收集和编撰。对于那些渴望更深入学习的人来说,应该参阅该书中没有涉及的专题。为了方便教师和自学者,我们还提供了练习题。以上就是我们编写这本教科书的主要原因。

该书不是细观力学研究成果的全面收集,也不是相关出版物的研究参考书,而是提供给高年级本科生和研究生的教科书。它为教师提供教学工具,也为初学者学习细观力学的基本思想、概念、原理和方法提供帮助。为此,该书首先介绍一个统一的数学框架,在此基础上,用通俗的方法介绍这些理论。除了作者自己的研究成果,在统一的数学框架的基础上,还可以衍生出很多有用的结果。该方法可以使学生跟上细观力学的发展,也帮助学生理解和领会细观力学的广泛应用,

二、细观力学教材的主要内容

全书分为两篇,即细观力学基础和特征应变理论。

第一篇分为七章。第一章提出了材料细观力学的基本问题,即"为什么"和"如何"用细观力学方法预测材料的宏观本构关系;通过代表性体积单元的描述,介绍细观力学研究的基本特性和均匀化过程的一般方法。第二章讨论了线弹性材料均匀化问题的基本原理和方法,如有效刚度或柔度的定义;代表性体积单元的均匀应力或均匀应变边界条件;基于最小势能原理和最小余能原理的均匀化方法。第三章将自然状态下线弹性复合材料均匀化弹性特征的研究成果,推广应用到非自然状态下热弹性和弹塑性复合材料均匀化弹性特征的研究中,根据局部应力空间中的最大塑性功原理推导出宏观应力空间中的最大塑性功原理,得到了弹塑性复合材料宏观屈服条件和加载准则。第四章介绍了用初应力、初应变和极应力场方法构造代表性体积单元的机动可能的应变场和静力可能的应力场,对基于点构型的各种近似方法进行了对比分析,提出了新的理论框架。第五章进一步讨论复合材料有效弹性性质的上下限,介绍了 Hashin-Shtrikman 泛函,将构造静力可能的应力场和机动可能的应变场问题转化为构造极应力场问题,推导了均匀应变边界条件下非均匀弹性体应满足的微分-积分方程。第六章研究了线弹性问题的积分方法,给出了非均匀弹性体的积分方程和有效刚度方程。第七章介绍了混凝土细观力学的基本理论、方法和数值模拟,如混凝土材料的数值模型、细观单元的损伤本构关系以及混凝土试件在拉、压和三点弯曲情况下的数值试验,并进行了混凝土宏观热膨胀性能的预测。

第二篇分为两章。第八章讨论了特征应变问题的求解方法,如级数法、积分法和 Green 函数法,求出了几种特殊情况下的解答。第九章介绍了 Eshelby 问题的求解过程和重要结论,给出了弹性应变能和相互作用能的定义,得到了半无限弹性体特征应变问题的解答。

三、细观力学教材的特点

该书在讲述细观力学理论时,强调提出问题和解决问题的思路。阐述方式有从特殊到一般,也有从一般到特殊,还有从分解到综合等。注重加强理论与工程实际的联系,增强学生的工程概念。例如,在第三章"热弹性及弹塑性复合材料"中,将混凝土简化为多相复合材料,并应用细观力学理论预测混凝土的热膨胀系数和温度应力。为了加强细观力学的工程应用,专设"混凝土细观力学"一章,介绍用细观力学理论预测混凝

土的宏观力学行为。

在安排本书内容时,著者从黄克智、黄永刚教授的《固体本构关系》,卓家寿教授的《弹塑性力学中的广义变分原理》以及李咏偕、施泽华教授的《塑性力学》教程和唐春安、朱万成教授的《混凝土损伤与断裂—数值试验》著作中得到了很大教益。在编写中引用了 Mura 教授编写的《Micromechanics of defects in solids》和 Zaoui 教授编写的《Matériaux hétérogèneset composites》著作中的部分结果,特此向他们表示感谢。

该书可作为高等工科学校力学、材料科学以及水利、土木、交通、采矿类专业本科生、研究生教材或教学参考书,也可供有关专业的研究人员和工程技术人员学习参考。

参考文献:

[1] 徐芝纶. 弹性力学[M]. 4 版. 北京:高等教育出版社,2006.

[2] 黄克智,黄永刚. 固体本构关系[M]. 北京:清华大学出版社,1999.

[3] 李咏偕,施泽华. 塑性力学[M]. 北京:中国水利水电出版社,1987.

[4] 卓家寿. 弹塑性力学中的广义变分原理[M]. 2 版. 北京:中国水利水电出版社,2002.

[5] 姜弘道,赵光恒,向大润. 水工结构工程岩土工程的现代计算方法及程序[M]. 南京:河海大学出版社,1992.

[6] 张研,张子明. 材料细观力学[M]. 北京:科学出版社,2008.

[7] ZAOUI A. Matériaux hétérogeènes et composites[M]. Ecole Polytechnique,2000.

[8] MURA T. Micromechanics of defects in Solids[M]. 2nd revised edition,Kluwer Acad. Pub. , Dordrecht,Boston,London,1993.

基于模糊数学理论的教学质量评价模型

张　研[1]　黄海燕[2]

（1.河海大学力学与材料学院，江苏 南京 210098；
2.江苏科技大学船舶与海洋工程学院，江苏 镇江 212003）

摘　要：科学地评价教学质量是高等学校教学改革的一个重要课题，也是对高等教育评价的一个重要步骤。合理、科学地进行教师教学质量的评价，有利于高等学校加强教学管理、提高教学水平。本文应用模糊数学理论，建立了教学质量的模糊综合评价模型，并将其应用于教学质量评价，取得了令人满意的评价效果。

关键词：教学质量；模糊综合评价；课堂教学

教学工作是高等教育的重要组成部分。教学效果的优劣直接影响学生的素质和学校的声誉，因此，科学、客观和公正地评价教师的教学质量，有利于激励教师提高教学水平，造就一支高素质的教师队伍。

教学质量评价涉及多种因素，如教师的责任心、知识层次、知识传授方法和教学创新能力等。通常由多位专家组成的评价小组对评价指标量化，这种评价只能反映对教师评价的集中趋势，而不能反映个体的差异性和相关性。教师的劳动在时间上不受8小时的限制，具有难以计量的特性；教师的劳动在空间上不受办公室的限制，具有很强的机动性；教师的劳动在过程上具有极大的创造性；教师的劳动成果体现在学生的能力培养上，学生个体千差万别，在评价上具有差异性和滞后性。这些特点决定了教学效果的评价具有全面性、复杂性和模糊性。本文运用模糊数学理论对教学态度、教学内容、教学方法和教学效果等模糊因素进行量化，建立了教学质量的模糊综合评价模型，作为对教师教学质量进行科学评价的一种探讨。

一、模糊综合评价模型

综合评价是对多因素影响的现象作出总的评价。但是，在对某些事物的评价中，所选定的评价指标都是模糊概念，各指标之间既相互联系又相互影响的程度也具有模糊性时，可采用模糊综合评价法。模糊综合评价的数学模型可分为单层次模糊综合评价模型和多层次模糊综合评价模型。

1. 单层次模糊综合评价模型[1]

(1) 选择综合指标。确定评价对象的因素集 $U=\{u_1,u_2,\cdots,u_n\}$。

(2) 选择评价集 $V=\{v_1,v_2,\cdots,v_m\}$。

(3) 单因素评价。确定第 i 个评价因素 u_i 对第 j 个评价等级 v_j 的隶属度 r_{ij}，即隶属函数的建立，于是可得到因素 u_i 的评价向量 $R_i=(r_{i1},r_{i2},\cdots,r_{im})$，从而可得由 n 个因素的评价向量组成的模糊评价矩阵

$$R=(R_1,R_2,\cdots,R_n)^T=\begin{bmatrix} r_{11} & r_{12} & \cdots & r_{1m} \\ r_{21} & r_{22} & \cdots & r_{2m} \\ \vdots & \vdots & \vdots & \vdots \\ r_{n1} & r_{n2} & \cdots & r_{nm} \end{bmatrix}_{n\times m} \tag{1}$$

(4) 确定各因素的权重 $A=\{a_1,a_2,\cdots,a_n\}$，其中 $a_i(i=1,\cdots,n)$ 为因素 u_i 对应的权重，$0\leqslant a_i\leqslant 1$。

(5) 综合评价。由 $B=A\cdot R$ 可得评价集 V 上的模糊子集 $B=\{b_1,b_2,\cdots,b_m\}$。根据实际问题的需要，选定求 B 的方法。常有四种方法：①主因素决定型 $M(\wedge,\vee)$；②主因素突出型 $M(\cdot,\vee)$；③不均衡平均型 $M(\wedge,\oplus)$；④加权平均型 $M(\cdot,+)$。

(6) 综合评价结论。首先将 B 归一化，得到 $B_1=\{b'_1,b'_2,\cdots,b'_m\}$，然后根据实际情况，作出综合评价结论。通常采用下列方法：①最大隶属度法；②加权平均法；③模糊分布法。

2. 多层次模糊综合评价模型

对于实际评价问题，需要考虑很多因素，因素之间还有不同的类别和层次，需要建立多层次模糊综合评价模型。其步骤为：

(1) 对因素集 $U=\{u_1,u_2,\cdots,u_n\}$ 作划分 P 得 $U/P=\{U_i\}$，$i=1,2,\cdots,k$，U_i 中含有 n_i 个因素，记为 $U_i=\{u_{i_1},u_{i_2},\cdots,u_{i_{n_i}}\}$，这里 $\sum_{i=1}^k n_i=n$。

(2) 对每个 U_i（即每组），用单层次模糊综合评价模型作模糊综合评价：$B_i=A_i\cdot R_i$，$(i=1,2,\cdots,k)$。

(3) 由 $B_i(i=1,2,\cdots,k)$ 建立高一层次的综合评价矩阵，即

$$R=(B_1\ B_2\cdots B_k)^T \tag{2}$$

设 $U_1,U_2,\cdots,U_k$ 的权向量为 $A=\{a_1,a_2,\cdots,a_n\}$，$a_i(i=1,\cdots,n)$ 为因素 u_i 对应的权重，则二层评价模型为

$$B=A\cdot R=(b_1,b_2,\cdots,b_m) \tag{3}$$

依次可进行三层或多层综合评价。

二、教师教学质量的模糊综合评价

1. 因素集 U 和评价集 V 的选取

评价某教师的教学质量，可以从教学态度、教学内容、教学方法和教学效果四个方面考虑，即四个主因素。每个主因素又可分为若干个子因素。子因素集为 $U=\{u_1,u_2,u_3,u_4\}$。

评价集选取为 $V=\{v_1,v_2,v_3,v_4\}=\{优、良、合格、不合格\}$。模糊综合评价模型因素集及平价集量化表见表1。

表 1　教学质量评价因素量化表

任课教师：　　　　　所任学科：　　　　　听课日期：　　　　　评价人：

序号	主因素	权重	细目号	子因素	权重	评价等级			
						优	良	合格	不合格
1	教学态度	0.1	1	教学责任心强，为人师表，治学严谨	0.3				
			2	教学目的明确，符合大纲要求	0.2				
			3	因材施教，注意启发和调动学生的积极性	0.3				
			4	观点正确，系统性强，理论联系实际	0.2				
2	教学内容	0.3	1	对教材理解深透，融会贯通	0.2				
			2	内容丰富、充实，难度、深度适中	0.3				
			3	突出基本理论、基本知识、基本技能训练	0.3				
			4	重点、难点突出，深入浅出，逻辑性强	0.2				
3	教学方法	0.4	1	各种教学手段和方式的运用能力	0.2				
			2	组织教学的能力	0.4				
			3	语言表达能力	0.2				
			4	教学内容和方法的改革创新能力	0.2				
4	教学效果	0.2	1	学生对教学内容的掌握情况	0.3				
			2	学生分析问题、解决问题、自学能力的提高程度	0.3				
			3	学生的作业和考试成绩	0.2				
			4	及时掌握学生的反馈信息	0.2				

2. 确定各因素的权重分配

采用专家估测法确定各因素的权重分配。本文请若干个本专业资深专家、教授就影响教学质量的四个主因素和十二个子因素提出合适的权重,权重分配如表1所示。

参加评价的人员分为两类:教师和学生。由于两类人员的评价对教师教学质量的实际情况起决定性作用,同时考虑到两类人员的差异性,分别选取适当的权重,本文取教师和学生的评价权重分别为 $C=(c_1,c_2)=(0.6,0.4)$ 。

3. 单层次模糊综合评价

根据表1将两类人员对某一教师的评价量化表分别进行统计分析。

以第一主因素为例,对于第一子因素,教师的评价统计为:70%的参评人员认为"优",25%的参评人员认为"良",5%的参评人员认为"合格",没有人认为"不合格",于是,第一子因素的评价结果为(0.70 0.25 0.05 0.00)。

同理,第二子因素的评价结果为(0.75 0.25 0.00 0.00)。第三子因素的评价结果为(0.60 0.20 0.15 0.05)。第四子因素的评价结果为(0.70 0.18 0.12 0.00)。这样,第一主因素的模糊评价矩阵为

$$R_1=\begin{bmatrix} 0.70 & 0.25 & 0.05 & 0.00 \\ 0.75 & 0.25 & 0.00 & 0.00 \\ 0.60 & 0.20 & 0.15 & 0.05 \\ 0.70 & 0.18 & 0.12 & 0.00 \end{bmatrix} \tag{4}$$

则第一主因素的评价模型为

$$B_1=A_1 \cdot R_1=(0.30 \quad 0.25 \quad 0.15 \quad 0.05) \tag{5}$$

同理,第二主因素的模糊评价矩阵为

$$R_2=\begin{bmatrix} 0.80 & 0.10 & 0.06 & 0.04 \\ 0.72 & 0.16 & 0.12 & 0.00 \\ 0.60 & 0.22 & 0.15 & 0.03 \\ 0.74 & 0.16 & 0.10 & 0.00 \end{bmatrix} \tag{6}$$

则第二主因素的评价模型为

$$B_2=A_2 \cdot R_2=(0.30 \quad 0.22 \quad 0.15 \quad 0.04) \tag{7}$$

第三主因素的模糊评价矩阵为

$$R_3=\begin{bmatrix} 0.85 & 0.15 & 0.00 & 0.00 \\ 0.65 & 0.25 & 0.10 & 0.00 \\ 0.70 & 0.25 & 0.05 & 0.00 \\ 0.30 & 0.50 & 0.10 & 0.10 \end{bmatrix} \tag{8}$$

则第三主因素的评价模型为

$$B_3=A_3 \cdot R_3=(0.40\ 0.25\ 0.10\ 0.10) \tag{9}$$

第四主因素的模糊评价矩阵为

$$R_4 = \begin{bmatrix} 0.75 & 0.15 & 0.10 & 0.00 \\ 0.68 & 0.15 & 0.17 & 0.00 \\ 0.40 & 0.47 & 0.08 & 0.05 \\ 0.60 & 0.35 & 0.05 & 0.00 \end{bmatrix} \tag{10}$$

则第四主因素的评价模型为

$$B_4 = A_4 \cdot R_4 = (0.30\ 0.20\ 0.17\ 0.05) \tag{11}$$

这里采用主因素决定型 $M(\wedge, \vee)$ 模型进行计算。

4. 多层次模糊综合评价

仍对教师的评价统计结果进行分析。根据式(3)并进行归一化处理,则二层评价模型为

$$B_1 = A \cdot R = A \cdot \begin{bmatrix} A_1 \cdot R_1 \\ A_2 \cdot R_2 \\ \vdots \\ A_k \cdot R_k \end{bmatrix} = (0.43\ 0.27\ 0.18\ 0.12) \tag{12}$$

因此,学生的二层评价模型为

$$B_2 = (0.36\ 0.28\ 0.21\ 0.15) \tag{13}$$

5. 综合评价

根据式(3)并进行归一化处理,该教师的模糊综合评价模型为

$$B' = C \cdot B = (0.6\quad 0.4) \cdot \begin{pmatrix} 0.43 & 0.27 & 0.18 & 0.12 \\ 0.36 & 0.28 & 0.21 & 0.15 \end{pmatrix} = \tag{14}$$
$$(0.40\ 0.26\ 0.20\ 0.14)$$

计算结果表明:该教师教学质量评价等级为"优"的概率为 40%,为"良好"的概率为 26%,为"合格"的概率为 20%,为"不合格"的概率为 14%,根据最大隶属度原则,该教师评价等级为"优"。

三、结束语

教师的课堂教学是一个多因素的复杂智力劳动。从上面的分析可以看出,应用模糊综合评价方法可以客观、全面地评价教师的教学工作情况,体现教师教学质量评价的科学性和重要性,从而更好地发挥教师教学质量评价工作在教师考核、监督和指导教学中的重要作用。

参考文献:

黄健元.模糊集及其应用[M].银川:宁夏人民教育出版社,2000.

工程力学课程研究性教学方法初探

赵　晴

（扬州大学机械工程学院,江苏 扬州 225000）

摘　要:工程力学课程是为工科学生开设的学科基础课。本文探讨了在基础课程的教学中,如何有效地开展研究性教学的方法。在研究性的教方面,教师应吃透工程力学知识的精华,抓住力学中最本质的东西。对工程力学每部分内容,提炼出一个工程主题,结合工程问题展开课堂教学与讨论。关爱学生,以爱心激发学生的爱心,研究学生,因材施教。在研究性的学方面,应注意发挥学生在教学中的主体作用,让学生参与课堂教学。在学生中成立学习小组,培养学生的团队意识和协作精神。提炼研究性课题,让学生去体验,去探讨。设置研究性、设计性实验,培养学生的创新意识和动手能力。

关键词:工程力学;研究性教学;研究性教;研究性学

为了每一个学生的发展,是当前课程教学改革的灵魂。为此,必须摈弃以知识技能的传递和训练为目的的"传递性教学",探索以观念的诞生与合作创造知识为核心的"研究性教学"的途径和方法,使得中国学生不但在世界上各种学科比赛中能获奖,而且能有"自己的想法",在世界最高奖项"诺贝尔奖"获奖队伍中扩充华人的阵容。

工程力学知识是工程技术人员进行工程设计的基础。工程力学课程是为工科学生开设的学科基础课,该门课程理论性强,与工程实际问题结合紧密。在这样一门基础课的教学中,有效地开展研究性教学,调动学生的兴趣和学习热情,促进学生学会学习,具有重要意义。

一、研究性学习课程与课程研究性学习

研究性学习课程是指学生基于自身的兴趣,在教师的指导下,从自然、社会和自身生活中选择和确定专题,主动地获取知识、应用知识、解决问题的学习活动。研究性学习课程具有整体性、实践性、开放性、自主性。研究性学习课程无需专门的教材、固定的教室,所需学时具有弹性,评价标准和评价方式根据课程的特点而确定。

课程的研究性学习是一种学习方式,在教师的指导下,由学生自己自主地发现问题,探究问题,得出结论。研究性学习以培养学生的创新精神和实践能力为目标。提倡研究性学习并不是否定"接受性学习",在人的认识过程中,二者常常是相辅相成、相反

相成、结伴而行的。科学发展到今天，大量的科学知识是人类智慧的结晶，后来人应站在巨人的肩膀上观察世界。今天倡导研究性学习的方法，是为了培养个性健全发展的人，这样的人更容易接受前人的经验，更容易迸发出个人经验的火花，推动世界前进[1]。

工程力学课程包含了理论力学和材料力学两门课程中与工程实际结合紧密的内容，这些内容由前人抽象和归纳为系统的理论，这些理论可直接解决大量的工程实际问题。对于工科的学生来说，依靠自己的直接观察和体验不可能获得力学的系统理论，而深刻理解工程力学最基本的理论，并灵活应用这些理论知识进行工程设计是非常重要的。因此说，这门课程宜作为研究性学习的学科课程，主要通过在课堂上理论学习的形式，达到让学生掌握体现于工程力学中的必要的间接经验的目的。

二、工程力学教学中研究性的教

研究性教学模式在教学过程中，要求学生在教师指导下，通过以"自主、探究、合作"的学习方式，对当前教学内容中的主要知识点进行自主学习、深入探究并进行小组合作交流，从而较好地达到课程标准中关于认知目标与情感目标的要求。在工程力学教学中，要有效地开展研究性教学，教师必须进行"研究性的教"。

1. 吃透工程力学知识的精华

要实现研究性的教，教师在课堂教学中必须在授人以"鱼"的同时授人以"渔"，而要做到这一点，教师不能受制于教材，做照本宣科的传声筒。教师是教育意义的创造者，是所教学生的研究者，只有吃透了工程力学知识的精华，了解力学发展的历史，抓住串起工程力学知识的一条红线，抓住力学中最本质的东西，教师才能在课堂上将学科知识和自己的体验和工程实际问题以及和学生的实际生活融汇在一起，收到最好的教学效果。

在备课时，教师必须广泛阅读，在阅读的过程中实现读者、文本和作者的相遇、对话和融合，从历史的角度提炼出问题，生成有意义的主题。这样，在有限的课堂教学过程中，可创造出让学生和"巨人"对话的条件和氛围，激发学生的好奇心，鼓励学生怀疑教材中的结论，培养学生的探究意识。

2. 提炼工程主题

工程力学课程和工程实际问题的关系非常密切，将课程内容合理划分为相对独立的部分，每部分内容提炼出一个工程主题，结合工程问题展开课堂教学与讨论，可使得抽象的力学概念变得丰满有趣，让学生乐于接受。

例如，对物体进行受力分析，正确地画出受力图是力学计算的前提，而学生对为什么要画受力图认识不足。若以冲压零件的冲床为工程主题，从冲裁零件所需的分布力开始，画出冲头的受力图，可求得冲头导轨所受的力，从而可为导轨选材；不计连杆的自重还可引出二力杆的概念；通过进行飞轮的受力分析，可强化力偶的概念。这样来安排教学，可以使学生对分布力与集中力、力与力偶有很直观的认识，并真正理解画受力图的重要性。

3. 关爱学生，因材施教

在教学中，学生不但是知识的接受者，还是教学主体的一个组成部分。要实现研究性的教，教师必须研究学生，以合作、互助者的身份去理解、关爱学生。

现在修学工程力学课程的学生已大多是"90 后"，他们成长在网络高度发达的年代，知识面宽，思维活跃，但心不静，心态较为浮躁。对于这些学生，需要的是真心的欣赏，而不是求全责备。学生习惯于上网，可鼓励他们查找相关材料，自主学习。对课堂上易分心的学生，可多给些交流的机会，促使他们把精力集中在课堂上。实践证明，善于发现学生的优点，一次赞许的表扬，一个会心的微笑，比说教、批评的效果好百倍。在教学过程中，教师的人格魅力对学生的影响很大，困难时给学生以关爱，可激发学生对他人的爱心，需要时向学生伸出援助之手，可培养学生助人为乐的行为。

在课堂上关爱每一个学生，还应体现在因材施教上。在课堂教学中，要照顾大多数，关心有困难的学生。对学有余力的学生，则以宣传、鼓励、组织学生参加两年一次的周培源大学生力学竞赛为抓手，为他们开设提高性的课程。这种课程以讨论式教学为授课形式，在理清最基本概念的基础上，组织问题讨论，摒弃定式思维，提倡发散思维与创新，使学生学会以最简单的方法解决实际问题。

三、工程力学教学中研究性的学

工程力学研究性教学组成部分的另一半为学生，引导学生研究性的学，才能实现预期的培养有个性的人的目标。

1. 发挥学生在教学中的主体作用

在教学过程中，学生和教师都是教学的主体。课前，请学生参与工程主题的提炼，课堂上引导学生变被动的听课者为课堂教学的主动参与者。在课堂上，提倡师生互动、生生互动。利用 PPT 所提供的功能，将教学课件中的教学内容按教师的书写习惯在屏幕上逐行显示。授课时，教师可用电子教鞭遥控显示的内容，走到学生中去讲课，随时和学生进行双向交流。对学生提出的问题，先请其他学生回答，鼓励学生讨论问题。

给学生上讲台的机会，是一个发挥学生在教学中主体作用的很好的方法。可将课前说课、课后小结、组织各章问题讨论的机会留给学生。课前，请学生云查阅资料，找出已掌握的知识与要学习的新知识点之间的联系。课后，要求学生观察身边力学问题的实例，提出自己的看法。一章的内容学完后，由学生对所学内容作出总结归纳，根据本学习小组同学学习中的感受，提出学习中应注意的问题和解决实际问题较好的方法，并根据在同学中收集到的问题，组织课题讨论。教师根据学生的发言，给予引导，加深学生对学习内容的理解。学生参与了课程教学，学起来就有兴趣。

实践证明，在本来已经非常紧张的教学学时中划出一部分给学生，不但不会影响教学的进度，反而可以提高教学效果。

2. 成立学习小组

教学的目标是培养人，每一个人、社会的人都必须学会和他人协调、合作。

工程力学课程每次开课前，按自愿的原则，将班上的学生分为学习小组，每个学生担任一部分课程内容的预习发言、组织课堂讨论、内容小结、设计力学实验或力学制作方案等方面的任务，每个人都有展示自己才能的机会，每个人的表现决定学习小组的整体形象，在分工协作的过程中培养学生的团队意识和协作精神。

为了提高每一个学生的责任心，我们专门设计了一张得分表，分项计分。评判人是班上全体学生，各分项得分的平均值为总体分，按确定的比例计入学生的课程成绩。

3. 提炼研究性课题

在生活中，力学问题无处不在。给各小组的学生布置的课题之一，是让各小组的学生去寻找身边和与本组所负责的内容有关的力学问题。比如，身边哪些构件可看作四种基本变形之一的杆件，哪些构件是复杂受力的构件。各章前说课时，各小组的学生代表将本组同学自己的发现和成果，在课堂上和大家共享，这样，既提高了学生对将要学习内容的兴趣，又可提高学生的自信心，激发学生的上进意识。

由于多年的积累，工程结构的设计中蕴含着丰富的力学知识。工程力学课程开课时，我们给每个小组布置了一个综合作业，题为"身边的力学问题"，要求学生在课程学习的过程中，拍摄工程实例的照片，根据所掌握的力学原理，说明各工程实例的设计中蕴含的力学奥秘，并提出自己的看法和改进意见。课程最后一次课供学生展示成果、讨论问题。学生的发言既丰富又精彩，有些内容是课上学过的，有些内容是课堂内容的延伸。学生通过对所拍摄的一幅幅图片的讲解，说明他们学懂了这门课，掌握了基本的力学原理。例如，图片之一是池塘边的凳子，学生提出的问题是：凳子的面板平放有什么好处？凳子为什么用3条腿支撑？支腿的形状中包含哪些力学问题？通过对身边非常熟悉的物件——凳子的讨论，说明学生对构件的合理截面、静不定问题、等强度设计等力学概念有了较为深刻的理解。

4. 动手设计、完成力学实验或力学小制作

在工程力学研究问题的过程中，实验研究和理论研究具有同等重要的地位。为使得学生研究性的学，必须重视实验教学。我们将工程力学实验分成两块，一块为基础实验、综合性实验，用于检验理论知识、学习实验技能与研究技术；一块为设计、研究型实验，用来培养学生分析问题、解决问题的能力。后一类实验只提实验要求，不提供实验方法，不指定实验设备。另外，还鼓励学生根据所学知识自行设计力学实验，学生提出要求，实验室准备必要的实验条件。教学中对两类实验有不同的安排，前一类实验和课程教学同步完成，实验成绩按比例计入期末考试成绩；后一类实验单独设课，有一定的学分，根据学生的实验准备、实验过程、实验结果、实验报告综合计分[2]。

四、已获得的成果

如何在工程力学课程中有效地开展研究性教学,是本人以及力学同行多年来一直在探索、研究、实践的问题。经过近年来的努力,课题研究已初见成效。主要表现为:学生学习工程力学课程不及格率大大降低;学生的自学能力有所提高;学生的综合素质有所提高。例如,学生小结时制作的 PPT 演示文稿,一个比一个更好;力学竞赛成绩不断提高。2007 年 13 名学生获江苏省工程力学竞赛二、三等奖,2009 年参赛学生的获奖比例达 55% 以上,扬州大学代表队作为全国唯一一个非"211 工程"高校,进入周培源力学竞赛第二轮的团体力学制作竞赛,并在 28 支竞赛队中脱颖而出,获得了团体三等奖。

五、结束语

教学是培养人的科学,教学不能只是简单地帮助学生掌握知识,而是要塑造出完整的人。这样的人有自主求知的意识和能力,有科学的思维方法和人文情怀,有健全的精神世界和社会责任感。在各门学科课程的研究性教学中,没有现成的方法可利用,也不可能存在适用于各学科课程的好的教学模式,只有在各门课程的教学过程中不断地探索和研究,才能实现教学的目标,完成历史所赋予的使命。

参考文献:

[1] 张华.研究性教学论[M].上海:华东师范大学出版社,2010.

[2] 付成华.关于高校实验室建设与本科实验教学的几点思考[J].高等教育研究,2009,26(3):47-49.

以大师为楷模，做好教书育人工作

赵振兴

（河海大学力学与材料学院，江苏 南京 210098）

摘　要：以徐芝纶院士为楷模，从自己 30 多年的从教经历中，畅谈教书育人的重要性及其作用。本文强调了课堂教学是育人的重要环节，并提出作为教师有一项非常重要的任务就是引领学生创新。同时要转变教育观念，改变以教师为中心的传统教育思想，逐步过渡为以学生为主体的教学活动。积极创造一个良好的育人环境。

关键词：教书育人；创新；育人环境

今年是我国著名力学家、教育家徐芝纶院士诞辰 100 周年。此时此刻，我们更加缅怀他对教育做出的杰出贡献，要弘扬他的大师风范和高尚品格，学习和研究他的教育思想和教学艺术。作为一名力学教师，我们要很好地学习和继承他的优良传统，做好教书育人工作。

我作为一名力学专业的学生，曾有幸亲耳聆听了大师为我们上的有限单元法这门课程，他的授课艺术在我的头脑中打下深深的烙印。自己从教以后就暗自下决心，要以大师为楷模，做好教书育人工作。

做好教书育人工作，首先要像大师那样热爱教师的职业，坚持长期为本科生上课，其次要遵循他所倡导的"学无止境，教亦无止境"的名言，认真学习他的教学研究论文《怎样提高课堂讲授的质量》等文章，并将其用于实践。

教育是育人的事业，育人需要用心血去浇灌，不让一个学生掉队，引领他们日有所进，学有所长，使人人成长、成才。让学生成长，就要向大师那样潜心教学，博采众长，在教学中研究，在研究中实践，在实践中创新，做教育的开拓人。

一、教书育人的重要性及其作用

学习徐芝纶院士的教育思想和教学艺术，首先应把教书育人放在一切工作的首位，而教书育人是一项极其崇高、极为复杂的人才培养工程。教书育人同时是教师职业道德、行为规范的一项神圣使命。一句话，教书育人是教师的天职。每一位教师，无论他承认与否，他都自觉或不自觉地在做着教书育人的工作。自觉地做，育人的效果会更大、更好、更显著；被动地做，育人的效果就会打折扣。教师的每一堂课，每一次辅导答疑,乃至一言一行、一举一动,面对的都是学生,都会对学生产生潜移默化的影响。这就是说,在教书育人问题上,教师要自觉地、主动地有心为之,并且要日积月累,持之以恒。

教师教书育人的作用,主要是通过教学过程中的示范和引导来实现的。而教师的劳动方式主要是教学,教师不是用工具去影响劳动对象,而是用自己的言行去直接影响学生,所以,教师劳动特点具有强烈的示范性。要在学生心目中树立较高的威信,教师首先必须具有渊博的知识和严谨的治学态度。在言行上,对学生起潜移默化的作用,如课堂上仪表要端庄大方,给学生留下美好的形象;在讲课中,要尽量减少一切影响教学效果的附加动作和口头语,加强课堂教学的语言艺术,使学生在听课中得到收获,增添乐趣。教师只有把握语言表达的准确性、简洁性、逻辑性和生动形象性等艺术要求,才能使授课语言体现出逻辑严谨、抑扬适当、幽默生动、通俗易懂的鲜明艺术特色,从而营造既严肃认真,又活泼生动的良好教学氛围。大师已为我们树立了楷模。

二、课堂教学是教书育人的重要环节

学习徐芝纶院士的教学艺术,首先应把课堂教学置于育人的首位。课堂教学是学生注意力最集中、求知欲最强的场所。要上好每一节课,其前提就是精心准备,认真备课。备课就是向大纲和教材输入血液,将死的知识转化为活的丰富多彩的形式和内容。在讲课之前,备课一定要充分,对要讲的内容一定要非常熟悉,通常讲的"熟能生巧"就是这个道理。对全书内容都要融会贯通,事前要了解本次课的难点和重点,对要讲的内容,要引证哪些例子,来帮助解释课程中的难点和重点,课前都要考虑好。当然,有些是需要临场发挥的。

在课堂上,教师要使用恰当的课堂语言,鼓励学生善于深思,敢于质疑,积极参与到教学中来进行教学互动。教师在语言表达上应尽量采用委婉、温和的语气,避免使用生硬的祈使句。在教的过程中,要注重平淡和激情的转换(借用水力学的专业术语就是不能总是"均匀流"),注重"喜怒哀乐"表情的更替。课堂教学还要求教师有足够的机智性,面对学生可能出现的新情况、新问题或有些没有预先考虑到的事情要随机做出判断,并及时调整教与学的行为。要启发学生的思维,搞好互动式教学。但要注意,此处的互动不是简单地提出一些问题由学生回答,"而是与学生心灵上的互动,教师可以从学生的一句话、一个动作、一个眼神中捕获相关的信息,并以恰当的言行予以回应。"对课上要讲的重要知识点要多设计一些深入浅出的实例来加以说明,这样既能帮助学生理解这些重要的知识点,又能活跃课堂的气氛。绝不能在讲课时将简单问题复杂化,复杂问题模糊化。在授课过程中,还要时时刻刻掌握学生听课的动态,以便及时调整授课节奏。

尽管现代教学手段已实现多样化,但传统的黑板加粉笔仍然是主流,教师在授课的过程中,板书的布设显得尤为重要。在备课的过程中,就要考虑好在黑板上准备写哪些内容,并且还要配合与多媒体的相互衔接。总之,板书不在贪多,重在贵、精、熟,板书要书写清楚,布设合理。

现代教学不同于以往,由于计算机的迅猛发展,使得多媒体技术推动了现代教育技术的发展,如多媒体教学课件(助学型、助教型)、网络课件、流媒体大量使用等。但不管这些眼花缭乱的课件多么好,都不能代替教师这样的"主流媒体",教师讲课仍然是主要的,多媒体只能作为辅助的教学手段。即使作辅助的教学手段,也要运用合理,否则达不到应有的效果。对新教师而言,初次上课应尽可能少用多媒体,这样可避免过分依赖多媒体,削弱自己对内容的理解和熟练程度。

三、教书育人的重要任务就是引领学生创新

作为现代教学,教师还有一项非常重要的任务就是要引领学生创新。创新是一个民族永远进步的源泉。创新需要教育,教育需要创新,创新教育呼唤着教育创新,正确处理创新教育与教育创新的关系,才能使教育改革不断深化,真正担负起为国家和民族培养一代创造型人才的使命。创新应贯穿在整个教学过程的始终,在授课过程中,要经常提出创新问题,引导学生思考创新问题,指导学生解决创新问题。要给学生更多的思维空间,绝不能都由教师包办代替学生创新。此处的创新,也不能简单地理解为教师发明几个新实验仪器,由学生来做,而是更多地启发学生的创新思维,允许学生在实践中提出更多的问题,并引导他们如何解决这些问题。

四、转变观念,逐步培育以学生为中心的教育理念

要逐步改变以教师为中心的教育方式,坚持教学相长,"教""学"并重的原则,减少教学的强制性、划一性,增强选择性和开放性,构建以学习者为中心,以学生自主的学习活动为基础的新型教育方式和教学过程。"教""学"并重对教师的创新教育品质和创新教育水平提出了新的要求,教师不仅要"传道、授业、解惑",更要以自身的全面综合素质、创新精神和品质,与学生共同探索学习态度,勇于创新和善于创新的形象而成为学生的楷模,并在创新教育的实践中,发现和把握学生创新能力形成和发展的规律,实施科学的创新教育方法。正如叶圣陶所强调的那样:"教师当然须教,而尤宜致力于'导'。导者,多方设法,使学生能逐渐自求得之,卒底于不待教师之谓也。""教""学"并重也赋予学生的学习以新的含义,新型教学方式要有利于学生主动参与,自主学习,鼓励学生自觉求变,侧重发现,保护学生的问题意识和批判精神,激发学生的创新勇气和探求兴趣,最大限度地营造创新能力培养训练的自由空间。

五、努力营造一个和谐、民主、平等的育人环境

在教学过程中,还要给学生营造一个和谐、民主、平等的合作学习氛围。教学过程是一个教与学之间的信息传递反馈的控制过程,教师与学生只是知识的先知者与后知者,不存在卑尊关系。要创设民主气氛,与学生平等相处。同时教育是一个开放的系统,教师不再是获取信息的唯一来源,学生还可以通过其他途径获取信息来满足自己的学习需要和兴趣。要通过双方平等交往,在互动中形成一个"学习共同体",实现教学相长。

要鼓励个性,因材施教,允许多元思维并存,宽容探索中的错误,使学生不由自主地

积极开动脑筋,真正参与到教学过程中来。

在整个教学进程中,要更多地与学生进行沟通,关心学生的成长。不仅要熟知相关的培养计划,传授给他们正确的学习、研究方法,而且还要主动去关心学生,与学生融合在一起,了解他们在想什么,了解他们在哪些方面需要教师的帮助,并作个别辅导。要对学生的点滴进步给予鼓励、表扬,重在培养学生的勤奋、勇敢、自信、进取、乐观、朝气蓬勃的性格,从而营造出一个良好的学习和生活氛围。这一点对在两个校区开展教学活动的高校尤为重要。

以上仅仅是自己从教几十年来,以徐芝纶院士为楷模,在教书育人工作中总结出的几点体会,可能不够全面,有待于更深入地挖掘,将教书育人工作做得更好。

浅谈成人教育的力学课程教学策略

周星德　姜冬菊　刘谦敏　石星星　刘广波

（河海大学力学与材料学院，江苏 南京 210098）

摘　要：本文针对成人教育的特点，提出了成人力学教学应以传统教育方式为主，注意教学过程中语言特点，采用启发式和案例式教学方法等教学策略。

关键词：成人教育；力学课程；策略

美国著名的成人教育学家雪伦·梅里安[1]曾经说过："我怀疑，我们可能永远不会有大家一致认可、可以包容一切的理论。对于某种理论而言成人学习实在是太复杂、太因人而异了，同时它又和每个成人独特的环境联系在一起。"

成人高等教育的对象主要是社会成年劳动者，他们身心发展已经成熟，大多数以发展生产和社会能力为主要目的，且大都受过一定程度的专业教育，具备某一方面的知识和技能，同时也拥有一定的社会经验。成人教育大体具有以下四个方面的特征：

其一，成人学员学习能力较强，抽象逻辑思维能力强。

科学发展和成人学习能力实验证实，成人的学习能力在 30 岁时达到顶峰，30～50岁之间是平稳的高原期，50 岁以后才开始下降。成人学员的感知能力、机械记忆能力、回忆能力均下降，且遗忘速度快。所以成人学员喜欢理解掌握，不喜欢机械死记；喜欢层次清楚、系统分明，不喜欢支离破碎、乱麻一堆；喜欢充满哲理的理论分析，不喜欢生搬硬套的"本本主义"。通常，成人学员具有多维社会角色，和工作、学习、家庭三方面的负担，学习矛盾突出，学习时间有限，只有正确地处理三者之间的关系方可持续地提高学习效率[2]。

其二，成人教育具有间断性。

由于人的思想和行为不可能完全根据设定的目标或计划进行，成人学员的学习时常被内在的或外在的因素所中断，因此成人学习不应是连续型的学习方式，而是一种关照成人生活，以成人现实生活为依托并以此为目的的具有生成性和非连续性的学习方式，而且随着社会变迁的不断加快，知识社会的信息潮流冲击着传统的学习方式，以往被动接受的、机械式的学习方式受到严峻挑战，而终身的非连续性的学习方式因其应变性和灵活性将被越来越多的成人所认可。成人非连续性学习具有成人学习目的的现实性、学习时间的间断性、学习内容的集合性、学习过程的非线性等基本特征。从新的视角研究和审视成人学习,并通过对成人学习的重新认识,成人教育教学如果能够以成人非连续性学习为依据,转变教学观念,合理设计教学内容,动态生成教学过程,弹性安排教学时间,优化运用各种教学方法,便能真正起到帮助和促进成人学习、丰富成人生活内涵、提高成人生存质量的作用[3]。

其三,成人学员的学习目的性强。

成人高等教育对象大都有一定的社会工作。他们是带着一定的目的和问题来学习的,所以学习自觉性较高。成人学习是一个在对环境分析的基础上,针对自身实际的选择性的学习过程,体现出自我导向式的学习特征。在学习内容的选择、学习方法的运用上,多根据个人的自主判断,以及环境的变化重新调整。学员对问题产生困惑并产生求解问题的愿望,这是学员接受成人高等教育的主要动因。现实中大量的教育事例表明,驱使一个人产生积极行为的动力离不开人们对物质和精神方面的追求,学员积极性调动的程度,往往与他追求的需要有关。他们参加学习主要是为了提高自己的知识水平,且更倾向于培养自己的社会能力,具有独立性和个性化[2]。

其四,成人教育目标的多元性和对象的多层性。

成人教育目标呈现多元特性,如有的是为失去教育机会作补偿;有的是为继续深造者助一臂之力;有的为提高岗位技能而进行培训;有的是为更新知识而充电。相对普通高校全日制学生,成人教育对象在年龄结构、知识结构等诸多方面存在很大不同,面对具有不同文化素养基础、不同心理结构层次、不同年龄的成人教育对象,成人教育教学内容、教学方式应体现其自身的特点。这项工作体现了成人教育的艰巨性。正因如此,成人教育工作者在教育改革中将作出更大的贡献[4]。

力学课程(如理论力学、材料力学、结构力学等)是水工结构工程、土木工程等专业必修的专业基础课,对后续专业课程的学习十分重要。从笔者多年来的教学实践来看,就是本科生都觉得力学课程偏难,比较害怕力学课程的学习,对于函授生来讲,其难度相对更大。那么该如何进行力学课程的教学呢?当然,不同课程的教学方式是存在差别的,但总体的教学方法还是具有一致性的。笔者就力学课程的教学方法谈谈个人的一些体会,请同行指教。

首先,传统教学方式应成为力学课程教学的主导方式[5]。

近年来,多媒体技术在教学中应用得越来越普遍,由于多媒体教学具有形象直观、生动有趣、信息量大、交互性强的特点[5],深受广大师生喜爱,从某种意义上来讲,减轻了教师板书方面的工作。但笔者在多年的教学工作中发现采用多媒体教学的效果不如板书教学的效果。在传统教学方式下,教师能用精炼的语言和简单的图形把一些复杂的力学问题分析得清楚透彻,可以从不同的角度去解读一个概念和原理,也可以很好地控制推导一个公式的快慢节奏,还可以边讲边绘图,抑扬顿挫、突出重点、因材施教,这种传统教学中教师与学生的交流,有利于教与学的互动,教师从学生在课堂反应中能及时了解学生的学习情绪、对教学内容理解的程度、出现的问题及症结等,并可及时采取对策,发挥教师的主导性,使得学生可以与教师思维同步,对提高教学效果起着重要的作用,这是任何现代技术所无法代替的。

其次,要注意教学过程中的语言。

根据成人的特点,课堂教学主要在于搞好"双基"教育,即讲清基本知识和基本原理。而基本知识和基本原理涉及的名词、概念、术语很多,而且比较抽象、精辟、深奥。这些书面语言虽然比较规范、准确,但不如口头语通俗易懂,因此对一些难以理解的词句应改换成同义的通俗词汇来表述。语言的通俗化、形象化、生动化,既是一种语言表达艺术,同时也是一门学问。运用形象、生动的语言,是取得良好课堂教学效果的关键[6]。

再次,多采用启发式和案例式教学方法。

传统的灌输式教学使学员处于被动接受的地位,靠的是机械记忆法,而具有现代意识的教学观念则不同,它把教学的重点转移到了学的方面,发挥学员的主体性已成为当代教学的轴心。采用启发式教学,教师可根据不同的内容,采取灵活多变的方式进行讲解。对同一内容,也可从不同的角度进行启发,其讲述和强调的方法也可以有所不同,这样对拓宽学员的思路,使他们易于理解、接受、掌握、消化所学知识是十分有效的。教师授课要注意逻辑严密,重点突出,概念明确,层次清楚,启发诱导,循序渐进,尤其是对成人教学,教学时从直接经验和老知识开始以作引导,可以使他们"温故而知新"。

案例法教学是教师通过对案例的分析,把知识和技能传授给学员。这一教学法强调的是学员要发挥独立思考和自己动手的能力,在教师引导下积极、主动地进行学习。案例分析是一种发展创造性思维,培养学员动手能力的讲课方法。它具有开发智能的作用,可以加深学员对基础理论及各种知识的理解和应用,更好地培养学员独立思考、分析问题和解决问题的能力[6]。

以上是笔者就成人教育中的力学课程教学方法所谈的一些粗浅认识,教学方法应该随着科技的进步和社会的发展在实践中不断地总结提高。

参考文献:

[1] 雪伦·梅里安. 成人学习理论的新进展[M]. 北京:中国人民大学出版社,1996.

[2] 李中亮. 成人学员特征与成人高等教学实施[J]. 黑龙江教育学院学报,2006,25(5):105-107.

[3] 于金翠. 基于成人非连续性学习的教学策略研究[D]. 曲阜师范大学硕士学位论文,2008.

[4] 王红. 成人教育基本特性刍议[J]. 湖北大学成人教育学院学报,2000,18(5):28-29.

[5] 黄晓吉.《结构力学》课程教学实践的思考和教学方法改革[J]. 华东交通大学学报,2007,24:139-140.

[6] 吕左. 浅谈成人教育的教学方法[J]. 交通高教研究(增刊),1995,93-94.

弹性力学系列课教学团队建设探索

杨春秋[1]　李　刚[1]　孙丽莎[2]　阎　军[1]

(1.大连理工大学工程力学系,辽宁 大连 116023;

2.大连工业大学,辽宁 大连 116034)

摘　要:研究如何建立有效的教学团队合作机制,推动弹性力学系列课教学改革,促进教学研讨和教学经验交流,开发教学资源,促进教学工作的老中青结合,加强青年教师培养,加强科技成果转化为教学资源,以国家级和省级教学团队建设点为目标,探索弹性力学系列课教学团队建设,探索建设教学质量高、结构合理、执行力强、可持续发展的弹性力学系列课教学团队。

关键词:弹性力学系列课;教学团队;团队建设探索

教学团队建设是一项持久的系统工程,大连理工大学历来十分重视本科教学工作,将教学团队建设放到突出重要的地位,制定了一系列行之有效的管理措施、奖励政策和激励制度[1—2]。大连理工大学弹性力学系列课教学团队以国家级和省级教学团队建设点为目标,探索建设教学质量高、结构合理、执行力强、可持续发展的教学团队,旨在建立有效的团队合作机制,推动教学改革,促进教学研讨和教学经验交流,开发教学资源,促进教学工作的老中青相结合,加强青年教师的培养,加强科技成果转化为教学资源,提升本科教学质量。

一、弹性力学系列课

大连理工大学工程力学专业的弹性力学系列课包含6门课程:弹性力学、板壳力学、有限元、高等有限元、辛弹性力学、张量分析与连续介质力学。课程性质、学时学分、开课学期及主讲教师见表1。

表 1　弹性力学系列课汇总

课程名称	性质	学时(学分)	开课学期	主讲教师
弹性力学	必修	64(4)	5	李刚、刘书田
板壳力学	必修	48(3)	6	杨春秋
有限元	必修	32(2)	6	蔡贤辉

续表

课程名称	性质	学时（学分）	开课学期	主讲教师
高等有限元	必修	32(2)	7	白瑞祥
辛弹性力学	必修	32(2)	7	钟万勰、姚伟岸
张量分析与连续介质力学	必修	32(2)	6	朱祎国、陈飚松

弹性力学系列课是工程力学专业的主干专业基础课和专业课，主要研究弹性体由于受外力作用或温度改变等因素而发生的应力、应变和位移，校核其是否具有所需的强度、刚度和稳定性。弹性力学系列课涵盖了弹性体弹性变形行为的基本理论、工程应用、数值计算、最新研究成果等多方面内容。弹性力学系列课程相互依赖，互为补充，使学生既掌握扎实的理论基础，又具备工程应用能力，同时掌握本学科的最新研究成果，达到全方位培养创新型人才的目标[3]。

二、弹性力学系列课教学团队建设探索

1. 弹性力学系列课教学团队建构

大连理工大学弹性力学系列课开设于 1958 年，时值大连工学院（大连理工大学前身）数理力学系创立之年。该系列课程建设具有深厚的历史积淀，板壳力学第一任主讲是钱令希院士，弹性力学第一任主讲是留美回国的唐立民教授，辛弹性力学第一任主讲是钟万勰院士。他们为大连理工大学弹性力学系列课的建设和发展奠定了坚实的基础，为弹性力学系列课的建设做出了重要贡献。

弹性力学系列课教学团队共有教师 10 人，其中中国科学院院士 1 人、教授 5 人、副教授 4 人。教育部新世纪优秀人才 2 人，辽宁省新世纪百千万人层次人才（百人层次）2 人，全国模范教师 1 人，何梁何利科学与技术进步奖获得者 1 人，宝钢优秀教师奖 1 人，全国力学教学优秀教师 2 人，大连市优秀教师 1 人，大连理工大学教学名师 1 人。

弹性力学系列课教学团队建设依托大连理工大学力学国家一级重点学科和工业装备结构分析国家重点实验室。大连理工大学力学学科于 1957 年由钱令希院士和唐立民教授领导创建，1981 年首批获得博士学位授予权，1985 年设立力学博士后科研流动站。1987 年计算力学被确定为国家重点学科。1996 年首批获得力学一级学科博士学位授予权。2001 年工程力学被确定为国家重点学科，2007 年被确定为力学一级国家重点学科。在"211 工程"和"985 工程"建设经费的资助下，学科点科研教学设备先进，形成了工业装备与工程结构关键力学问题实验平台、高性能计算硬件和软件平台、生物与纳米力学实验平台、流体与岩土环境力学实验平台。发展成为我国力学领域科学研究、人才培养和学术交流的重要基地，综合实力和学术水平在我国力学学科处于一流水平，在国际学术界也有重要影响。

弹性力学系列课教学团队帮助青年教师了解相关学科方向的发展状况，拓宽知识面，提高教学艺术；注重国内外的进修交流，开阔教师视野，把握弹性力学系列课教学研

究前沿;有计划地将教学团队中的青年教师派往国内高水平大学和发达国家知名大学访问交流,借鉴他校先进的教学理念和教学方法,结合本校实际形成弹性力学系列课教学团队的教育教学特色,同时也充分利用与国内同行交流的机会,参加在国内召开的各种教学研讨会及教育部组织的各类教师培训班,不断向国内同行学习,交流弹性力学系列课教学经验,在学习交流中不断提高教学水平。

2. 弹性力学系列课教学团队特色

团队负责人李刚教授现任工程力学系主任、工业装备结构分析国家重点实验室副主任、博士生导师,兼任中国力学学会理事、计算力学专业委员会委员、中国土木工程学会结构可靠度委员会委员、中国建筑学会抗倒塌专业委员会委员、国家自然科学基金重大研究计划"重大工程的动力灾变"指导专家组学术秘书、辽宁省力学学会常务理事等多项社会职务,是教育部新世纪优秀人才,辽宁省新世纪百千万人层次人才(百人层次)。

结构合理的教学团队是课程建设的基础,创新务实锐意改革是课程建设的动力,完善的教学督导监控体系是课程建设的保障。在大连理工大学 2010 年重点教改项目"弹性力学系列课教学团队建设"的支持下,弹性力学系列课教学团队形成如下特色:

(1)团队成员均为科研中坚力量。弹性力学系列课教学团队的突出特色是科研中坚力量担任弹性力学系列课程的主讲教师,将最前沿的科研成果转化为教学内容,培养科研创新型精英人才。团队成员在结构与多学科优化、复合材料本构性能预测、计算结构力学、可靠度理论、动力学、辛弹性对偶体系、有限元方法等工程力学与固体力学研究领域取得了许多重要研究成果,部分成果已被国际广泛承认并广泛引用。团队成员近 5 年分别承担国家自然科学基金重点项目和面上项目、国家"973"课题、国家"863"子课题等纵向科研项目 20 余项,发表研究论文 200 余篇,其中 SCI 收录的论文 70 余篇。团队成员有稳定的研究方向,有很深的造诣,从事与研究相关的教学工作,因此能在讲课过程中融入研究成果,讲课生动透彻且深入浅出,对学生所提出的问题回答得更为充分。

(2)科研成果转化为教学资源。钟万勰院士关于弹性力学的具有原创意义的最新研究成果辛对偶体系一反弹性力学传统的半逆解法为主的求解思路,通过引入对偶变量,在辛几何空间里采用统一的方法论求解弹性力学问题,得到很多弹性力学"凑合法"无法得到的结果,是中国本土独立发展起来的弹性力学求解新体系。将弹性力学最新研究成果辛对偶体系的方法论引入弹性力学求解过程,开设新课辛弹性力学,极大地开阔了学生的视野,培养了科研创新型精英人才,在国内属首创。

(3)培养学生进入前沿科研领域的能力[4]。由于弹性力学系列课教学团队教师活跃在固体力学或计算力学领域研究前沿,并从事与研究相关的教学工作,因此在讲课过程中能融入自己的研究成果,使得讲授更生动透彻并深入浅出。在指导学生完成课程学习及论文工作时,能为学生指明适合他们的热门的研究方向并取得较好的教学成果,以培养本科生在固体力学和计算力学等重要研究方向进入前沿科研领域的能力。毕业生既有很好的数学力学基础又有很强的程序开发及运用能力,在进入研究生阶段能很快适应学习和研究,到实际工作岗位能更好地胜任工作。

三、弹性力学系列课教学团队建设成果与展望

弹性力学系列课教学团队在教学改革和教材建设方面取得了一定的成果,教师通过多种形式的教学研讨,形成了系列课程独到的教育思想和理念,以及完整的教学体系和教育教学方法,培养了教学科研都过硬的中青年教师,多年来为该课程乃至整个力学学科的规划、建设和快速发展做了突出的贡献,起了不可替代的重要作用。

近5年弹性力学系列课教学团队出版教材5部,承担国家级教改项目4项和省级教改项目2项。由钟万勰院士负责完成的高等教育出版社教材发展研究所立项的课题《力学与物理的辛数学方法》被评为优秀,研究成果受邀编写成教材《应用力学的辛数学方法》,2007年由高等教育出版社出版,其英文版教材《Duality System in Applied Mechanics and Optimal Control》,已由国际知名出版社 Kluwer Academic Publishers 出版。姚伟岸教授和钟万勰院士的专著《辛弹性力学》已由高等教育出版社于2002年出版发行,在大连理工大学工程力学系使用10年,该教材已由香港城市大学林志华副教授译成英文版并由 World Scientific Publishing 于2009年出版。

弹性力学系列课程内容曾在2004年7月31日—8月6日全国固体力学讲习班上讲授与应用,全国10余所著名高校的60余名青年教师及学生参加了讲习班的学习。2006年11月,大连理工大学承办全国首届力学课程报告论坛,主题为力学学科的发展与高校力学课程教学改革,全国50余所高校258名力学教师参与论坛,钟万勰院士应邀做关于辛对偶体系与辛弹性力学大会报告。2007年1月18日—2月14日,大连理工大学承办辽宁省普通高校基础力学骨干教师培训班,14所高校的30名力学骨干教师参加培训班,钟万勰院士和杨春秋教授等分别讲授了弹性力学系列课程。2011年9月,弹性力学系列课程教学团队获批辽宁省普通高等学校本科优秀教学团队。

弹性力学系列课教学团队将进一步探索有效的团队合作机制,加强青年教师的培养,加强科技成果转化为教学资源,推动教学改革,促进教学研讨和教学经验交流,促进教学工作的老中青相结合,提升本科教学质量。

参考文献:

[1] 大连理工大学. 大连理工大学关于实施精英教育 培养精英人才的若干意见[C]. 大连:大连理工大学第十四次本科教育教学研讨会文集,2008:29-34.

[2] 欧进萍. 肩负时代使命 实施精英教育 培养精英人才[C]. 大连:大连理工大学第十四次本科教育教学研讨会文集,2008:35-43.

[3] 李志义. 构建研究型大学本科人才培养新体系[C]. 大连:大连理工大学第十四次本科教育教学研讨会文集,2008:44-53.

[4] 杨春秋. 研究型教学模式评价机制探索[J]. 大连理工大学学报:社会科学版,2010,31(2):95-96.

在弹塑性力学课程中开展自主性研究型教学的实践和探索

杨绪普　陈国良

（解放军理工大学，江苏 南京 210007）

摘　要：面向军校研究生，针对基础差异明显、专业侧重不同的现实，结合研究生部队任职岗位的能力需求，侧重方法、思路的引导和启发，开展自主性研究型教学，进行有益探索并收到良好的效果。

关键词：研究生教学；弹塑性力学；自主性研究型教学；岗位需要；能力训练

一、开展自主性研究型学习的对象和需要

弹塑性力学是固体力学的一个分支，主要研究弹塑性体受到外力或温度变化作用时在弹、塑性阶段产生的应力场和位移场，是弹性动力学、岩土力学、材料动力学、损伤断裂力学、有限单元法等各门专业课的基础，在结构分析和设计等众多二程实际问题有着重要应用。该课程的特点就是数学公式多，逻辑推理严密，推导、计算工作量大，涉及的公式和计算多以微分方程形式出现，理论性强，对抽象思维能力要求高，教学的组织实施和学习消化吸收均存在较大的难度。

在教学实施过程中要考虑到不同专业研究生对课程的需要侧重点不同。选修弹塑性力学课程的研究生每年约有三四十名，来自兵器科学与技术、结构工程、防灾减灾工程及防护工程、岩土工程、桥梁与隧道工程、车辆工程等不同专业，他们对弹塑性力学的内容关注的侧重点有很大差别。而按照生源，我校研究生又区分为地方生和部队生，他们的基础和条件也差别较大。地方生是指来自"211工程"高校的应届本科毕业生，他们理论基础知识扎实，部分研究生在本科阶段学习过弹性力学或塑性力学，但是缺乏军事背景和应用前景知识；部队生是指军校本科毕业，到部队基层或机关工作过几年之后重返校园的研究生，他们年龄偏大，虽然学习积极性高，但基础知识遗忘较多，学习的困难较大。客观实际情况既提出进行自主性研究型教学的需要，也提供了实施的可能和条件。

在教学计划规定的60个课内学时内，必须既要照顾到不同专业的需求的差异，还

要考虑到不同生源的基础的差别,如果采取传统的教师讲授,研究生听记,效果很难保证。为了提高课程的教学效果,培养研究生的自主性研究型学习习惯,为研究生的科研创新、岗位任职和长远发展打下良好的基础,我们进行了如下教学实践尝试,收到了良好效果。

二、自主性研究型教学的实施步骤

课程教学计划排定之后,按照选课研究生名单,尽早召开所有研究生课程准备会,下发教学联系表,说明教师的意图和需要配合的环节,布置具体要求。

1. 开展预习式自学

利用两三周时间通看一遍教材,推荐的教材有《弹性力学》(徐芝伦著,高等教育出版社),《应用弹塑性力学》(徐秉业、刘信声著,清华大学出版社),《工程弹性力学与有限元法》(陆明万、张雄、葛东云编著,清华大学出版社),塑性力学基础(尚福林、王子昆编著,西安交通大学出版社),也可以是其他难度和深度相当的教材。通看时采取泛读方式,了解弹塑性力学研究的对象、主要内容、方法等。

2. 自行选定专题

课程开始前两周,每位研究生自行选定一个专题,重点进行讲课准备。专题的选择最好结合自己的专业和研究方向需要,一时把握不准的,建议向导师或高年级学生请教。为保证效果,选定专题必须经过教师认可,写出讲课提纲或教案,制作出相应课件。

3. 课程实施

开课后根据进度情况,教师安排合适时间上讲台宣讲。此项工作完成质量作为平时成绩的重要部分,在综合成绩中占很大比重。

三、自主性研究型教学的注意要点

1. 内容把握

军校的特殊性决定了研究生自主性学习时间相对较少,鉴于课内学时也不多,课程重点放在抓住基本和强调应用两个方面。

弹塑性力学的基本假设、理论和方法并不会因为专业不同而不同,以下内容都是必不可少的:①应力分析、应变分析;②弹性力学的平面问题和空间问题的基本理论及基本方程;③弹性力学解析方法与求解实例(应力函数、逆解法与半逆解法);④塑性力学中的物理关系;⑤梁的弯曲、厚壁圆筒等简单弹塑性问题;⑥梁、刚架等结构的塑性极限分析;⑦弹塑性力学的数值方法(能量法、有限元方法和其他数值方法)。

经过系统的本科阶段学习的研究生,除了需要知道理论知识是什么,他们更多关注一个工程实际问题如何转化为相应的力学模型,因为经典力学理论本身就是由生活和工程实践中总结升华而来的,他们以后也不可能只是简单地解答一些现成的题目,而更多时候是面对一个复杂的实际问题。因此,结合他们的专业需求,有意识地选择与他们熟悉的工程联系密切的工程实际问题,会起到事半功倍的效果,在此过程中,应注重介绍现代工程中的一些复杂弹塑性力学问题的分析过程,同时适当介绍一些相关软件和新型数值方法的研究前沿。

2. 分配调整

有的章节或专题,研究生选择比较集中,也有无人选择的情况出现,这时教师需做适当调配,统筹安排章节。通过教学联系表收集研究生的基本情况,便于了解,包括本科毕业院校、有无学过弹塑性力学课程、专业方向及对相关力学课程的需要等,做到因人施教,合理分配。比如对最早开始讲课的几个研究生,应选择那些学习过弹塑性力学的,准备一定要充分,教师对其试讲把关适当从严,以保证示范和持续效应。为了节省时间,教师将自己积累的资料和课件都尽数拷贝给研究生,作为他们的备课素材。最终成绩由考试成绩与讲课情况综合而成。在分配任务的时候,尽量考虑结合其专业需要,例题的选择要体现其专业特点和背景,这样既能增加其讲解的生动性,对其他同学具有吸引力,又能帮助其尽快接触实际问题。

3. 课堂掌控

专题选定后,在研究生正式登台讲解前,教师要提前一一听取他们试讲,对其讲解内容和侧重点基本上有所了解,起督促和把关作用。但是在课堂讲解时,还会出现一些情况需要教师采取干涉措施。

(1)即兴发挥导致的主题偏移,可以用善意的语言提醒,引导其回归正题。

(2)重点、难点的疏漏,可用提问的方式,提醒其加以强调或以总结的方式进行补充。

(3)讲授节奏过快,没有把握好时间。这是初登讲台者常见的问题,适当提醒即可。

(4)照屏宣讲,背对听众,缺乏互动交流。这种情况一般是因为对内容理解不透或不熟悉,缺乏自信造成的,此时需要频繁打断,及时插话,强制互动。

这些问题在第一次出现的时候,要及时指出,并耐心给出有效的改进建议,一个人犯错,所有人受益,后面就会大有改观。

四、自主性研究型教学的效果

1. 好的方面

我们秉承"素质教育、工程教育、创新教育"的教学思想,重视基础要求,强化工程概念,激发创新精神。采取课前分头准备,研究生课堂讲授、讨论为主,结合教师讲授、引导,课后练习的方式,实现了课内课外的自主性学习,更强调课外研究型学习,为优秀学生尽早进入科研状态创造良好的条件和环境。

这种教学方式能很好地调动研究生的学习积极性,绝大多数学生经过向导师和高年级学生请教,然后到图书馆查阅文献,收集资料素材,精心备课后,制作出精美的课件。选取的实例也多是他们日后研究工作中要面临的对象和处理的问题,涉及的范围十分广阔,前瞻性强,这也拓宽了教师的知识面。

比如道桥专业的徐康同学,他以《薄板理论及其在工程中应用》为题,首先介绍了薄板的概念、分类、基本假设,然后说明基本方程(几何方程、本构方程)以及边界条件的提法,再给出几种常见解法,最后介绍某课题关注的问题:在沿海滩涂软土地区,对原状土进行固化,由硼泥固化形成的人造硬壳层具有较高强度和较小厚度,应用 winkler 小挠度薄板理论,对某种工况下的附加应力分布规律进行分析。像这种具有重要的工程价值和经济效益的现实问题,最容易引起学生的学习兴趣,也能促使其深入思考,并留下深刻印象。

防灾减灾专业的孙敖同学,安排他准备平面问题的复变函数解法,开始他也有畏难情绪:没有学习过复变函数课程,也不知道该如何应用。经过谈心鼓励,并给他提供具体的资料帮助,他静下心来研究学习一两个月之后,就取得了不错的进展。他发现地下隧洞围岩的应力分析在力学上可划归为无限平面中的孔口问题,而复变函数解法特别适合求解地下隧洞力学问题。他还就其中某类问题推导出了一个非常有用的公式,并得到导师的高度评价,他本人的自信心大增,对科研的兴趣也大大提高。用他的话说,他非常感谢这种教学方式,从中受益匪浅。

还有的学生将近年来学术期刊上发表的相关论文带进课堂,比如国内外几乎所有弹性与塑性力学教材中,正应力与切应力都是用公式来表示的,学生感觉很抽象。有文献将正应力和切应力等用空间图形表示出来,对于三向应力莫尔圆从原理图上给出其真实的构成过程,这样既形象生动,有助于加深对弹塑性力学的理解,也反映了学科的最新发展状况。

2. 需要改进的不足之处

有部分学生缺乏自学能力,不习惯这种研究生阶段的自主学习方式,还希望像本科生那样认真地听讲并做好笔记,参加考试获得一个高分。这就要求教师要重在启发引导,帮助学生克服听课的依赖心理,通过设计好开放性研究任务,让学生带着问题去学习,最终做到"不仅带着耳朵来听课,而且带着脑子来听课"。

也有学生误以为是教师在偷懒,还有学生觉得有空子可钻,敷衍了事,甚至有刻意逃避现象,还有的学生在把分配给自己的任务完成以后,对别人的讲课没有给予应有的尊重,觉得任务完成了,学习过程也就结束了。

如何组织课堂教学,使课堂教学变得富有生机与激情,也是一个现实的问题,否则还不如演讲式教学效果好。为此,我们在课内教学时加大对问题背景介绍、问题进展分析的讲解力度,而不是只侧重对问题本身解决方法的讲解,这样可以使学生对所学知识构建一个全局框架。注重问题背景的分析能避免学生一下子陷入一个复杂具体的细节中,而学生只有真正掌握了理论或方法的来龙去脉,才能举一反三地学习其他知识,解决其他问题,还可以借鉴经典理论和技术方法的创新发展历程,使学生获得更大的收益。

通过对资料的收集、整理、分析、归纳,制作书面报告,可以培养学生的书面和口头表达能力;在课堂上的质询应对,培养学生对问题的敏锐反应力和临场应变能力,不仅改变了被动接受式学习的枯燥乏味,而且有利于培养创新能力,激发学生学习的积极性和主动精神;鼓励学生参与课程教学,也使学生在学习活动中真正处于主体地位,让学生掌握分析问题的思路,学习分析问题的方法。这些方法对军校的研究生,无论今后他们是走上指挥岗位还是走上科研岗位,都是必不可少的。

参考文献:

[1] 徐芝纶. 弹性力学[M]. 3 版. 北京:高等教育出版社,1990.

[2] 徐秉业,刘信声. 应用弹塑性力学[M]. 北京:清华大学出版社,1995.

[3] 徐秉业. 简明弹塑性力学[M]. 北京:高等教育出版社,2011.

[4] 钱伟长,叶开沅. 弹性力学[M]. 北京:科学出版社,1956.

[5] 尚福林,王子昆. 塑性力学基础[M]. 西安:西安交通大学出版社,2011.

[6] 俞茂宏. 强度理论百年总结[J]. 力学进展,2004,34(4).

[7] 李兆霞,郭力. 工程弹性力学[M]. 南京:东南大学出版社,2009.

[8] 王仲仁,苑世剑,胡连喜,王忠金,何祝斌. 弹性与塑性力学基础[M]. 2 版. 哈尔滨:哈尔滨工业大学出版社,2007.

[9] 邵国建. 河海大学"弹性力学及有限单元法"国家精品课程建设与实践[M]∥力学课程报告论坛组委会. 力学课程报告论坛文集. 北京:高等教育出版社,2008.

[10] 徐秉业. 工程弹塑性力学的教学方法研究与科研成果转化为教学资源[M]. 力学课程报告论坛组委会. 力学课程报告论坛论文集. 北京:高等教育出版社,2008.

[11] 艾丽华,罗四维,于双元. 科研创新指导下的研究型课堂教学[J]. 中国大学教学,2007(8).

[12] 钱国英,白非,徐立清. 注重创新型人才的能力培养,探索合作性学习的教学方式[J]. 中国大学教学,2007(8).

弹性力学与有限元法课程
教学改革研究初探

王钦亭　陈亚娟

（河南理工大学土木工程学院，河南 焦作 454000）

摘　要:本文基于弹性力学与有限元课程知识特点,结合作者在多年教学过程中的体会,从课程知识结构特点、教学理念、教学方法和教学手段等方面对该课程进行教学改革研究,提出了数学知识集中讲述、教学手段的合理运用、相似结论的归纳比较以及理论联系实际的新方法等教学改革的方法和观点,以期推动弹性力学与有限元法课程的教学改革,达到更好的教学效果。

关键词:弹性力学与有限元法;教学改革;教学方法;教学质量

一、引言

弹性力学与有限元法理论性强、逻辑严谨、直观性差、抽象、难理解;有限元部分的知识涉及面广、运算复杂、操作繁琐,学生在学习过程中普遍反映这门课程内容深涩、不好理解、解题过程复杂、学习难度大。因此,如何提高弹性力学与有限元法课程的教学质量,成为这门课程教学中的中心问题[1]。在认识弹性力学及有限元法课程知识特点的基础上,寻找恰当的教学理念和教学方法,激发学生的学习积极性,提高学习兴趣,是取得更好教学效果的关键,也是教改成功的关键。本人结合自己近年来教学科研的实践,对教师在授课中应该注意的几个问题做了一些思考,并对教学方法、教学手段和教学理念进行了相应的探索。

二、课程知识特点

弹性力学及有限元法[2]是以高等数学、材料力学等课程知识为基础,同时又为塑性力学、土力学、板壳力学等课程做铺垫,是土木建筑、机械工程、航空、造船等专业的一门专业基础课,是一门既重要又难学的课程。弹性力学研究弹性体在外界因素影响下的应力、应变和位移,它既研究杆状构件,也研究诸如深梁、板壳以及挡土墙、堤坝、地基等实体结构;材料力学基本上只研究杆状构件在拉压、剪切、扭转和弯曲情况下的应力和变形。

弹性力学是一门理论性很强的学科,从五个基本假设出发,由微元体分析入手,从问题的静力学、几何学和物理学三个方面考虑,经过严密的数学推导,得到基本求解方程和各类边界条件,最终把问题归结为线性偏微分方程组边值问题,然后给出其应力或位移求解方法。

有限元法是弹性力学问题的一种数值解法,是将连续体离散为离散化结构,用节点平衡的方法求解弹性力学问题,有限单元法不仅可以解决力学问题,也可以解决非力学问题,具有极大的通用性和可解性[3]。

弹性力学及有限元法所涉及的主体内容及相互间的关系以框图形式表示如图1所示。

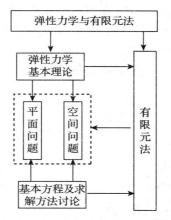

图1 弹性力学重点内容示意图

三、弹性力学教学改革探讨

1. 授课时要注意理论联系实际

弹性力学是一门理论性和实用性都很强的学科,其中有很多知识是和我们的生活现象和工程实例密不可分的。例如一个小球在曲面上运动,当到达曲面的最低点位置时,系统就会趋向于稳定平衡,这就说明了当一个体系的势能最小时,系统会处于稳定平衡状态,即验证了最小势能原理。又如,讲授半平面体受法向集中力作用(即符拉芒问题)和半空间体受法向集中力作用(即布西内斯克问题)时,对弹性力学中的这两个沉陷公式,可结合学习的土力学课程,启发学生在计算地基最终沉降量时,应采用哪个沉陷公式? 这样既能将已学的课程结合起来,又能将所学知识正确运用于实践工程问题,可谓一举两得。如此的工程和生活实例是不胜枚举的,教师在讲授时可稍加点拨,学生即可茅塞顿开,印象深刻。

2. 帮助学生正确处理课程中的数学运算问题

弹性力学课程的学习涉及了大量的数学知识,特别是偏微分方程的求解。教学中应牢记课程重点是弹性力学的基本概念和分析方法，而不要过多追求数学计算技巧。所以，对具体的偏微分方程求解过程可精简，使学生保持学习的积极性[4]。

在课堂上先一次性讲解课程所涉及偏微分方程求解问题，得出结论备用，以后的每次计算就不必再具体求解，只需将得出的结论导出结果或直接利用结果。这样既节省课时，又减轻学生学习负担，不影响学生的学习积极性，还突出了弹性力学问题基本概念和分析方法的重点，能收到更好的教学效果。

3. 采用归纳对比法教学

归纳对比法教学[5]能加深学生对所学知识的理解和记忆，增进学习兴趣，提高学习效率；能引导学生善于观察，勤于思考，在归纳中渗透，在对比中巩固，在领会中使知识得到升华。使用归纳对比法不仅可教给学生知识，还可通过言传身教，帮助学生掌握好的学习方法，提高其素质和学习能力。

例如在讲授弹性力学空间问题的位移解法与应力解法时可以进行归纳对比，见表 1。

表 1　按位移求解与按应力求解的比较

名　称	按 位 移 求 解	按 应 力 求 解
未知量	u, v, w（问题复杂时，较难设置）	$\sigma_x, \sigma_y, \sigma_z, \tau_{zx}, \tau_{xy}, \tau_{yz}$（易于位移的设置）
求解方程	以位移表示的平衡微分方程	平衡微分方程和应力协调方程
边界条件	三类边界（应力、位移、混合边界）条件均适宜。多连体时，位移单值条件自然满足	使用位移边界条件较难。多连体时，需要补充位移单值条件
解答及其唯一性	对位移求偏导数可求出应变，进而求出应力，运算较易。求出的位移、应变、应力分量是唯一解	由几何方程积分求得位移，运算较复杂。求出的应力、应变是唯一解，若约束方式不同，将导致位移分量中刚体位移不同

学生可从表 1 中充分了解按位移求解与按应力求解问题所具有的异同性。通过归纳对比，可以帮助学生举一反三，对本课程的内容在整体上有很好的理解和掌握。

4. 合理使用多媒体等新的教学手段

多媒体教学具有直观性强、在单位时间内传达信息量大、形式多种多样等特点，的确是传统教学手段无法相比的。但弹性力学是一门需要进行逻辑思维的学科，对一些最基本的概念、理论和公式进行适当的灌输，这样才能帮助学生打下一个非常坚实的基础。如果单纯盲目地大幅增加多媒体教学内容，结果并不能达到预期的教学目的，因此把握好节奏和信息量，是搞好多媒体教学的一个关键。

多媒体教学应发挥教师在课堂上的主导地位。多媒体课件只是教学的辅助性工具，它不可代替教师在教学中的主导地位，如果教师变成了课件的"解说员"，形成一种呆板的模式，自然不会取得好的教学效果。应该合理安排好屏幕上显示的内容，适当减少翻屏的次数,教师仍可以充当其主导角色,自如地在讲台上"表演"。

5. 推行启发式教学 突出自主学习

在日常教学中,教师的教学方法应当向着有助于培养学生自主学习能力、有助于学生潜能开发的方向努力。首先教师要注意学生对听课的反映,根据学生的接受情况调整讲课速度,还可就刚讲过的内容进行提问,充分调动学生积极参与的意识、情绪,活跃课堂气氛。一来看看学生是否理解,二来提醒学生跟上讲课的步伐;其次,让学生自己提出问题,互相研究讨论解决[6]。要让学生自己去观察比较、抽象概括,真正把学习的主动权交给学生,多给学生一些思考的机会,为学生创设有利于创新的学习环境。例如我们根据教材内容,针对有些困惑学生的模糊概念、理论观点开展理论讨论、大辩论。像平面应力和平面应变问题的区别,圣维南原理的应用、最小势能原理等等。在讨论中,教师不要急于给出标准答案,应当给予适当地诱导点拨,从启发学生积极思维着手,不断把讨论引向深入。

四、结束语

教学方法的改革与创新,始终是教学改革的重点和难点。好的教学效果是目的,教学方法是手段,方法要服从于效果。弹性力学的教学改革与发展不但需要新的思路,更需要优秀的教师。教学工作本身是一项极富创造性的工作,教师的创新能力需要在不断实践、不断探索的过程中逐渐培养起来。因此,只要全体教师积极地参加到教学方法的探索之中,不断改进,不断创新,就会收到良好的效果。

参考文献:

[1] 何琳."弹性力学"课程的教改实践与探讨[J].重庆交通学院学报:社科版,2006,6(1):137-139.

[2] 王俊民,江理平.弹性力学复习及解题指导[M].上海:同济大学出版社,2003

[3] 王润富,陈国荣.弹性力学及有限单元法[M].北京:高等教育出版社,2005

[4] 黄新武,吕建国.提高"弹性力学"课程教学质量的探索与思考[J].中国地质教育,2008(2):92-95.

[5] 刘章军.弹性力学教学中的归纳对比法实践[J].高等建筑教育,2009,18(6):49-52.

[6] 梅群,张淑芬,等.材料力学互动教学研究初探[J].洛阳理工学院学报:自然科学版,2010,20(3):88-90.

力学实验教学模式的创新与实践

杜成斌　赵振兴

(河海大学国家级力学实验教学示范中心,江苏 南京 210098)

摘　要:本文介绍了我校国家级力学实验教学示范中心在力学实验教学模式方面的一些创新做法。主要介绍了创新性实验教学、开放性实验教学、研究性实验教学和仿真性实验教学的具体实施方法和内容。

关键词:力学实验;教学模式;创新;实践

国家级实验教学示范中心是国家质量工程建设项目之一,以培养学生实践能力、创新能力和提高教学质量为宗旨,以实验教学改革为核心,以实验资源开放共享为基础,以高素质实验教学队伍和完备的实验条件为保障,创新管理机制,全面提高实验教学水平和实验室使用效益。我校于 2007 年申报成功国家级力学实验教学示范中心建设点。中心本着高起点、高标准、结合实际、体现特色的原则,在力学实验教学模式方面进行了大胆的改革和创新,取得了较好的效果。

一、创新性实验教学

中心以培养学生创新能力为目标,在大学生力学实验创新能力培养方面进行了有特色的尝试。通过课内、课外相结合,教学要求与个人特长相兼顾,培养和提高学生力学素质和创新能力。

1. 创新性实验教学模式探索

继续完善创新实验教学模式和创新、创造运作机制,简练概括为:理论—创新—试验—创造—成果这几个阶段。

(1)创新项目立项。大学生的创造潜能很大,如何将他们的创新欲望激发出来,培养他们科学的、创新的思维方式,这主要通过:

① 面向全校学生开设"力学与创新"课程。中心组建了创新活动小组,引导学生开展创新活动。将创新教育贯穿在实验教学的各个环节,要求学生提交创作小论文,并从中选出有创意并与专业相关联的作品参加学校创新训练项目。

② 力学创新实验课。通过理论导航、生活导航、工程导航等各个方面向学生展示

力学在生活、工程、科研等诸多领域的各种创新发明的事例，激发他们学习力学、热爱力学的兴趣。

中心每年承担着全校土木、水利、力学、环境等 15 个专业的力学创新实验课，年实验数约 2000 人时。

（2）创新项目实施。这个阶段重点是培养学生的动手能力与科学研究能力。中心根据现有条件，为学生实施创新项目提供实验场所，并给予经费支持，中心在完成 2008 年创新实验项目的基础上，2009 年又立项 27 项创新实验项目，其中国家级创新实验项目 6 项，总经费达 15 万元。

（3）创新实验成果转化。中心通过举办力学创新思维大赛、学校科技基金项目、力学基地大学生课外科技训练项目、省级和国家级大学生科技训练项目，将学生的创新实践转化为实验成果。

二、开放性实验教学

开放性实验教学是教学实践活动中的一个重要环节，对于增长学生的见识、拓宽学生的思维方式、培养学生的实验技能及创新能力等起着不可替代的作用。针对当前试验项目验证性实验过多，综合性、设计性、创新性和研究性训练不够的现状，中心增设了由学生自行设计实验项目或教师提出实验项目，由学生自由组合选题，充分利用实验室开放的契机，对学生进行开放式实验教学，给他们提供发挥聪明才智和发展个性的场所，激发对实验的兴趣，培养创新意识，从而达到提高创新能力和综合素质的目的。通过不断地探索和实践，已形成了一套开放性实验教学的运作模式，并取得了较好的成果。

1. 课题形式的开放性

开放性实验教学，首先是选择实验研究课题的开放性。选择开放式课题针对的主要对象是"大二"下学期以后，已学习过理论力学、材料力学、水力学或流体力学课程的学生。所确定的课题方向主要还是针对力学学科。实验研究对象必须是教学计划外的内容，是对教学计划内必做实验的延续和提高，包括设计性、创新性、研究性实验。所采用的研究方式是以学生为主体，教师为主导加以辅导的教学模式。

（1）教师设计研究课题。开放实验项目是指实验室根据自身条件设计一些切实可行具有创新意义的命题实验。教师在教授理论课的时候就提出这些命题，供学生在选题时选择。学生在确定了课题后，由学生自行查阅文献和资料，制订实验方案以及实验日程。当实验中遇到各种问题时，可以在研究小组内讨论，也可以和教师一起研究讨论，共同寻求解决问题的方法。目前有以下几项实验教学项目取得了一些标志性成果：

① 渗流实验项目研究（图 1）。教师在讲授这部分理论课内容时，对现有的试验设备的弊病进行了评价，并提出如何改造的设想。环境工程及给排水工程专业的 6 位同学组成了一个课题研究小组立项研究并取得了较好的研究成果。该设备在首届高等学校自制教学仪器设备评选活动中被评为自制教学仪器设备成果奖。该试验已被列为实验课程教学必做项目全面推广。

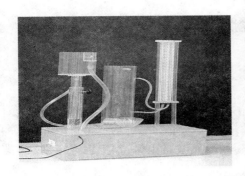 

图1　学生开发研制的渗流实验及仪器

② 弯管动水压力实验项目研究（图2）。该实验利用理论力学中的动量定理，通过测力计，量测流体通过弯管时对管壁产生的动反力。此实验能加深学生对动力学理论的理解，增强对动量定理工程应用的认识。

图2　教师和学生开发的弯管动水压力实验及仪器

（2）学生自行设计课题。开放实验项目也可由学生自行设计课题，这样的课题范围相对比较广泛。学生对自己爱好或感兴趣的设计课题提出基本设想和设计步骤，由教师审查后进入实验室开发研究。这类实验更能体现和培养学生的自主和创新意识，对学生和教师的要求可能更高。

当然，对这类课题的选择也要加以一定的限制，如最好限制在力学这一学科领域的研究课题。课题大小要适中，题目过大对本科生来说无法完成，但也不能完全参加教师的科研课题。最好是让学生利用已学过的理论和已经做过的一些实验知识来进行，真正成为对已有的理论和实验知识的一种再创造，是一种升华。

如环境工程和给排水工程专业的5位学生在做文丘里实验时受其实验原理的启发，提出对现有的热水器供水系统进行改造的设想。现有的热水器都存在一个较大的弊病，就是当供水开关打开时，有一段冷水白白浪费掉，学生利用文丘里的实验原理开发了一种冷水回收再利用的装置与现有的热水器配合使用，可以大大节约水资源（图3）。

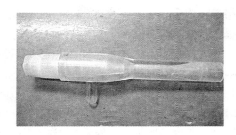

图 3　学生开发的节水装置

2. 开放性的保障措施

（1）时间开放。首先是实验时间的开放，除了在教学计划规定的课堂实验教学时间开放外，业余时间也应面向学生和教师开放。

（2）内容开放。除实验教学计划所规定的内容外，应尽量多地开设一些自主课题的实验内容，以保证实验内容的创新性。

（3）设备开放。应尽可能提供学生一批优质设备，以保证研究成果的先进性。

三、研究性实验教学

研究性实验教学是对课内实验教学、课外开放性实验教学的有益补充，是培养高素质研究型人才的重要途径。中心从课题、设计、指导等方面对研究性实验教学进行探索与实践，初步形成了一套研究性实验教学模式。整个实验设置目的是让学生初步接触科学研究，面向对象为学有余力的高年级学生，具体实施以学生为主体，研究内容主要从教师结合学科前沿的科研成果中提炼，以大学生创新训练项目（中心、校级及其以上）为载体。

1. 研究性实验教学模式

研究性实验教学项目一般由中心定期在网上公布，学生自由组合。首先通过中心组织的答辩，然后申请校级大学生训练项目，获批后正式启动，然后在教师指导下制定实验的技术路线，最后再具体实施。具体过程如下：

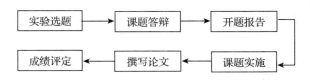

图 4　研究性实验教学模式

2. 研究性实验教学内容

研究性实验教学内容主要取材于教师的科研成果，这是因为研究性实验教学指导教师进行的科研课题大多数内容新颖，实验方法及技术先进，并且多是相关研究方向的热点之一，能引起学生的较大兴趣。通过多年摸索和实践，结合国家自然科学基金项目、科技部"973"基础研究课题、江苏省高技术研究重大项目和重大工程等,中心提炼了多个研究性实验项目。

(1)混凝土宏细观力学性质与破坏机理研究。该项目结合国家自然科学基金项目和科技部"973"基础研究课题等,主要从材料的细观层次研究混凝土宏观力学性能和破坏机理。结合学科在该领域的研究成果,形成了细观微结构表征—数值混凝土的生成、构件层次的局部破坏机理与控制和结构失效与破坏等研究性实验教学内容。图5~图7所示为大学生进行研究性实验教学的部分图例。

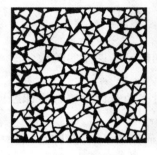  

图5　二维数值混凝土　　　　图6　混凝土试件的断裂试验　　　图7　混凝土试件的轴拉试验

(2)智能材料及其应用研究。该项目结合江苏省高技术研究重大项目,主要研究高性能磁流变液及其应用。结合学科研究成果和该领域的前沿并根据现有条件,中心为高年级本科生提供了高性能磁流变液制备、智能阻尼器研制、结构振动控制研究等三个层次的实验教学内容。图8~图10为大学生进行实验教学的图例。

图8　磁流变液性能测试　　　图9　磁流变阻尼器性能测试　　　图10　结构振动控制试验

四、仿真性实验

中心重视现代实验技术在教学中的应用,开展计算机辅助教学,在仿真实验教学方面进行探索与研究,将虚拟技术引入到实验教学中,构建了力学实验教学虚拟平台,丰富了实验教学手段。中心建立了专门的仿真模拟实验室,将自己研发的仿真模拟实验课件应用于实验教学中并取得良好的教学效果。

经过近4年的探索与实践,上述四种模式已成为本中心实验教学的一大特色,并多次在全国性基础力学实验教学研讨会上进行交流,得到许多兄弟院校同行的好评。同时,学生参与创新实践的兴趣明显增强,实践和创新能力也得到很大的提高。据不完全统计,截至 2010 年 12 月,学生获省级以上各类奖 416 项,参赛人数 350 人次,学生为主申报专利 10 项以上,发表论文 20 余篇。最近刚刚结束的"河海大学第六届力学创新思维大赛",参赛学生近 500 名,最终学生提交创新作品 116 件,创历届参赛之最。当然,由于条件和其他因素限制,一定程度上影响了实验教学效果,如缺少先进的实验平台、场地狭小等。随着江宁校区实训大楼的建成,实验教学的条件必将有一个很大的改善。

高等学校学生网上评教的思考和改进

殷德顺

（河海大学力学与材料学院,江苏 南京 210098）

摘 要:高等学校学生网上评教是教学质量监控与评价体系中的重要环节,在实际教学管理中发挥了一定的作用。然而,网上评教结果不但受教师教学水平影响,还受课程差异和教师特点影响,因此,学生评教结果(分数)并不能完全反映教师教学质量。而且,在网上评教实施过程中还会产生要求严格的教师受压制,教师"放水"以及促进学生学习的效果不明显等问题。为了使网上评教做到公平合理,使教和学相互促进,本文提出了二次评估"两头"、实施教师网上评学和实施课程评价的完善措施。

关键词:学生网上评教;影响因素;存在的问题;改进

学生评教是高等学校学生评价教师课堂教学质量的简称,是指被评教师在任课班级中采用的无记名调查方式,由参与评价的学生根据评价指标和自身意见,对被评教师进行评定的一种教学评价方式[1]。学生评教作为教学质量监控与评价体系中的必要环节,为许多高校所采用并且在实际教学管理中发挥越来越重要的作用。

20世纪80年代初我国高校引入学生评教制度,目前许多高校都纷纷着手研发和建设学生网上评教信息系统。多年的实践表明:与行政领导评教、同行评教、专家评教相比,学生网上评教具有很多优势,但也存在局限性。

本文拟从教师、学生和教学管理部门的角度,分析学生网上评教的优势和存在的问题。

一、学生网上评教的设想

学生网上评教既是教学质量监控的重要环节,也是高等教育教学改革深入发展的需要,它对于教师、学生和教学管理部门都产生了影响。设计者的主要设想是通过学生网上评教,使教学质量评价有了量化的结果,从而对广大教师产生压力也产生动力,使教师能够自觉地认真备课,认真授课,而且还要注意及时与学生交流,不断改进教学实践当中的不足。同时,设计者希望通过学生网上评教使那些视教学为副业,稀里糊涂上课的教师必须重视教学质量和水平,否则,将无法面对自己的评价结果。设计者也希望教师在教学过程中更加关注学生的接受和消化情况,进而有利于建立良好的师生关系。

学生网上评教的设计者认为:科学、公平合理的教学评价可以激发教师教学工作的积极性并激发被评者的竞争意识;通过学生对教师的教学态度、教学质量、教学方法、表达能力等各方面进行评价,促使教师努力钻研业务,勤奋钻研教学法,以期获得最佳的教学效果。同时,学生网上评教能够促进师生间信息交流,有利于教学相长,使教师及时调整教学行为,为学生提供更为优质的教育。

对于教学管理部门而言,通过开展学生评教工作,有利于学校领导和教学管理部门全面、准确地掌握教学信息,强化教学管理,提高教学管理的科学决策水平。通过学生评教,各级教学管理部门可以掌握大量的第一手资料,了解课堂教学中存在的问题,对教学进行相应的调整。更为重要的是通过学生网上评教,使每位教师都有了一项教学质量"分数",在对教师进行考核、评聘、晋升等人事管理中,教师的教学质量评价结果(分数)也成为一项重要的量化的参考指标。

二、学生网上评教结果的影响因素

学生网上评教其正面作用是主要的,它对那些不认真教学的教师确实起到了促进作用,认真教学的教师的确也得到了很高的评价(分数)。虽然,开始的时候有些教师不太适应,但经过多年的实践,广大教师已逐步认可这项措施。同时,他们对网上评教结果有一些看法,认为网上评教结果的确能够反映一个教师的教学水平,但评价结果还会受其他一些因素的较大影响。本文将着重谈谈教学水平以外的两个影响因素。

1. 评价结果受课程差异的影响

一个班级每年或每学期都会有不同的教师讲授不同的课程,从大类上讲,可以有文科、理科、工科、管理、经济和法律等,如果从课程上讲,其更是多种多样,不同的课程有不同的特点,这是不争的事实。有些课程教师可以尽情发挥,比如,我校某位思想政治课教师按照崔永元《实话实说》模式设计他的课程,学生非常感兴趣,效果也非常好,因而,学生也给他很高的评价(分数);而有些课程本身理论性就比较强,还需要一定的基础课程知识,教师不可能像前面提到的那位教师一样发挥。同时,一些理论性强的课程都要具备一定的基础,学生可能学习起来非常吃力,一些学生对这样的课程缺乏兴趣,也很自然,他们给教师的教学评价也不会像那位政治教师那样高。所以,将以上两门课用分数高低来判断教学质量高低就会出问题,因为,它忽略了课程本身的差别。笔者有幸看到了本学院几年来学生评教结果,发现排在前15%的教师很多是承担某门实践性课程的教师,这也充分说明课程本身对网上评教结果是有影响的,而单纯地考察评教分数将无法体现课程的差异。

2. 评价结果受教师特点的影响

教师有各种各样的特点,有的教师热情,有的教师冷淡;有的教师宽松,有的教师严格;有的教师幽默,有的教师古板。总之,教师本身也是一群性格、认识、能力各不相同的人。如果抛开教师的教学水平和课程的差异,学生面对教师的这些特点,自然会有喜欢和不喜欢的区别,这种区别也会在网上评教结果中有所反映。有数据显示,在学生眼中好教师最重要的三项品质是:责任感、善解人意、幽默感。看得出学生对于教师自身特点要求还是很高的,这就使得网上评教结果不仅是对教师教学水平的反映,也是对教师自身特点的反映。显然我们不能完全按照学生的希望对教师进行塑造,而且,那也不利于学生的成长。

总之,教学管理部门和教师都应该客观地看待网上评教结果,既要注意到它的客观性,它确实反映了学生的看法,又要注意到它不但反映教学水平而且还受课程差异和教师特点的影响。

三、学生网上评教存在的问题

网上评教的实施的确使一些应付教学的教师失去了"活动空间",但它在实践过程中也产生了一些值得注意的问题。

1. 严格的教师丧失了"生存空间"

众所周知,"教不严,师之惰",一个严格的教师应该是一个负责任的教师,而且,学校中有些教师就是以严格作为自己特色的,他们对于学生的错误敢于大胆地批评,甚至不近人情。对于这样的教师,有的学生能够理解,但有的学生却十分反感,给教师故意打低分的现象时有发生,更有甚者,个别学生对教师发出了人身威胁。严格的教师经常面对较低的学生评教分数,这对他们来说是一种不公平,他们甚至感到委屈,所以,有的教师不得不悄悄地改变着自己,对于学生的问题不再敢于批评。

网上评教的目的是促进教师认真授课,提高教学水平,而不是完全按照学生的评价来塑造教师。学生在未来的社会中也会面对各种各样的人,其中包括要求严格的领导和同事,与其让学生走上社会去适应"严格",不如让他们在其教育阶段就学会适应。因此,从学生发展层面来看,严格教师的存在是合理的。笔者认为,即使学生现在不理解严格的教师,教学管理部门也应该采取措施来保护这样的教师。

2. 教师有"放水"现象

很多学校将网上评教的结果与评奖、晋级和职称评定等挂钩,一些教师出于某种压力,出现了"放水"现象,其主要表现为:考试难度下降、评分标准放宽、考前复习采取紧扣考题等"加分"措施,以及对课堂迟到、早退、缺席行为的无视和对作业抄袭现象的纵容。其结果是师生一团和气,一派"和谐气象"。这种行为产生的结果是考试通过率奇高,学生评教成绩奇高。

如果说教师不敢严格,最终受委屈的还是教师,学生未必受害。那么,教师"放水",简直是误人子弟。《论语》中孔子与其弟子的一段对话,笔者认为值得思考。对话原文为:子贡问曰:"乡人皆好之,何如?"子曰:"未可也。""乡人皆恶之,何如?"子曰:"未可也。不如乡人之善者好之,其不善者恶之。"(译文:子贡问:"周围的人都喜欢的人,怎样?"孔子说:"不好。"子贡又问:"周围的人都讨厌的人,怎样?"孔子说"不好。不如周围的好人喜欢,周围的坏人讨厌的人。")同样,一个班级的学生情况是有差别的,因此,一个好教师也应该让认真努力的学生说"好",让投机取巧的学生说"不好"。所以,笔者认为,无论教育管理部门还是教师都应该正确认识评教当中的高分,不能简单地将高分和好教师画等号。当然,我们不排除有的教师的确能够做到让所有学生说"好",但难度较大,需要将他们与"放水"的教师加以区别。

3. 促进学生学习效果不明显

学生网上评教活动的设计目的就是促进教师教学,倾听学生反映,其针对对象是教师,但是,教和学是密不可分的,没有良好的学风,即使教师水平再高,其效果也有限,所以,学生网上评教活动本身就存在缺陷。对某些学生而言,网上评教是一种负担,因此,出现了缺评、代评现象。对学生管理部门以及辅导员和班主任而言,评教活动更是与他们不相干的事情。学生网上评教活动是一个单向设计,这是它的最大问题,教师没有机会将学生的要求、希望、疑问和批评进行反馈和指导,学生管理部门和学生管理者更是没有条件根据师生的交流进行管理和引导。有的学校出现了学生网上评教活动轰轰烈烈地动员学生,学生也满怀热情地参与了,但没有下文的现象,最终学生评教的积极性受到打击。笔者认为,学生网上评教活动水平应该进一步提高,使之真正发挥加强师生交流,加强教学管理和学生管理的作用。

4. 教学管理部门服务意识不强

现在各高校都将教学管理部门定性为为教学活动服务的部门,这是整个社会进步的一个体现,有的学校做得非常好。但是,在网上评教活动上,许多教学管理部门工作的表现过于简单。经过网上搜索发现,大多数高校只是简单地将评教结果(分数)或排名与教师的评奖、晋级或者职称评定等挂钩,而没有对评教结果做进一步分析,也没有对评教活动出现的问题采取进一步的措施予以完善。比如,某些学校缺乏对分数是否正常的分析,没有课程之间的评教结果比较,甚至有的学校没有及时将教学表现优秀的教师及其评教结果进行公布,导致教师对学生评教的项目和标准、地位、作用、评价结果的可信性以及学校对评价结果处理方式等方面,在认识上很不一致,相当多的教师持怀疑态度。笔者认为,造成这些问题的最大原因在于教学管理部门的服务意识不强。所以,希望学校教学管理部门加强与教师和学生的沟通,主动倾听广大师生意见,及时发现和处理网上评教中出现的新问题,以便进一步完善网上评教工作。

四、进一步完善学生网上评教工作的建议

1. 二次评估"两头"

正如前面所讲,学生网上评教的高分不一定就是优教,低分也不能说都是劣教,所以,为了真正做到公平,笔者建议改变现在仅凭学生评教结果奖惩教师的做法,可以实施二次评估"两头"的做法。具体是对于学生评价排名前 15% 教师和后 15% 的教师通

过专家听课、试卷评价和问卷调查等措施进行再次评估,然后,结合第二次学生网上评价确定出真正优秀的教师和真正需要提高的教师,最后实施相应的奖惩措施。对于因严格要求而学生评价不高的教师,学校应该给予鼓励和建议。

二次评估"两头"的目的是约束"放水"的教师和"解放"严格的教师。当然,之所以控制排名前后15%的范围,主要是考虑到教学管理部门工作量的问题。如果条件允许,还建议抽查通过率较高而且单独考试的课程,以扩大对"放水"问题的排查面。

2. 开展教师网上评学活动

为了加强师生的沟通,也为了学校学生管理部门更好地教育引导学生,笔者建议在开展学生网上评教的同时开展教师网上评学活动,具体做法是教师在提交学生成绩的同时,提交授课班级的学习情况评价,包括到课情况、听课情况、自学情况、作业情况和考试情况等等,当然,教师还可以提出一些建议和希望。学校到课学生管理部门根据教师的评价更加合理地教育引导学生树立良好的学风,改变学生管理与任课教师"脱钩"现象。

教师网上评学活动的目的是促进学生更好地学习,与学生网上评教相结合,真正做到教、学相互促进。同时,也使师生双方都能够了解对方的需求和希望,改变一方倾诉,另一方倾听的状态。

参考文献:

[1] 陈玉琨. 教育评价学[M]. 北京:人民教育出版社,1999.

转变教学观念，提高教学质量

蔡 新

（河海大学工程力学研究所，江苏 南京 210098）

摘 要：本文就学校在力学系列课程教学改革研究与实践中遇到的有关问题进行论述，着重讨论课程内容更新、精减学时与加强基础的关系、关于因材施教和如何正确评价教师教学效果以及课程教学质量等问题。指出只有转变教学观念，大胆创新，才能更好地提高课程教学质量。

关键词：力学课程；研究性教学；教学质量

教学质量是高等学校和高等教育的生命。面向21世纪高教的改革和发展给高等学校赋予了新的使命和要求。我校在建设国家工科基础课程力学教学基地十多年来，结合"面向21世纪力学系列课程教学改革"在水利部、学校、江苏省及教育部立项以来的研究与实践，在国家级教学团队、国家级教学名师、国家级精品课程、国家级重点学科建设等方面均取得了重要进展和系列成果。但与兄弟高校相比，特别是与后起建设力学教学基地的高校相比，我校力学教学的改革发展步子不大，存在求稳的保守思想，在总体上还存在诸多不足，尤其在转变教学观念上还不到位。面对国家高等教育中长期改革发展和"十二五"规划发展带来的机遇与挑战，要进一步增强责任感和使命感，结合我校基础力学课程教学的实际和建设高水平特色研究型大学的要求，从根本上转变教学观念，开阔思路，大胆创新，着力提高教学质量。

基于上述认识和理念，我认为在目前的基础力学课程教学实践中要说清楚以下几个问题。

一、内容更新、精减学时是否影响加强基础的问题

"基础"是指本课程所涉及的基本概念、基本理论方法以及掌握这些内容而必须进行的基本训练。随着现代科学技术的发展，我们必须对力学系列课程中哪些内容仍具有"基础"的属性，哪些内容必须纳入新的"基础"，哪些"基础"则属于淘汰之列，做出认真细致的研究，从而有个再认识。比如传统力学课程中的"图解法"，在计算机技术高速发展和广泛应用的今天已明显落后，应该淘汰。再比如"平衡"的概念，是力学课程中最基本的概念，必须在系列课程中不断加以强化，贯穿始终并以工程案例对其进行诠释和升华。

内容更新与保证经典内容并不矛盾。一方面应在经典内容中渗透进新的概念和新的科技成果,另一方面应注意新内容与经典内容的衔接和贯通,这样引进新内容可起到保证和加强基础的作用,使学生在更高的起点上看到基础的重要性。

精减学时,留给学生更多思维空间与加强基础也不矛盾。课程学时多对保证和巩固基础会起到一定的作用,但反思传统的教学方法在学时应用上往往追求讲多、讲全、讲细,课外做大量的习题,这个过程大多是学生被动的接受,所打下的基础是一种凝固的基础。而采用研究性教学,运用现代教学的方法和手段,教师在讲清基本概念以后,让学生更多的去独立思考、研究应用与创新,从而打下牢固坚实的基础,这种基础是鲜活的,可以触类旁通。这种教学模式能大大减少课堂教学学时,并能激发学生学习的主动性和创造力,从而提高教学效果。

二、对因材施教的再认识

我国教育体制虽然也一贯提倡因材施教,但过去事实上均是用一个单一模式去培养不同层次的学生。如采用同一大班上课,用同样的教学大纲和教材,做同样的实验和作业。这种培养模式,其实是用一种模子去"雕刻"或"塑造",它首先使绝大部分学生的潜能得不到发挥,更谈不上培养其创新精神。同时,在这种模式下实行的"学分制"也只是一种时髦提法,根本没有体现出它的存在和真正价值。

因材施教应针对不同层次的学生实行分层次的教学。我校力学系列课程教改基于这种思想已经探讨了分层次模块化的教学模式,率先将课程分为基础性模块、拓展性模块和研究性模块。基础性模块是国家教学大纲规定的教学基本要求内容,面向所有学生;拓展性模块是高等工程力学的理论和问题,面向50%左右学有余力的学生;研究性模块是工程力学的最新进展和前沿,仅面向10%~20%有潜力和特别优秀的学生。后两个模块均为选修课程。我校从十多年前开始对试点班、强化班到现在对大禹学院学生实施的教学实践与探索,也充分证明了这种教学模式有利于发挥学生潜能,提高学生素质,培养学生的创造性。

三、如何评价教师上好课的问题

实行新的教学内容和课程体系以后,如何正确评价教师的教学效果以及课程的教学质量又是一个值得思考的问题。传统教学一般是单向传授,即教师对课程内容掌握熟练,授课时课上讲全、讲清、讲细,听课后学生能顺利完成作业和实验。在这种灌输下,学生基本上不需要研究与思考,学习较为轻松。从短期看普遍受学生欢迎,在学生评教时也往往会给教师"打高分"。

采用研究性教学,教师在讲述基本概念后,往往对同类型的有关问题不再仔细讨论,而是点到为止,为学生留下几个层次的思维空间,让学生自己去研究,去积极思考,充分发挥创造性。从长远看培养了学生的创造意识和自主学习的良好素质。但采用这种方式教学的教师开始却不怎么受欢迎,因为学生对这种跳跃式的讲课不习惯,不适应,听课后要花很多时间和精力去消化吸收课堂内容,去思考问题,会觉得很累。因此他们一般不会给授课教师"打高分"。

因此在教改不断深入的实践中,如何评价教学效果和质量是否优秀,也应做进一步的研究,以充分调动教师教改的积极性,促进教风建设和人才培养质量的提高。我校自20世纪90年代以来,已开展了十多年的青年教师讲课竞赛活动,但对讲课质量的评价标准仍然是考察内容掌握、内容组织、概念准确、层次分明、重点突出、口头表达、板书、课堂交流等方面,这些评判标准中是否还缺少了点什么,是否应结合教改实践做出适当调整,还需要进行探讨。

总而言之,高等教育中教与学是一个永恒的主题,教学的理念和思路至关重要。我们应当以国家高等教育中长期改革发展规划纲要和"十二五"规划为指引,不断推进教育改革,促进教风建设,坚持不懈地推进研究性教学,以提高课堂教学质量为抓手,着力提高教学质量和人才培养质量,不辱当代高等教育的使命。

——谨以此文纪念恩师徐芝纶院士诞辰100周年

参考文献:

[1] 范钦珊,陈建平,蔡新,唐静静,武清玺. 结合内容与体系改革推进课程的研究型教学[J]. 中国高等教育,2006(21):38-40.

[2] 范钦珊,陈建平,蔡新,唐静静,武清玺. 研究型大学需要研究型教学[G]∥力学课程报告论坛组委会. 力学课程报告论坛论文集. 北京:高等教育出版社,2008.

[3] 范钦珊,邓宗白,蔡新,陈建平,唐静静. 提高课程教学质量从教学基本功抓起[G]∥力学课程报告论坛组委会. 力学课程报告论坛论文集. 北京:高等教育出版社,2010.

实施开放式、研究型教学，
强化力学素质和创新能力培养

（河海大学力学与材料学院，江苏 南京 210098）

摘 要：本文根据理论力学课程教学基本要求，除了完成教学基本内容并达到教学要求外，针对理论教学与工程实践相结合、本门课程教学与后续课程内容的联系、刚体力学与变形体力学的关系、书本知识与力学素质和能力的培养等问题，结合多年教学改革的实践，阐述了实施开放式、研究型教学，强化力学素质和创新能力培养的教学理念和教学方法，通过教学效果分析与教学工作感悟，为继续推进教学改革、提高课程教学质量获得了可供借鉴的经验。

关键词：开放式；研究型；力学素质；创新能力

理论力学是工科各专业的技术基础课。教育部高等学校力学教学指导委员会力学基础课程教学指导分委员会在 2008 年制定的《理论力学课程教学基本要求》中，对理论力学课程的定位是："理论力学是各门力学课程的基础，同时是一门对工程对象进行静力学、运动学与动力学分析的技术基础课，在诸多工程技术领域有着广泛的应用。本课程的任务是使学生掌握质点、质点系、刚体和刚体系机械运动（包括平衡）的基本规律和研究方法，为学习相关的后续课程以及将来学习和掌握的科学技术打好必要的基础；使学生初步学会应用理论力学的理论和方法分析、解决一些简单的工程实际问题；结合本课程的特点，培养学生科学的思维方式和正确的世界观，培养学生的相关能力。"

根据教育部对理论力学课程教学的基本要求，结合理论力学课程教学的特点，我们积极开展教学内容和教学方法改革，经过多年实施开放式、研究型教学实践，在提高学生的力学素质和创新思维能力方面取得了良好效果。

一、理论力学教学现状及存在问题

根据理论力学课程的性质，教学任务主要包括三方面：掌握基本知识、学会分析方法和培养工程应用能力。多年来，在理论力学教材内容选取和教师课堂教学中，普遍存在重理论知识轻工程实践，重理论知识的传授轻学生能力的培养，重本门课程知识的系统性和完整性轻与后续课程内容的连贯性和多门力学课程知识交融性的问题。例如：

在谈及学习理论力学的任务时很少结合学生所学专业领域的工程力学问题;在讲授刚体力学知识时很少涉及与变形体力学的关系;在讨论特殊杆件的内力时总是避开一般杆件的内力问题;在讲到不同类型的物体(如杆件、板壳、块体等)时并不给出各种构件的科学涵义;在课堂教学中注重知识内容的讲授而不善于提出问题引导思考,更不善于留下一些问题由学生课后思考或提出一些问题由学生进行探索研究,等等。

在教学过程中,学生为主体,教师是主导。对于理论力学课的教师来说,上好这门课需要考虑以下两个方面:一是选择一本合适的教材,二是具有较好的工程力学研究基础。前一个条件主要取决于国家科技发展对培养人才的具体要求,后一个条件则需要教师在科学研究、工程实践的基础上结合课程教学不断总结、提炼并融入到教学中,这也是最难做到的。近年来,理论力学教材在内容与体系方面发生了很大变化,结合不同专业反映时代特点的各种教材不断推出,如适用于机械、航空航天、土建水利等专业的特色教材就有多本。对于现在的中青年教师来说,一般都具有博士学位,从事过一些科学研究和工程实践,有较好的承担教学工作的基础。目前的问题是,有些教师不够重视将工程实践中的力学问题融入到教学中,还有的教师或许根本不知道应该怎么做和如何才能做好,这是需要我们认真研究和不断探讨、提高的。

二、理论力学教学改革与创新

在教育部颁布试行的《理论力学课程教学基本要求》中,应该说对课程教学质量的要求是很高的,要真正做到做好很不容易。写在教材中易于表达和阐述的知识内容部分在教学中普遍受到重视,对该课程教学的要求也比较容易做到,而对于结合工程实际、培养提高力学素质和创新思维能力方面的要求,在教材中只能简单地描述或常识性地介绍,无法结合学生的具体情况和所学专业的特点进行更深入的论述,因此,对这部分内容的教学要求很难达到,在很大程度上影响了学生力学素质的提高和创新思维能力的开发。已经工作多年的毕业生返校时对理论力学课程学习后的体会或许能说明理论力学教学中存在的问题:"理论力学讲的都是刚体力学,而工程中用到的都是变形体力学,所以,学了理论力学感到没什么用。不像其他力学课那样,……"学习理论力学课程真的无用吗?当然不是,学生学过课程后感到无用,责任在理论力学教师,原因是在教学过程中联系工程实际、贯通力学内容、提高力学素质方面的教学没有给予应有的重视。

在教育部及有关省部级教育部门领导下,通过面向 21 世纪力学系列课程教学内容、课程体系改革与实践,通过国家工科力学教学基地多年教学改革与创新实践,理论力学教材的内容、体系发生很大变化,教学方法和教学手段不断革新,为理论力学课程理论联系实际、加强刚体力学与变形体力学知识贯通、提高学生的力学素质和创新能力奠定了基础。

1. 结合面向 21 世纪力学系列课程改革项目,开展理论力学课程改革

通过面向 21 世纪力学系列课程教学内容、课程体系改革的研究与实践,我们对各

门力学课程之间的内在联系有了更深刻的认识,对各门力学课程的教学要求有了进一步的理解,教学改革的方向更加明确。根据理论力学课程的特点,我们认为应该在以下方面坚持改革:第一是坚持理论力学教学内容更加贴近工程实际,使课程教学与工科专业的大背景相呼应,提高学生学习的目的性和积极性。第二是结合工程实际加强质点、质点系、刚体、刚体系力学建模能力的培养和训练,培养学生的工程概念和力学分析、建模能力。第三是根据教学内容,深刻揭示刚体力学与变形体力学的内在联系和辩证关系,提高学生的力学素质和工程应用能力。第四是结合教学内容、工程实际开展研究型教学,适时提出一些课外研究探讨的课题,鼓励学生开展创新实践,培养他们的创新意识和创新思维。几年来的教学实践证明,上述改革获得了预期的效果。

2. 充分利用多媒体技术,着力实施开放式、研究型教学

将多媒体技术与现代教育技术相结合,为理论力学课程实施开放式、研究型教学提供了广阔的发挥空间。它不仅可以帮助学生理解和掌握课程的基本内容,特别是那些理论抽象、时空变化复杂等具有一定深度的内容,而且便于将工程和生活中的实际问题引入课堂教学,从而扩大学生学习、思维、研究和创新的空间,为教师开展开放式、研究型教学提供了良好的外部条件。理论力学是工科专业共同的技术基础课,实施开放式、研究型教学可结合的工程实际问题非常广泛,教师可根据自己的专业知识、科研经历、兴趣爱好等自由选材和适度发挥,以达到最佳的教学效果,这是其他课程难以做到的。在几年来理论力学课程的教学实践中,我们打破传统的纯理论教学的模式,通过图片、动画、视频等教学手段,利用长期积累的教学资源,结合工程实际问题和灾难性工程事故案例进行探讨分析,使学生既加深了对理论知识的理解掌握又学会了应用,课堂教学生动活泼、丰富多彩,教学效果很好。

3. 强化理论力学与其他力学课程间的内在联系,提高学生的力学素质和工程应用能力

理论力学课是学生学习诸多力学课程中的第一门力学课,其基础地位非常重要。人们常说做一件事"好的开端即是成功的一半",用这句话来形容理论力学课程教学的重要性十分贴切。例如:各工程专业的研究领域、工程中常见的各种构件、静力学的理论和方法、运动学的理论和应用、动力学许多力学新概念以及有关理论和方法等等,都是学习后续力学课程所必备的基础知识。因此,要提高学生的力学素质,课堂教学就不能局限于书本上的内容,要求教师在教学中有力学分析的高境界、大视野,适时地、深入浅出地阐述理论力学内容与其他力学课程的区别和联系,揭示目前学习的内容与后续学习内容的关系,只有这样才能全面提高学生的力学素质,提高学生的工程应用能力和研究创新能力。

三、开放式、研究型教学实践与体会

近年来,力学及其他许多课程的教学已不再局限于书本内容和课堂教学,越来越体现出开放式、研究型教学特征。课程教学借助网络技术、多媒体技术和现代信息传播技术,将教学内容、教学资源和教学服务通过多种媒介、多种形态、多个层次实施整合,更加有利于因材施教和学生自主学习。这种教学方式能够使学生从教室和书本走向广阔的外部世界,能够使学生感受到所学的内容并不只是枯燥的理论和繁琐的数学推导,而是具有丰富多彩的实际内涵。采用这种教学方式,有利于引导、启发学生思维,激发学生的创新精神,能够使难教难学的内容变得易教易学,而且还有利于营造工程数字化教育和创新教育的学习环境。

目前,理论力学国家级精品课程有十余门,其课程网站全部对外开放,教学资源丰富,教师可以根据需要博采众家之长,服务于自己的课程教学。教师可根据自己的特点和学生的专业,研制自己的教学课件。PPT形式的课件使用灵活方便,便于修改,特别适用于制作个性化课件,而且PPT课件也容易将多种媒体资源进行整合,适合教师进行开放式、研究型教学。就理论力学课程教学而言,绪论部分的内容涉及面广,工程实际问题复杂多样,多媒体教学课件可以发挥很大的作用。在其他静力学、动力学内容的章节里,都可根据具体内容,采用不同的教学方式,使学生在兴奋愉悦的氛围中探索、思考,从而获得良好的教学效果。

四、适应社会发展要求,不断提升教学能力和教学水平

倡导理论力学课程联系工程实际的呼声已持续多年,但课程教学的现状与教育发展和国际接轨的要求仍相差很远。根据我国现行的教育教学体系,在理论力学课程教学中,统一要求如何联系工程实际、怎样联系工程实践以及联系哪一些工程实际等问题,确实非常困难,只能象征性地提出一些要求,由任课教师在教学中适当考虑,这就自然形成了重理论轻实践的教学模式。随着社会发展和科学技术的进步,教育现代化的要求越来越迫切,教育与国际接轨的步伐日益加快,理论力学课程教学正白侧重理论教学向理论与实践教学并重的方向发展。理论力学课程教学的这一变化,无疑对任课教师提出了更高的要求,作为一名理论力学教师,应改变只重视理论教学而忽视工程实践教学的做法,使理论教学与工程实践相结合。

目前从事理论力学课程教学的教师一般都具有博士学位,有较好的理论知识、研究能力和工程实践经验,具备良好的从教条件。怎样才能在教学实践中不断提升其教学能力和教学水平,作者认为应该在以下方面下工夫:①根据理论力学课程教学基本要求,深入理解课程的性质和任务,除了完成课程基本内容与要求的教学之外,还要结合工程联系实际开展教学;②通过日常生活和工程实际中的例子,加强力学建模能力的培养和训练,提高学生的力学素质;③在课程教学中,时刻注意与后续力学课程的贯通和融合,将刚体力学的知识与变形体力学的知识有机地融为一体,使学生初步构建起完整的力学体系,提高学生的综合素质和能力;④结合课程教学适时提出一些供学生课外学习、研究的课题,特别是通过数值模拟进行力学分析计算的小课题,这样既能培养学生学习兴趣、开发创新能力,也可以为以后的学习研究奠定基础和打开空间。

关于工科材料力学双语教学的思考

帅映勇

（河海大学力学与材料学院，江苏 南京 210098）

摘　要：材料力学是工科类机械、土木、水利、材料等专业的一门重要的技术基础课，培养熟悉美国、欧洲、日本等国家和地区科学技术规范的双语人才已成为促进我国经济社会发展的迫切需要。本文分析了目前工科材料力学双语教学的一些有利和不利因素，从教材的选用与课程建设出发，提出了实验法与数值法和理论教学相结合的思路，以完善目前的材料力学双语教学模式。

关键词：材料力学；双语教学；实验法；数值法

随着我国经济逐渐融入世界，制造业逐渐成为经济发展的中坚。由于我国人均资源比较少，许多企业开始走出国门，参与国际市场的竞争和资源及人才等生产要素的再配置，这就不可避免地急需越来越多的双语专门人才。由于历史原因，欧美国家科学技术比较发达，已经形成了比较完备的以英语为主体的国际科学技术规范体系，因此，培养掌握以英语为主体的双语科学技术人才已成为高校教学的一个重要任务。

材料力学[1—2]是工科类机械、土木、水利、材料等专业非常重要的技术基础课，相应的双语教学仍存在着诸多问题，教材选用和课程建设没有现成的规范可依照，双语教学的内容也显得不足。针对上述问题，本文探讨了关于工科材料力学双语教学的一些问题。

一、材料力学双语教学存在的问题

材料力学双语教学虽已在我国一些高校开展，但起步较晚，存在费时较多、成效较低等问题[3—4]。双语教学的主体是教师和学生，课堂教学第一个问题就是外语和汉语讲授量的问题，如盲目追求外在形式，不顾及学生的接受能力，过多地使用外语将导致学生学习效果降低。

一方面，参与双语教学的教师不仅要有着出色的科技外语水平，还要有着比较强的外语交际水平。许多教师只是简单地把材料力学中的一些名词用外文讲解，缺乏地道的外语过渡，不能流利地和学生用外语进行沟通。师资的缺乏一直是一个难题，如何吸引有资质的教师是一个现实的问题。

另一方面，我国大学生的公共外语水平虽有一定的提高，许多人非常重视培养自己的口语表达能力,但外语的阅读水平普遍不太高,许多大学生也就是四六级英语考试水平,书写外语文章的能力更是缺乏。科技外语不同于公共外语,除了有一定的科技词汇要求,还要有比较强的语法分析和结构阅读能力。外语考级可以参加速成班,但阅读速度和准确度的提高是需要一定阅读量的。一直以来,大学生科技外语的教育比较滞后,一般也就有个专业选修课,缺乏各方面的重视,基本上流于形式。

目前材料力学双语教学的实际效果并不令人满意,许多教师也缺乏进一步教学的兴趣,双语教学从里到外就成了"空心大萝卜"。为了切实解决好上述问题,合理的教育资源配置、相应的配套措施和激励机制不可或缺。

二、双语教材的选用与课程建设

双语教学有三个层次:外文教材和外文讲授、外文教材和外文与汉语结合讲授以及外文教材和汉语讲授。如何选择合适的教材和适当的讲授方式,应当充分结合具体的材料力学教学大纲和授课的对象实际外语水平和专业要求。

教材是双语教学的关键因素,我国高校工科材料力学的教学内容主要包括:拉伸、压缩和剪切、轴向载荷构件、扭转变形、剪切力和弯矩、梁的应力、应力和应变分析、梁的挠度、超静定梁、组合变形、压杆稳定、能量法以及动载荷等。材料力学的外语教材比较多,比较权威的是著名力学家和教育家铁摩辛柯(S. P. Timoshenko)所著的《Mechanics of materials》[5],该书叙述简洁,插图清晰、精美,渗透了铁摩辛柯的力学教育理念,有利于初学者从个别到一般,由感性到理性地把握该门课程。此外还有希伯勒(R. C. Hibbeler)所著的《Mechanics of Materials》[6],其内容和我国高校的教学要求基本接近。

由于教学要求的不同,外国原版教材不可能完全适合中国双语教学的需要,一些院校组织力量出版的所谓自编双语教材,只是单纯地使用中文教材的外语翻译版,缺少了"原汁原味"的感觉。比较好的方法是根据国内教学大纲的要求,尽量选择比较相近的原版教材并辅之以中文教材。

围绕教材内容,双语课程建设包括例题习题设计、教案设计以及教学评测等诸多项目。如教材的例题和习题应当培养学生根据工程实物选取力学模型以及解决工程实际问题的能力,同时,也要根据中国学生的学习习惯,可以适当增加或减少一些内容,既要严格满足教学基本要求,又要满足部分需要深造考研学生的需求。

双语教学的教案设计[7]也应当在遵循国内教学传统的前提下,适当地增加外国科学技术规范的一些介绍,及时吸纳外国的优秀教学素材,将课堂教育搞成一个生动的学习体验过程。

教学评测可以让教师及时了解学生的学习状况,针对后进学生的学习不适情况,可以采取降低学习梯度、逐步引导的方式,争取让学生既学习了力学知识,又拓宽了国际视野,从而为教学的良性互动创造良好的学习气氛。有可能的话,教师应当鼓励学生用外语完成作业和答卷,但不做强制性要求。

三、实验法在双语教学中的应用

理论力学主要研究的是刚体,而材料力学主要研究的是变形体中杆件结构,学生初次接触变形体,对应力、应变、杨氏模量、泊松比以及剪切模量等概念,缺少理性和感性的认识,双语教学过程中,学生大多也只知道一些力学名词的外文名称而已。

材料力学实验可以培养学生的动手能力和创新能力,由于国情的不同,我国的材料力学实验课程不可能像国外那样进行小班化、个性化实验教学,材料力学实验基本上是以班级为主的集体实验、观摩为主,出于设备不足或学生的安全或经费短缺等原因,多数高校材料力学实验在面上开展得比较少,即便开展也只是一些基于小型实验设备的验证性实验,大多数学生不能亲自动手完成实验。

材料力学实验再现了工程规范在具体工程施工和设计中的一些过程,让学生亲自动手实验,可以促进学生对材料力学基本力概念的感性认识,加深对工程规范的理解,可以把枯燥的外文学习转变为生动的学习体验。

国家目前对高校实验室建设投入力度比较大,有条件的院校应当抓紧时间建成能满足材料力学试验要求的综合实验模拟平台,进行内容开放的教学实验和创新实验,甚至可以不分专业和时间安排实验,开发实验模拟教学软件,让学生拥有更多的自主性。

因此,在材料力学双语教学实践中,理论学习与实验应当结合起来,通过已有的理论指导实验,并引导学生学习借鉴国外大学生创新实验设计方案,使学生学会如何解决实际问题,而非一味地根据已知条件求解,从而增长学生的见识,拓宽视野。

四、数值法在材料力学双语教学的运用

计算机多媒体信息计算技术的发展为信息化教学提供了强有力的手段,国外大学生在这方面已有很多的实践。应吸纳外国的优秀教学素材,在此基础上发展自我的材料力学信息化系统,使学生在学习材料力学理论的同时,能够接触并学会使用一些计算机信息计算手段,真正成为一专多能的现代大学生。

杆件内力、挠度的计算和内力图、挠曲线的绘制是材料力学课程教学的难点和重点,在结合传统教学方法的基础上,创新教学法可以取得良好的教学效果。一方面,材料力学中静定连续梁的内力、转角和挠度可以采用通用格式计算,另一方面,计算机数值计算软件 MATLAB 具有很强的 GUI 功能,编写程序也比较简单,教师可以开发适用于材料力学图形界面的教学软件系统,方便学生计算常见的简支梁、悬臂梁和外伸梁等静定梁的内力,并绘制出相应的剪力图、弯矩图、转角图和挠曲线。通过对各种工况下的外荷载与内力、变形之间的比较,不仅可以激发学生学习材料力学的兴趣,还可以增强学生对工程实际问题的感性认识,从而为学生将来解决工程实际问题打下扎实的基础。

一点的应力状态一直是学生学习的难点,很多学生尽管会做题,但并不能真正理解应力并不是一个矢量(大小、方向、作用点),而是一个张量(大小、方向和作用面)。大型商用有限元计算分析软件如 ABAQUS、ANSYS 等能进行复杂的三维应力分析,具备

友好的后处理界面。在应力圆的教学中,如果把材料力学的教学和有限元计算分析软件结合在一起,使有限元的建模功能和云图更好地展示杆件内受力情形,可以使应力概念更加具体化和形象化,同时也提高了学生力学计算分析的基本技能和使用有限元软件的能力。

培养提高学生的双语能力可以使学生能够在教师的引导下,实现以自主学习为主,充分利用国内外一切先进的计算机信息计算成果,发挥想象力,积极参与双语教学,从而改变目前双语教学中教师演"独角戏"的局面。

五、结束语

材料力学双语教学应当注重因材施教,实现分层次教学,内含材料力学基本理论教学,外延外语、计算机应用、工程规范应用,培养学生掌握扎实的基础,具有宽广的视野。双语教学的体系是一个复杂的系统,具有长期性、发展性,不可能一蹴而就。作为双语教学一线的教师是双语教学的核心,不仅要有良好的业务素质,还要有自我奉献的精神,同时社会和学校也要尽可能营造一个良好的环境,使广大教师能全身心地投入到具体的教学实践中,创新教学法,拓展新的教学内容,更好地为经济建设服务。

参考文献:

[1] 孙训方,方孝淑,关来泰. 材料力学[M]. 第 4 版. 北京:高等教育出版社,2002.

[2] 徐道远,黄孟生,朱为玄,王向东. 材料力学[M]. 南京:河海大学出版社,2003.

[3] 殷波,刘平.《材料力学》双语教学的实践与研究[J]. 高教论坛,2006(3):129-130.

[4] 王育平,滕桂荣,赵增辉,冯元慧. 材料力学双语教学的探索与实践[J],中国科教创新导刊,2008(30):45-46.

[5] TIMOSHENKO S P,GERE J M. Mechanics of Materials[M]. 1st Edition,D. Van Nostrand Company,1972.

[6] HIBBELER R C. Mechanics of Materials[M]. 4th Edition,Prentice Hall,1999.

[7] 郭晶,程鹏,侯加林.《材料力学》多媒体与双语组合教学的研究[J]. 高教论坛,2010(11):27-29.

精益求精，从讲授《水力学》第一节课谈起

王　忖　张淑君

（河海大学力学与材料学院，江苏 南京 210098）

摘　要："精益求精"是徐芝纶先生一生从事教学工作的真实写照。河海大学水力学教研室秉承徐先生的教学理念，"学无止境，教亦无止境"，从讲授《水力学》第一节课开始，精益求精，勇于创新，打好教学质量第一根桩，不断提高课堂讲授的质量。

关键词：精益求精；教学质量；精心准备；精彩展现；精细总结

"精益求精是成功之母"，这是徐芝纶先生自我总结的重要体会，也是他从事教学工作的自我写照。他认为："无论做什么工作都应当精益求精，好上加好。什么事业都没有顶峰，要不断改进，永远不要自满。学无止境，教亦无止境"。徐先生在一生的教育工作中，积累了丰富的教育教学经验，这是他留给我们宝贵的精神财富，值得我们学习和继承。徐先生高尚的人品、严谨的治学态度、精湛的学术、一丝不苟的敬业精神，深深地印在我们的心中，永远为我们所赞颂，所敬仰。

河海大学水力学教研室在王惠民教授（1998 年徐芝纶教学奖获奖者）、赵振兴教授（1999 年徐芝纶教学奖获奖者）带领下，教学团队敬业爱岗，教书育人，为人师表，学术造诣高，教学能力强，教学经验丰富，教学特色鲜明，教学改革有创意，勇于实践徐先生"学无止境，教亦无止境"教学理念，获得国家及省部级以上多项成果，发表了多篇高质量的教改教研论文，不断提高教学质量，是我校明星教研室。

水力学是水利类各专业的一门重要基础课，是研究液体平衡和运动规律的一门学科。本课程的目的是培养学生分析和解决水力学问题的能力，课堂讲授以水力学基本理论为主，讲解水力学基本理论的应用，在此基础上，结合实际工程问题，把复杂的水流运动、描述水流运动的各种复杂的数学方程，变成物理概念清晰、运用自如、可解决实际问题的有用工具。

良好的开端是成功的一半。为了圆满完成水力学教学任务和不断提高教学质量，上好第一节课最为重要。第一节课上得好与坏、成功与否，直接影响到学生对教师的信任和亲近，进而影响今后对教师所教课程的喜爱程度、听课兴趣和效率。因此，不要小看第一堂课。第一堂课务必要激发学生学习的兴趣，点燃学生参与教学的热情，更重要的是欢迎学生来和我们一块做教学工作，来完成我们大家共同的任务。

一、课前精心准备

"功夫在诗外",要想把课上好,上得精彩,那么课前就要花力气精心准备。

1. 认真备课,更新教案

要及时把教改教研成果或学科最新发展成果引入教学;经典课程内容与现代科技发展的关系处理得当,课程内容的技术性、综合性和探索性的关系处理得当,能有效地培养学生的创新思维能力和独立分析问题、解决问题的能力。

2. 了解学生情况,完善教案

徐先生说:"教师在准备为某一班级讲授某一门课程之前,必须去了解这个班级里学生们学习的情况,尽可能地多搜集这方面的资料,作为将来安排教材、决定教学进度和选择教学方法的一部分依据"。要与班主任或教授过该班的教师取得联系,了解学生一些基本情况,如高等数学、理论力学、材料力学的学习情况,学习态度以及班级学风等情况,为水力学衔接做好准备。

3. 注重第一节课前与学生的交流

应提前 20 分钟进教室,与先来的学生多交流,让学生感觉到教师非常关注他们,这样自然而然就会形成好的课堂纪律。

二、课堂精彩展现

1. 关注"首因效应",做好自我介绍

教学实践表明:教师留给学生的第一印象如何,容易使学生产生一种"先入为主"的心理定势。教育心理学也十分强调:"教师给学生的第一印象,对教师威信的形成有重大影响。"因此,在第一次与学生接触时,就要注意自己与学生初交中的形象塑造,要给人以和蔼可亲之感,力求一开始就给学生一个美好的印象。自我介绍要介绍自己的姓名和求学经历、研究方向、联系方式、办公室地址和电话号码等,这些是最吸引学生的,有助于学生了解教师的过去,促进师生友谊的建立。

2. 高屋建瓴,引入课程

第一节课要高屋建瓴,重点介绍课程概况和学习目的,最好是不要讲具体课程内容,但课堂结构要完整。要发挥多媒体技术的作用,多演示和观看涉及水力学知识的经典工程案例。应该讲水力学的科学性和专业性具有其独特的魅力。因此,第一节课就是培养学生对这门学科的兴趣,将教师的科研工作引入课堂,可以让学生体会到所学知识的必要性,也可以体会到所学知识的应用价值和社会价值,从而激发学习的兴趣和动力。学生的兴趣有了,就意味着教师的第一节课成功了。

3. 开放互动,创新教学

当代学生知识面宽泛,思想也活跃。因此,整个课堂上教师要面带微笑,语气温和,鼓励学生参与,树立自信心,增强学生学习本课程的自觉性。要留意一些积极发言和具有批判精神的学生,要以教研活动的创新推动教学不断改革,要积极推动研究性教学,提高大学生的创新能力。

三、课后精细总结

1. 提前 10 分钟,做好课堂总结

教师上第一节课不要满堂灌,要留出时间和学生讨论未来学习的计划,要多听听他们对课程以及教师的要求和想法。也可以结合自己的或别人的经验教训,介绍自己对本学科的学习方法。

2. 及时改进,不断提高

太阳每天都是新的,也应该说每第一节课都是新的。第一节下课以后,应当把讲课的内容和方式对照学生的要求仔细地回忆、检查,看看哪些方面是成功的,哪些方面是失败的。一定要按徐先生所说的那样"多走一步,深入三分"。对于成功的方面,应该肯定下来;对于失败的方面,应当分析原因,立即定出改进的办法。

四、结束语

教育部原部长周济曾指出:"质量是高等学校的生命线"。水力学教研室以传承徐先生教学理念为己任,从讲第一节课开始,精益求精,打好教学质量第一根桩,不断将课内、课外的内容相结合,理论与实践相结合,教学与科研相结合,以教学促进科研,以科研成果充实教学内容,不断深化教学改革,优化人才培养过程,融知识传授、能力培养、素质教育于一体,教学效果历来受到学生好评,教书育人效果明显。

论考核方式对水力学实验课
教学质量的促进

张淑君　王　忖　王　泽

（河海大学力学与材料学院，江苏 南京 210098）

摘　要：实验考核方式是实验课教学过程中的一个重要环节，本文以水力学实验课为例，介绍了实验课考核方式的改革对教学质量的促进作用。

关键词：考核方式；实验课；教学质量

水力学是研究以水为代表的液体平衡和机械规律的一门技术学科。作为力学学科的一个分支，水力学是一门基础性强且应用广泛的学科，尤其对水利类专业来说是一门重要的技术基础课程，其发展过程依赖于生产实践和科学实验，在实验过程中发现和认知水流运动规律，并进一步在实践中对其进行检验。与理论教学不同，水力学实验作为理论和实践的结合点，可以调动学生学习兴趣、积极性和主动性，并且通过正确操作实验仪器，观测、分析和整理实验数据等手段，进一步提高学生综合运用所学理论知识解决实际问题的能力，具有课堂教学不可替代的作用。近年来，随着各院校对实验教学重视程度的提高，如何进一步提高实验课教学质量是当务之急。除了在教学环节、方法、实验仪器等方面进行改革尝试之外，本文拟从考核方式这一角度来分析探讨其对水力学实验课教学质量的促进作用。

一、考核目的

鉴于实验课教学的特点，其中心任务与理论教学的侧重点大不相同，实验课程更加注重学生观察能力、分析能力、动手操作能力及解决问题等综合能力的培养，其中动手能力又是学生综合素质中非常重要的一个方面。因此实验课程的考试既是用来考察学生对上述能力培养中必要知识的掌握程度，同时也在实验课的进行过程中对学生综合能力培养起督促和促进的作用。

二、考核方式现状分析

目前水力学实验课常用的考核方式大多采取平时实验报告和期末考试相结合的办

法,其中期末考试有的采取笔试的方式,有的采用大报告的形式,但考核方式关键还是看平时成绩。应该说这种注重平时成绩的目的是督促学生认真完成每一次实验,其出发点是好的,但这也造成教师只能根据实验报告来评判学生的掌握能力,而如果同组学生实验数据完全相同,则很难做到客观、全面真实地反映学生的综合能力,常常出现"一组只要有一个好学生,全组都得优"的情况,学生自身的能动性、创造性无法发挥,对待实验课的兴趣、真正参与到实验课的热情受到打击,实验课的真正目的也大大打了折扣。

三、考核方式改革初探

针对目前水力学实验课考核方式的现状,近年来我们在考核、评估方式方面进行了大胆的尝试,将注重平时实验过程的目的落到实处,从多个环节上加强考核,取得了良好的效果。

1. 课前预习情况考核

在每次实验课开始之前,教师通常会就本次实验的关键问题进行简单讲解,同时提出问题,引导学生在实验的过程中思考、分析、探索甚至质疑,这就要求学生在上课前必须认真预习本次实验,了解实验目的、要求以及实验原理,熟悉仪器操作步骤、注意事项等,在此基础上才会对关键问题有目的性的关注,带着教师的问题认真做实验,否则在有限的实验课时间内就会手忙脚乱。如在水槽中用毕托管量测水流流速时,误把毕托管拖出水面后不得不重新排气等,无法把有限的时间投入到对水流现象的观察、分析等过程中,不能当场发现明显的数据误差,实验结果不理想。因此在实验课开始之前对学生预习情况进行考核是非常必要的。我们通常采取提问、检查实验预习报告等方式评估学生是否基本了解本次实验过程和要求,从而保证了实验课的顺利完成。

2. 实验过程考核

实验教学是一个训练过程,其目的主要是通过实验过程,培养学生的一种科学素质,因此在实验进行的过程中,从仪器的操作、数据的量测以及水流现象等方面出发,提出相对应的问题,进一步考察学生解决问题和分析问题的能力,引导学生观察、发现水流规律。如在能量方程实验过程中,针对凹、凸弯管对应的测压管液面变化,考察学生对凹、凸液面上动水压强和静水压强的分布规律知识点的掌握程度,引导学生在观察水流现象的同时分析、发现明显的水流运动规律。实验结束后交由教师检查原始数据,及时发现明显的数据误差等。

3. 实验报告成果分析考核

学生在结束实验课教学过程后,完成实验报告的过程是一次系统的实验总结,也是分析整理能力的体现。这种总结既要从实验数据中分析出带有客观规律性的结果,还必须具有对相关知识的了解以及分析和归纳能力,这些在成果分析中都可以得到体现。

同时对于结果中的误差分析，也有助于培养学生严谨的治学态度和严肃认真的工作能力。实验报告的考核更加注重成果分析这一环节，避免了"同样的数据同样的分析结果"等应付了事的现象，实现了真正的科学素质的培养。

4. 期末考核

期末考核是对整个实验课程的一次系统评估，适当的考核方法可以更加全面地、客观地反映学生综合能力和科学素质的培养。我们通常采取面试加小论文的考核方法。在面试过程中，面对实验仪器，教师可以针对实验提出问题，或由学生实地操作回答，或针对实验仪器指出，由此促进学生在平时的实验过程中养成自己思考、自己动手的好习惯，增强动手能力。实验小论文活动是要求学生对本学期实验课程中发现的某一问题进行研究，提出改进或解决的方法并做出结论，以培养学生在实验的远程中发现问题、解决问题和创新思维的能力，激发学生学习的兴趣。

四、结束语

实验考核方式是实验课教学过程中的一个重要环节，其在检验教学效果的同时，体现了实验课对学生综合素质的培养，适当的考核方式对实验课的教学质量提高起到了事半功倍的作用。

结构力学研究性教学的探索与实践

张旭明

（河海大学力学与材料学院，江苏 南京 210098）

摘 要：研究性教学已成为我国高等教育改革的必然选择。本文介绍了研究性教学的内涵与特征，通过开展结构力学研究性教学研究与实践，构建研究性教学活动体系。转变教育观念，树立以学生为本观念，确立以提高能力为核心的教育目标；转变教学模式，以具有针对性的现代教育理论作为指导教学改革实践的主要理论基础，从教学模式、教学时空、教学评价等方面全方位开展研究性教学活动；开展结构力学双语教学，通过双语教学更好地贯彻素质教育理念，拓宽专业学习和交流的界面；加强教学研究和教学交流，提高教师素质和教学水平。

关键词：研究性教学；主动探究；教育观念；教学模式；教学时空；教学评价

我国大学的课程教学存在的"以知识为本"，把传承知识置于教学中心位置的状况长期没有明显改变，"以学生为本"的观念有效转化为行动还不是普遍的现象，相反，许多人在教学实践中仍然忽视对学生自主学习、自主探究能力的培养。大学培养出的人才缺乏独立思考和批判思维意识，创新意识和创造能力不足的状况与21世纪日益加剧的国际竞争对创新人才的强烈需求形成尖锐矛盾。面对这样的尖锐矛盾，需要以现代教育理论作为指导教学改革实践的主要理论基础，构建有助于学生积极主动参与并善于探索，有利于培养学生探究问题并解决问题能力的教学模式。为了适应时代发展对高等教育人才培养的要求，教育部在《关于进一步加强高等学校本科教学工作的若干意见》中明确提出要"积极推动研究性教学，提高大学生的创新能力"。在此背景下，我们结合国家工科力学教学基地建设开展了"结构力学研究性教学"的探索与实践，经过几年的努力取得了一定的成果，为进一步开展"结构力学研究性教学"打下了良好的基础。

一、研究性教学的内涵与特征

关于大学研究性教学的定义，部分学者认为："研究性教学是教师通过指导学生从自然、社会和生活中选择和确定与学科相关的专题进行研究，使学生在独立地主动探索、主动思考、主动实践的研究过程中，吸收知识、应用知识、解决问题，获取新颖的经验和表现具有个性特征的行为，从而提高学生的各方面素质，培养学生创造能力和创新精神的一种实践活动。"[1]另外一些学者则将大学研究性教学概括为"实行教学与研究的有机结合,人才培养与学科建设的有机结合,学生有机会参与研究工作,接触科研前沿,形成探索未知的视野;在教学过程中通过优化课程结构建立一种基于研究探索的学习模式,或者说是以研究为本的学习模式,使学生在学习过程中获得一个发现世界、探索世界的宽松环境,提供研究问题的时间和空间,激发创新的欲望;以学生为主体,支持学生个性的发展,在教学科研结合的氛围中,教师和学生间才有相互交流,师生互动……"[1]这些定义从不同侧面反映了大学研究性教学的本质特征。

现代教育原理认为,教学过程是教与学双边互动过程,是教与学的统一。表现为教育者和受教育者的一种互动关系,是一种沟通合作的关系。开展研究性教学,应该从研究性教与研究性学两方面积极推进。研究性教学与研究性学习的内涵和特征可以概括为问题性、过程性、开放性、能动性、独立性、超前性和参与性等七个方面。[2]强调问题在学习活动中的重要性,以问题牵引学习;重视学习过程,知识重要,获取知识的过程更重要,即不仅要"授之以鱼",更要"授之以渔";注重开放性和能动性,激发学生的学习潜能,培养学生的责任感;培养独立性,摆脱对教师的依赖,主动接受知识,独立研究问题、解决问题;提倡超前学习,学生对知识进行自我建构,真正树立起"以学为本,因学论教"的教学思想;引导学生参与教学的各个环节,学生通过动口、动手、动脑亲自体验和探索知识的过程。

二、构建研究性教学活动体系

我们在结构力学教学实践中,努力转变教育观念,确立以提高学生能力为核心的教育目标,以具有针对性的现代教育理论作为指导教学改革实践的主要理论基础,构建一种有助于学生积极主动参与并善于探索、有利于培养学生探究问题并解决问题之能力的教学模式;营造资源丰富的教学环境;在课堂教学、实践教学、课外教学和研究与创新活动、教学评价等各方面开展研究性教学实践。

1. 进一步转变教育观念

树立以学生为本观念,确立以提高能力为核心的教育目标。在整个教学过程中,以学生为主体,教师扮演好组织者、指导者、帮助者和促进者的角色,利用情境、合作、辩论等学习环境要素,有效地激发学生学习的主动性和积极性,从而实现对知识的自主学习。课堂教学不惟"灌输",传授知识不惟课本,评价学生不惟分数,培养人才面向世界。转变教学模式,以具有针对性的现代教育理论作为指导教学改革实践的主要理论基础,从教学模式、教学时空、教学评价等方面全方位开展研究性教学活动。

2. 改革课堂教学模式

(1)以问题牵引教学。学科内容的教学以问题开始,以问题结束。先设计问题,让学生带着问题预习,通过体验发现问题、提出问题。例如,在力矩分配法一章中,对有侧移的刚架如何处理侧移,从而可以利用力矩分配法的求解格式求解有侧移刚架?让学生带着这样的问题预习、思考,课堂上引导学生讨论,利用平衡条件和位移条件将有侧移杆件转化，引出无剪力分配法求解思路，以及无剪力分配法的适用条件，在此基础上启发学生提出新问题，能否将无剪力分配法的求解思路应用到位移法中，简化位移法求解有侧移刚架？对这样问题的思考可以深化对位移法的理解，拓展位移法的应用。

（2）启发式、讨论式教学。学科内容的教学不是平铺直叙的"灌输"，而是通过讨论，启发引导学生主动思考、体验。例如在位移法基本原理的教学中，通过讨论启发引导学生推导杆件杆端内力与杆端位移以及杆件上作用荷载之间的关系，在此基础上通过位移协调分析，确定位移法基本未知值，通过平衡分析建立求解基本未知值的方程，进而利用叠加原理建立位移法求解的基本格式。

（3）学生参与教学。选择适当的学科内容，预先要求学生自学，并准备好讲稿，在课堂上由学生主讲。例如，在讲授完力法和位移法基本原理和基本方法后，在考虑温度变化和支座移动影响时，学科内容本质上是将力法和位移法基本方法应用到具体问题的求解中。为培养学生解决问题的能力，教师明确提出预习要求，课堂上则由学生来讲授本节内容，其他学生提问、讨论，最后由教师总结。这样，主讲的学生为了讲好课程内容，提问的学生为了提出问题必须预先阅读、深入思考，对学科内容的掌握要远好于单纯听教师讲解。

3. 采用开放式教学

（1）扩大教室，拓宽学生视野。邀请国外大学教授、留学归国学者给学生做报告，介绍与结构力学相关的一些课题，开拓学生视野；利用网络教学平台提供多媒体课件、图片、录像、参考书籍、拓展阅读资料等教学辅助资料，供有兴趣的学生课后阅读，丰富他们的知识面。

（2）延伸课堂学习。撰写课程报告、课程小论文，培养学生的研究能力。依照挖掘课程内容深度、加深学生理解、激发钻研精神、培养研究能力的原则，以实际工程为背景，指导学生提炼小论文选题，综合应用所学知识解决问题。例如，利用计算机结构分析软件，研究结构的受力特性；深入研究（定性、定量分析）结构力学中一些假设、结论成立的条件；以水利工程中拱坝计算的拱、梁分载法为背景，研究交叉梁系的分载计算方法；从最优化的思想出发，研究结构的优化设计，等等。课程论文分为必做题和选做题，必做题为基础性论文，只需要掌握结构力学的课程内容就可以完成，而选做题则还需要阅读一些拓展内容才能完成，如论文《桁架结构满应力设计》需要阅读结构优化设计中满应力设计的内容。通过课程论文的训练，不仅培养了学生研究问题的能力，而且还训练了学生撰写科研报告的能力。此外，我们还经常组织结构力学知识竞赛活动，在抢答、必答、选答等生动活泼的形式中训练学生思维。

4. 改革学习评价体系

（1）改革考试方法。我们尝试过开卷考试和闭卷考试相结合、资格考试和水平考试相结合、平时测试和期中期末考试相结合、客观性题型和主观性题型相结合等不同的考试方法。

（2）改革学生成绩组成。为了全面反映学生的学习成果，学生最终成绩包含平时作业成绩、平时测试成绩、期中期末考试成绩、课程论文成绩、课堂讨论成绩等，其中课堂讨论成绩和课程论文选做题的成绩为奖励附加分。成绩的组成考虑了学科基础性内容的评测要求，以及对研究性和拓展性内容的鼓励。

三、积极开展双语教学

积极开展结构力学双语教学，通过双语教学更好地贯彻素质教育，培养创新人才，增强学生创新意识，提高接受国际先进科技知识、进行国际交流的能力。

通过使用外语教材和外语教学，促使学生结合专业知识强化外语的学习和实际应用，拓宽专业学习和交流的界面；用外语组织启发式、互动式、讨论式课堂教学，全方位调动学生学习的积极性和主动性，促使学生用英语思考、表达，提高英语的使用能力，进一步强化学生对专业知识的掌握。借助现代网络和多媒体技术，为学生提供丰富的学习辅助材料，拓宽学生的视野和知识面。

通过吸收国外教材知识点新、信息量大、系统性强等特点，体现大学本科教材宽口径、厚基础的原则，促进教学内容和教学方法的改进，加强双语教材及其立体化建设；通过加强双语教学研究及交流、研制基于网络的双语结构力学辅助学习资料等，培养具有国际视野和国际交流能力的高水平师资队伍。

四、加强教学研究和教学交流

研究性教学对教师素质提出了更高的要求，教师不仅要拥有更广的内容性知识和教学法知识，而且还要具有更为深刻的创新精神和科研能力；不仅要善于认识潜在的问题，而且更要善于将创造性的解决办法应用到其中。为此必须加强教学研究和教学交流。

1. 开展教学研究

教师在从事教学的活动中应重视加强教学方法、教学内容、教学手段等的研究，探讨适合自己以及教学对象的教学体系。近年来，我们积极申报并承担教育部教改项目、江苏省教学研究项目以及河海大学教改项目，通过项目的研究以及教学实践，转变了教育观念，提高了教学水平，获得了较好的教学效果。

2. 加强教学交流

通过参加教学研讨会、撰写教学论文等方式积极进行教学交流，互相学习，取长补短，共同提高。

研究性教学作为一种有效的引导学生主动探究、培养学生实践能力和创新精神的教学方式，与研究型大学建设目标具有高度的契合性，研究性教学已成为我国高等教育改革的必然选择。我们通过开展结构力学研究性教学研究与实践的有益尝试，努力构建研究性教学活动体系，为在我国高校开展研究性教学提供理论和实践两方面的经验。

参考文献:

[1] 周振微. 我国大学研究性教学初探[D]. 长沙:湖南农业大学,2006.

[2] 刘智运. 论高校研究性教学与研究性学习的关系[J]. 中国大学教学,2006(2):24-34.

[3] 卢德馨,等. 以研究型教学为目标的大学物理课程建设[J]. 中国大学教学,2004(5):20-21.

[4] 赖绍聪,等. 研究性教学改革与创新型人才培养[J]. 中国大学教学,2007(8):12-14.

[5] 刘良成,等. 研究型教学的探讨与尝试[J]. 实验室研究与探索,2011,30(10):293-295.

[6] 汪劲松,等. 实施研究型教学推进创新性教育[J]. 中国高等教育,2003(6):26-28.

[7] 姚利民,等. 大学实施研究性教学之策略[J]. 当代教育论坛,2008(11):110-115.

[8] 伍红林. 从《博耶报告三年回顾》看美国研究型大学本科生研究性教学[J]. 高等工程教育研究,2005(1):79-82.

一份耕耘，一份收获

许庆春

（河海大学力学与材料学院，江苏 南京 210098）

摘　要：理论力学、材料力学是工科院校重要的技术基础课，这两门课的教学质量直接影响到工科学生的培养质量。全国大学生力学竞赛考核的内容正是理论力学和材料力学，开展大学生力学竞赛对提高教师的教学水平、提高学生的综合能力都具有重要的促进作用。我校经过十多年的不懈努力，在全国大学生力学竞赛中荣获佳绩，这反映了我校基础力学教学质量达到了一个新的高度，河海大学的人才培养质量达到了一个新的水平。

关键词：力学竞赛；培训辅导；能力培养

一、力学竞赛介绍

全国大学生力学竞赛最早起源于 1988 年，由中国力学学会主办、《力学与实践》杂志编委会承办。从 1988 年第一届至 2004 年第五届，每四年举办一次，1996 年第三届起更名为"全国周培源大学生力学竞赛"。2006 年 6 月教育部高等教育司发文（教高司函〔2006〕140 号），委托教育部高等学校力学教学指导委员会力学基础课程教学指导分委员会、中国力学学会和周培源基金会共同主办全国周培源大学生力学竞赛，并从 2007 年第六届力学竞赛起，将赛制改为两年一次，由《力学与实践》杂志编委会承办，中国力学学会教育、科普工作委员会和一所高校（出题单位）协办。

全国大学生力学竞赛的内容为理论力学和材料力学，除第一届采用开卷形式外，以后均为闭卷形式。2004 年及以前（即第一届至第五届），根据竞赛成绩选拔部分学生到北京参加复赛，通过严格的笔试和口试确定获奖者名单。竞赛设理论力学、材料力学单科优胜奖各 10 名，而团体优胜奖则根据学校前三名学生的参赛成绩之和进行排名。2007 年及以后（即第六届以来），取消了获奖学生进京复赛环节和单科优胜奖，增加了团体赛环节，并且约定团体赛冠军得主自然成为下一届竞赛的出题单位，同时出题单位的学生失去参赛资格。

全国大学生力学竞赛的宗旨是培养人才、服务教学、促进高等学校力学基础课程的改革与建设，增进青年学生学习力学的兴趣，培养分析、解决实际问题的能力，发现力学创新人才，为青年学子提供一个展示基础知识和思维能力的舞台。全国大学生力学竞赛团体赛采取团体课题研究(实验测试)的方式,每队3～5人,上场比赛只能3人,组队原则主要是依据各校前三名学生的个人赛成绩之和。团体赛的宗旨是考察学生的动手能力与团队协作精神。各队根据要求,在指定时间内设计、制作某些装置,完成指定的要求。

全国周培源大学生力学竞赛历届报名、设奖情况见表1。

表1　全国周培源大学生力学竞赛报名、设奖情况

年　份	届　数	个人赛(个)						团体赛(队)					
		报名人数	特等	一等	二等	三等	获奖总计	参赛队数	特等	一等	二等	三等	获奖总计
1988年	第一届	62	/	2	4	11	17	/					2
1992年	第二届	1389	/	4	4	15	23	/					2
1996年	第三届	1711	/	2	4	11	17						
2000年	第四届	2752	/	2	4	11	17						6
2004年	第五届	7617	/				17						5
2007年	第六届	9800	/	3	10	30	43	20	/	1	3	6	10
2009年	第七届	11680	5	15	33	/	53	29	1	2	4		16
2011年	第八届	17026	5	15	35	/	55	30	1	2	4	8	15

全国大学生力学竞赛的特点是举办周期长、获奖率低,这使得获奖者凤毛麟角,每次进京复赛时,国内著名高校、中国力学所等研究单位都纷纷向获奖者伸出橄榄枝,发出继续深造的邀请。为了使在校学生都有机会参加力学竞赛,自1998年起,江苏省在两届全国竞赛的四年中安排了一次省大学生力学竞赛,逢单届江苏省单独举办大学生力学竞赛,逢双届与全国大学生力学竞赛同期举行。一场竞赛两级奖励,扩大了获奖面(省级竞赛获奖率为25％,2009年开始提高到28％),激发了学生参加力学竞赛的积极性。2007年开始,全国大学生力学竞赛改为每两年举办一次,江苏省大学生力学竞赛与全国竞赛同期举行。

二、我校参赛情况

我校学生很早就开始参加大学生力学竞赛,但成绩一直不很理想。2000年在第四届全国大学生力学竞赛中,工程力学专业学生胥柏香首次获得到北京参加复试的机会,但最终无缘全国奖,只获得省特等奖。2007年我校力学竞赛成绩发生重大改观,实现了个人赛、团体赛双突破:首次获全国个人奖(港航专业学生顾振华获二等奖、土木专业学生李昊获三等奖),并首次获全国团体奖(三等奖)。2011年我校学生又再创佳绩:首次以全国第二名的成绩获个人特等奖(大禹学院港航专业学生董伟良),还获得四个二等奖(水工专业学生胡腾飞和陈佳袁,工程力学专业学生周童和杨威),个人赛获奖比例大幅度提高;同时团体赛也上了一个台阶,继第六届、第七届全国团体赛获得三等奖之

后首次获得二等奖。我校学生参加近三届力学竞赛获奖情况见表2～表5。

表 2　全国周培源大学生力学竞赛我校获奖情况

年份	届数	特等奖			一等奖			二等奖			三等奖		
		设奖数	获奖数	获奖比例(%)	设奖数	获奖数	获奖比例(%)	设奖数	获奖数	获奖比例(%)	设奖数	获奖数	获奖比例(%)
2007 年	第六届				3	0	10		1	10	30	1	3.3
2009 年	第七届	5	0		15	0	33		1	3			
2011 年	第八届	5	1	20	15	0	35		4	11.4			

表 3　全国周培源大学生力学竞赛我校获奖比例

年份	届数	设奖数	获奖人数	获奖比例(%)
2007 年	第五届	43	2	4.7
2009 年	第六届	53	1	1.9
2011 年	第七届	55	5	9.1

表 4　江苏省大学生力学竞赛我校获奖情况

年份	届数	特等奖			一等奖			二等奖			三等奖		
		设奖数	获奖数	获奖比例(%)	设奖数	获奖数	获奖比例(%)	设奖数	获奖数	获奖比例(%)	设奖数	获奖数	获奖比例(%)
2007 年	第五届	8	2	25	43	2	4.7	166	23	13.9	281	43	15.3
2009 年	第六届	33	1	3	80	13	16.3	273	58	21.2	423	72	17
2011 年	第七届	63	23	36.5	293	52	17.7	538	63	11.7			

表 5　江苏省大学生力学竞赛我校参赛人数及获奖比例

年份	届数	报名人数	获奖人数	获奖比例(%)
2007 年	第五届	170	70	41.2
2009 年	第六届	524	144	27.5
2011 年	第七届	217	138	63.6

三、竞赛成绩分析

我校参赛学生取得优异成绩,是与学校各级领导的重视和大力支持分不开的,是与学生的艰苦努力、教师的精心辅导分不开的,是与基础力学教师以及为竞赛付出辛勤劳动的教师分不开的。

1. 学校大力支持

学校非常重视学生参加各种竞赛活动，教务处拨专款大力支持学生参赛，主要用于教师讲课费、学生参赛费等。此外，学校每年对本年度获奖学生及指导教师进行表彰奖励。在学生评奖、保研过程中，对获奖学生实施优惠政策，如董伟良同学（全国力学竞赛特等奖、团体赛二等奖获得者）获得 2011 年度徐芝纶力学奖学金一等奖。

2. 院系高度重视

工程力学系在教务处、力学与材料学院的领导下，针对力学竞赛的报名、选拔、培训辅导、参赛等环节，制定了详细的工作计划。在各学院党委副书记和辅导员的支持与配合下，报名组织工作顺利开展。工程力学系根据竞赛要求制定了辅导方案，安排教师利用双休日和节假日在校本部、江宁校区两地同时进行培训辅导。这些工作为参赛学生取得好成绩创造了良好的条件。

3. 教师辛勤辅导

在不减少正常教学工作量的前提下，教师辅导大学生力学竞赛的压力还是相当大的，一是竞赛内容深度与广度高于平时的课程教学，备课难度大；二是投入时间多，既要有充分的备课时间，又要保证上课时间。尤其是在江宁校区辅导的教师更是辛苦，如朱为玄老师承担了江宁校区一半以上的辅导任务，为了保证辅导时间、方便学生答疑，他每次都是自己驾车前往。陈定圻老师已退休多年，但一直参与力学竞赛的辅导工作，做竞赛辅导报告，带学生跑材料市场，全程指导模型制作。教师的辛勤辅导为参赛学生取得好成绩打下了坚实的基础。

4. 学生努力拼搏

要想在竞赛中获得好成绩，学生是关键。参赛学生除认真上辅导课外，课余时间还经常主动与教师讨论问题；有的学生带病参加竞赛；有的学生在报名初选中被淘汰，但仍坚持参加辅导和选拔考试，希望通过自己的努力获得参赛资格。在团体赛的培训辅导中，参赛学生放弃暑假的休息和其他学习安排，全身心地投入到备战之中。他们既团结合作，又相互竞争；既爱动脑、肯钻研，又勤动手、不怕苦。头脑风暴会上畅谈设想，盛夏酷暑中跑市场、买材料，制作室里将设想变成现实。学生的努力拼搏终于收获了累累硕果。

组织大学生力学竞赛十余年，我感到要在竞赛中取得好成绩，必须把好以下三个关：

（1）竞赛报名关。精心挑选学生，控制报名人数。通过选拔使学生珍惜参赛机会，并确保培训辅导班人数规模恰当。团体赛人选的确定要与学生多沟通，了解学生的兴趣、爱好、暑期安排等情况，保证参赛队员有足够的时间和精力投入到培训之中。

（2）竞赛辅导关。要有合适的培训辅导方案和足够的培训辅导时间。竞赛题目年年变,我们没有时间也没有精力去猜题、押题,只能采取"以不变应万变"的方法,加强力学基础知识的训练和力学知识的综合应用,重视理论与实际相结合。

（3）后勤服务关。组织大学生力学竞赛既繁琐,又重要。从报名动员到报名表信息的核对,从准考证的核对、打印到赛前动员,从安排校本部、江宁校区两地考试的车送、车接到考试后的就餐等等,无论哪个环节出问题,都会对学生参加竞赛产生不利的影响,要精心准备,精心组织,精心操作。

附　录

徐芝纶院士年谱[①]

1911 年 6 月 20 日

出生在江苏省江都县邵伯镇长生巷 1 号,姓徐,名芝纶,字君素。

1916 年,5 岁

进入邵伯镇一个私塾读书。

1919 年,8 岁

随父母到扬州一所教会学校读书。

1920 年,9 岁

随父母在南京一所教会学校读书。

1923 年,12 岁

9 月,进入北京私立志成中学(初中)学习。

1926 年,15 岁

8 月,在北京私立志成中学(初中)毕业。

9 月,在北京师范大学附属中学(高中)学习。

1927 年,16 岁

8 月,结束在北京师范大学附属中学(高中)学习。

9 月,在上海交通大学预科学习。

1928 年,17 岁

8 月,结束在上海交通大学预科学习。

9 月,进入北平汇文中学学习,期间作为学校篮球队员,司职中锋,取得优异成绩;参加 800 米、1500 米跑比赛,取得第一名的成绩。

1930 年 19 岁

8 月,在北平汇文中学(高中)毕业。

9 月,考取清华大学土木系。

9 月 15 日,《国立清华大学校刊》第 200 期刊登录取新生名单,名列其中的同学有季羡林、谢家泽、何其芳、伍正诚等。

1933 年,22 岁

父亲徐庭翼在江苏镇江病逝。

1934 年,23 岁

7 月,清华大学土木系毕业并留校担任助教。

8 月,考取公费留学美国。

1935 年,24 岁

2—7 月,在清华大学做研究生(准备出国,复习功课)。

8 月,赴美国麻省理工学院做研究生。

1936 年,25 岁

9 月,美国麻省理工学院硕士研究生毕业,获得工程硕士学位。

10 月,在美国哈佛大学工程科学研究院做研究生。

1937 年,26 岁

6 月,美国哈佛大学工程科学研究院硕士生毕业,获得工程科学硕士学位。

8 月,回到祖国,和伍玉贤女士喜结连理。

8 月,应聘到浙江大学土木工程系任副教授,期间因日寇侵占杭州,学校被迫搬迁,随之,3 年换了六处办学地点。

1939 年,28 岁

《国立清华大学历届毕业生一览》,名列其中。

1941 年,30 岁

加入中国工程师学会。

1943 年,32 岁

学校定居在贵州遵义,将母亲接来同住。

8 月,从浙江大学辞职,应聘到重庆资源委员会水力发电勘测总队,任工程师兼设计科科长,曾经与美国水利专家萨凡奇开展三峡工程的研究设计工作。

1944 年,33 岁

2 月起,在重庆中央工业学校兼课。

1945 年,34 岁

3 月,因不满当时政府对科技和工程漠不关心,离开重庆资源委员会水力发电勘测总队,应聘到重庆沙坪坝中央大学土木系任教授,继续在中央工业学校兼课。

1946 年,35 岁

7 月,离开重庆,来到上海。

8 月,应聘到上海交通大学土木系任教授,并继续在中央大学土木系兼任教授。

1948 年,37 岁

在上海私立大同大学及上海私立大夏大学兼课。

8 月,转入上海交通大学新成立的水利系任教授,兼任系主任。

9 月,在私立之江大学上海分校兼任教授。

1950 年,39 岁

在上海交通大学加入工会组织。

1951 年,40 岁

出席上海市长陈毅召开的座谈会,激发写作有中国特色的高校教材的强烈愿望。

1952 年,41 岁

2 月,与吴永桢合作译著《弹性力学》在龙门联合书局出版。

8 月,为了建设新中国第一所水利大学,与妻子伍玉贤一同到达南京;出席建校委员会第一次会议,并被确定为师资员工调配组(包括课程)成员。

9 月,华东区高等学校院系调整委员会正式批复,同意华东水利学院 8 名筹建委员会名单,列为其中之一。

10 月,在华东水利学院工程力学教研室任教授并兼任主任。

在新亚书店出版发行与薛鸿达、吴永桢合作编写教材《工程力学教程》。

1953 年,42 岁

6 月,与吴永桢合作译著《弹性力学》在龙门联合书局再版。

1954 年,43 岁

任华东水利学院教授、教务长。

9 月 1 日,作为新任教务长,在全体新同学大会上发表热情洋溢的讲话《高等学校中的教学方式与学习方法》。

10 月 25 日,陪同中央水利部李葆华、张含英两位副部长在校内参观。

10 月 27 日,题词祝贺华东水利学院院报《水院生活》创刊。

11 月,在学校成立两周年大会上发表讲话。

11 月,领导教师就修订教学大纲问题展开热烈讨论,并在教务处召开的教务扩大会议上讲话;深入系和教研组,指导教学大纲修订工作。

1955 年,44 岁

1 月,华东水利学院成立院务委员会,成为 24 名委员之一。

2 月 25 日,根据教务处调查了解的情况,在第二次院务会上就《关于改进教学方法、加强组织自学工作的决议(草案)》做了学生学习超学时问题的报告,第二次院务会通过了《改进教学方法,加强组织学生自学工作的决议》。

9 月,在全院班主任会议上指出,班主任工作不仅帮助同学更好的学习,同时对青年教师在培养共产主义道德品质方面有重要意义,号召大家努力工作,创造经验,出色地完成党交给的任务。

11 月,在《水院生活》发表文章《目前我院习题课方面存在的问题》。

12 月,出席教务处召开的物理、数学教研组全体教师会议,以《学习高教方针,检查教学工作》为题,做了动员性的简要发言。

12 月 30 日,出席第八次院务会,做了本学期考试工作的报告。

加入九三学社。

1956 年,45 岁

3 月,指导并参观教务处举办的数学、物理、制图和理论力学自学指导展览会。

5 月 29 日,主持学校 12 年规划修订工作。

8 月 24 日、9 月 15 日,分别向全校师生传达高教部院校长、教务长座谈会精神,主要内容为提高教学质量,克服学生学习负担过重和培养学生独立工作能力以及贯彻"全面发展,因材施教"的教育方针,同时,说明学院当前改进教学工作的措施:减少上课时数,修订教学计划;实行新的作息制度;搞好劳卫制锻炼。

10 月 3 日,出席院党委召开的座谈会,讨论"全面发展,因材施教"的教育方针,发表了自己的意见。

10 月 18 日,指导建筑力学教研组开展研究的情况在《水院生活》第 85 期上刊登。

12 月,由国务院周恩来总理任命,担任华东水利学院副院长。

1957 年,46 岁

1 月 5 日,在《水院生活》上发表文章《如何温课准备考试》。

3 月 6 日,在全院教师大会上,布置修订教学计划的工作。

5 月 13 日,在《水院生活》上发表文章《为了提高教学质量,鸣吧!放吧!》。

6 月 5 日,出席学校召开的第四次老教师座谈会,会上对整风提出三点重要意见。

7 月 22 日,在《水院生活》上发表文章《红专辩论自我小结》。

7 月,与吴永桢合译的《弹性理论》在建筑工程出版社出版。

9 月 14 日,向一年级新生讲述学习方法。

10 月 26 日,在《水院生活》上发表文章《我院 5 年来的教学改革》。

出席华东水利学院建院 5 周年庆祝大会,代表学校宣读一学年优等生名单并向获奖者颁发奖品。

担任第一届中国力学学会理事。

与吴永桢合作编写的《理论力学》上下册由科学技术出版社出版。

1958 年,47 岁

10 月,在南京大学礼堂,代表学校接受"全省体育运动红旗院"大红旗,以及工科学校分组冠军流动锦标。

出席部分校友座谈会。

12 月,被《水院生活》点名批判学术思想。

1959 年,48 岁

4 月 19 日,九三学社华东水利学院支部委员会改选,担任支委。

6 月 25 日,出席河川系召开的讲课经验交流会并介绍如何选择教材,如何进行备课,如何在课堂上表达出来,如何在事后收集意见等一整套经验。

7 月 17 日,在《水院生活》上发表文章《我们应当珍视今天的好条件》。

开始指导培养第一个研究生徐慰祖。

10 月 1 日,作为江苏省观礼团成员赴北京出席新中国成立 10 周年庆典。

1960 年,49 岁

3 月 12 日,出席学校理电系成立大会并讲话,分析了办好新系的有利条件,指出有党的领导,有兄弟学校的大力支持,在党的教育方针指导下,一定能把新系、新专业办好。

3 月 31 日,出席南京市教育和文化、卫生、体育等方面社会主义建设先进单位和先进工作者代表大会,并荣获先进工作者奖章。

4 月,《弹性理论》由人民教育出版社出版。

翻译出版《弹塑性力学》。

作为全国文、教、卫、体等方面先进工作者,出席全国社会主义建设积极分子大会,受到党和国家领导人的亲切接见。

被推选为第三届全国人民代表大会代表。

向工程力学教研室党支部递交了第一份入党申请书。

1961 年,50 岁

担任第一届江苏省力学学会副理事长。

1963 年,52 岁

在《华东水利学院院报》上发表《基础梁的温度应力》一文。

1964 年,53 岁

在《高等学校自然科学学报》(土木、建筑、水利版)上发表《弹性地基上基础板计算方法的研究》一文。

8 月,《弹性理论》由人民教育出版社再版。

1969 年,58 岁

10 月 19 日,随学校大队人马步行到苏北,执行所谓的"战备疏散"。

1970 年,59 岁

参加滁河设计小分队到南京市六合县滁河水闸进行闸门设计工作,编写了《双曲扁壳门的设计》小册子。

1972 年,61 岁

参加湖南凤滩拱坝工程科研小分队工作。

1974 年,63 岁

编写并由水利电力出版社出版我国第一部有限单元法专著《弹性力学问题的有限单元法》。

1976 年,65 岁

为推广有限单元法,前后给校内外 5 期有限单元法进修班学员讲课。

1978 年,67 岁

《弹性力学问题的有限单元法》由水利电力出版社再版。

为参加力学进修班的学员讲课。

获水利电力部科学技术先进工作者称号。

当选为第五届全国政协委员。

在《华东水利学院院报》上发表《关于空间高等参数单元的若干问题》一文。

1979 年,68 岁

6 月,为全校师生做从教 40 年体会的报告,提出要努力提高学校教育质量,适应现代化建设的需要。

《弹性理论》由高等教育出版社出版。

长期坚持体育锻炼,被评为学校体育活动先进个人。

12 月,主持学校召开的教学研究报告会。

1980 年,69 岁

当选为中国科学院学部委员,后改为中国科学院院士。

担任华东水利学院学术委员会副主任。

《弹性力学简明教程》由高等教育出版社出版。

6 月 16 日,经工程力学党支部大会讨论通过,报学校党委批准,加入中国共产党,成为预备党员,入党介绍人为严恺、黄蔚云。

7 月 5 日,《新华日报》以《徐芝纶同志入党》为题进行报道,并刊登入党宣誓照片。

1981 年,70 岁

9 月,经学校党委讨论同意,转为中共正式党员,党龄从 1980 年 6 月 16 日计算。

12 月,担任第二届江苏省力学学会理事长。

1982 年,71 岁

2 月,著作《弹性力学》上下册,获"1977—1981 年度全国优秀科技图书"一等奖。

在《人民教育》上发表《怎样提高课堂讲授的质量》一文,《新华日报》报道了事迹,并配发了该报评论员文章,希望广大教师学习。

《弹性力学》上下册在高等教育出版社再版。

担任第二届中国力学学会理事。

当选为第六届全国政协委员。

1983 年,72 岁

因年事较高不再担任副院长职务。

担任学校学术委员会主任委员、学校学位评定委员会主席。

1 月,《弹性力学简明教程》在高等教育出版社再版。

被授予江苏省优秀研究生指导教师称号。

1984 年,73 岁

作为特邀代表参加水利电力部先进集体和劳动模范代表大会。

9 月,被国家教育委员会(教育部)聘请担任高等学校工科力学课程指导委员会顾问。

担任《中国百科全书》(力学卷)编辑委员会委员。

1985 年,74 岁

9 月 10 日,在全国第一个教师节上,被江苏省政府授予"优秀教育工作者"荣誉称号。

因从事水利工作 50 年,受到中国水利学会表彰。

9 月 30 日,为水力发电教育事业工作 30 年,受到水利电力部、水利电力工会全国委员会的表彰。

12 月 17 日,陪同全国政协副主席钱正英在校内视察。

12 月 18 日,出席在南京五台山举行的河海大学恢复传统校名暨庆祝建校 70 周年大会。

12 月 20 日,出席学校执教满 40 年老教师庆贺表彰大会并受到表彰。

参加国务院学位委员会第一届学科评议组工作成绩突出,受到国务院学位委员会表彰。

1986 年,75 岁

8 月 3 日,担任第三届中国力学学会理事。

8 月,担任第三届江苏省力学学会理事长。

9 月 27 日,指导培养出我校第一个工学博士也是我国水电系统水工结构专业的第一个博士——王林生。

1987 年,76 岁

为河海大学师生代表作《50 年教学的回顾与体会》报告。

当选为第七届全国政协委员。

1988 年,77 岁

1 月 27 日,《弹性力学》上、下册第二版获"全国高等学校优秀教材"特等奖,出席在北京召开的表彰会,受到李鹏等党和国家领导人的亲切接见。

1989 年,78 岁

8 月,《弹性力学中的差分方法》由高等教育出版社出版。

11 月 27 日,被授予江苏省优秀研究生指导教师称号。

1990 年,79 岁

1 月,翻译铁摩辛柯、古地尔的《弹性理论》,其第三版由高等教育出版社出版。

5 月,《弹性力学》第三版出版发行。

12 月,担任第四届江苏省力学学会名誉理事长。

从事高校科技工作 40 年,成绩显著,受到国家教育委员会(教育部)表彰。

1991 年,80 岁

6 月 20 日,中国科学院南京分院、河海大学等有关领导、同事向他祝贺 80 岁华诞。

10 月 1 日,国务院颁发证书,从 1990 年 7 月起享受政府特殊津贴。

被聘为水利部计算机技术与计算机应用情报网《计算机技术与计算机应用》刊物顾问。

编写出版英文专著《应用弹性力学》,同时在国内和国外印刷发行,这是我国向国外介绍的第一部高校工科教材。

1992 年,81 岁

春节前夕,出席中国科学院在宁部分学部委员(即院士)迎春茶话会。

10月，亲切会见力学1962届校友并合影留念。

1993年,82岁

12月,新闻出版总署颁发荣誉证书,表彰对编纂出版《中国大百科全书》工作中做出的重要贡献。

1994年,83岁

12月,在"国际家庭年"中,被评为"河海大学幸福家庭"。

1995年,84岁

5月,被中国力学学会第五届常务委员会授予中国力学学会荣誉会员称号。

6月8日,获得"中国科学院院士荣誉奖金"。

11月2日,出席河海大学建校80周年庆祝大会。

11月3日,会见力学1963届校友并合影留念。

11月5日,《人民日报》"院士风采"栏目以《先做人后做事》为题,报道其事迹。

12月,撰写的《自叙》一文被收入中国科学院学部联合办公室编写出版的《中国科学院院士自述》一书中。

1996年,85岁

陪同水利部部长钮茂生看望河海大学国旗护卫队队员并和他们合影留念。

10月,捐款20万元,参与学校设立的"徐芝纶教育基金"。

11月1日,出席力学1966届毕业生30年师生联谊会并合影留念。

1998年,87岁

当选为首批中国科学院资深院士。

向江苏省红十字会捐赠1.2万元,支援受到洪水灾害的地区恢复生产生活。

10月,为力学1979级校友毕业15周年题词:"以勤补拙,以俭养廉;待人以厚,律己从严;知难而上,稳步向前;自强不息,年复一年。"出席师生联谊会并合影留念。

11月,出席科学普及与素质教育研讨会。

12月24日,被授予"中国红十字会荣誉会员"。

1999年,88岁

1月,因胸部疼痛不止,住入江苏省人民医院接受治疗。

2月,江苏省副省长金忠青到医院看望。

5月1日,在医院接受了中共南京市委、市政府的慰问劳动模范的礼仪献花。

8月26,因病医治无效,在南京逝世,走完了不同寻常的人生。

徐芝纶院士出版书目

1. 徐芝纶,吴永祯,译. 弹性力学. 上海:龙门联合书局,1951.

2. 徐芝纶,吴永祯,译. 弹性理论. 2 版. 北京:人民教育出版社,1964.

3. 徐芝纶,吴永祯,译. 弹性理论. 3 版. 北京:高等教育出版社,1990.

4. 徐芝纶,吴永祯. 理论力学(上、下册). 上海:上海科学技术出版社,1954.

5. 徐芝纶,吴永祯. 理论力学(上、下册). 新 1 版. 上海:上海科学技术出版社,1959.

6. 徐芝纶. 弹性理论. 北京:人民教育出版社,1960.

7. 徐芝纶,吴永祯. 理论力学(上、下册). 2 版. 上海:上海科学技术出版社,1962.

8. 徐芝纶. 基础梁的温度应力. 华东水利学院学报,1963(1).

9. 徐芝纶. 弹性地基上基础板计算方法的研究. 高等学校自然科学学报(土木、建筑、水利版),1964(1).

10. 徐芝纶. 弹性力学问题的有限单元法. 北京:水利电力出版社,1974.

11. 徐芝纶. 弹性力学问题的有限单元法. 修订版. 北京:水利电力出版社,1978.

12. 徐芝纶. 弹性力学(上、下册). 北京:人民教育出版社,1978.

13. 徐芝纶. 弹性力学(上、下册). 2 版. 北京:高等教育出版社,1982.

14. 徐芝纶. 弹性力学(上、下册). 3 版. 北京:高等教育出版社,1990.

15. 徐芝纶. 关于空间等参数单元的若干问题. 华东水利学院学报,1978(1).

16. 徐芝纶. 弹性力学简明教程. 北京:人民教育出版社,1980.

17. 徐芝纶. 弹性力学简明教程. 2 版. 北京:高等教育出版社,1983.

18. 徐芝纶. 应用弹性力学. 英文版. 北京:高等教育出版社,1991.

徐芝纶教育基金介绍

徐芝纶院士学养深厚,年高德劭,一生淡泊名利,生活俭朴。1996 年,当河海大学设立以徐芝纶命名的教育基金时,他主动捐出 20 万元积蓄,参与设立"徐芝纶教育基金",激励学生刻苦学习,激发青年教师认真教学,鼓励写出优秀教材。徐芝纶院士及其夫人伍玉贤先后病逝后,他们的亲属遵从其遗愿,又向基金捐款 30 万元。

河海大学 1997 年起面向校内师生设立了"徐芝纶教学奖"、"徐芝纶教材奖"和"徐芝纶力学奖学金",实施效果显著,意义深远。在江苏省力学学会的发起下,"徐芝纶教育基金"于 2005 年起面向江苏省和全国增设"徐芝纶力学奖",用于奖励在力学教学、科研和学术交流中做出突出贡献的力学工作者,每两年一次。2007 年又面向校内力学专业学生增设"徐芝纶力学专业优秀学生奖学金"。随着"徐芝纶教育基金"影响的不断扩大,徐芝纶院士的教育理念、教学方法和科学精神以及爱国主义精神和爱校的情怀得到进一步的继承和弘扬。

"徐芝纶教育基金"自设立以来,河海大学共有数十人获得"徐芝纶教学奖",其中包括国家级教学名师武清玺、赵振兴、王惠民,江苏省教学名师黄振平等;获得徐芝纶教材奖的教材大多获得国家、省部级优秀教学成果奖;而"徐芝纶力学奖学金"和"徐芝纶力学专业优秀学生奖学金"的获得者均为品学兼优且热爱力学学科的学生,为未来力学事业发展储备了优秀的人才。

徐芝纶院士曾长期担任江苏省力学学会主要领导,在为河海大学的教育、科研事业倾注心血的同时,也为江苏省力学学会的发展做出了巨大贡献。为了纪念徐芝纶院士,并进一步弘扬徐芝纶院士的精神,江苏省力学学会理事会于 2004 年 4 月提出设立面向全国力学工作者的"徐芝纶力学奖"的创议。此创议得到河海大学"徐芝纶教育基金"管理委员会的高度重视,并于当年 10 月通过决定,从 2005 年起在"徐芝纶教育基金"中增设"徐芝纶力学奖",每两年评选一次,每次一等奖 1 名,二等奖 2 名。到目前为止,"徐芝纶力学奖"已评选三届,其中首届"徐芝纶力学奖"一等奖获得者为北京理工大学校长、中国力学学会第九届理事会理事长胡海岩院士,二等奖获得者为南京工业大学博导、长江学者涂善东教授,东南大学博导、工程力学系学科带头人李兆霞教授。

徐芝纶教育基金的奖项及历年获奖名单见后。

徐芝纶教材奖获奖名单

1998 年

一等奖:(空缺)

二等奖:《渠化工程学》 作者:蔡志长

《水利工程测量》 作者:张慕良

《桩基工程》 作者:杨克己等

2001 年

一等奖:(空缺)

二等奖:《自然地理学》 作者:何钟等

《水工钢筋混凝土结构学》 作者:刘瑞等

2005 年

一等奖:《水文学原理》 作者:芮孝芳

二等奖:《理论力学》 作者:武清玺

《土力学》 作者:卢廷浩

2007 年

一等奖:《画法几何及水利工程制图》(第五版) 作者:殷佩生

二等奖:《企业信息资源管理》/《信息管理学教程》(第三版) 作者:杜栋

《宏观经济学》/《宏观经济学习题解析》 作者:曹家和

2009 年

一等奖:《水工建筑物》 作者:沈长松等

二等奖:《水文预报》(第四版) 作者:包为民等

《高等数学》(上下) 作者:朱永忠等

2011 年

一等奖:《水工钢筋混凝土结构学》(第四版) 作者:汪基伟

二等奖:《工程水文学》(第四版)　作者:詹道江　徐向阳　陈元芳

《产品造型设计材料与工艺》　作者:赵占西

徐芝纶教学奖获奖名单

1997 年

一等奖:(空缺)
二等奖:胡维俊　索丽生　刘　瑞　陈凤兰

1998 年

一等奖:(空缺)
二等奖:朱晓胜　王惠民

1999 年

一等奖:(空缺)
二等奖:王润富　赵振兴　康清梁　郁大刚

2000 年

一等奖:(空缺)
二等奖:谢悦波　陶桂兰　周建方

2002 年

一等奖:(空缺)
二等奖:丁根宏　杨海霞

2004 年

一等奖:武清玺
二等奖:黄振平　江　冰

2006 年

一等奖:许庆春
二等奖:朱永忠　廖华丽

2008 年

一等奖:邵国建

二等奖:丁贤荣　夏乐天

2010 年

一等奖:曹平周

二等奖:冯卫兵　杜　栋

徐芝纶力学奖获奖名单

2005 年

一等奖：胡海岩　时任南京航空航天大学校长、江苏省力学学会副理事长，现任中国科学院院士、北京理工大学校长、教授、中国力学学会理事长。

二等奖：涂善东　时任南京工业大学副校长、江苏省力学学会副理事长，现任华东理工大学副校长、教授。

二等奖：李兆霞　时任东南大学力学系主任、江苏省力学学会常务理事，现任东南大学土建交通学部委员、教授。

2007 年

一等奖：郑晓静　时任兰州大学副校长、中国力学学会副理事长，现仁中国科学院院士、第三世界科学院院士、兰州大学副校长、教授。

二等奖：岑松　时任清华大学航天航空学院党委副书记、固体力学研究所副教授，现任清华大学航天航空学院党委副书记、固体力学研究所教授、博导、北京市力学学会副秘书长。

二等奖：章青　河海大学工程力学研究所所长、教授、中国力学学会理事、计算力学专业委员会副主任。

2009 年

一等奖：王琪　曾任北京航空航天大学理学院副院长、教授、中国力学学会理事、一般力学专业委员会委员、教育工作委员会委员，首届国家教学名师奖获得者。

二等奖：邵国建　河海大学工程力学系主任、教授、江苏省岩土力学与工程学会副理事长、江苏省力学学会理事。

二等奖：龚晖　西南交通大学力学系教授，第三届国家教学名师奖获得者。

2011 年

一等奖：方岱宁　北京大学工学院副院长、教授、中国力学学会副理事长、亚太材料力学协会副主席,中国仪器仪表学会试验机分会主席,中国复合材料学会常务理事。

一等奖:钮新强　长江勘测规划设计研究院院长、党委书记、教授。

二等奖:李光耀　湖南大学机械与汽车工程学院教授,湖南大学工程软件研究所所长,汽车车身先进设计制造国家重点实验室主任。

二等奖:赵均海　长安大学副校长、教授,陕西省力学学会副理事。

二等奖:许庆春　河海大学力学与材料学院工程力学系副主任、教授。

二等奖:冯树荣　中国水电顾问集团中南勘测设计研究院副院长、总工程师、教授。

二等奖:王仁坤　中国水电顾问集团成都勘测设计研究院总工程师、教授。

徐芝纶力学奖学金获奖名单

1997 年

一等奖：郑永来　曾开华　肖俊英　魏保义
二等奖：万永平　胡应德　王卫标　周苏波　董学刚　徐振龙
　　　　郑福寿　马福恒　胡云进　林　鹏　张真奇　石　朋
　　　　林汝颜　徐朝晖　刘云正　陈　艳　韩　洁　金海萍
　　　　曾祥华　施齐欢　李军海　卞汉兵　李典庆

1998 年

一等奖：郭兴文　董　壮　刘云正　张宏朝
二等奖：吴相豪　余天堂　关宇刚　张振东　黄小林　宋春雨
　　　　姜冬菊　江　溢　邹志业　吴龙华　冯　骞　郭新贵
　　　　张海珍　汪新槐　孙尔军　陈玛丽　周宇红　东培华
　　　　康弘清　胡　强　陈喜峰　赵晓峰　黎　军　陈振飞

1999 年

一等奖：余天堂　莫　莉　曾　扬　张　剑
二等奖：刘广胜　赵启林　方　荣　卢士强　胡晓翔　王兴勇
　　　　邓爱民　葛卫春　赵进勇　李　彬　韩　洁　丁　坤
　　　　阿　散　张文妍　姚新梅　姚　荣　雒　翠　丁全林
　　　　张　丹　胡　玲　康弘清　沈红艳　黄辉英　康政虹
　　　　苏　曼　向　衍　于海娟

2000 年

一等奖：胡清义　王锦国
二等奖：丁全林　周　惠　胥柏香　周国民　张　艳　孙林松
　　　　曲卓杰　邹　坚

2001 年

一等奖：王陆军

二等奖：万　峰　王海金　赵之瑾　张乾飞　郭志川　顾　莉　
　　　　樊彦芳

2002 年

一等奖：研究生：陈雄波

　　　　本科生：李子阳

二等奖：研究生：张　剑

　　　　本科生：孟宪萌　杨　洁　朱明礼　张　波　孙丹丹

2003 年

一等奖：刘兰绚　贾　超

二等奖：王　岩　邓小燕　刘成栋　向　衍　李子阳　陈　锋　
　　　　周巧菊

2004 年

一等奖：研究生：王　伟

　　　　本科生：王潘绣

二等奖：研究生：向　衍　张　勇　聂学军

　　　　本科生：徐　毅　朱成冬　假冬冬　李　曦　任东亮

2005 年

一等奖：研究生：王环玲

　　　　本科生：（空缺）

二等奖：研究生：周爱兆

　　　　本科生：闫红飞　何黎艳　郭德昌　尹　涛　王希伟　
　　　　　　　　姚　婷　黄　峰　解来华

2006 年

一等奖：研究生：洪海春

　　　　本科生：申　浩

二等奖：研究生：闫　静　岑黛蓉　邹　琳

　　　　本科生：董聪丽　金　怡　陆誉婷　范平易　吴　晶

2007 年

一等奖:研究生:梁桂兰
　　　　本科生:谢越韬
二等奖:研究生:谷艳昌　武　蕾　谢　飞
　　　　本科生:李　昊　王红伟　鲁　婧　钱新博　周　琦

2008 年

一等奖:研究生:金海元
　　　　本科生:吴威皋
二等奖:研究生:琚宏昌　胡　江　郭　磊
　　　　本科生:周　婷　陈　槐　王　洁　孙　婧　刘柏禹

2009 年

一等奖:研究生:汪亚超
　　　　本科生:倪钧钧
二等奖:研究生:黄英豪　傅中秋　鲁　俊
　　　　本科生:刘　鹏　孙　龙　岳春伟　姜　洲　唐站站

2010 年

一等奖:研究生:肖　杨
　　　　本科生:薛荣军
二等奖:研究生:杨　琼　俞晓东　许后磊
　　　　本科生:樊　翔　韩梦洁　季海萍　许焱鑫　张　茜

2011 年

一等奖:研究生:吴勇信
　　　　本科生:董伟良
二等奖:研究生:甘　磊　刘晓东　张晓棣
　　　　本科生:陈佳袁　戴　路　汤晓波　邓贤扬　闻　旭

徐芝纶力学专业优秀学生
奖学金获奖名单

2007 年

一等奖:应宗权
二等奖:赵吉坤　孙凌寒　胡雯雯　刘晓静　赵丽华

2008 年

一等奖:刘清念
二等奖:张　深　秦　武　钱　森　佘海洋

2009 年

一等奖:傅卓佳
二等奖:马龙祥　余俊伟　宋　健　陈光远　徐　炜

2010 年

一等奖:王福章
二等奖:孙凌寒　蔡　伟　丁玉堂　李　俊　邓贤扬

2011 年

一等奖:江守燕
二等奖:李　益　陈　鹏　朱　祥　姜文生　杨　威

其他以徐芝纶命名的全国性奖项

一、徐芝纶杯力学基础课程青年教师讲课比赛

教育部工科力学课程教学指导委员会非力学专业力学基础课程教学指导分委员会于 2004 年组织"徐芝纶杯力学基础课程青年教师讲课比赛"，比赛得到"徐芝纶教育基金"的支持，取得圆满成功。该项比赛分理论力学和材料力学两组进行，每两年举行一次。旨在通过比赛，进一步推动各高校对教学尤其是力学基础课程教学的重视，激发广大力学教师投身力学教学热情，有效促进力学师资队伍建设，提升青年教师的业务素质和教学水平，推动教学方法的改革和教学经验的交流。

二、中国力学学会全国徐芝纶力学优秀学生奖和优秀教师奖

"中国力学学会全国徐芝纶力学优秀学生奖和优秀教师奖"前身分别为"中国力学学会教育工作委员会力学专业与力学课程优秀学生奖"（2002 年、2004 年和 2005 年）、"中国力学学会教育工作委员会优秀力学教师奖"（2000 年、2002 年、2004 年和 2006年）。2008 年，根据中国力学学会教育工作委员会的讨论意见和申请，中国力学学会常务理事会讨论通过，将以上两项奖励分别命名为"中国力学学会全国徐芝纶力学优秀学生奖"与"中国力学学会全国徐芝纶力学优秀教师奖"，每两年轮流评选一次，目的在于提升这两个奖项的影响力。其中"中国力学学会全国徐芝纶力学优秀教师奖"尤为重视教师的教学工作，它要求教师在力学教学工作岗位上执教 5 年以上，以面向本、专科理论教学与实验教学的教师为主，亦包括面向研究生力学课程教学的教师，而且要求教学质量优秀，在教学改革、教书育人方面取得显著成绩，在有关力学的科学研究与生产服务方面取得较大成绩，将研究成果融入教学工作做得好。优先考虑长期在基础力学教学第一线的教师以及在教学改革与教书育人中取得突出成绩的教师。